本书为2011年度教育部人文社会科学研究青年基金项目
"宋明时期赣闽粤毗邻区的儒学实践与族群整合"（11YJC850038）
最终研究成果、江西省2011协同创新中心和国家社科基金重大招标项目
（12&ZD132）资助阶段性成果

客家研究新视野丛书
主编：曾志刚　执行主编：周建新

文化传播与族群整合

宋明时期赣闽粤边区的儒学实践与客家族群的形成

邹春生 ◎ 著

中国社会科学出版社

图书在版编目（CIP）数据

文化传播与族群整合：宋明时期赣闽粤边区的儒学实践与客家族群的形成/邹春生．—北京：中国社会科学出版社，2015.3

（客家研究新视野丛书）

ISBN 978-7-5161-5292-8

Ⅰ.①文… Ⅱ.①邹… Ⅲ.①客家人——民族历史—研究—中国 ②客家人—民族文化—研究—中国 Ⅳ.①K281.1

中国版本图书馆 CIP 数据核字（2014）第 297691 号

出 版 人	赵剑英
选题策划	卢小生
责任编辑	刘晓红
责任校对	董晓月
责任印制	王 超

出 版	中国社会科学出版社
社 址	北京鼓楼西大街甲 158 号
邮 编	100720
网 址	http://www.csspw.cn
发 行 部	010-84083685
门 市 部	010-84029450
经 销	新华书店及其他书店
印刷装订	三河市君旺印务有限公司
版 次	2015 年 3 月第 1 版
印 次	2015 年 3 月第 1 次印刷
开 本	710×1000 1/16
印 张	25.5
插 页	2
字 数	386 千字
定 价	85.00 元

凡购买中国社会科学出版社图书，如有质量问题请与本社营销中心联系调换
电话：010-84083683
版权所有 侵权必究

总　序

客家人是汉民族的重要支系，主要居住于闽粤赣三省交界区域，分布遍及全球各地，是世界上分布范围最广阔、影响最深远的族群之一。客家人在中华民族悠久的历史进程中做出了卓越的贡献，在长期的迁徙和发展中，客家人吸纳了中华民族不同历史时期、不同地域的文化养分，汇成了蔚为大观、源远流长的客家文化，在方言、饮食、建筑、风俗、岁时节庆、民间信仰等方面特色鲜明、内涵丰富。自20世纪30年代罗香林先生开创客家学以来，客家研究取得了长足的发展，客家学作为一门独立的学科，借鉴了历史学、人类学、民族学、民俗学、语言学等学科的理论与方法，逐步发展成为一门以"客家"为研究对象，以"客家"的历史、现状、未来及客家语言、族群认同等为主要内容，并揭示"客家"的形成、演变的综合性学科。

客家文化是汉民族中一个系统分明的地域文化，具有我国地域文化普遍特征的文化形态，是中华民族文化不可或缺的重要组成部分；客家文化又是一个极具特色的族群文化，客家人对自身文化与族群有着高度的自觉与认同感，以对文化的坚守和传承及其突出的族群凝聚力和向心性而著称。客家社会处于汉族边陲地带，他们的特殊性展现在发展过程中长期与少数民族维持密切的互动，但在族群意识上又坚称自我为汉族血统之精粹。所谓的客家文化即在这两种不同张力的互相拉锯中形成。因此，客家社会文化研究，不能停留在汉文化或客家文化的种族中心论视野，必须从族群互动的角度，探讨客家社会在不同区域的族群关系与历史文化发展过程。

自清代以来，聚居于闽粤赣交界区的客家人在与土著的摩擦和接触中渐渐发展出显著的族群意识，他们宣称，自己是中原南迁的汉人后裔，保持了纯正的汉人文化与传统，以此区别于周边族群。客家的族群认同也随着客家人迁居海外及我国港澳台地区而四处播散，成为全球性的族群认同。在我国众多族群中，这种强烈的族群文化传播与认同具有相当的独特性，因此，对客家族群与文化的研究应更多地注重其自身的认同，并尽量从客家人自己的言说来理解客家族群的历史，从认同的角度切入，将客家族群视为一个动态的历史过程。

客家是中华民族的重要成员。以客家文化为纽带，以客家学术研究为媒介，可以充分发挥客家人在海内外交流"文化使者"的作用，对客家族群与认同的研究，将有助于我们深刻地理解中华民族多元一体的格局，是阐释作为文化传统具有延续性的中华民族认同的一个典型案例。关于客家文化与认同、客家族群意识的探讨，其中最具代表性的是华裔澳大利亚学者梁肇庭。梁肇庭先生结合施坚雅的宏观区域理论与人类学族群理论，对客家史研究进行全新的理解。客家人在宣扬族群认同的同时，又十分强调其中国性，保持着明确的国家认同，表现尤其明显的是后来迁居于海外及我国港澳台地区的客家人，他们的寻根意识及各种社团皆以爱国为宗旨，形成族群认同与国家认同的高度统一。比如，在中国台湾，客家人有450万人之多，他们对中国台湾的政治、经济和文化起着举足轻重的作用。通过客家历史文化研究，可以充分体现海峡两岸客家同根同源、同文同种，台湾人民与祖国大陆不可分割的血脉关系。

自人类起源，就开始了迁移，伴随着迁移，人类开始分化并构成不同的人群和社会。即便在安土重迁的中国文化中，任意打开一本族谱，迁移是最重要的历史记忆。因此，作为一个历史悠久的移民性族群，对客家的研究有助于丰富我们对中华民族历史的理解，深化我们对中华民族统一多民族共同体的深刻认识。正如全国人大常委会原副委员长许嘉璐先生所说："客家文化可以说是中华文化的缩影、典型、样板，或曰范式，是中国人民献给人类的一份厚礼。保护、弘扬和创新客家文化，是客家之所急需，中国之所急需，世界之所急需。"因此，深入研究客家文化，既有着重要的理论价值，又具有重大的现实意义。

在这里回顾过往的客家研究，不仅是为了理清客家学之历史脉络，更是为了表达一个期望，即希望客家学研究可一路向前，而"客家研究新视野丛书"正是其中的浓墨重彩的一笔。该丛书由江西省2011协同创新中心、江西省首批高校人文社会科学重点研究基地、江西省首批非物质文化遗产研究基地赣南师范学院客家研究中心策划，旨在推出一批高质量、高水平的客家研究著作，选取当前客家学界一批中青年学者的最新研究成果，力图呈现研究论著视野的新颖性、理论的前沿性与文献资料的完整性和系统性，提升客家研究的理论水平，扩大客家学在国内外学术界的影响。

丛书的编者和作者相信，现阶段的客家研究不应该是宏大叙事风格下的、面面俱到的研究取向，而应该是通过具体事项、具体区域或具体个案的具体研究以表达出对客家问题的整体了解。因此，丛书的作者突破了过往研究试图通过某单一学科，如历史学或人类学，研究客家问题并将其置于学科分类体系之下的构想，而采取了跨学科的研究取向，而努力将各个学科的前沿理论与方法应用其中。文献分析法与田野调查方法、文字史料与口述史、共时性分析与历时性分析、社会结构范式与社会行动范式等在其中得到了应用，并有了极佳的切合点。虽然每一本书的研究问题、研究对象都可以说是相对独立的个案，但每一个个案却与客家研究整体把握相联系，立足于客家研究的整体关怀中。换句话说，每一位作者都是以具体区域、具体事项或具体个案的研究分析以回应宏大的客家问题，这个问题是历史学意义上的，是人类学意义上的，是普遍学科意义上的。

这一套丛书最大的意义在于：

第一，视野的新颖性，即由关注客家问题的"共同性"向"地方性"转变，同时将"结构"与"变迁"两个概念很好地结合在一起，从而关注到了地域文化、地方崇拜、社会经济变迁及族群问题等的动态过程。同时，丛书的作者已经认识到，客家研究不仅要阐述客家历史的客观性，而且要关注客家人在构建"客家"过程中的能动性，甚至要反思客家研究本身是如何在"客家"构建过程中被结构化及这种结构如何影响客家人的行动。

第二，理论的前沿性，即将历史学、人类学、民族学、民俗学、符号学、现象学及考古学等引入研究中；西方人类学领域的象征人类学理论应用于阐释如服饰、饮食、民居、音乐、艺术及信仰等具体的客家文化事项，族群理论应用于解释客家族群意识、形成、互动等问题；社会经济史领域的区域研究理论应用于地方社会变迁及构建等问题。与此同时，丛书作者采用了多种学科的理论与方法，并贯穿在研究过程之中。"深描"、"族群边界"、"结构过程"等前沿理论概念在丛书作品中也被不同程度地使用。

第三，文献资料的完整性与系统性，即突破以往研究只注重文字资料的使用，而开始采用口述史资料。丛书的作者没有枯坐在书斋里，而是开始接触具体的研究对象，进行实地调查，把"获得材料与死文字结合起来"。丛书作者结合使用田野调查与文献分析的方法，到具体的地域，采访地方精英与普通民众，收集地方文献与民间文书。由此，正式史料、民间文献与口述传说、民间表述等综合应用到客家研究的"全息信息"采集分析过程之中。

　　近一个世纪以来，世界范围内的客家研究由肇始阶段走向学科建设和蓬勃发展之时，研究成果已在梳理史料、论证源流、文化考究等方面颇有建树。然而，诸前辈研究之视野始终未有突破，学科界限依然清晰可见，且分散性的研究止于就事论事而未能形成理论体系。直至今日，客家研究仍未能对客家问题形成整体性、系统性的学术关怀。近年来，江西、福建、广东等地的中青年客家学者引入多个学科的前沿视角，收集多个领域的翔实材料，形成了一批深入讨论客家问题的成果与论著。赣南师范学院客家研究中心顺势而为，选取其中一些相对独立而又相互连贯的精品著作，组织出版"客家研究新视野丛书"，构建一个相对系统的客家研究丛书库，力图对客家问题形成整体性关怀。

　　此次出版的"客家研究新视野丛书"为第一辑，由曾志刚教授任主编，周建新教授任执行主编，本辑共有8部著作，其研究对象与时空范围涉及唐宋以来客家文化的多个面向。唐宋以来儒家文化开始在赣闽粤边区传播，邹春生博士著的《文化传播与族群整合——宋明时期赣闽粤边区的儒学实践与客家族群的形成》指出，儒家文化在赣闽粤边区的传播促使当地多元族群产生"文化认同"，从而形成"客家"共同体。宋元时期，汀州社会经济历经巨大变迁，靳阳春博士著的《宋元时期汀州区域开发与客家民系形成》提出，宋代闽西山区交通的发展促进汀州经济发展，而元初以来的畲汉联合抗元斗争促进族群融合又壮大了在南宋形成的客家民系。明中期以来，赣闽粤边界地区普遍经历"正统化"过程开始，黄志繁博士等合著的《明清赣闽粤边界毗邻区生态、族群与"客家文化"——晚清客家族群认同建构的历史背景》一书以赣南营前镇、粤东百侯镇为个案力证在晚清"客家文化"被建构成"中原正统文化"的历程中，"正统化"在其中起着重要作用。黄韧博士著的《神境中的过客：从曹主信仰象征的变迁看岭南客家文化的形成与传承》一书独辟蹊径，结合民间信仰、早期移民、族群互动与区域经济等方面，采用历史人类学、结构人类学和解释人类学等研究范式，并纳入历史学、政治学、社会学及区域研究的理论视角，深入研究了广东北部曹主信仰。在人类学整体性视阈中深入阐释了粤北地区宗教信仰的文化变迁与地方社会发展的密切联系，指出北江流域的商业活动带动曹主娘娘信仰的传播，同时神话系统内又整合了不同群体的流动、互动、融合及冲突的记忆。该著作以全球化视角与中国人在国外的在地化经验研究重新审视客家问题，可谓是客家学研究又一新的视野。

历史上，随着大批中原族群南迁至赣闽粤边区，当地社会经济得以迅速发展，国家统治及儒家文化亦纷至沓来，使得赣闽粤边区由"化外之地"转为"化内之地"，客家文化认同遂于此发轫。同时，交通的发展进一步增强了闽粤赣地区各个族群间互动与融合，文教的发展促进了客家文化形成。最终，客家人的自我认同在波澜壮阔的冲突与斗争中形成并不断得以发展壮大。其中，"客家文化"在一定程度上是在生态变迁和族群关系中借由赣闽粤边界地区普遍经历的"正统化"过程所建构的。然而，"客家"并非是一个恒定不变的范畴，其往往在与"他者"的互动过程中不断变化，且客家族群的世界性流动经验往往不折不扣地在超自然象征系统中呈现。总之，客家族群的形成既是一个自我认同的过程，也是"他者"所建构认知的过程。故此，上述四部著作是将"客家"置于族群认同与族群互动中，结合共时性研究与历时性研究、静态分析与动态分析，全方位地考察了客家族群形成与发展的过程及其内外因素。

同时，"客家研究新视野丛书"第一辑著作涵盖了对多种客家民俗文化事象的深入探讨。该丛书第一辑由曾志刚教授任主编、周建新教授任执行主编。周建新教授与张海华副教授将客家服饰置于客家文化历史脉络之中进行多视角、多层次的跨学科研究，其著《客家服饰的艺术人类学研究》完成了对客家服饰的视觉识别、行为识别及理念识别过程，并指出其属于"器物文化"、"活动文化"及"精神文化"的范畴，所呈现的是客家文化与精神特质。肖文礼博士对赣南地区礼俗仪式中的艺术行为和音乐活动进行分析，她在《岁时节日体系中的赣南客家仪式音乐研究》一书中提出，客家文化在岁时节日体系中是具化的事项，即具体的时空下借由祭祖、庙会、独有仪式及国家展演所呈现的族群情感与族群关系等。王维娜博士在具体的语境中考究了福建长汀客家山歌，写成《传承与口头创作：地方知识体系中的客家山歌研究》，认为长汀客家山歌未因演唱空间改变而消失，根本在于其地方性知识体系的传承，同时地方性知识中还蕴含着歌手演唱和创作的根源。温春香博士关注宋元以来赣闽粤毗邻区的族群认同与文化表述问题，其著《文化表述与族群认同——新文化史视野下的赣闽粤毗邻区族群研究》指出，明代闽粤赣毗邻区的大规模动乱及明中后期以来的社会重组导致文化表述的转变，即借用一套文化的逻辑和汉人的意识以达成历史书写，并与历史进程并驾齐驱促成族群身份认同。

服饰乃个体与群体进行自我身份标识的最直接手段之一，客家服饰在视觉、行为及理念上的差异，蕴含其中的往往是族群性的范畴，即客家族群所持的独特属性。而音乐作为沟通人与天地的神圣手段，仪式上音乐所呈现的是客家人的宇宙观、价值观、人生观及族群认同的观念，形成了一套客家人所共享的独特精神文化。同样，声音作为人与人之间交流信息与传承文化的载体，客家山歌体现了客家人的价值观、爱情观、历史观和社会观念，传承客家山歌的背后是对客家文化及其精神特质的传承。最后，客家族群区别于其他任何族群在很大程度上是借由历史及文本的书写所表述的，而现阶段所呈现的任何一种文化特质都是一种由文化表述所构建的文本。总的来说，上述四部著作将学科关怀转向民俗学，通过考察非常具体且物化的民俗，呈现出具体民俗作为文本的表象及其背后的文化意涵，展示了客家族群的"异"与"同"。

诚然，"客家研究新视野丛书"的每一著作都归属于"客家研究"这一大命题，既在一定程度上继承了前辈的研究成果，也在已有研究的基础上阔步前行，深入把握客家之意涵，拓宽研究客家之视野，明确探索客家之方法。客家人是一个既重视传承又注重创新的族群，坚守着其独有的族群文化特质，开放地流向于全球的每一个角落并吸收"他者"优异的文化特质而具有极强的生存力。随着全球化过程的推进，传统的客家文化与客家精神也在全球范围内生根发芽。因此，"客家研究新视野丛书"的出版必然对整体把握客家、了解客家，甚至对重新理解客家、建构客家都有着深奥而久远的意义。同时，该丛书力图建立一门独立的客家学学科，并超越地方性研究的范畴，而将其推向单一族群全球性流动研究的领域。我也衷心祝愿客家研究取得更多更大的成果。

中国正处在急剧的变迁之中，社会转型、文化转型成为重要的学术命题，笔者提出，中国从地域性社会向移民社会的转型就是其一。这就是随着人群流动的频繁,城市化的加速,那种单一人群构成的地域社会不复存在,而更多地表现为多人群多族群共生构成的移民社会。作为地域性特征明显的客家族群也正在经历着这一变迁,而这种经历、变化也对客家研究提出了新的挑战!

是为序。

2015 年春于康乐园

(周大鸣:长江学者特聘教授、中山大学社会学与人类学学院教授)

序

谢重光

  案头摆着邹春生博士即将出版的书稿《文化传播与族群整合：赣闽粤边区的儒学实践与客家民系的形成》，眼前却浮现春生当年负笈榕城，来我家里商量博士论文思路的情形。春生当时的想法是，在前贤与时彦研究客家的基础上，进一步探讨客家民系形成的问题。他感到文化在客家民系形成过程中的作用非常重要，他想用佛教在客家地区的传播作为一条主线，来统率客家酝酿、形成、发展过程中的各种问题。我对他说，佛教在客家人中的地位和作用没有那么高，客家人最重要的信仰还是道与巫。能在客家酝酿、形成、发展中起主导作用的文化还是儒家文化。经过反复切磋，春生接受了我的意见，由此就儒家文化与客家关系问题展开了漫长而艰辛的探讨。

  翻阅春生的书稿，我们看到，他很好地贯彻了自己的初衷，把赣闽粤边区的"王化"与"儒化"作为观察和解决问题的钥匙，建构起自己的一套论述体系。其所谓"王化"，是指边区的"峒蛮"、"山民"由化外之民变成编户齐民，纳税服役；所谓"儒化"，则是边区由"野"变"文"，接受了儒家教化，遵行儒家礼俗，因而蛮荒边远之地变为"邹鲁之乡"。而中原王朝的军事征服与行政推展，包括设治、建学、推行保甲与乡约、旌奖义举等，是边区"王化"与"儒化"的关键推动力。正是由于国家或王朝统治切实地深入到边区，边区才从"化外"转为"化内"，边民才从"暴民"、"乱民"转为"齐民"、"良民"，赣闽粤边区的族群整合才由以实现，客家民系才在这一块区域中逐步形成。

  春生这一套体系，基础是"客家是一个文化的概念，而不是血统的概念"，赣闽粤边区的多元族群融合固然有血缘的融合，但更重要的起关键作用的却是文化融合和整合。这里我们看到了春生对此前学界研究成果的吸收与继承。与前贤时彦相关理论不同的是，他特别注重国家政治、军事行为对边区族群文化融合与整合的作用。事实上，多元族群之间的融合，固然有族群接触自然发生和演进的情况，国家权力的介入却是使其融合加速进行的不可或缺的力量。至于多元族群之间的有序整合，更离不开国家权力的干预与引导。由此我们看到了春生的创新。此外，在客家民系形成的标准与具体时间问题上，春生也提出了自己的新见，也是一种创新。春生本是一个性格活泼、思想活跃之人，追求创新应是他的本性决定了的，经过多年的努力，他也确实实现了创新的愿望，为学界作出了贡献。

当然，关于国家权力在赣闽粤边区族群融合与整合中的作用，前贤时彦也不是没有论及。关于国家权力进入赣闽粤边区并不断深化的方式、途径和办法，以及各阶段的效果，有的论述可能比春生本书的论述更具体深刻，只不过没有标举"王化"、"儒化"的字眼而已。春生对此注意不够，应是读书不细所致。本书在文字表述与论证的严密、简洁方面，也还有提高的空间。因此，通览书稿，掩卷沉思，我们既由衷地祝贺春生在学术的道路上迈出了坚实的一步，取得了可喜的成绩，又对他今后的更大进步和发展充满期待。

是为序。

内容简介

本书从文化传播学的视野，以历史文献为主，结合考古资料和田野调查，考察了9—18世纪中原王朝政权和儒家主流文化对赣闽粤边区的渗透和传播的历史轨迹，揭示了赣闽粤边区的社会变迁与客家族群文化形成的内在逻辑；阐述了国家权力在赣闽粤边区的社会变迁和客家族群文化形成过程中所起的作用；并引用文化学的理论，对客家族群的汉民族属性作了学理上的分析。本书认为，随着唐宋以来我国古代经济重心的南移和大庾岭—赣江通道的开凿，赣闽粤边区的经济和交通地位日益上升并吸引了大量外来人口。外来人口的大量迁入，却又导致这一地方出现长期的社会动乱。为了维护赣闽粤边区的社会稳定，确保国家对这一地区的控制，中央政府通过军事、政治和文化措施，加强了对这里的控制和管理，实现了中央政府对这里的直接统治。中央政府的这些统治措施也推动了儒家文化在赣闽粤边区的广泛传播，并对客家族群文化的形成，具有深远意义。尽管客家文化体系包含了多元族群文化因子，但以儒家思想为核心的中原汉族文化则是该文化体系的主导文化。这种文化结构既是国家主导下儒家文化在赣闽粤边区广泛传播的结果，也是我们今天判断客家族群民族属性的重要依据。

目 录

绪论 …………………………………………………………………… 1
    一 本书的问题意识 ………………………………………………… 1
    二 本书的学术史回顾 ……………………………………………… 9
    三 本书的主要概念、研究方法、资料和内容框架 ………………… 31

第一章 赣闽粤边区的地理与人文环境 ………………………………… 1
  第一节 赣闽粤边区地理环境的特点及其对区域开发的影响 ……… 1
  第二节 隋唐以前赣闽粤边区的族群结构和社会发展 ……………… 6
    一 隋唐以前赣闽粤边区的族群结构 ……………………………… 6
    二 隋唐以前赣闽粤边区的经济开发 ……………………………… 21
    三 酋豪持政——隋唐以前中央政权在赣闽粤边区的
       脆弱统治 …………………………………………………………… 26
  第三节 唐宋以来赣闽粤边区战略地位的骤升 ……………………… 28
    一 古代经济重心的南移与赣闽粤边区经济地位的提高 ………… 29
    二 赣江—大庾岭通道的开凿与赣闽粤边区战略地位的
       提高 ………………………………………………………………… 33

第二章 军事征略与文化传播
    ——赣闽粤边区的社会动乱与中央政府的应对措施 ………… 42
  第一节 唐末至明清时期赣闽粤边区的移民运动与社会动乱 …… 42
    一 唐末至明清时期赣闽粤边区的移民运动 …………………… 42
    二 宋至明清时期赣闽粤边区的社会动乱 ……………………… 56
  第二节 官方对赣闽粤边区社会动乱的军事应对措施 …………… 70
    一 加强军事防御 ………………………………………………… 70

二　实行招抚 …………………………………………………… 78
　　　三　军事征剿 …………………………………………………… 81
　第三节　中央政府的军事征略对赣闽粤边区族群融合和文化
　　　　　传播的意义 …………………………………………………… 84
　　　一　战争促进了赣闽粤边区的人口迁移和族群融合 ……… 85
　　　二　军事征抚促进了赣闽粤边区的文化传播 ……………… 93

第三章　政治实践与文化传播
——中央政府强化对赣闽粤边区基层社会的控制 ………… 101

　第一节　增设行政区划 …………………………………………… 101
　　　一　唐宋至明清时期赣闽粤边区增设行政区划的概况 …… 101
　　　二　关于赣闽粤边区不同时期增设县治的方式及其
　　　　　原因之探讨 ……………………………………………… 105
　第二节　加强基层组织建设 ……………………………………… 115
　　　一　建立乡里制度 ………………………………………… 116
　　　二　推行保甲制度 ………………………………………… 123
　第三节　政治实践对赣闽粤边区文化传播的意义 …………… 142

第四章　文化实践与文化传播
——儒家文化在赣闽粤边区的广泛传播 …………………… 152

　第一节　由"重治"到"重教"：宋明儒学的学术转变及其对
　　　　　重建社会秩序的意义 …………………………………… 152
　　　一　宋明儒学复兴的历史背景 …………………………… 152
　　　二　宋明理学发展的简要脉络 …………………………… 154
　　　三　由"重治"到"重教"：宋明儒学的学术转变及其
　　　　　对重建社会秩序的意义 ………………………………… 158
　第二节　学校与科举：儒家文化在赣闽粤边区的直接传播 …… 165
　　　一　学校与科举：赣闽粤边区推行学校教育的概况 ……… 165
　　　二　"养士"与"化民"：赣闽粤边区推行学校教育的
　　　　　旨趣 ……………………………………………………… 176
　　　三　赣闽粤边区推行学校教育的意义 …………………… 185
　第三节　义举与旌奖：儒家道德价值观念

    在赣闽粤边区的构建……………………………………… 194
   一 我国古代旌奖制度的发展……………………………… 195
   二 赣闽粤边区的旌奖实践………………………………… 199
   三 旌表制度与赣闽粤边区儒家伦理秩序的构建：以明清时
    期赣闽粤边区地方政府对"五世同堂"的旌奖为例 … 207
  第四节 "以神道设教"："国家"对赣闽粤边区民间信仰的
    控制……………………………………………………… 220
   一 儒家思想的神道观和赣闽粤边区的神灵祀典化………… 220
   二 "国家"对赣闽粤边区民间神灵信仰的控制…………… 232
   三 儒家文化传播对赣闽粤边区民间信仰的影响：
    以南康刘氏女由人入神的事迹为例…………………… 243

第五章 文化传播与族群整合
  ——赣闽粤边区的社会变迁与客家民系的形成……… 253

  第一节 从"化外"到"化内"：唐宋以来赣闽粤边区的
    社会变迁和中原王朝统治在赣闽粤边区的深化……… 254
   一 唐宋以来赣闽粤边区社会经济的变迁…………………… 254
   二 唐宋以来中原王朝统治在赣闽粤边区的深化…………… 259
  第二节 宋元以来儒家文化在赣闽粤边区的传播与接受……… 266
  第三节 宋元以来赣闽粤边区客家民系的形成………………… 276
   一 赣闽粤边区多元族群之间的人群融合…………………… 277
   二 赣闽粤边区多元族群之间的文化融合…………………… 282
   三 赣闽粤边区客家民系形成的时间………………………… 287

结 语………………………………………………………………… 296

  一 地域·移民·国家：赣闽粤边区儒学文化传播和
   客家民系形成的内在逻辑………………………………… 296
  二 文化认同：客家民系族属性质的判断依据……………… 307

参考文献……………………………………………………………… 315

后 记………………………………………………………………… 347

绪 论

一 本书的问题意识

本书力求解决两个相互关联的问题：一是儒家文化如何在赣闽粤边区传播并对该区域产生何种影响；二是客家民系如何产生以及它与儒家文化传播的关系。

先来谈谈第一个问题，即儒家文化如何在赣闽粤边区传播并对该区域产生何种影响。

儒学是中国传统文化的主流，宋明时期正是中国儒学历经魏晋南北朝时期的衰落之后再度复兴并走向繁荣的重要历史时期。关于宋明儒学的研究，历来是我国学术研究的重要对象，并产生了非常丰富的成果。这些成果为我们了解宋明儒学的发展历史及其所取得的哲学成就，提供了极其重要的资料。然而，纵观学者对儒家文化的研究，也存在两个明显的不足：

一是忽视对儒学实践的研究。长期以来，学者对宋明儒学的研究，往往大多是从哲学的角度，对儒学经义予以周详的辨析，或是出于学者的历史责任感，对社会转型时期传统儒学如何适应现代化的问题，表达了高度的关注并进行了合理的设计，而忽视了对儒家学者把哲学思考付诸政治和社会实践活动的研究。诚如余英时先生在《朱熹的历史世界：宋代士大夫政治文化的研究》序言中所云："在一般哲学史或理学史的论述中，我们通常只看到关于心、理、气等等观念的分析与解说。至于道学家的政治思想与政治活动，则哲学史家往往置之不论。"[①] 这种对历史背景和具体

---

① 余英时：《朱熹的历史世界：宋代士大夫政治文化的研究》自序二，生活·读书·新知三联书店2004年版，第11页。

实践研究的缺失，不仅难以展现传统儒学在古代社会中的全部意义，同时也使儒学研究本身很难取得实质性的突破。

二是忽视对宋明儒学在地域社会的传播及其影响的研究。作为传统社会的主流文化，以往学者对宋明儒学的研究，重点在于它对整个传统社会的影响的研究，尤其重在它对国家制度和国家发展的研究，而相对而言，却少有对儒学在地域社会的传播及其影响的研究。这种研究状况，使我们对宋明儒学作为一种主流文化，它对地方社会所应具有的作用，及其这种作用的发生机制的了解，至今还不甚明了。地处三省交界的赣南、闽西和粤北地区，与宋明儒学的关系十分深厚，该区域曾经是周敦颐、程颐、程颢、朱熹、王阳明等著名理学大师及其弟子做官、讲学或长期生活的地方。他们在这一地区的学术传播和政治实践活动，使这里的地方社会变迁深深地烙上了宋明理学的印痕。尽管赣闽粤边区与宋明儒学之间有着如此深厚的渊源关系，然而关于儒学在赣闽粤边区的传播及其对该区域的社会变迁和地域文化的影响，至今鲜有学者对此做过系统的研究。

因此，在本书中，笔者拟从文化传播的角度，以儒学的政治实践为研究主题，把儒学研究与社会史研究结合起来，对宋明儒学在赣闽粤边区的传播，以及对地方社会的深刻影响进行系统研究，将有助于我们以小见大，把握宋明理学发展的内在脉络，了解儒家学者的政治实践，探究儒学的传播与地方社会变迁的互动关系。

再来谈谈本书将要关注的第二个问题，即赣闽粤边区客家民系是如何产生的，以及它的产生和发展与儒家文化的传播存在什么样的内在逻辑关系。

但凡学者一提到赣闽粤毗邻区的族群问题，都绕不开"客家"这一话题。关于"客家"问题的探讨，学者关注已久，如果从嘉庆十三年（1808年），惠州丰湖书院掌教徐旭曾对门人阐述客家人在族群来源、语言、习俗等方面与广府人的差异及其原因开始算起，至今已超过200年的历史了。期间，关于客家研究的成果汗牛充栋，而20世纪30年代罗香林先生所撰写的《客家研究导论》一书，堪称为客家研究的标志性成果，基本上奠定了客家研究的范式和内容，对后来数十年乃至现在的客家研究，都有着十分重要的影响。

罗先生对客家问题的研究其着力点主要在于论证客家族群的源流和族属性质。他在《客家研究导论》一书的开篇就写道："南部中国，有一种富有新兴气象、特殊精神、极其活跃有为的民系，一般人称他们为'客家'，他们自己也称为'客家'。他们是汉民族里头一个系统分明的支派。"① 为此，他花了重大笔墨阐述了北方汉人从西晋永嘉之乱一直到清代后期的五次大迁徙，以证明客家民系与北方汉人的血统联系。然后又用很大篇幅罗列了客家人在语言、文教和人文性格方面的特点和表现，以突出客家族群的汉民族属性。罗香林先生在此书中开创了客家研究的基本范式②，在后来很长一段时期内，学者无论在研究内容还是在研究方法上，基本上都沿用罗香林先生所开辟的这种研究模式。

毋庸讳言，尽管罗香林先生开创的这种研究范式具有划时代的意义，但随着研究的不断深入，新资料的不断发掘，罗香林研究范式中所存在的不足也日益显露。择其要者，有以下三点：

一是过分强调移民运动的作用，忽略了赣闽粤边区本身的区域环境和族群结构对客家民系形成的巨大影响。客家民系是在赣闽粤边区内所形成的新的族群，作为一种极具地域特色的族群，赣闽粤边区本身所具有的区域环境和族群结构必然对客家族群文化的产生发挥巨大的作用和影响。正如学者所云："单纯从北方汉人南迁的角度，是无法彻底厘清客家人的来龙去脉的。如果辩证地看问题，除了北方汉人南迁这一基本线索之外，南方各地的自然地理条件、区域开发的次第、原住民的构成等，恐怕都是形成汉语各南方方言群的重要因素。"③ 实际上，赣闽粤边区是客家族群文化得以形成和发展的历史场所，也是客家人生产生活的现实舞台。该地区原有的土著族群也是客家族群的重要来源，这里的地理环境、社会状况、经济开发、文化教化等方面的发展和变化，都会对客家族群的形成和发展产生重大的作用和影响。然而在罗香林关于客家源流和历史的研究中，忽略了对赣闽粤边区本身的族群结构和区域环境的研究，而过分强调了客家族群中南迁汉人的迁徙历史，给人以客家民系完全是移民运动的产物的强烈印象。只重视对客家族群的迁移历史的研究，而忽视对客家族群生活场

---

① 罗香林：《客家研究导论》，(台北) 南天书局1992年版，第1页。
② 罗香林先生所开创的客家研究的基本范式，主要表现在：以移民史为研究视角，以论证客家民系的族属性质作为研究旨归，以血缘联系作为界定客家民系族群性质的主要标准，以族谱文献和调查访问为主要的研究资料，以探讨族群源流史和罗列族群文化特征作为主要的研究路径。
③ 王东：《那方山水那方人：客家源流新说》，华东师范大学出版社2007年版，第4页。

域的历史变迁的研究，这不能不说是罗香林先生在客家研究中所表现出来的一大学术缺陷。

二是过分强调移民运动的作用，忽略了"文化传播"对赣闽粤边区社会变迁和客家民系形成的巨大影响。客家民系的形成是赣闽粤边区多元族群长期交流和融合的结果，这个民系得以最终形成，乃在于生活在这一区域的各个族群逐渐产生了共同的文化认同。而这一文化认同的产生，乃是文化传播和整合的结果。推动文化传播和文化整合的因素很多，如战争、行政干预、学校教育、移民运动等，客家民系和客家文化的形成乃是众多合力共同作用的结果。而罗香林先生在探讨民系形成的原因时，坚持移民史的研究角度，虽然提出了"外缘"、"天截"、和"内演"三个因素，但因为几乎完全忽略了"文化传播"的作用，尤其是忽略了"国家"的作用，所以导致他把客家族群的形成，看作北方汉人与南方土著之间的自发交流和融合的结果。这也不能不说是罗香林先生客家研究中的又一缺陷。

三是在论证客家民系的族属性质时过分强调血统因素，而忽略了文化认同的作用。罗香林先生对客家的研究，秉承了我国学术研究中"经世致用"的这一史学传统。针对当时客家族群的族属性质遭到严重歧视的状况，身为客家人的他，企图通过学术研究来改变人们对客家族群的不正确认识。[①] 为了达到这一目的，他在研究中极力论证客家民系与中原汉族的血统关系。因此他首先就预设了"客家是北方汉人南迁的结果"这一前提，然后从族谱等文献中寻找材料来论证。这种预设前提、由果推因的论证方法，自然难免出现明显的主观性和片面性。[②] 我们知道，判定一个族群的民族属性，主要看是否具备共同地域、共同经济生活、共同语言和共同的心理素质，在这四个因素中，共同的心理素质尤为重要，它是维系一个民族存在最深沉的因素，即使其他三个因素都不存在了，这一因素依然还能发生作用。[③] 人类学也强调，共同的文化认同乃是一个族群形成的

[①] 张卫东：《客家文化》，新华出版社1993年版，第5—10页。
[②] 对于罗香林先生在客家研究中的主观性和片面性，他的导师、著名史学家、教授朱希祖先生亦有所揭示，他在为罗氏论著所写的序言中就曾说："余弟子兴宁罗君香林，始为《客家研究导论》一书，……虽稍涉主观，用以策励客家，保其所长，不可妄自菲薄，亦作者苦心孤诣之所在。"参见罗香林《客家研究导论》，（台北）南天书局1992年版，第2页。
[③] 彭英明主编：《新编民族理论与民族问题教程》，中央民族大学出版社1995年版，第27—30页。

重要标志，族群之间的根本差别是文化差别，共同的文化特点是族群认同的客观现实基础。① 文化认同的内容十分广泛，血缘认同仅仅只是其中的一个部分。客家民系之所以被判定为汉民族的一个支系，主要是在语言、伦理道德和价值观等方面，与中原汉族有着高度的一致，而罗香林先生过分强调客家民系与中原地区的血统关系，却没有看到其他文化在客家族群形成中的作用，这又不能不说是他在客家研究中的又一缺陷。

当然，上述罗香林先生研究不足的产生，有其特殊的时代因素②，他对客家研究的巨大贡献，也是不容置疑的。然而，上述不足之处的存在，也说明了要圆满解答"客家是汉民族的一个支系"这一既有深远学术意义且又具有重大现实价值的学术命题，必须走出罗先生所开创的专注于移民运动和血统渊源的研究路径和范式。

实际上，对于罗香林先生在研究中存在的不足，已经有一些学者进行了努力修正。例如，厦门大学陈支平教授通过比较研究后得出，在客家族群中，有大量的人是从土著族群中汉化而来，并且也存在南迁汉人演化为非客家族群。③ 这一研究成果揭示了罗香林先生把"来自中原"作为"客家人"重要特征的错误做法，在一定程度上否定了罗香林所提出的"客家是中原汉人南迁的结果"之观点。梅州嘉应学院客家研究所的房学嘉先生几乎完全否定了罗香林"客家是中原汉人南迁的结果"的观点，他认为构成客家民系的主体应该是南方本土人。④ 华东师范大学王东教授则运用语言学的理论，紧紧抓住客家方言这个"最能代表客家这个群属本质特征的"文化因子，用"方言群"这个概念重新界定"客家"的定义。与陈支平和房学嘉两位教授相比，王东教授已完全跳出了"血统论"的窠臼，他对"方言群"概念的使用，是对罗香林观点的部分纠正，也是一种新的理论创造。⑤

---

① 庄孔韶：《人类学通论》，山西教育出版社2005年版，第339—357页。
② 罗香林先生在客家研究中强烈的主观主义的产生，显然是受到了两种思潮的影响：一是19世纪末开始兴起的"爱国保种"的社会思潮，使许多学者投身到对汉民族的精神特质研究，以期唤醒民众对国家和民族的希望。二是19世纪中后期以来客家人受到了不公正的待遇，具有客家人身份的罗香林，在族类意识的驱使下，希望通过研究来改变人们对客家人的极其片面的认识。参见邹春生《文化多元与文化认同：对客家族群的民族属性的再思考——兼识罗香林先生的客家汉族论》，载肖文评《罗香林研究》，华南理工大学出版社2008年版，第449—510页。
③ 陈支平：《客家源流新说》，广西教育出版社1997年版，第123页。
④ 房学嘉：《客家源流探奥》，广东教育出版社1994年版，第2—3页。
⑤ 王东：《那方山水那方人：客家源流新说》，华东师范大学出版社2007年版，第35—36页。

在学者对罗香林理论的修正中,我们必须重点提及谢重光先生的贡献。20世纪80年代当客家研究刚刚在大陆兴起的时候,他以高度的学术敏锐性,率先投入到其中,凭着其深厚的史学功底,对客家问题进行了系统且又深入的研究。关于"客家"的界定,他受史学大师陈寅恪先生"以文化定胡汉"的民族观的启发,在1995年就提出了"'客家'是一个文化的概念,而不是一个种族的概念"这一观点:

> "客家"是一个文化的概念,而不是一个种族的概念,因为种族的因素——即自北方南移的大量汉人固然是形成客家的一个因素,但单有南移的汉人还不能形成"客家",还有待这批南移汉人在某一特定的历史时期,迁入某一特定地区,以其人数的优势和经济、文化的优势,同化了当地原住居民,又吸收了原住居民固有文化中的有益成分,形成了一种新的文化——迥异于当地原住居民的旧文化,也不完全雷同于外来汉民原有文化的新型文化,那么这种新型文化的载体——一个新的民系,即客家民系才得以诞生。[①]

这一观点的理论突破之处,在于提出了界定"客家"的新标准是"文化",而不是"血缘"。他认为"客家"是一个文化的概念,而不是一个种族的概念,并且还明确提出形成客家的族群来源不止中原汉族,还有当地的"原住居民"。当然,谢重光先生当时在阐述"客家"是一个"文化的概念"而非"种族的概念"时,他还是站在汉族中心论的角度,强调南移汉人的"人数"、"经济"、"文化"等优势,使他们得以"同化"当地人。时隔十三年以后,他对自己的这一理论又作了修正,提出:

> 客家是汉族在南方的一个民系,它是在汉族对于华南地区[②]的经略基本完成,越海系、湘赣系、福佬人和广府人诸民系业已形成的情况下,继续向闽粤赣交界山区经略的结果。约略从唐代

---

① 谢重光:《客家源流新探》,福建教育出版社1995年版,绪论,第12页。
② 本书所谓华南,与20世纪国家一度设立的华南区并不对应,而是按照民族学者和人类学者的习惯,特指江西南部(赣南)、福建、广东、广西等省区。由于客家人的基本住地在赣闽粤边山区,所以我们在华南的范畴里特别关注闽粤赣边的情况。

中叶安史之乱始，以江淮汉人为主体的北方汉人源源南迁，与闽粤赣交界区域的百越种族及盘瓠蛮等业已生活在这一区域的南方民族，经过长期的互动和融合，至南宋时彼此在文化上互相涵化，形成了一种新的文化——迥异于当地原住居民的旧文化，也不完全雷同于外来汉民原有文化的新型文化，这种新型文化就是客家文化，其载体就是客家民系。客家民系是一个文化的概念，而不是种族的概念。使客家人与其他民系或其他族群相区别的完全是文化的因素，而非种族的因素。参与融合的南迁汉人、百越种族和盘瓠蛮等南方民族都是客家先民，他们原有的文化都是铸造客家新文化的重要构件。客家民系在南宋初步形成以后，元明两代又有重大发展，约略至明末清初，其分布格局才基本稳定下来，其独特方言、独特风俗、独特社会心理及族群性格才充分发展成熟。①

相对于先前提出的观点，他对构成客家重要来源的"原住居民"有了更加清晰的表达，同时，也摒弃了中原汉族中心论的立场，不再坚持原先所强调的南移汉人在"人数"、"经济"、"文化"等方面的优势，而是改用"涵化"代替"同化"②，以突出不同文化之间的交流和互动。很显然，谢重光先生关于"'客家'是一个文化的概念"的提出，也是对罗香林的"血统论"的直接否定。

上述四位学者的研究成果是众多学者修正罗香林"血统论"的杰出代表，其他言论几乎都未走出这四位学者言论的左右。然而，如果认真审视这四位学者的研究，也会发现他们并没有完全解决上述罗香林研究中所存在的问题：

首先，这些学者同样没有解决客家民系的民族归属问题。罗香林的本意是要论证客家的汉民族属性，而在陈支平、王东和房学嘉的研究中，对客家的民族归属问题避而不谈。谢重光虽然批判了罗香林从血统上界定客家的汉民族属性的做法，提出了"客家是一个文化的概念"、"使客家人

---

① 谢重光：《客家文化述论》，中国社会科学出版社2008年版，第23—24页。
② 涵化与同化是文化学中常用的概念，涵化指异质的文化接触引起原有文化模式的变化，实现"你中有我，我中有你"的文化共生的过程；同化则指不同文化单位融合成一个同质文化单位，实现"合二为一"的文化融合的过程。

与其他民系或其他族群相区别的完全是文化的因素,而非种族的因素"等重要的观点,但却并没有对如何从文化上对客家民系的民族属性进行界定这一问题作进一步的探讨。

其次,这些学者依然忽略了对儒家文化在赣闽粤边区的广泛传播,以及"国家"力量在赣闽粤边区的逐步深化,对客家民系形成产生重要影响的关注。尽管学者提出了客家的来源不仅仅只有北方汉族,还有百越后裔、畲瑶等南方土著居民,但在这些南北人口的融合过程中,这些学者几乎都没有注意到唐宋以后中原王朝势力在赣闽粤边区的逐渐深化,以及作为国家主流文化的儒家文化在赣闽粤边区的广泛传播,给该地区的社会变迁、族群整合所产生的巨大影响。这就使旧有的客家是移民运动的结果这一错误观点仍然没有得到完全的纠正。

最后,这些学者在很大程度上依然没有脱离罗香林所开创的移民史研究路径。尽管上述学者在理论上对罗香林先生的"血统论"提出了重大挑战,但在研究方法上,却基本还是沿用了罗香林先生所开创的移民史研究方法。即使像谢重光先生这样的学者,虽然在理论上完全推翻了"血统论",但在研究路径上,却依然还保留了比较浓厚的移民史研究痕迹。由于研究路径没有突破,这就使得他的研究深度大打折扣。

尽管上述学者的研究还存在诸多不足,但他们所取得的巨大成就还是给了后来学者以重要启发。尤其是谢重光先生提出"客家是一个文化的概念"、"使客家人与其他民系或其他族群相区别的完全是文化的因素,而非种族的因素"等重要观点,引导笔者思考应该跳出移民史研究的范式,改变原先从"血缘认同"的角度,转而从文化传播的角度,来探讨"文化认同"对界定"客家"的民族属性。故而本书选择"文化传播与族群整合:赣闽粤边区的儒学实践与客家的形成"作为本书研究的题目,拟从文化传播的角度,把客家民系的形成放置到赣闽粤边区的地域社会变迁的历史场景进行考察,并紧紧抓住"国家"势力和儒家文化在这一地区的进一步深化和广泛传播这两个关键因素,并引用相关的文化学理论,对客家民系的形成及其族属性质作一系统阐述和分析,以期对客家研究的深化有所裨益。

二 本书的学术史回顾

本书的主题是研究文化传播视野下的赣闽粤边区的儒学实践和客家民系的形成及其两者的关系。围绕这一主旨，我们在此先对相关的研究成果作一简单的学术史回顾。学术回顾分为三个部分：一是关于宋明儒学的传播及其对赣闽粤边区的影响的研究，二是关于"国家"在赣闽粤边区的权力表达以及地域社会变迁的研究，三是关于客家民系形成及其族属性质的研究。现将各部分的研究概况简介如下：

（一）关于宋明儒学的传播及其对赣闽粤边区的影响的研究

儒学是中国传统文化的主流，历来是我国学术研究的重要对象，其中关于儒家实践及其对地域社会的影响的研究，也日益受到海内外学术界的重视。

日本学者小岛毅在《中国近世における礼の言説》一书中，从实践性角度考察了儒家学者从12—16世纪在中国社会贯彻实施"礼"制的实践。[①] 伊东贵之在《从"气质变化论"到"礼教"——中国近世儒教社会"秩序"形成的视点》一文中论述了宋明理学的转变与中国社会秩序的变革。[②] 美籍华人余英时先生在《朱熹的历史世界：宋代士大夫政治文化的研究》、《士与中国文化》等书中，强调了儒家知识分子在实践儒家思想方面的努力。[③]

在国内，这方面的成果也日益增多。刘德增先生主编的《儒学传播研究》一书辑录了35篇海内外专家、学者对儒学传播研究的代表性论文、论著，为我们了解20世纪儒学传播研究基本风貌提供了便捷途径。[④] 何成轩先生的《儒学南传史》一书也是儒学传播研究的典范，该书系统地论述了儒学在两广、海南及越南的传播发展历史，发掘了儒学南传史上

---

① ［日］小岛毅：《中国近世における礼の言説》，东京大学出版会1996年版。
② ［日］伊东贵之：《从气质变化论到"礼教"——中国近世儒教社会"秩序"形成的视点》，载［日］沟口雄三、小岛毅《中国的思维世界》，孙歌等译，江苏人民出版社2006年版。
③ 余英时：《朱熹的历史世界：宋代士大夫政治文化的研究》，生活·读书·新知三联书店2004年版；《士与中国文化》，上海人民出版社2003年版。
④ 刘德增：《儒学传播研究》，中华书局2003年版。

的众多人物，揭示了南传儒学的表现形态及其特征。① 李健胜的《儒学在青藏地区的传播与影响》一书以历史上儒学在青藏地区传播的条件、方式及其影响为研究对象，以两汉至晚清为时间范围，以青藏地区为空间界域，以方志材料中的相关记载为基础，结合儒学发展史的一般状况，较系统地梳理了儒学在青藏地区的传播历程，并在儒学及其文化传统的地域表现、国家与地方社会关系这两个学术框架内，较系统地研究了儒学对青藏地区各民族政治、宗教、伦理观念及文化教育等方面的影响②。夏增民博士的《儒学传播与汉晋南朝文化变迁》一书，则从历史学的角度，阐述了两汉至南朝时期儒学如何与政治相结合，通过官学和私学传授的教育体系，诏书和法律的公布、流传，政府遣员循行地方，政府对儒学价值的标榜等渠道，加速在社会中的传播，并使儒学逐渐成为共同的社会价值观。③

在儒学传播研究中，学者比较关注儒学在少数民族地区的传播。例如，《儒家道德文化在少数民族地区的传承及特征》一文从整合性、超越性、民族选择性及多样性等方面探讨儒家道德文化被接纳的程度，从差异中体现儒学的外在驱动与少数民族文化内在结构适应性的变迁的交融和互动，他们认为其总的特征是："儒家道德文化被接纳的程度因民族不同而不同，甚至在同一民族中传承了不同层次的儒家道德文化。"④《儒学与我国少数民族哲学和文化的交融互动》一文从历史上儒学对南、北、西三部的少数民族哲学文化的影响出发，探讨了中华文化的融合过程，认为这种融合不但进一步扩大了儒学的影响还促进了少数民族哲学和文化的提高与发展，同时也增强了民族的大团结，形成各民族的认同感。⑤ 此外，王瑞平的《明清时期云南的人口迁移与儒学在云南的传播》、李昌礼的《论明清时期贵州民族地区的儒学与儒学传播》、张燕辉的《儒家文化在青海少数民族地区的传播及其影响》、韦启光的《儒家文化对贵州少数民族文化的影响》等文，以儒学在具体的民族地区的传播途径、产生的影响及

---

① 何成轩：《儒学南传史》，北京大学出版社2000年版。
② 李健胜：《儒学在青藏地区的传播与影响》，人民出版社2012年版。
③ 夏增民：《儒学传播与汉晋南朝文化变迁》，华中科技大学出版社2009年版。
④ 杨志玲、盛美真：《儒家道德文化在少数民族地区的传承及特征》，《云南大学学报》（哲学社会科学版）2009年第3期。
⑤ 杨翰卿：《儒学与我国少数民族哲学和文化的交融互动》，《哲学研究》2011年第11期。

现行文化的特点为分析对象，探讨民族文化的融合。①

在儒学传播的过程中，"地域化"的问题是众多学者比较关注的问题。所谓"地域化"，至少包含了两个方面的意思，一是儒学传播的地域差异，即地理上的分化；二是强调儒学由官学渗透入民间的事实——尤其是在民间的形态，即，与中央和整体性相对的"地方化"。关于儒学地域化研究典范，当数杨念群的《儒学地域化的近代形态：三大知识群体互动的比较研究》一书，该书提出关于"儒学地域化"的解释体系，将广东、湖湘、江浙三地的学人或知识分子，视作三个具有独立形态的知识群体，通过研究儒学从官方的意识形态转化为民间的思想资源这一复杂的过程，展示了不同的儒学形态对知识分子言行的影响。②《儒家思想与地域文化》一书也涉及儒学的地域化问题，该书以明清时期深受儒家思想浸润并带有鲜明地域特色的滇籍言官群体为研究对象，考察这一群体对当时政治和民间社会的巨大影响，向读者展示了探讨儒学与地域文化之间的深层次关系。③ 其后，杨念群又撰写了《"儒学地域化"概念再诠释——兼谈儒学道德实践的若干形态》一文，再次对"儒学地域化"概念予以阐释，认为儒学之所以在古代世界中具有生命力和价值，在于其具有解决实际世俗事务的能力，其核心价值就在于卓越的"政治性"。儒家学说的兴衰与其"政治性"的强弱密切相关，儒家正是依靠其"政治性"，获取了自己在上层和民间的合法地位。儒学在宋代以后出现了一个"地域化"的过程。在地域化过程中，虽然还是保留了一些共通的准则，但受地区具体历史境况的影响，又使儒学带有明显的地域指向。这种指向不仅形成了不同地区的儒者对儒学理解的差异性，同时也往往决定了某一地区的儒者对政治的不同理解和由此采取不同的行动策略。这种风格的差异性也影响到了区域儒学格局的形成与变化，甚至影响到了近代中国的文化布局。④

---

① 王瑞平：《明清时期云南的人口迁移与儒学在云南的传播》，博士学位论文，中央民族大学，2004 年；李昌礼：《论明清时期贵州民族地区的儒学与儒学传播》，《贵州民族研究》2014 年第 7 期；张燕辉：《儒家文化在青海少数民族地区的传播及其影响》，《青海师范大学学报》（哲学社会科学版）2010 年第 6 期；韦启光：《儒家文化对贵州少数民族文化的影响》，《贵州社会科学》1996 年第 3 期。

② 杨念群：《儒学地域化的近代形态：三大知识群体互动的比较研究》，生活·读书·新知三联书店 1997 年版。

③ 曾毅、程得中、王义：《儒家思想与地域文化》，四川大学出版社 2012 年版。

④ 杨念群：《"儒学地域化"概念再诠释——兼谈儒学道德实践的若干形态》，《清华大学学报》（哲学社会科学版）2010 年第 3 期。

程民生在《学术的地域演变与儒学的地域化》一文中，也对宋代儒学的地域化问题作了专门探讨，认为汉唐时期儒学自确立为封建统治思想之后，长期保持着官方一元化。官方对儒学的垄断，使儒学日趋僵化，难以适应已经起了剧烈变化的社会现实。唐末五代以来，传统的伦理纲常受到严重冲击，官方的儒学垄断削弱，随着地域文化的发展，宋代儒学摆脱了官方超地域的一统，主要由分散的地方思想家自由阐发，分别以不同的地域界线形成各自学说。门户派别之分，主要形式就是地域之分。以地名命名学派，表明其学派是地域文化的产物或与地域文化有不同程度的关系。宋代儒学的地域化及派别的争论、交流、融合，极大地丰富发展了儒学思想。① 此外，还有一些学者在论文或论著中也对儒学的地域化问题进行了专门论述。②

值得一提的是，针对学术界儒学地域化研究中，出现了儒学研究逐渐向地方社会史研究的倾向，陈来先生特地撰写专文予以批评，认为在思想史领域强调或偏重儒学研究中的小单位地域性的重要性，而忽视儒学分布的统一性和儒学思想的普遍性，是一种片面的做法；强调宋明儒学的主要学派都不是地域性的学派，也不能归为某种地域的需要或地方社会结构的反映；夸大地方性社会结构对文化思想的作用，把学术派别全归为地方社会利益的反映，把这种研究与对思想本身的研究对立起来，从而排斥对思想本身的哲学研究和分析，这种倾向是不值得提倡的。③

在儒家文化向地域社会传播研究过程中，有些学者也关注到了宋明儒学在赣闽粤边区的传播及其对赣闽粤边区的影响。综观其成果，大体可以分为两个方面：

一是关于宋明理学在赣闽粤边区传播的总体研究。如《宋明理学在客家地区的传播》一文从理学与赣南客家地区的最初因缘、闽学在福建客家地区的传播、阳明心学在赣闽粤边客家地区的传播三个方面进行较为

---

① 程民生：《学术的地域演变与儒学的地域化》，载程民生《宋代地域文化》，河南大学出版社1997年版，第298—315页。
② 朱汉民：《湖湘学派与湖湘文化》，湖南大学出版社2010年版，第15—18页；辛向阳、倪健中：《南北春秋：中国会不会走向分裂》，中国社会出版社1996年版，第351—356页；刘德增：《齐鲁精神——民族精神的地域化形态》，刘德龙、包心鉴：《和谐·文明·发展·进步·三——山东省社会科学界2005年学术年会文集》，山东人民出版社2006年版，第1366—1383页。
③ 陈来：《儒学的普遍性与地域性》，《天津社会科学》2005年第4期。

系统的介绍。①《从连城〈文溪书院记〉看闽西客家地区理学、心学的消长》一文从地方文献记载的叙述中,管窥了理学和心学在闽西地区的消长过程。② 关于宋明理学对赣闽粤边区地方社会的影响和作用,《宋明理学影响下客家妇女生活的演变》一文对宋明理学对赣闽粤边区客家妇女生活的影响进行了系统论述。③《理性的驱驰与义利的兼容——宋明理学与东南家族社会经济变迁简论》一文则认为,宋元以来,随着中国经济和文化重心的南移,浙闽粤等东南区域的社会经济获得了较快的发展,明清时期,这些地区已执中国商品经济之牛耳。与此相适应的是,该地区的民间家族组织也获得快速的发展。东南家族制度的形成与完善,是与宋明理学对基层社会的有效渗透分不开的。随着理学宗法伦理观念的庶民化(民间化)及其文化规范的程序化及可操作化,东南的家族社会也在自觉或不自觉地活用理学的文化象征资源,将之内化为一种并非纯粹功利主义的经济伦理精神,用于指导家族成员的工商业实践。明清以来东南"儒商"的经济活动,呈现出一种义利兼容的"文化经济"形态。在正视理学对东南家族中的个体禁锢的一面的同时,我们应看到,理学也借用其业经民间整合过的文化话语力量,良性地影响着东南的基层社会经济变迁。该文即以社会史的视角,探讨了理学对东南家族文化的整合,及其在家族文化经济中所扮演的角色。④ 此外,刘辉平、周建华、施民等也对宋明理学在闽西、赣南的流传与演变作了一定的研究。⑤

二是关于对地方政府或儒家人物在赣闽粤边区的儒学实践的研究。关于宋明名儒在赣南的实践活动,周敦颐、杨时、王阳明著名的理学大师及

---

① 谢重光:《宋明理学在客家地区的传播》,《福建师大学报》2007年第6期。
② 谢重光:《从连城〈文溪书院记〉看闽西客家地区理学、心学的消长》,《文化遗产》2012年第3期。
③ 谢重光:《宋明理学影响下客家妇女生活的演变》,《中共福建省委党校学报》2005年第5期。
④ 陈进国:《理性的驱驰与义利的兼容——宋明理学与东南家族社会经济变迁简论》,《东南学术》2001年第6期。
⑤ 参见刘辉平《试述理学在赣南的流传和演变》,《赣南师范学院学报》1990年第2期;施民、彭绪铭《试论理学与赣南的书院教育》,《赣南师范学院学报》1999年第1期;许莹莹《理学贞节观的强化与传播——清代闽西客家地区列女群骤兴的原因探析》,《闽西职业技术学院学报》2010年第2期;周建华、杨木生《宋明理学在赣南的创立与弘扬》,《江西社会科学》2008年第6期;郭秋兰《宋明时期赣南的教育变迁与畲民汉化》,《赣南师范学院学报》2013年第2期。

其弟子，由于在赣闽粤出生或为官，自然成为学者高度关注的对象，出现了诸如《周敦颐南赣文学与理学研究》、《周敦颐在赣州的理学活动和遗迹考释》、《杨时略论》、《独善其身与兼善天下——杨时与温革的办学活动之比较》、《明代赣南著名理学家黄宏纲》、《赣南罗田岩与于邑王门诸子》等成果。①

由于王阳明曾经署理过南赣巡抚，在这一地区进行了一系列的平定动乱、宣讲心学、重建社会秩序等活动，到现代更受学者的关注。如，高铭群对王守仁平定南赣农民起义的问题进行了探讨。②程鹏飞的《王阳明"知行合一"与〈南赣乡约〉》一文对王阳明"知行合一"的实践哲学进行了解释，并对《南赣乡约》的推行及其效果作了阐述，认为由上述可知，在"知行合一"理论指导下，王阳明的乡约模式及其在明代中后期的推行，对当时社会的治理和稳定，发挥了不可忽视的作用。这也充分体现了"知行合一"说的实践价值。③黄志繁也对王阳明在其南赣巡抚任上推行乡约加保甲的治理模式进行了专门研究，认为虽然王阳明在任时间短，但乡约和保甲并没有完全流于形式，就赣南地方社会而言，保甲和乡约不仅在基层社会中发挥了一定的作用，成为地方社会制度一部分，基层社会的各种势力也有和官方的保甲乡约相结合的可能。④夏远鸣也对王阳明平定粤赣边界地带的"三浰寇乱"，并增设和平县以加强对这一区域的统治的史实进行了钩沉。⑤ 在对王阳明的研究中，不少学者也对王阳明的治理措施对当地畲民汉民的影响进行了专题研究。如谢重光认为，明代中叶，赣闽粤交界区域内部凡是条件稍好的平原地带都已耕垦完尽，人满为患，相对过剩的人口大量迁移到"南赣"巡抚辖内的大山深处，砍山耕活，寻觅出路。这些成分复杂，既有汉人，也有畲人的自外地而来的移

---

① 周建华：《周敦颐南赣文学与理学研究》，中国文联出版社2003年版；周建华：《周敦颐在赣州的理学活动和遗迹考释》，《南昌教育学院学报》2002年3期；黎昕：《杨时略论》，《福建学刊》1990年第3期；邹春生：《独善其身与兼善天下——杨时与温革的办学活动之比较》，《杨时教育思想研究：杨时教育思想与书院文化学术研讨会论文集》，厦门大学出版社2013年版；高岚：《明代赣南著名理学家黄宏纲》，《南昌大学学报》（社会科学版）1995年第1期；蔡仁厚：《赣南罗田岩与于邑王门诸子》，《南昌大学学报》（社会科学版）1999年第3期。
② 高铭群：《王守仁镇压南赣农民起义问题探讨》，《赣南师范学院学报》1981年第3期。
③ 程鹏飞：《王阳明"知行合一"与〈南赣乡约〉》，《贵州文史丛刊》2000年第3期。
④ 黄志繁：《乡约与保甲：以明代赣南为中心的分析》，《中国社会经济史研究》2002年第2期。
⑤ 夏远鸣、唐爱莲：《浰头寇乱与民间历史记忆》，《襄樊学院学报》2010年第7期。

民，与当地土著时有冲突，因而被以"盗"、"贼"、"流寇"等恶名。王阳明出任南赣巡抚时，对这类流民采用了剿抚并用，攻心为上的策略，使这些"梗化"造反的畲民从顽民变成新民，进而使新民向化为良民，稳步走上汉化的道路。由于阳明心学的作用，从新民到客家的转化过程是比较顺利比较自然的。王守仁以其平定畲汉动乱之功，在赣闽粤边留下深远的影响。① 蓝希瑜认为，闽粤赣边区是畲族先民早期的聚居区，明中叶王阳明通过军事剿抚、保甲监督和乡约教化措施，在很大程度上使南赣畲民得以去蛮化，由早期的"梗化"、"顽民"渐渐向化一新，族性潜隐，甚至"销声匿迹"。② 温春香也认为，畲族民风由宋、元、明时的"桀骜难驯"转变为明清的淳朴温和的原因之一，就在于明朝以王阳明为代表的地方官员在闽粤赣边区大量设置新县、推行国家教化等措施，才引起了畲民社会结构的巨大变化。③ 此外，周建华也对王阳明的事迹作了系列研究。④

上述成果对儒学传播作了较好的介绍，对本书的撰写有较大的启发。然而，从总体上来看，学术界关于儒学的传播和实践活动，及其对地域社会的影响方面的研究，还是显得十分薄弱。赣闽粤边区是周敦颐、程颐、程颢、朱熹、王阳明等为官、讲学过的地方，该区域在宋明理学发展史上具有重要地位，并且儒学在这里的传播和发展也对赣闽粤边区的社会变迁和客家民系的产生都有重要作用。然而，通过上述学术史回顾可以看出，学术界对宋明理学在赣闽粤边区的传播及其影响的研究成果数量并不多，与这一地区在儒学发展史上的重要地位明显不相称。尤其是"国家"在儒学向赣闽粤边区传播过程中所起的作用，以及儒学传播与客家民系之间的形成关系等问题，学者大多都未予以足够关注，这就为本书留下了巨大

---

① 谢重光：《新民向化——王阳明巡抚南赣对畲民汉化的推动》，《赣南师范学院学报》2004年第1期；《明代湘赣闽粤边的社会动乱与畲民汉化》，《福建师范大学学报》（哲学社会科学版）2009年第1期。

② 蓝希瑜、廖莉：《刍议明中叶南赣畲民的去"蛮"化"新"——以王阳明治"南赣之乱"为中心》，《学术探索》2012年第9期。

③ 温春香：《明清之际畲族民风的改变——以地方志为中心的考察》，《中国地方志》2008年第11期。

④ 参见周建华《王阳明与客家研究》，中国文联出版社2003年版；《王阳明与崇义》，中共党史出版社2009年版；《王阳明在江西于都的活动和遗迹考释》，《井冈山师范学院》2002年第4期；《王阳明在龙南的活动和遗迹考释》，《南昌教育学院》2003年第1期；《王阳明赣南活动年谱》，《赣南师范学院学报》（哲学社会科学版）1982年第4期；《茶寮碑记》，《中国典籍与文化》2003年第4期。

的研究空间。

（二）关于"国家"在赣闽粤边区的权力表达以及地域社会变迁的研究

20世纪20年代，陈翰笙、林耀华、傅衣凌等先生开启了对华南农村社会研究的先河，这种学术传统，后来被中山大学、厦门大学等高校学者所继承。经过半个多世纪海内外汉学家和社会学者的努力，华南农村社会史研究取得了丰硕的成果，并开创了一种融合人类学、民俗学、社会学、历史学等多学科于一体的新的研究范式。受这种学术氛围的影响，尤其是20世纪80年代以来大陆"客家热"的兴起，与华南相毗邻的赣闽粤边区也日益得到学者的关注。

1. "国家"在赣闽粤边区的权力表达

隋唐以前，赣闽粤边区虽然已经纳入中原王朝的国家版图，然而，中央政权对这里的治理依然还是依靠当地酋豪势力进行间接统治。唐宋以后，随着赣闽粤边区战略地位的上升，"国家"对这里的控制越来越重视，不断把王朝势力渗透到这里。关于"国家"权力在赣闽粤边区的表达的研究，不少学者已给予了一些关注。他们从社会史的视野，把通过对历史文献和田野调查资料的综合运用，并以历史人类学理论做指导，对"国家"在赣闽粤边区的权力表达进行了充分研究，使我们得以了解中原王朝权力如何在唐宋以后逐渐在赣闽粤边区进行渗透并实现直接统治。

例如，关于粤东北的研究。著名学者陈春声教授秉承了业师傅衣凌先生注重田野调查和历史文献相结合的研究方法，并且又与牛津大学科大卫（David Faur）、耶鲁大学萧凤霞（Helen Siu）等长期合作，运用历史人类学的理论和方法，对粤东地区进行了长期、持续的研究。他以民间信仰研究为切入口，通过深入考察采访和深刻解读文献史料，力图揭示粤东地区民间信仰的历史渊源，以及在神灵信仰活动中所反映出的地域社会中的各种复杂关系，旨在回答"相对边缘的华南地域社会如何融入大一统的中国范畴"这一学术命题。① 毫无疑问,陈先生的这些研究成果,对于我们了解粤东地区社会的变迁以及国家权力在其中的作用,自然是大有裨益的。肖文评的《白堠乡的故事——地域史脉络下的乡村社会建构》一书,以一个村落为切入点,在大量田野调查和大量使用民间族谱、文集、碑刻、传说等资料的基础上,探讨明清时期乡村社会历史变迁的动力和机制,试图以"总体史"的形象,展示在地域历史发展脉络下粤东地区韩江上游一个乡村聚落,从明中叶到清中叶四百年间,从"贼巢"到"邹鲁乡"的社会变迁与建构过程,揭示国家、地方精英与乡村社会形成和变迁的互动关系,以加深对中国传统乡村社会形成和发展的认识和理解,重新思考客家社会文化的形成与变迁的具体过程。② 这对于我们认识粤东地方社会转型的细节和内在机制,理解客家传统社会,有着重要意义。此外,宋德剑、吴榕青等人也利用地利之便,在粤东北地区开展了系列田野调查,撰写了系列成果,描述了粤东北地区的历史发展和社会变迁。③ 周云、曾国华、周大鸣、王威廉等,也对粤东地域社会的家庭生活、族群关系、宗族结构、地方动乱和国家权力在粤东地区的渗透,作了

---

① 参见陈春声先生的系列论文:《社神崇拜与社区地域关系——樟林三山国王的研究》(与陈文惠合作)《中山大学史学集刊》第二集,广东人民出版社1994年版;《三山国王信仰与台湾移民社会》,《"中央研究院"民族研究所集刊》1996年第50期;《信仰空间与社区历史的演变——以樟林神庙系统的研究为中心》,《清史研究》1999年第2期;《天后故事与社区历史的演变——樟林四个天后庙的研究》(与吴雪彬合作),《潮学研究》第八辑,花城出版社2000年版;《正统性、地方化与文化的创制——潮州民间神信仰的象征与历史意义》,《史学月刊》2001年第1期;《官员、士绅与"正统"神明的地方化——潮州地区双忠公崇拜的研究》,郑振满、陈春声主编《民间信仰与社会空间》,福建人民出版社2002年版;《明末东南沿海社会重建与乡绅之角色——以林大春与潮州双忠公信仰的关系为中心》,《中山大学学报》2002年第4期;《乡村的故事与国家的历史——以樟林为例兼论传统乡村社会研究的方法问题》,《中国农村研究》第二辑,商务印书馆2003年版;《乡村的故事与社区历史的建构——以东凤村陈氏为例兼论传统乡村社会研究历史记忆问题》(与陈树良合作),《历史研究》2003年第5期;《地域认同与族群分类——1640—1940年韩江流域民众"客家观念"的演变》,李长莉、左玉河主编《近代中国社会与民间文化》,社会科学文献出版社2007年版。

② 肖文评:《白堠乡的故事——地域史脉络下的乡村社会建构》,生活·读书·新知三联书店2011年版。

③ 参见宋德剑《国家控制与地方社会的整合:闽粤赣客家地区民间信仰研究的视野》,《江西师范大学学报》2004年第3期;吴榕青《潮州历史政区地理述略》,《岭南文史》1998年第4期。

一定的阐述。①

关于闽西地区的研究。刘大可对闽西尤其是武平县客家村落进行了长期的田野调查,获得了许多珍贵的第一手资料,撰写了数部专著和十余篇学术论文,对闽西地区的宗族社会结构、民间社会的通婚网络、神灵信仰等,进行了系统介绍。从他对武北村落的命名、科举文化、萧氏宗族的族源、民间信仰中的神灵传说和祭祀仪式等方面的研究中,我们可以清楚看到不同族群文化因素,"国家"权力和地方习俗等正式和非正式制度对地方社会的影响。②刘永华也在《墟市、宗族与地方政治——以明代至民国时期闽西四保为中心》一文中,对闽西四保地区在大约30华里的狭长地带,总共分布着7个墟市,其中有3个相邻墟市的墟期完全相同,这一现象感到奇怪,他通过详细探讨了该地区明代至民国时期的墟市发展脉络,讨论了墟市发展、商业化和社会结构的关系问题。认为在墟市的发展过程中,当地乡村经济的商业化固然发挥了不容忽视的作用,但同时与地方势力集团进行权力较量和角逐对地方社会的控制也有着十分密切的联系。宗族组织为了控制地方政治,必须控制地方经济,宗族在发展集市贸易方面有着极强的政治经济诱因。后来他又在《道教传统、士大夫文化与地方社会——宋明以来闽西四保邹公崇拜研究》一文中,利用田野调查所得来的民间文献与口述资料,详细描述了宋明以来闽西四保乡的邹公形象的转变过程,通过这一过程的描述,为我们展示了道教传统、士大夫文化与

---

① 参见周云《粤东客家妇女的婚姻与家庭》,《南方人口》1995年第1期;曾国华《宗族组织与乡村权力结构——赣南和粤东两个村镇个案的研究》,《思想战线》2004年第1期;周大鸣《动荡中的客家族群与族群意识——粤东地区潮客村落的比较研究》,《广西民族学院学报》2005年第5期;王威廉《乡村社区:国家的权力视野——以粤东凤凰两村为例》,《粤海风》2007年第2期;李坚《土豪、动乱与王朝变迁——宋代闽粤赣边区基层社会的演变》,《韩山师范学院学报》2008年第4期。

② 刘大可:《闽西武北的村落文化》;国际客家学会、海外华人资料研究中心、法国远东学院:《田野中的地域社会与文化》,民族出版社2007年版;《闽台地域社会与族群文化新探》,方志出版社2004年版;《闽台地域与民间信仰研究》,海风出版社2008年版;《传统村落视野下小姓弱房的生存形态——闽西武北客家村落的田野调查研究》,《东南学术》2002年第2期;《论传统客家村落的纷争处理程序——闽西武北村落的田野调查研究》,《民族研究》2003年第6期;《从地名看客家村落的历史与文化——以闽西武平县村落为考察对象》,《福建省社会主义学院学报》2003年第3期;《公王与社公:客家村落的保护神》,《世界宗教研究》2003年第4期;《科举与传统客家村落社会——以闽西武北村落为例》,《民族研究》2005年第6期。

闽西地方社会之间的复杂关系。①

关于赣南的研究。黄志繁主要以文献分析和田野调查相结合的方法，从生态史的角度，以环境变迁、文明教化、社会动乱和族群冲突为主要内容，对宋至清初赣南山区从"盗薮"转变为"文物衣冠之邦"这一历史过程进行了阐述；分析了地方动乱与社会变迁之关系，探讨了风水、神明信仰和科举制度等对乡村社会"士绅化"的重要作用。②

饶伟新撰写的《生态、族群与阶级——赣南土地革命的历史背景分析》是他的博士学位论文，主要是分析赣南土地革命爆发的历史背景，其中亦对明清时期赣南地区的生态、族群和阶级结构作了详细的分析和介绍。《清代赣南客民的联宗谱及其意义初探》一文以明末清初以来移居赣南的闽粤客民编修的联宗谱为研究对象，运用有关事例，考察和分析了他们编修联宗族谱和建构宗族的历史过程，认为这些原先毫无关联的外来客民，通过联修族谱和建立同宗关系这一文化策略，逐步整合成为具有共同祖先和以联宗谱为纽带的文化认同群体。这对于我们了解客家地域社会的内部运行机制具有重要的启发作用。他在另一篇文章《明清时期华南地区乡村聚落的宗族化与军事化——以赣南乡村围寨为中心》中，以丰富的文献史料，描述了明清时期赣南乡村居民自发地构筑大量用于军事防卫的筑寨建围运动，并且指出，伴随着乡村围寨的构筑和乡族武装力量的崛起，乡族势力尤其是宗族的力量得到不断的发展，逐渐成为乡村社会中非常成熟的支配力量，使我们清楚了解到赣南乃至整个华南地区宗族发达并且出现"聚族而居"现象的深刻的社会原因。③

---

① 刘永华：《墟市、宗族与地方政治——以明代至民国时期闽西四保为中心》，《中国社会科学》2004年第4期；《道教传统、士大夫文化与地方社会——宋明以来闽西四保邹公崇拜研究》，《历史研究》2007年第3期。

② 参见黄志繁《"贼""民"之间：12—18世纪赣南地域社会》，生活·读书·新知三联书店2006年版；《清代赣南商品经济研究：山区经济典型个案》，学苑出版社2005年版；《地域社会变革与租佃关系——以16—18世纪赣南山区为中心》，《中国社会科学》2003年第6期；《清代赣南的乡族势力与农村墟市》，《江西社会科学》2003年第2期；《明代赣南的风水、科举与乡村社会"士绅化"》，《史学月刊》2005年第11期；《神明信仰与土客关系——清代上犹县营前观音堂碑文的解读》，《赣南师范学院学报》2008年第2期。

③ 参见饶伟新《生态、族群与阶级——赣南土地革命的历史背景分析》，博士学位论文，厦门大学，2002年；《清代赣南客民的联宗谱及其意义初探》，《赣南师范学院学报》2007年第4期；《明清时期华南地区乡村聚落的宗族化与军事化——以赣南乡村围寨为中心》，《史学月刊》2003年第12期。

李晓方密切注意到了国家权力在地方社会的表达,在其博士学位论文《县志编纂与地方社会——明清〈瑞金县志〉研究》中,他对在县志编纂过程中所体现出来的官府与地方社会之间错综复杂的关系进行了细致的阐释。此外,在《明清时期赣南客家地区的风水信仰与政府控制》和《清中叶赣南的会匪问题与政府控制——以〈清实录〉为考察中心》等文中,也对"国家"控制赣南地域社会的努力作了一定的阐述。[①]

2. 关于赣闽粤边区地域社会变迁的研究

在对赣闽粤边区地域社会进行研究的学者中,我们首先必须介绍国际知名汉学家、法国远东学院院士劳格文(John Lagerwey)先生的贡献。他主持了一个题名为"中国农业社会的结构与原动力"的课题,选择客家族群作为具体的研究对象,开展了"客家传统社会"这一研究计划,邀请福建社科院客家研究中心、广东嘉应大学客家研究所、江西赣南师范学院客家研究所等研究机构,以及赣闽粤边区部分地方文史工作者共同参与,先后在赣南、闽西、粤东北等客家大本营地区开展田野调查工作,并结集出版了系列调查论文集。该系列成果对赣闽粤边区的民情风俗、民间信仰,以及社会经济等作了深入的调查,对于我们了解赣闽粤边区地域社会以及客家民系的社会生活提供了珍贵的第一手资料。[②]此外,还有其他学者对赣南、闽西、粤东北的历史与族群文化进行了研究。

地处赣南腹地的赣南师范学院利用地利之便,早在1991年就成立客家研究所,组织力量进行客家研究,并取得丰硕成果。如出版了《赣南庙会与民俗》、《动荡的围龙屋:一个客家宗族的城市化遭遇与文化抗争》、《江西客家》等50余部专著;组织策划出版《赣南师范学院客家研究中心学术文库》、基地学术刊物——《客家学刊》、全国高校优秀社科期刊特色栏目——赣南师范学院学报"客家研究专栏",对赣南的历史源流与方言、饮食、宗族、民居建筑、民间信仰等进行了全方位的研究。此外,还有《仪式与象征的秩序——一个客家村落的历史、权力与记忆》、

---

① 李晓方:《明清时期闽粤客家的倒迁与赣南生态环境的变迁述论》,《赣南师范学院学报》2007年第5期;《明清时期赣南客家地区的风水信仰与政府控制》,《社会科学》2007年第1期;《清中叶赣南的会匪问题与政府控制——以〈清实录〉为考察中心》,《史林》2008年第4期。

② 这套《客家传统社会丛书》的系列调查论文集,自1996年开始出版,至今已经出版了30余册,均由国际客家学会、海外华人研究社、法国远东学院联合出版。

《清代赣南商品经济研究》、《清前期赣南客家婚嫁习俗中的"薄聘厚奁"之风——以〈绅士条议婚嫁刊约〉为中心的研究版》、《风水与村落宗族社会》等一批专著和论文,对赣南的社会经济、民间习俗和神灵信仰等问题进行了专题研究,为我们揭示了赣南地域社会的复杂关系。①

关于闽西区域历史和地域文化的研究成果也较多。谢重光先生《福建客家》(广西师范大学出版社2005年版)一书采用宏大叙事与精细解剖相结合的方式,对汀江流域的开发历史作了系统叙述,论著本身在于阐述客家民系的形成、闽西在客家民系形成阶段的核心地位、畲客互动关系、客家民风由"野"向"文"演变等问题,实际上也展现了当地社会的生产活动、生活方式、族群交融等经济、社会、文化各方面发展变化的内容。《客家文化与妇女生活:2—20世纪客家妇女研究》(上海古籍出版社2006年版)也对客家女性的社会生活作了长时段的考察和研究,也在一定程度上反映了闽西社会的地域状况。陈支平先生在其著《福建六大民系》相关部分中,对闽西的区域开发及闽西客家社区的形成,有比较详细的解说;并且《清代闽西四堡族商研究》一文中对闽西连城四堡乡邹氏和马氏两大家族如何利用宗族组织来运营工商业的情况进行了阐述,使我们清晰地看到了闽西社会的宗族结构及其意义。②周雪香也在《明清闽粤边客家地区的社会经济变迁》、《明清时期闽西客家地区的经济变迁与科举事业》等专著和论文中③,对闽粤边区主要是闽西地区的人口流动、社会经济开发、宗族结构、科举教育,尤其是这一地域的社会经济生活进行了系统论述。此外,杨彦杰先生主编了《闽西客家宗族社会研究》、《闽西的城乡庙会与村落文化》、《汀州府的宗族庙会与经济》、《长

---

① 刘晓春:《仪式与象征的秩序——一个客家村落的历史、权力与记忆》,商务印书馆2004年版;黄志繁:《清代赣南商品经济研究》,学苑出版社2005年版;宋德剑:《清前期赣南客家婚嫁习俗中的"薄聘厚奁"之风——以〈绅士条议婚嫁刊约〉为中心的研究》,《农业考古》2012年第3期;温春香:《风水与村落宗族社会》,硕士学位论文,福建师范大学,2006年;温春香、朱忠飞:《清代赣南客家人的风水观与地域社会——以三僚曾氏坟墓纠纷为例》,《赣南师范学院学报》2008年第4期。

② 陈支平:《福建六大民系》,福建人民出版社2000年版;《清代闽西四堡族商研究》,《中国经济史研究》1988年第2期。

③ 周雪香:《明清闽粤边客家地区的社会经济变迁》,福建人民出版社2007年版;《民间信仰与移民社会——以台湾的闽粤客家移民为例》,《赣南师范学院学报》2008年第2期;《明清闽粤边客家地区的商品流通与城乡市场》,《中国经济史研究》2007年第2期;《明清时期闽西客家地区的经济变迁与科举事业》,《中国历史地理论丛》2004年第4期。

汀县的宗族，经济与民俗》等专著①，以生活在当地的知识人为主要作者，通过他们在当地长期生活的切身体验并且进行有意识的采访调查，为我们提供了闽西客家地区的民间信仰、宗族结构、社会经济、生活习俗等生动图景。

梅州嘉应学院客家研究所从1989年成立以来，有步骤地开始了以粤东北客家文化为主的研究工作，并出版和发表了一系列专著和论文，为我们了解粤东北的客家族群社会，提供了丰富的研究成果。如推出"客家研究丛书"②，参与劳格文"中国农业社会的结构与原动力"的课题，出版了《梅州地区的庙会与宗族》和《梅州河源地区的村落文化》两书。③上述这些专著均以个案调查的方式，分别从民俗、圩市、族群关系、宗族组织等方面，介绍了粤东地区客家族群的社会生活。它们虽然多属粤东客家地区当代生活的民俗志，但由于文化具有相对稳定的传承性和延续性，所以它们对于我们了解这一地区的文化传统，还是具有十分重要的意义。此外，周建新的《动荡的围龙屋：一个客家宗族的城市化遭遇与文化抗争》一书采用过程—事件分析的研究路径和文化抗争中的相互建构的分析框架，讲述了作为梅州地区客家人宗祠、祖屋空间载体的围龙屋古建筑面临城市拆迁的境运，以及客家人对此的反应、态度和行动，揭示了这一事件的特点及社会文化意义，为我们继续研究客家宗族社会与现代变迁，客家文化保护与现代化等问题，提供了良好的研究范本。④此外，宋德剑、周伟华、肖文评、夏远鸣等人也撰文对粤东北的区域社会历史和人文

---

① 这些论著均为劳格文先生"中国农业社会的结构与原动力"课题的成果，分别于1996年、1997年、1998年、2002年，由国际客家学会、海外华人研究社、法国远东学院联合出版。

② "客家研究丛书"于2002年由广东花城出版社一次性出版了5册，包括谢剑等《围不住的围龙屋——记一个客家宗族的复苏》、房学嘉等《围不住的围龙屋——粤东古镇松口的社会变迁》、肖文平等《民间文化与乡土社会——粤东民俗文化与地方社会》、周建新等《民间文化与乡土社会——粤东梅县五大圩镇考察研究》、宋德剑等《民间文化与乡土社会——粤东丰顺族群关系研究》。

③ 两书均由房学嘉主编，分别于1996年和1997年由国际客家学会、海外华人研究社、法国远东学院联合出版。

④ 周建新：《动荡的围龙屋：一个客家宗族的城市化遭遇与文化抗争》，中国社会科学出版社2006年版。

风俗进行了研究。①

综观上述成果，学者对赣闽粤边区的研究还是取得了不少优秀成果，这些成果对我们了解赣闽粤边区客家族群生活和地域社会变迁，提供了很好的资料。但是，因为学者在研究时多以分区研究为主，并且多数成果主要集中在明清以来尤其是现当代客家族群的社会生活的调查研究，所以从唐宋至明清时期赣闽粤边区的整体的地域社会变迁依然十分模糊，"国家"在赣闽粤边区的社会变迁和客家族群形成中的重要作用依然没有凸显。

（三）关于客家民系形成及其族属性质的研究

学者对客家问题的论述，最早可以上溯到嘉庆十三年，广东博罗、东莞等地发生大规模的土客械斗，为了改变对客家人的偏见，惠州丰湖书院掌教徐旭曾召集门人，阐述客家人在族群来源、语言、习俗等方面与广府人的差异及其原因。他的这番叙述被门人记录成《丰湖杂记》一文并收辑在徐氏族谱中，成为目前所能见到的关于客家研究的最早著文。后来，随着太平天国运动、广东西路土客大械斗、辛亥革命等中国近代史上宏大革命运动的开展，客家人在其中发挥了巨大作用，客家人作为一个独特的族群逐渐引起学者和社会的关注，对于客家来源和形成的著文日益涌现。然而，真正具有现代学术规范意义的客家研究，还是应该以20世纪30年代罗香林先生所撰写的《客家研究导论》一书的出版作为标志。该书基本奠定了客家研究的范式和内容。继罗香林先生之后直至现在，关于客家问题研究的论文和专著多达数千种。依照本书主旨，笔者仅对以下三方面的研究成果作一简单回顾：

1. 关于客家民系源流的研究

关于客家源流和历史的研究，是学术界最为关注的论题，所取得的成果，也是其他客家论题所无法比拟的。学术界对客家源流和历史的看法，

---

① 参见宋德剑《冲突与调适：粤东客家基督教信仰的文化人类学研究——以广东梅州五华县大田樟村为例》，《文化遗产》2012年第3期；宋德剑《岭南婚嫁习俗中槟榔的文化解读——以粤东客家地区为中心》，《汕头大学学报》（人文社会科学版）2010年第2期；周伟华、黄志繁《明清时期流民与粤东北山区开发》，《嘉应学院学报》2008年第1期；肖文评《明末清初粤东北的山林开发与环境保护——以大埔县〈湖寮田山记〉研究为中心》，《古今农业》2005年第1期；肖文评《明清时期粤东北地区的墟市、商人与地域社会发展略论——以梅潭河流域的大埔县百侯墟为中心》，《嘉应学院学报》2013年第12期；夏远鸣《从家族碑刻分析清代粤东宗族运作与祠堂管理》，《赣南师范学院学报》2009年第1期。

大体可以分为"中原移民论"、"南方土著论"和"多元融合论"三种，并且从总体上看，与"中原移民论"和"南方土著论"相比，"多元融合论"因为其立论适中，且符合客家族群形成和发展的客观历史，因而日益得到客家学界的认可和接受。

（1）"中原移民论"。中原移民论的主要观点是认为客家的族源主要来自历史上从中原地区迁来的汉族移民。这一观点最早由徐旭曾提出：

> 今日之客人，其先乃宋之中原衣冠旧族，忠义之后也。自宋徽、钦北狩，高宗南渡，故家世胄先后由中州山左，越淮渡江从之。寄居苏、浙各地，迨元兵大举南下，宋帝辗转播迁，南来岭表，不但故家世胄，即百姓亦多举族相随。①

这种观点后由罗香林通过系统阐述客家形成史上五次大迁徙而逐渐成熟。后来这种理论被学者发挥到极致，认为客家人是纯正的中原血统，甚至有的学者还提出客家先民的主体是中原贵族的观点，以证明客家血统的纯正和高贵。②

有学者还通过对客家方言、风俗习惯及其堂号（郡号、望地）的考察，得出了"客家本来就存在于北方"的观点。③

> 客家是汉民族中的一支重要民系，客家本来就存在于北方，是生活在北方的"土著"居民，无所谓南迁以后才逐步形成的问题。但他们经历了长期的往南迁徙的过程，南迁后才被称为"客家"。

（2）"南方土著论"。以房学嘉先生为代表的"南方土著论"则认为客家先民是以南方土著为主，融合中原南迁的汉人而形成的。他从历史文献、考古资料，结合田野调查，提出客家是一个共同体，"这个客家

---

① （清）徐旭曾：《丰湖杂记》，转引自罗香林《客家史料汇编》，（香港）中国学社1965年版，第297—299页。
② 陈运栋：《台湾的客家人》，台湾台原出版社1990年版，第38页；李逢蕊：《客家人界定初论》，《客家学研究》第二辑，上海人民出版社1990年版。
③ 钟文典：《论客家民系及其源流》，《广西师范大学学报》1996年第4期。

共同体，是南迁的中原人与闽粤赣三角地区的古越族遗民混化以后产生的共同体，其主体是生活在这片土地上的古越族人民，而不是少数流落于这一地区的中原汉人。"① 其他一些学者也得出相类似的观点。如吴松弟通过对历史文化和民间家谱的分析，认为虽然南宋时期南迁的北方移民对客家的形成产生了决定性影响，但客家先民则是以南方土著为主，北方移民主要是通过文化而不是血缘来影响客家文化的。② 叶智彰从体质人类学和遗传学的角度，用免疫球蛋白同种异型的研究方法，得出客家先民在血缘上与南方类群很相似，客家先民应该是以南方土著为主，并融合中原南迁的汉人而形成的。③ 许怀林也认为，"客家是赣闽粤交界区本地的人群，不同时期、不同距离的北方迁入者，都是被他们同化的成员，主体始终是土生土长的本地人"，"客家中的畲瑶等少数民族成分很重"。④

（3）"多元融合论"持"多元融合论"者主张客家民系的族群来源既有来自北方的汉族移民，又有当地的百越、畲族等土著居民，"客家"民系是一个多元融合的族群。这是当今学界大多数人所持的观点。如陈支平先生运用大量排比客家与非客家的谱牒文献的方法，得出："客家民系与南方各民系的主要源流来自北方，客家血统与闽、粤、赣等省的其他非客家汉民的血统并无明显差别，客家民系是南方各民系相互融合而形成的，他们都是中华民族一千多年来大融合的结果。"⑤ 罗勇先生也明确指出："客家文化的构成是多元因素的，但其中既有畲瑶等少数民族文化的因子，也有相邻民系文化的成份。"⑥ 此外，蒋炳钊、李默然、吴炳奎、谢重光等学者也都在较早的时候提出了多元融合论的观点⑦，其中，谢重

---

① 房学嘉：《客家源流探奥》，广东教育出版社1994年版，第36页；《试论客家人之根》，《嘉应大学学报》1995年第2、3期。
② 吴松弟：《客家南宋源流说》，《复旦大学学报》1995年第5期。
③ 叶智彰：《客家民系本质的自然科学证据》，《客家研究辑刊》1997年第2期；《试从自然科学的角度探讨客家源流》，《客家研究辑刊》2001年第1期。
④ 许怀林：《走近客家——"南迁说质疑"》，《"移民与客家文化"国际学术研讨会论文集》，广西师范大学出版社2005年版，第10页。
⑤ 陈支平：《由客家分支而成为非客家人》，《中国社会经济史研究》1994年第4期；《客家源流新论》，广西教育出版社1997年版，第123页。据陈先生在《客家源流新论》一书的"后记"中称，此书的初稿最早在1990年前后就已写成，并将清样复印了20余份分赠部分学者。
⑥ 罗勇：《略论客家文化的形成及其多元因素》，《赣南师范学院学报》1998年第4期。
⑦ 参见吴炳奎《客家源流新探》，《中南民族学院学报》1992年第3期；李默然《论客家的形成与民族融合》，《客家历史文化纵横谈》，广西教育出版社1993年版，第13—14页；蒋炳钊《东南民族研究》，厦门大学出版社2002年版，第376—434页。

光先生对这种观点的阐述最为系统和完整,他于1995年就提出:自北方南移的大量汉人固然是形成客家的一个因素,但单有南移的汉人还不能形成客家,还有待这批南移汉人在某一特定的历史时空,同化了当地原住居民,又吸收了原住居民固有文化中的有益成分之后,客家民系才能得以诞生。① 后来他又专门著文对畲族与客家的关系进行了论述,以实证研究的方式得出畲族就是客家民系的重要族群来源之一,畲族文化与客家文化的相互融摄是畲客关系的重要内涵。② 此后,随着对客家研究的不断深入,他对客家民系的族群源流也更加清晰,"多元融合论"的观点也更加成熟。③ "多元融合论"的这些观点,在相关学科的研究成果得到印证。例如,人类学者在思考客家文化问题时,也发现客家族群内部多元族群之间的互动和融合。④ 在语言学研究中,语言工作者也发现,作为客家族群标识之一的"客家话"中,明显存在多种族群混合的现象。⑤ 此外,历史学者和考古学者也通过大量的文献检索和田野调查证实,客家族群与南方地

---

① 谢重光:《客家源流新探》,福建教育出版社1995年版,第12页。
② 谢重光:《畲族与客家福佬关系史略》,福建人民出版社2002年版。
③ 谢重光:《客家文化述论》,中国社会科学出版社2008年版,第23—24页。
④ 如Sow-Theng Leong认为,客家人从原住地迁移到不同区域之后,尽管他们有着相同的文化背景,但由于各自区域内土著社会与文化的差异,以及生存资源、土客矛盾和冲突形式的差异等原因,移民群体的"族群"表达方式也是不完全相同。(Sow-Theng Leong, *Migration and Ethnicity in Chinese History*:*Hakkas*,*Pengmin and Their Neighbors*, SMC Publishing Inc, Taipei, 1998, p. 26.)庄英章先生认为:"客家社会处于汉族边缘地带,其特殊性在于,他们一方面在族群发展史上,长期与少数民族维持密切的互动,另一方面在族群意识上又坚称为汉族之血统精粹,两种不同的张力的互相拉锯形成了客家文化。"(庄英章:《客家族群历史与社会变迁的区域性比较研究:族群互动、认同与文化实作》,《客家文化研究通讯》2001年第4期;周建新博士也从族群互动的角度考察了客家地区祖先崇拜,认为客家祖先崇拜存在原生态(即传统的、普遍的形态)和次生态(即在地化了的特异形态)的二元形态,这种二元形态的出现正是客家族群与其他族群之间互动融合的结果(周建新:《客家祖先崇拜的二元形态与客家社会》,《西南民族大学学报》2005年第3期)。
⑤ 如厦门大学李如龙认为:"从语言事实来看,至少有两点值得我们注意。一是客家话里有南方原住民留下的语言'底层',也有使其他兄弟民族改用客家话的语言同化;二是客家话里也不乏从邻近方言借用的方言词。"(李如龙:《客家方言与客家的历史文化》,《嘉应大学学报》1998年第2期)。此外,关于客家话与畲瑶等民族语言的关系的研究成果,还可参见《粤西客家方言调查报告》(李如龙,暨南大学出版社1999年版)、《闽西客家方言》(蓝小玲,厦门大学出版社1999年版)、《江西客家方言概况》(刘纶鑫,江西人民出版社2001年版)、《客家方言语音研究》(谢留文,中国社会科学出版社2003年版)、《客家方言》(邓晓华、罗美珍,福建教育出版社2005年版)、《客家方言研究》(李如龙、邓晓华,福建人民出版社2009年版)。

区的苗、瑶、畲族有密切关系。①

通过上述对客家形成问题的学术史回顾，我们可以发现，20世纪80年代以来，客家学界对客家形成的问题作了广泛、深入的研究和探讨，或在罗香林的基础上，对"中原汉族论"作了更加充分的阐述，或对罗香林的研究进行反思，提出了修正性的甚至是颠覆式的"多元融合论"和"南方土著论"。这些学术成果的取得，无疑大大推动了客家形成问题的研究。然而，我们在肯定这些成就的同时，也必须指出，尽管学者在提出了与罗香林先生相左甚至完全相反的观点，但在研究路径上，绝大多数学者并没有脱离罗香林先生的研究范式，依然像罗香林先生那样，站在中原本位主义的立场上，从移民史的角度，对客家族群文化的形成进行考察，并把客家族群文化的形成看作北方汉民与南方土著之间，自发交流和融合的结果。受这种研究路径和研究视野的局限，学者对赣闽粤边区的区域社会变迁及其对客家族群文化的影响，并没有引起高度的重视，甚至依然忽略了"国家"对客家族群文化形成的作用。这些不足的存在，恰恰为本书的撰写留下了充分的研究空间。

2. 关于客家族属性质界定标准的研究

关于客家族群的族属性质，学术界出现了众口一词的现象，亦即都肯定了客家的汉民族属性。即使那些持"南方土著论"的学者，也只是强调客家民系中的土著成分，并没有明确否定客家民系的汉民族属性。不过，学者在如何界定"客家"族属性质的标准问题上，则存在较大的分歧，大体有三种观点：血统论、方言论和文化认同论。

"血统论"的代表人物依然是罗香林先生，其特点是在界定"客家"概念时特别强调其族群来源。在实践上，罗香林为了论证客家是汉民族的一个支系，十分重视客家先民从北方中原南迁的历史，其目的就是要把居于赣闽粤边区的客家族群与北方中原汉族之间建立直接的血统关系，以证

---

① 蒋炳钊：《畲族研究》，厦门大学出版社1988年版；郭志超：《客家地区的壮侗语族族群与苗瑶语族族群》，《广西民族学院学报》1996年第4期，后又收入《闽台民族史辨》，黄山书社2006年版；吴永章：《客家传统文化概说》，广西教育出版社2000年版；刘美崧：《论南海王国古越人与闽粤赣边区客家先民的历史关系——兼论畲族与客家关系》，《中南民族学院学报》2001年第2期；罗勇：《"客家先民"之先民——赣南远古土著居民析》，《赣南师范学院学报》2004年第5期；吴永章：《客家民俗中的越、僮之风》，《嘉应学院学报》2004年第2期；刘大可：《客家与畲族关系再认识——闽西武平县村落的田野调查研究》，《中共福建省委党校学报》2005年第12期。

明客家只是北方汉族南迁的一支。关于"血统论"的特点和实质,学者有清楚的论述:"以罗香林先生为代表的关于客家的定义,实际上认为客家是由某一相同血统的人组成的群体,这是一个种族的概念。其特点是从血统上说明客家人的来源和组成,并从血统上说明客家人的优秀、客家文化的伟大。"① 也正因为"血统论"者过分重视种族血统在确定客家族群族属性质中的作用,所以当有学者提出客家族群中含有南方土著成分甚至土著占了主体地位时,他们当中的一些人就无法接受,甚至对"土著论"者口诛笔伐,群起攻之。

"方言论"者主张把客家方言作为界定"客家"的主要依据。在"方言论"者看来,客家方言是客家族群最显著的外在特征,也是客家人的最直观的身份标识:"客家人的方言富有特点,笔者认为这种客家方言才是客家的最基本要素。"② "客家是汉民族大家庭中的一个独特的群体。客家方言是这个群体的最重要特征,也是我们研究客家的历史文化的最重要的依据。"③ "语言是人类文化的载体,构成一个民族的要素之一,而一个民族支系的形成也要靠该群体的语言来维系。客家人之所以从汉族中发展为一个支系,除了其他因素以外,与它的语言具有独特的个性,成为汉语的一个方言也有关系。"④ 关于"客家话"在语言上所具有的独特个性,以及与汉语的关系,许多语言研究者作了细致的研究并取得了较为丰硕的成果。而对"方言论"作出杰出贡献的,还数华东师范大学的王东教授。他早在1996年就提出:"众所周知,客家人之所以区别于非客家人,其中一个基本的,也是最重要的方面就是语言。客家方言不仅是形成客家的标志,而且也是客家民系自我认同的内聚纽带。也就是说,一个客家人之所以把另外一个客家人认同为自己的属群,其最直接、也是最简单的道理因为他(她)也讲与自己一样的客家话,而不是共同的地域、血缘或是其他什么原因。正因为如此,以客家方言的形成与否,来作为客家民系形成与否的标志,应该说是没有问题的。"⑤ 除了把"以客家方言的形成与否,来作为客家民系形成与否的标志"之外,他后来还直接用"方言群"来

---

① 谢重光:《客家与客家文化》,《宁德师专学报》1999年第1期。
② 陈支平:《客家源流新论》,广西教育出版社1997年版,第125页。
③ 李如龙:《客家方言与客家的历史文化》,《嘉应大学学报》1998年第2期。
④ 邓晓华、罗美珍:《客家方言》,福建教育出版社2005年版,第6页。
⑤ 王东:《客家学导论》,上海人民出版社1996年版,第136页。

定义"客家"的概念。①

"文化认同论"则主张界定"客家"的标准是文化认同,把客家人与其他民系或其他族群区别开来的是"文化认同"。"文化认同论"的代表是谢重光先生,他受历史学界"以文化定胡汉"民族观的启发,于1995年在《客家源流新探》一书中明确提出:"'客家'是一个文化的概念,而不是一个种族的概念。"② 谢重光先生的这一观点,得到了不少学者的赞同。著名的移民史专家吴松弟先生就指出:"客家人与汉族其他部分的区别,则完全在于文化特征(主要是来源于北方的语言和风俗)而不是人类学上的特点。"③ 客家研究学者罗勇先生也对"文化认同论"作了比较充分的论述。④ 此外,还有较多的学者也赞同"文化认同论"的观点。尽管这些学者在对客家文化的具体认识上不尽一致,但在主张用"文化"而非"血统"这一判别标准上,则是没有区别的。

以上三种观点的提出,各有其优缺点。"血统论"的提出主要依据客家姓氏族谱资料,因为几乎在所有的客家姓氏族谱中,都明确宣称自己的祖先来自中原汉族,并且时下兴盛的"寻根热"也把自己的宗族祖源直接指向中原。然而,根据学界的研究,正如其他族群的族谱一样,客家族谱也存在大量攀龙附凤的现象,把族谱资料作为自己的理论依据,其立论基础令人怀疑。并且,"血统论"过分强调客家族群与中原汉人的联系,也严重忽略了客家多元族群来源以及南迁汉人与当地土著相互通婚的客观事实。此外,血统依据也很难在现实生活中准确地将"客家"与"非客家"区分开来,因此,"血统论"日益遭受到许多学者的质疑。

客家方言确实是客家人的一个非常显著的外显性特征,无论大陆内地,还是海外各处的客家人,尽管存在巨大的时空距离,但几乎都能用客家话来进行沟通。并且相对来说,在实践操作方面,"方言论"自然要比"血统论"更容易把"客家"与其他族群区别开来,因此"方言论"无论在学术界还是在社会大众层面,都拥有比较广泛的支持者,甚至有人还

---

① 王东:《那方山水那方人:客家源流新说》,华东师范大学出版社2007年版,第36页。
② 谢重光:《客家源流新探》,福建教育出版社1995年版,绪论,第12页。
③ 吴松弟:《中国移民史》,第四卷,辽宋金元时期,福建人民出版社1997年版,第353—354页。
④ 罗勇:《略论客家文化的形成及其多元因素》,《赣南师范学院学报》1998年第4期;《文化与认同——兼论海外客家人的寻根意识》,《西南民族大学学报》2006年第2期。

提出，"宁卖祖宗田，不忘祖宗言"，在第四届世界客属恳亲大会上，也要求把客家话作为会议的官方语言，与会者必须用客家话进行发言和交流。尽管如此，如果我们仔细分析一下，也会发现如果单纯把方言作为界定客家的唯一标准，也存在不少问题。因为，语言是后天习得的文化，即使不是客家人，也很容易学习客家话，所以单纯以能否说客家话判定客家人身份，自然显得极不严谨。

相对而言，"文化认同论"的提出则要比"血统论"和"方言论"高明得多。因为无论是血缘认同还是语言认同，都属于文化认同的范畴。并且，除了血缘和语言之外，文化还包括其他许多方面。所以文化认同无论在理论上，还是在实践上，都更具有可行性。然而，"文化认同论"本身也有其弊端，如什么是客家人自己的文化认同，这种文化认同能否把客家人与其他族群明显地区别开来，等等问题，亦还没有解决。

更为重要的是，无论是"方言论"，还是"文化认同论"，都是在批判罗香林"血统论"基础上提出的，目的是想要纠正罗香林的中原南迁论。然而，这两种理论只是提出了客家人身份的界定标准，却严重背离了罗香林先生提出"中原南迁论"的本意。罗香林的本意其实并非在于界定客家人身份的标准问题，而是在于判定客家人的汉民族性质。因为语言与族属性质毫无关联，不同民族完全可以使用同一语言，所以把客家看成是一个能说客家话的方言群的"方言论"完全偏离了罗香林的研究宗旨。不同的民族往往具有不同的文化特征，文化可以成为界定族群的民族属性的重要标准，在此意义上来说，"文化认同论"倒也没有完全偏离罗香林的研究本意，然而，到目前为止，几乎还没有学者对如何从文化上来界定客家人的族属性质进行系统而又深刻的论述。这也意味着，对罗先生所预设的"客家是汉民族的一个支系"这一命题的论证，依然没有得到解决。

通过上述对学术界关于客家研究和赣闽粤边区儒学实践研究的学术史回顾中可以看出，虽然学者们已从不同角度，对赣闽粤边区客家族群文化和地域社会进行了一些有益的探索，但由于各自学术旨趣的不同，他们对客家族群文化的形成以及地域社会的变迁还缺乏全面系统的论述，尤其是很多学者对赣闽粤边区客家族群文化形成的研究，多是从移民史的角度进行论述，把客家文化的形成和社会的变迁简单归纳为是北方移民与当地土著之间自发互动的结果，而严重忽略了在中国有着悠久"大一统"传统的历史背景之下，国家对文化传播有着巨大作用，同时也没有高度重视到以儒家思想为核心的中原文化，因代表着当时先进生产力，成为古代中国的主流文化和强势文化，所具有的强烈的辐射力和感染力。所以一直纠缠在客家源流的讨论中，未能对客家民系何以能够形成，赣闽粤变迁为什么能从唐宋以后逐渐从"化外之地"转为"化内之地"，儒家文化为什么会成为客家文化的核心文化，有着多元民族成分的客家族群为什么仍然属于汉民族的一个支系等问题，作出合理的解释。这些悬而未决的问题的存在，为本书留下了巨大的研究空间。

三 本书的主要概念、研究方法、资料和内容框架

（一）本书的主要概念

1. 族群

英文 ethnic group 一词，在 20 世纪 70 年代末被国内民族学界引入并使用，起初译为"民族群体"，后逐步采纳台湾学者的译法，即"族群"。我国大陆的民族学研究长期受苏联影响，对西方民族学、人类学理论借鉴较少，多采用"民族"一词来解决相关问题。英文 ethnic group 一词，表示具有语言、种族、文化和宗教特点的人们共同体。关于族群的定义，数量繁多，表述各异。马戎先生曾统计出，在英文文献中，关于族群的定义至少有 20 多种。[1] 但不论哪种定义，"族群"一词都是用来区分人类群体之间我族与"他者"的差别。本书也使用这一词汇，主要是指与客家民系相区别的其他的人类群体。

2. 民系

"民系"一词是客家学奠基者罗香林先生自创的。他在 1934 年出版的《客家研究导论》一书首先使用这一学术用语。他说："'民系'一词，是我个人新造出来用以解释民族里头种种支派的。"[2] 后来，这一词汇逐渐为我国民族学研究界所沿用。这一用语的含义是指一个民族内部的分支，分支内部有共同或同类的语言、文化、风俗，相互之间互为认同。其

---

[1] 马戎：《民族关系的社会学研究》，周星、王铭铭主编《社会文化人类学讲演集》，天津人民出版社 1996 年版，第 501—502 页。

[2] 罗香林：《客家研究导论》，上海文艺出版社 1992 年影印本，第 24 页。

引申生活义用来指同属一地区有相互认同的人，不一定需要满足符合内部语言、文化、风俗相同的要求。本书为了保持"客家"研究的延续性，同时也为了凸显"客家"族群与其他族群的区别，所以坚持用"民系"称呼"客家"。

3. "王化"、"儒化"

一般认为，"王化"一词的含义是指天子的教化。如，《诗大序》中云："《周南》、《召南》，正始之道，王化之基。"《后汉书·张酺传》中云："吾为三公，既不能宣扬王化，令吏人从制，岂可不务节约乎？"唐代韩愈在《顺宗实录五》中曰："人伦之本，王化之先。爰举令图，允资内辅。"清代吴兴祚的《电白县观海》诗云："海若知王化，年年效百灵。"鲁迅在《伪自由书·王化》提道："中国的王化现在真是'光被四表，格于上下'的了。"但在本书中，为了凸显文化传播的意义，把中原汉族王朝势力通过军事和行政的手段向赣闽粤边区渗透的过程及结果称为"王化"，而把以儒家文化为主导的中原主流文化在赣闽粤边区传播的过程及结果称为"儒化"。

4. 赣闽粤毗邻区

也称"赣闽粤边区"，主要是指以赣南、闽西和粤东北为主的广东、福建和江西三省交界地区。按照现行行政区划所属，赣南地区包括章贡区、黄金区、赣县、于都、兴国、信丰、安远、会昌、寻乌、龙南、定南、全南、大余、南康、上犹、崇义、宁都、瑞金、石城等县、市、区，该区域大体与明清时期的赣州府、南安府和宁都直隶州所辖范围相一致。闽西地区大致包括宁化县、清流县、明溪县、永定县、上杭县、长汀县、武平县、连城县等，该区域与明清时期的汀州府所辖范围基本一致，现则分属龙岩、三明两个地级市。粤东北地区大体包括现在的梅州市全境（梅江区、梅县区、兴宁市、大埔县、丰顺县、五华县、平远、蕉岭）、韶关市和潮州市等部分地区。上述这些地方不仅区位毗邻，而且地理环境相似，历史发展也相互关联，也是客家民系形成和发展的重要地区。

（二）研究方法

本书所用研究方法主要有以下三种：

1. 历史文献研究法

这是本书研究最主要的研究方法。有关赣闽粤边区的历史文献材料很多，包括正史、地方志、文人笔记、题匾碑刻、家族谱牒等。通过对这些历史文献进行搜集、鉴别、整理并正确解读，以期能够把赣闽粤边区儒学传播和客家民系的形成过程的轨迹清晰地勾勒出来。

2. 田野调查法

田野调查的研究方法是来自考古学和文化人类学的基本研究方法，即"直接观察法"的实践与应用，也是研究工作开展之前，为了取得第一手原始资料，到研究场域进行现场调查。赣闽粤边区是客家文化的产生地，也是目前最主要的客家聚居地，这里保留着十分浓厚的各种客家文化事象。通过对该地区的实地调查，我们可以获得许多关于不同族群文化的成分在客家文化体系中交流融合的资料。

3. 个案研究与整体研究相结合的方法

本书通过对9—18世纪赣闽粤边区的长时段考察，旨在研究客家族群文化形成的内部机制。在这一研究过程中，笔者将目光集中在赣闽粤边区这一狭小的区域，并通过对若干个案的深入研究，以期更加清晰细致地揭示出客家文化的形成机制。

（三）研究资料

本书所依据的研究资料主要有以下四类：

1. 正史典籍类

如《史记》、《汉书》、《新唐书》、《旧唐书》、《宋史》、《明史》、《清史稿》、《建炎以来系年要录》、《宋会要辑稿》、《明会典》、《明实录》、《四库全书》、《四部丛刊》等。

2. 个人文集类

如（北宋）王安石《临川文集》、李觏《旴江集》，（南宋）刘克庄的《后村先生大全集》，（明）张弼的《东海文集》、王守仁的《王阳明全集》，（清）屈大均的《广东新语》等。

3. 地方志

如嘉靖三十四年的《虔台续志》、道光四年的《宁都直隶州志》、康熙二十二年的《兴国县志》、康熙五十年的《潋水志林》、乾隆四十四年的《定南县志》等。

4. 族谱

如乾隆三年《雩邑峡溪萧氏重修族谱》、乾隆十五年镌刻的梅州松源《梁氏族谱》、乾隆四十一年增修河源漳溪《蓝氏族谱》、乾隆甲辰上犹营前的陈氏族谱、光绪三十四年的《瑞金密溪罗氏六修族谱》、光绪十一年的《会昌县筠门岭龙头村蓝姓三修族谱》、1916年的《会昌县筠门岭镇上增村雷姓族谱》、1995年的《宁都东龙李氏十修族谱》、2006年的《颍川堂赣南钟氏联修族谱》等。

(四) 本书的主要内容和结构框架

1. 本书的主要内容

本书从文化传播学的视野，以历史文献为主，结合考古资料和田野调查，考察了9—18世纪中原王朝政权和儒家主流文化对赣闽粤边区的渗透和传播的历史轨迹，揭示了赣闽粤边区的社会变迁与客家族群文化形成的内在逻辑；阐述了国家权力在赣闽粤边区的社会变迁和客家族群文化形成过程中所起的作用；并引用文化学的理论，对客家族群的汉民族属性作了学理分析。本书认为，随着唐宋以来我国古代经济重心的南移和赣江—大庾岭通道的开凿，使赣闽粤边区的经济和交通地位日益上升。然而，自唐宋以来，这一地区因大量外来族群的迁入，又出现了长期的社会动乱。为了维护赣闽粤边区的社会稳定，确保国家对这一地区的控制，中央政府通过军事、政治和文化措施，加强了对这里的控制和管理，实现了中央政府对这里的直接统治。中央政府的这些统治措施也推动了儒家文化在赣闽粤边区的广泛传播，并对客家族群文化的形成，具有深远意义。尽管客家文化体系包含了多元族群文化因子，但以儒家思想为核心的中原汉族文化则是该文化体系的主导文化。这种文化结构既是国家主导下儒家文化在赣闽粤边区广泛传播的结果，也是我们今天判断客家族群民族属性的最主要依据。

2. 本书的内容框架

本书包括七个部分：

绪论主要介绍选题的缘由和意义、学术史回顾、本书研究的主要理论和方法，以及本书的主要思想与内容框架。

第一章　赣闽粤边区的地理与人文环境主要介绍唐末五代以前，赣闽粤边区的历史、赣闽粤边区的早期开发和中原汉族政权的间接统治。这一章主要介绍赣闽粤边区的自然和社会环境，以及在隋唐以前的历史发展脉络，为本书后面三章介绍中央政权在这一地区的军事角逐、行政管理和文化控制，以及多元族群在这里的交流混合，提供了时空背景。总的印象是在六朝以前，这里生活着古越族、山都、木客等土著民族，社会进化十分缓慢，中央政府虽已在此建立统治，但这种统治却是十分粗放，主要依靠当地豪族进行间接统治，地方政权实际为土著豪强所控制，"酋豪持政"

成为这一时期的政治特色。但在隋唐以后，随着中国古代经济重心的南迁，尤其是赣江—大庾岭通道的开凿，赣闽粤边区吸引了大批外来移民，其在国家人口发展、交通运输、军事战略意义以及经济发展潜能方面的地位都骤然上升，所有这些都为中原中央政权进一步向这里渗透，以及以儒家文化为主体的中原主流文化向这里的传播，以及多元族群的混合与交流，提供了历史机遇。本章主要从以下几方面展开述论：（1）赣闽粤边区地理环境的特点及其对区域开发的影响；（2）隋唐以前赣闽粤边区的族群结构和社会发展；（3）唐宋以来赣闽粤边区战略地位的骤升。

第二章至第四章是本书的重点，分别从军事、政治和文化三个方面，介绍和分析了中央政府加强对赣闽粤边区的权力渗透和社会控制。中央政府的这些举措，不仅推动了以儒家文化为核心的中原汉族文化在赣闽粤边区的广泛传播，而且也促进赣闽粤边区多元族群的整合，为后来客家民系的形成奠定了坚实基础。具体说来，这三章的内容主要包括：

第二章 军事征略与文化传播：赣闽粤边区的社会动乱与中央政府的应对措施主要探讨唐宋以来赣闽粤边区的社会动乱和中原汉族政权在区域的军事措施，以及这种军事行动对文化传播和融合的意义。唐宋以后，随着经济重心的南迁，赣闽粤边区成为新的经济开发区，以及赣江—大庾岭通道的开凿，不仅吸引着大量劳动力到这里来开发，并且在事实上也为大量劳动力进入这一区域提供了可能。唐宋以来大量的外来移民进入赣闽粤边区，正是在这种历史背景下发生的。大量人口的迁入，既为该区域的经济开发作出了巨大贡献，同时又引发了这里的长期动乱。由于赣闽粤边区地处江南腹地，并且又坐落在大运河—赣江—大庾岭的南北交通大动脉上，具有极其重要的战略地位，因此，面对赣闽粤边区风起云涌的社会动乱，中央政府采取了积极主动的军事应对措施，以预防、消弭这里的社会动乱。在动乱和军事行动过程中，赣闽粤边区的族群融合又得到进一步发展。同时，又进一步促进了族群之间的人口杂处交融和不同文化之间的交流。本章主要包括以下内容：（1）隋唐以后赣闽粤边区的移民运动与社会动乱；（2）中央政府对赣闽粤边区社会动乱的军事应对措施；（3）军事征略对赣闽粤边区文化传播的意义。

第三章 政治实践与文化传播：中央政府强化对赣闽粤边区基层社会的控制主要探讨中原汉族政权在这里的政治实践对中原主流文化在赣闽粤边区传播的意义。随着中原汉族政权在赣闽粤边区进行军事征剿的同时，中央政府也强化对赣闽粤边区基层社会的控制。中央政府通过在赣闽粤边区增设行政区划，加强地方基础组织建设。这些实践活动，中央政府强化了对赣闽粤边区的控制，同时也促进了中原文化在这一地区的传播。主要体现在：首先，大量行政区划的设置为赣闽粤边区多元族群的文化融合提供了更好的安全保障。其次，促进了赋税制度、行政区划制度等国家文化在这里的传播。最后，为后来儒家文化在这里的传播奠定了基础。

第四章 文化实践与文化传播：儒家文化在赣闽粤边区的广泛传播主要探讨中原汉族政权在赣闽粤边区的"儒化"措施以及儒家道德价值观念在客家族群社会的构建。主要通过对兴办学校、实行旌表、控制民间信仰等若干典型文化事象的研究，探讨国家政权在文化传播中所起的重要作用，以及儒家文化如何逐步成为客家族群文化的主导文化。本章分为四部分：（1）宋明理学的学术转变及其对重建社会秩序的意义；（2）学校与科举教育与儒家主流文化在赣闽粤边区的直接传播；（3）政府对义举行为的旌奖与儒家道德价值观念在赣闽粤边区的构建；（4）"国家"对赣闽粤边区民间信仰的控制。

第五章 文化传播与族群整合：赣闽粤边区的社会变迁与客家民系的形成。本章是上述三章的一个总结性回应，主要阐述中央政府在赣闽粤边区的军事、政治、文化措施，对这一区域的社会变迁和族群整合所阐述的影响。前面各章着重介绍了唐末以来中原汉族王朝政府采取军事、政治和文化等方面的措施，以及中央政府对赣闽粤边区的控制和治理逐步深化的过程。那么，这些措施对赣闽粤边区地域社会产生了什么样的影响，又对地域文化的产生起着什么样的作用呢？作为对以上各章的总结，本章主要阐述在王权政治深化和主流文化广泛传播的影响下赣闽粤边区所发生的巨大社会变迁，以及客家族群文化的形成。主要从以下方面展开论述：（1）唐宋以来赣闽粤边区的社会变迁和中原王朝统治在赣闽粤边区的深化；（2）宋以来儒家文化在赣闽粤边区的传播与接受；（3）宋元以来赣闽粤边区客家民系的形成。

结语 本部分既是对绪论部分所提出的问题意识的呼应，又是对本书全文的一个总结性论述，也是笔者对研究问题所持观点的集中阐述。以上各章主要从军事行动、行政治理和文化实践三个方面，论述了从唐末五代到清初这一历史长时段内，中原王朝政权如何在赣闽粤边区逐步深化，并把这一地区变为"化内之地"的"王化"过程；这一过程也是以儒家文化为内核的中原汉族文化如何在赣闽粤边区广泛传播,并成为这一地区多元族群共同的文化认同的"儒化"过程。这两个同时进行的过程最后的结果是整合了赣闽粤边区的不同族群,使他们在共同文化认同的基础上形成一个新的共同体——"客家"。作为本书的结语,本部分集中从下面两个方面予以阐述本书的结论:一是总结性地阐述地域、移民和"国家"等因素在儒学文化在赣闽粤边区的传播,以及对客家民系形成的作用。我们认为,赣闽粤边区客家民系的形成与以儒学为核心的中原汉族文化在这里的广泛传播和接受是密切相关的,而无论是儒学文化的传播,还是客家民系的形成,其实都离不开赣闽粤边区特殊的地域环境、移民运动和国家权力这三者的共同作用。二是探讨客家民系的民族归属问题。以往学术界坚持认为"血统论",从移民史的角度,收集相关资料,论证客家族群与中原的联系,强调客家是中原汉人的后裔。而本书则从文化传播的角度,坚持"文化认同"才是真正把赣闽粤边区多元族群整合起来的关键因素。我们认为,文化认同是民族认同的基础,民族的融合主要就是文化上的融合。价值观是文化体系中最关键的因素,规定着这个文化体系的文化性质,也决定了这种文化族群的族属性质。客家文化是一个多元一体的文化混合体,在这个文化混合体中,既包含了汉文化、畲族文化和古越族文化等多元文化因子,但从总体上看,以儒家文化为主的中原汉族文化则是客家文化的主导文化。这表明客家人在文化认同上与汉文化高度一致。这才是我们判定客家民系的民族属性的所应持有的文化依据。与"血统论"相比,这一依据更符合历史事实,也更具有实践操作性。

第一章　赣闽粤边区的地理与人文环境

文化的产生和传播离不开当地的环境，人类社会及其文化被视为特定环境条件下适应和改造的产物。地理、气候和人文等环境因素，都将影响到文明的独特性质，产生不同的文化现象。从人类发展历史来看，地理环境对于文明形成与文化传承有着至关重要的作用，地理位置与生存环境差异性越大的国家、民族，两者之间的文化差异性也越大。儒家文化在赣闽粤边区的广泛传播，以及客家民系的产生，也离不开这里特殊的自然和人文环境。

第一节　赣闽粤边区地理环境的特点及其对区域开发的影响

江西、福建和广东三省交界处的赣闽粤边区的地理环境的特点是"高山大谷"、"崇冈复岭"、"水急滩险"，这里除了横亘着南北走向的武夷山脉和南岭两大山系之外，境内还分布着许多大小山峦。例如，赣南境内九连山、罗霄山、雩山等山系；闽西境内的有玳瑁山、彩眉山、博平岭、松毛岭等山脉；粤东北境内有罗浮山、莲花山和阴那山等山系。明代嘉靖年间南赣巡抚虞守愚在谈到赣闽粤边区的地理环境时这样概括："臣所辖地方，俱系江湖闽广边界去处。高山大谷，接岭连峰。"① 相似的描述，在其他的文献中亦有记载。比如，"汀州西临章贡，南接海湄，山深林密，岩谷阻岰。"② "为郡崇山复岭，南通交广，北达江右，介于虔梅之间，瓯闽粤壤在山谷斗绝之地。西临赣吉，南接潮梅，山重衍复而险阻，

---

① （明）谈恺：《虔台续志》卷4《纪事三》，明嘉靖三十四年刻本。
② 《元一统志》卷8《江浙等处行中书省》，"汀州路"条，中华书局1966出版，第629页。

水汛急而浅涩。"① 连城"居稠山之中，崇冈复岭，东控莲峰屹立之雄，西拥旗石宝嶂之胜，南案银屏秀出之障，中抱文溪九曲之流，他若金鸡诸岫插汉昂霄，天马群峰如仗如笏"②。"虔州，江南地最旷，大山长谷，荒翳险阻。"③ "崇义据西江之上游，乃南安之新邑，律诸大庾、南康，厥山益峻，厥水益驶。穷林邃谷，盘礴深窈。"④ 光绪《嘉应州志》在谈到过去嘉应州的自然环境时也说，"嘉应峻岭巨嶂，四围阻隔，与濒海不同，有前此人物稀少，林莽丛杂，时多瘴雾"⑤。

赣闽粤边区这种"崇冈复岭"、"山深林密"、"岩谷阻岫"的地形地貌，使得这里土地资源相对较少，且开垦成本高。赣闽粤边区地资源少，且开垦成本高的情况，我们可以从方志中了解一些信息。如，龙岩全区中山面积7250.87平方公里，占总土地面积的38.06%；低山面积7713.49平方公里，占土地总面积的40.49%；全区丘陵面积3100.44平方公里，占土地总面积的16.28%；平地面积为985.20平方公里，占全区土地总面积的5.17%，其中耕地面积201.50万亩，占全区总面积的7.05%⑥；梅州山地面积754304公顷，占总面积的47.49%，丘陵面积622931公顷，占总面积的39.22%，平原（盆地）面积79063公顷，占全区总面积的4.98%，其他面积（包括台地、阶地、河流水库）132102公顷，占总面积的8.31%⑦，其中，耕地189.12万亩，占总面积的8%。⑧ 赣南山地面积8620.14平方公里，占全区总面积21.89%，丘陵面积24220.68平方公里，占全区总面积61.08%，盆地面积6705.13平方公里，占全区总面积

---

① （明）黄仲昭纂：《八闽通志》卷2《形胜·汀州府》，福建省地方志编纂委员会点校本，福建人民出版社1990年版，第35页。
② 连城县地方志编纂委员会编：《连城县志》（康熙版点校本）卷2《舆地志·形胜》，方志出版社1997年版，第47页。
③ （宋）王安石：《虔州学记》，《临川文集》卷82，四库全书本。
④ （明）嘉靖《崇义县志》，郑乔《序》，江西省崇义县志办公室校注本，1987年印行，第2页。
⑤ （清）吴宗焯等修，温仲和纂：《嘉应州志》卷3《气候》，清光绪三十二年刻本。
⑥ 龙岩地区地方志编纂委员会：《龙岩地区志》卷2《自然环境·地貌》，上海人民出版社1992年版，第101—105页。
⑦ 梅州市地方志编纂委员会：《梅州市志·自然环境》，广东人民出版社1999年版，第275—280页。
⑧ 广东国土资源年鉴编纂委员会编：《广东国土资源年鉴（2002）》，广东地图出版社2003年版，第251页。

17.03%，其中耕地面积 5369.42 万亩，占全区总面积的 9.09%。① 根据这些数据我们可以制成表 1-1。

表 1-1　　　　　龙岩、梅州、赣州土地面积分类统计

项目 区域	山地 实际面积 （平方公里）	占总面积 比例（%）	丘陵 实际面积 （平方公里）	占总面积 比例（%）	平地 实际面积 （平方公里）	占总面积 比例（%）	耕地 实际面积 （万亩）	占总面积 比例（%）
龙岩	14964.36	78.55%	3100.44	16.28%	985.20	55.17%	201.50	7.05%
赣州	7543.04	47.49%	6229.31	39.22%	790.63	44.98%	189.12	8.00%
梅州	8620.14	21.89%	24220.68	61.08%	6705.13	117.03%	5369.42	9.09%

资料来源：本表依据龙岩地区方志办编《龙岩地区志》（上海人民出版社 1991 年版）、梅州市地方志编纂委员会编《梅州市志》（广东人民出版社 1999 年版）、赣州地区志编纂委员会编《赣州地区志》（新华出版社 1994 年版）、林浩坤主编《广东国土资源年鉴（2002）》（广东地图出版社 2003 年版）、赣州地区志编纂委员会编《赣南概况》（人民出版社 1989 年出版）等相关资料制成。

从表 1-1 我们可以比较清楚地看到，赣闽粤边区的山地面积占了全区面积的一半以上，而耕地面积则不到总面积的 10%。这与周边地区闽南三角洲、珠江流域和赣江中下游地区相比起来，这个地区的耕地面积确实是很少的。赣闽粤边区土地资源稀少的状况，古代文献亦有表述。崇义县"众山壁立，南郊略广，山多田少，路如鸟道，水清而激"②。"（大埔）多山陵林郁，耕稼之地仅一二。"③ "连城，汀之一邑耳，其土多亢燥硗瘠，不堪耕植；其俗虽俭，而不阜于财。"④ 由于"崇冈复岭"的地形，不仅使这里可耕土地数量少，而且开垦成本很高。比如，"（南安府）无广谷平原，生谷之土，多崎岖幽辟。"⑤ "（永定县）邑土斗隘，厥土驿刚。山田五倍于平野，层累十余级不盈一亩。"⑥ "（平远县）撮土皆山

---

① 赣州地区志编纂委员会：《赣南概况》，人民出版社 1989 年版，第 7 页。
② 嘉靖《崇义县志》，不分卷，《地理志·形胜》，江西省崇义县志办公室校注本，1987 年印行，第 10 页。
③ （清）蔺涛纂修：《大埔县志》卷 10《民风》，清乾隆九年刻本。
④ 连城县地方志编纂委员会编：《连城县志》（康熙版点校本），首卷，旧序，方志出版社 1997 年版，第 11—12 页。
⑤ （清）黄鸣珂修，石景芬等纂：《南安府志》卷 4《仓庾》，清同治七年刊本。
⑥ （清）方履籛修，巫宜福纂：《永定县志》卷 16《风俗》，清道光十一年刻本。

地，可耕者十仅一二，且土瘠而稼穑多艰，力勤而收获常歉。"①

赣闽粤边区的自然地理环境，对这里的区域开发和社会发展产生了巨大影响。耕地资源的不足且开发成本不低，对于赣闽粤边区的开发带来很大的影响，导致了这里迟迟得不到有效的开发。众所周知，在以农业为主的传统时代里，人们所需要的生活资料几乎都从土地产出，土地成为最重要的生产资料。而赣闽粤边区土地资源不多，并且山高林深，土地资源呈小块分布，又使这里的土地开发成本极高。这种情形，使得在六朝以前，中央政府虽然早已把这里纳入了行政版图，但实际上几乎还未进行任何实质上的开发。

赣闽粤边区"崇冈复岭"、"山深林密"的地形特点，也使赣闽粤边区的交通极为不便。峰回路转，山路崎岖，陆路交通的困难自不待言，而对该地与外界沟通有着极其重要意义的水上交通其实同样也充满艰险。赣闽粤边区的年降水量比较大，地表径流丰富，有贡江、章江、汀江、梅水等流量较大且可通舟的溪河，但航运条件非常糟糕。这一方面是由于这里地形复杂，地势崎岖不平，所以航道曲折，水流湍急而多旋流；另一方面则是水中多石，这些石头有的露出水面，有的暗藏水中，过往船只极易触礁而沉。赣江是赣闽粤边区境内最为重要的水上航线，是唐宋以后勾连中原与岭南这条南北大动脉的重要组成部分，赣江在上游赣南境内从信丰至万安路段，有著名的"上十八滩"（信丰至赣州路段）和"下十八滩"（赣州至万安路段）：

> 章（水）贡（水）合流，自郡治北至万安二百四十里。凡有滩十八，在赣县者九，盖举其大者称之，其实不止十八滩。……（鳖滩）乱石纷蠡，络绎不绝。……（天柱滩）有三石峰暗伏中流，舟必三折而过，浪涌如山，震荡心目。……（大湖滩）舟人呼石人坝，其石如人，睡卧中流，秋冬水落，重舟不能行，必以小船剥运。……（铜盘滩）其石犬牙交错，舵师稍怠，危在眉睫。……②

---

① （清）卢兆鳌修，余鹏举纂：《平远县志》卷1《田赋》，清嘉庆二十五年刻本。
② （清）魏瀛修，钟音鸿纂：《赣州府志》卷6《舆地志·水》，清同治十二年刊本。

赣江"石多滩险"的航运条件,对这条航线的物流运输造成极大危害。《资治通鉴》云:"(越人)与中国异,限以高山,人迹绝,车道不通,天地所以隔外内也。其入中国,必下领水,领水之山峭峻,漂石破舟,不可以大船载食粮下也。"三省注曰"领水,即赣水也;漂石破舟,言三百里赣石"①。《水经注》亦云:"豫章水导源东北流,迳南野县北,赣川石阻,水急行南,倾波委注,六十余里。"②

汀江和梅水也是境内重要的水运航线,它们的航运条件也与赣江差不多。汀江"水之所归,南走潮海,西下豫章,东北注于剑浦,西北奔于彭蠡,其源皆出于此,实东南上游之地,是以山重复而险阻,水迅急而浅涩,山川大势固已奇绝"③。梅水,"在州之东六十里,导源自汀之武平溪。溪有七十二滩,急流湍险,上下百余里,舟筏至滩谓之入恶,过滩安流而去谓之出恶"④。

这种交通不便的状况,一方面,使得这里与外界的联系和沟通十分不方便,鲜有大批外界民人进入这里开垦拓殖;另一方面,又使中央政府无法对这里的土著居民进行有效管辖。唐宋以前,中央政府在这里几乎没有进行过有计划的开发活动,而对这里土著居民的生产生活也基本上都是采用一种放任自流的措施,或是采用把土著山民迁移到其他平原地带的方法,以更好管辖这些土著居民。这些情况,都大大阻碍或延缓了对这里的开发,使这一地区形成一个封闭落后的区域。宋代福建仍然被时人谓为"绝区":"汀处闽山之穷处,复嶂重峦……于福建为绝区。"⑤ 汀州府"地势平夷,方数十里,而卧龙山突起平地中,府半壁高挂其巅"⑥。粤北甚至到清代也依然被称为"天末日出之区":粤东北程乡县,"吾程邑僻阻海滨,南距吴,北距燕,不啻数千里,而遥称为天末日出之区"⑦。

---

① 司马光:《资治通鉴》卷17,"建元六年"条,中华书局1956年版,第570—571页。
② (北魏)郦道元:《水经注校证》卷39,"赣水"条,陈桥驿校证,中华书局2007年版,第919页。
③ (明)邵有道:《汀州府志》卷1《地理》,"形胜"条,明嘉靖六年刻本。
④ (宋)王象之:《舆地纪胜》卷102,广东南路,"梅州"之"恶溪"条,江苏广陵古籍刻印社1991年版,第826页。
⑤ (宋)王象之:《舆地纪胜》卷132,福建路,"汀州"之"风俗形胜"条,江苏广陵古籍刻印社1991年版,第995页。
⑥ (宋)顾祖禹:《读史方舆纪要》卷98《福建四·汀州府》,中华书局2005年版影印本,第4481页。
⑦ (清)刘广聪:《程乡县志》,李士淳《序》,清康熙三十年刻本。

第二节 隋唐以前赣闽粤边区的族群结构和社会发展

自古以来,赣闽粤边区一直有人类居住,这些土著居民与隋唐以后迁移进来的族群,一起构成了客家民系。那么,在隋唐以前,赣闽粤边区存在哪些族群,这里的社会发展状况又是怎样呢?本节将对此进行详细介绍。

一 隋唐以前赣闽粤边区的族群结构

虽然赣闽粤边区是一个"莽莽万重山,苍然一色,人迹罕至"的地方①,但"人迹罕至"只能说明当时外界之人很少涉及此地而已,而并不说明这里完全就是"荒无人烟"。实际上,这一地区很早以来,就一直有古代越族、山都木客等土著在这里居住生活,生存繁衍,后来又有武陵蛮、汉人等外来移民迁入此地,形成了土著和移民交错杂居的族群格局。

(一) 土著居民

1. 古越族

关于赣闽粤境内的古人类,以前知之甚少,以至有学者认为这里所居之人,乃是从中亚细亚高原迁居而来。② 然而,后来大量考古资料证实,赣闽粤边区早在石器时代以来就一直有人在此居住。

在闽西地区,早在1937年,著名的人类学家、厦门大学教授林惠祥先生在20世纪30—50年代,分别在福建武平、长汀、龙岩等地进行考古发掘,获得了若干石器、陶器、印纹陶片,并认定这些文物是新石器时期土著居民遗留下来的物品,说明这里早在新石器时期就已有早期人类居住,这些早期的人类,应是后来古越族的祖先。③ 1988年在闽西北清流县沙芜乡"狐狸洞"发现了6枚古人类牙齿的化石,经考古鉴定,这些远

---

① (清)杨澜:《临汀汇考》卷1《山川考》,清光绪四年刻本。
② 吕思勉:《中国民族史》,上海世界书局1934年版,第209页。
③ 参见林惠祥《福建武平县新石器时代遗址》,《厦门大学学报》1956年第4期;《福建长汀县河田区新石器时代遗址》,《厦门大学学报》(哲学社会科学版)1957年第1期;《福建龙岩石器时代遗址的发现》,《厦门大学学报》(哲学社会科学版)1960年第2期。

古"清流人"的生存年代为距今1万年前左右的石器时代。① 在1989年前后，在漳州、平和、华安、龙岩市等地也发掘出了距今1万年前左右的文化遗址。值得一提的是，在漳州北郊的甘棠山还发掘出了一段人类的左胫骨化石，这是此地原有古人类所遗留下来的最为确凿的证据。② 1999—2000年，在三明市西郊万寿岩进行了抢救性发掘，获得石制品及哺乳动物化石，经铀系法测年为距今约18万年前，这是目前福建省内所已知的最早的古人类活动遗址。③

在赣南，1975年，在于都禾丰上湖塘遗址出土了用燧石精磨的弓背形大石锛、有段石锛、石镞、戈、矛，以及各种纺轮、兽骨和骨制品。1983年在定南下历乡恩荣村大教场出土了石环、玉镯、石链、陶鼎腿等。1993年在赣州市沙石镇新路村竹园下发掘了颇具特色的鱼篓罐，同时也发现十多处居住原址和墓壁经过烧烤的墓葬。1994年在寻乌县文峰乡小布村出土了许多石器、陶器和一只篓式陶罐。遗址内遗弃有大量的打制石块、火烧石，还发现一座小炼泥坑和陶拍。此外，还在兴国永丰、安远龙布、崇义横水等地也发掘了一批古人类活动遗址。这些文化遗址、文物的时间大多都是石器时代和商周时期的。值得一提的是，这里出土的陶器纹饰也是印纹陶，并且以细方格、云雷、曲折纹为多，组合纹样较少。这与其他福建、浙江、广东等南方古人类遗址十分相似。④

在粤东北地区，所发掘的古人类活动文化遗址也很多。其中最为著名的，首推在20世纪50年代在韶关地区的曲江县马坝乡所发现的古人类头盖骨化石，证明早在旧石器时代中期，这里就生活着一群古人类。⑤ 60年代在英德青塘墟洞穴遗址和始兴城南玲珑岩发掘了一些刃部已磨制的石器、绳纹或篮纹粗砂陶片，还发现了人类头骨、肢骨残骸，经鉴定，这些

---

① 尤玉柱、董兴仁、陈存洗、范雪春：《福建清流发现的人类牙齿化石》，《人类学学报》1989年第3期。
② 尤玉柱：《漳州史前文化》，福建人民出版社1991年版，第61—62页。
③ 福建省博物馆、三明市文物管理委员会、三明市博物馆：《三明万寿岩发现旧石器时代遗址》，《福建文博》2002年第2期。
④ 关于赣南古人类遗址的考古，参见夏金瑞《赣南考古工作辑录》，《赣南师范学院学报》1982年第4期；童有庆、黄承焜、薛翘《赣南文物考古工作概述》，《南方文物》1984年第2期；赣南地方历史文化研究室《赣南文物考古五十年》，《南方文物》2001年第4期。
⑤ 梁钊韬、李见贤：《马坝人发现地点的调查及人类头骨化石的初步观察》，《中山大学学报》（社会科学版）1959年第1、2期合刊。

文物已有距今七千年左右的历史。① 70 年代开始又在广东北部曲江县马坝发掘了石峡文化遗址，该遗址的时间跨度很大，从新石器早期一直到商周时期，都有不同时段的文化层累。② 1987 年，在乐昌城南郊河南乡大拱坪村也发现大批古墓，其中大部分为东周至秦汉时期墓葬。③ 1992 年，在五华县屋背岭发现一批遗物，其年代大致在春秋晚期至战国早期。④ 1993 年 4 月，在五华县仰天狮山遗址发掘了商周时期的文化遗存。⑤ 1996—2000 年，在和平县大坝镇进行了考古发掘，出土一批陶器。经初步鉴定，这些文物当在商代至春秋战国时期之间。⑥ 2003 年 5 月，在韶关市曲江区（原曲江县）又发掘出了西周早中期至春秋时期的墓葬群。⑦

从上述考古发掘的总体情况来看，无论赣南、闽西还是粤东北，都发掘出了较多的古人类遗址和遗物，说明这里早在新石器以来就一直有古人类生活。值得强调的是，这三个地区所发掘的文物又存在很大的相似性，说明这三个地区的原始土著居民应该是来自于相同的古人类。据学者考证，在赣闽粤边区所发掘古人类的用具器皿和实物残片，最富代表性的是印纹陶和有段石锛。有段石锛是我国东南地区的特色考古文化，在东南地区的考古发掘中，往往石锛多于石斧，以及所出石锛亦多有段石锛，呈现出与华北地区的显著差异。⑧ 印纹陶也被认为是古代百越族特有的制陶方式。⑨ 而赣南、闽西和粤东北地区出土如此众多的有段石锛和印纹陶器、

---

① 杨式挺：《建国以来广东新石器时代考古略述》，《学术研究》1985 年第 5 期。
② 苏秉琦：《石峡文化初论》，《文物》1978 年第 7 期；曾骐：《石峡文化的陶器》，《中山大学学报》（社会科学版）1982 年第 2 期。
③ 邱立诚、古运泉：《广东乐昌市对面山东周秦汉墓》，《考古》2000 年第 6 期。
④ 邱立诚：《广东五华县华城屋背岭遗址与龙颈坑窑址》，《考古》1996 年第 7 期。
⑤ 李子文：《广东五华县仰天狮山遗址发掘简报》，《考古》1998 年第 7 期。
⑥ 吴海贵、陈子昂、杨廷强：《广东和平县古文化遗存的发掘与调查》，《文物》2000 年第 6 期。
⑦ 李岩、魏峻等：《广东韶关市矮石墓地发掘简报》，《南方文物》2008 年第 3 期。
⑧ 林惠祥：《中国东南区新石器文化特征之一：有段石锛》，《考古学报》1958 年第 3 期。
⑨ 印纹陶被学者认为是南方地区颇具特色的考古文化，这种印纹陶普遍在粤东、闽南、闽台、岭南、湖南等地区考古发掘出来，说明这些地方有着共同的文化起源，属于同一种文化。这种文化特征，与后来史书所载的百越民族十分相似，因为这种文化比百越文化更为古老和久远，所以学者把这种文化遗存称为古越文化。参见林惠祥《福建长汀县河田区新石器时代遗址》，《厦门大学学报》（哲学社会科学版）1957 年第 1 期；李伯谦《我国南方几何印纹陶遗存的分区分期及有关问题》，《北京大学学报》1981 年第 1 期；蒋炳钊《百越族属中几个问题的探讨》，朱俊明《百越史研究》，贵州人民出版社，1987 年版，第 86—92 页；王钟翰主编《中国民族史概要》，山西教育出版社 2004 年版，第 478—479 页。

陶片，也透露出原始时代古越族先民都在这三个地区共同生产生活过的种种迹象。

春秋战国以后，由于中原地区与南方地区的交流和联系逐渐增多，在文献史籍中对南方民族的记载也就增多了。并且在后来的发展演变中，这些原来有着共同文化源流的南方族群由于各地环境的不同，又表现出了不同的地域特征，所以史籍中对古越族又有"扬越"、"荆越"、"于越"、"南越"等不同的称谓。如，《战国策·赵策》："剪发文身，错臂左衽，瓯越之民也。"《吕氏春秋·恃君览》："杨汉之南，百越之际。"《史记·始皇本纪》："（秦始皇）南取百越之地，以为桂林、象郡。"《史记·南越列传》："太史公曰：'瓯、骆相攻，南越动摇。'"《汉书·闽粤传》："东粤狭多阻，闽粤悍，数反覆。悍勇也。"[1] 这些不同称谓的出现，充分反映了春秋战国以后南方古越民族与中原地区的交流和联系日益增多。这种日益增多的交流，对古越族的发展产生了十分深刻的影响。在商周以前，由于族群交流少，古越族还能按照自己的发展轨迹缓慢地发展着。但商周以后，随着北方华夏族的日渐强大，它的势力开始向南方进行渗透，古越族的发展也受到了巨大影响。尤其是秦汉以后，随着北方中原地区封建中央集权的建立，统一的步伐加快，中原政权对古越族的影响也因此更加深重。

秦汉时期，秦始皇北击匈奴，南取百越；秦将赵佗在岭南建立南越国；汉武帝派遣楼船将军杨仆等人平定闽越叛乱，并"闽粤悍，数反覆"为由，"诏军吏皆将其民徙处江淮之间"。[2] 三国时期东吴更是把江西、福建等东南地区当作自己的根据地，加强了对这里的征服和开发。建安五年（200年），孙权即位，他所进行的第一件事情就是"分部诸将，镇抚山越"[3]，频频对山越进行征讨。从建安元年至永安七年（196—264年）这60余年间，吴主孙策、孙权或亲率大军，或派遣吕范、程普、贺齐等著名将领，屡次出兵江西、福建，征伐或平定这里的越民叛乱。两晋南北朝

---

[1] 这里的"粤"通"越"，即指越族。此等事例，在《汉书》中屡有出现，如《史记》写作"东越"、"南越"、"百越"，《汉书》则写成"闽粤"、"南粤"、"百粤"。
[2] （汉）班固：《汉书》卷95《闽越王传》，中华书局1962年版，第3863页。
[3] （晋）陈寿：《三国志》卷47《吴主传》，中华书局1982年版，第1116页。

时期，山越时有叛乱，亦皆遭到汉族政权的武装镇压。① 汉族政权在军事征服的同时，还通过增设郡县、强迁越民等措施，加强了对古越后裔的控制。汉族政权对古越地区的经略，大大促进了山越族与汉族的交流与融合，推动了古越民族汉化的步伐："这一族人自汉以后和北方来的汉人混合同化，到了唐代便没有纯粹的越族，已经完全合于汉族里面，为汉族的一个重要成份了。"② 林惠祥先生的上述话语，虽然带有很大的片面性，但他对古越族所受到的汉族文化的强烈影响的高度评价，还是应该予以肯定的。这些古越族虽然汉化很深，但作为世居在南方的土著民族，其后裔后来也有一些成为"客家"的一个组成部分，并且也继续着被汉化的进程。

2. 山都、木客

山都、木客亦是另一支生活在赣闽粤边区的古老族群。关于这支古人类，先秦文献《山海经》最早提到的"赣巨人"应该与此有关："南方有赣巨人，人面长臂，黑身有毛，反踵，见人笑亦笑，唇蔽其面，因即逃也。又有黑人，虎首鸟足，两手持蛇，方啖之。"③ "赣巨人"又与同书所载的"枭阳人"十分相似④，西晋时期的郭璞认为，"枭阳人"就是"山都"。⑤

对山都、木客介绍最多，也最为集中的古代文献，当属《太平寰宇记》一书。该书撰于宋太宗太平兴国年间（976—983年），是继《元和郡县志》后又一部现存较早较完整的地理总志。该书作者乐史（930—1007年），字子正，是抚州宜黄（今属江西）人，初仕南唐，入宋后历任知州、三馆编修、水部员外郎等。⑥ 因为他是江西抚州人，对赣闽粤边区

---

① 许怀林：《江西史稿》，江西高校出版社1998年版，第60—64页；徐晓望主编：《福建通史》第一卷，福建人民出版社2006年版，第190—193页。
② 林惠祥：《福建长汀县河田区新石器时代遗址》，《厦门大学学报》（哲学社会科学版）1957年第1期。
③ 袁珂：《山海经校注》，巴蜀书社1992年版，第516页。
④ 《山海经·海内南经》："枭阳国在北朐之西。其为人人面长唇，黑身有毛，反踵，见人笑亦笑；左手操管。"引自袁珂《山海经校注》，巴蜀书社1992年版，第319页。
⑤ 郭璞注云："今交州、南康郡深山皆有此物也。长丈许，脚跟反向，健走被发，好笑。雌者能作汁，洒中，人即病，土俗呼为山都。"转引自袁珂《山海经校注》，巴蜀书社1992年版，第320页。
⑥ （宋）乐史：《宋本太平寰宇记》，王文楚：《宋版〈太平寰宇记〉前言》，中华书局2000年版，第2页。

关于闽西地区的山都，《太平寰宇记》引用了唐朝牛肃所著《纪闻》①中的两条材料：

> 江东采访使奏于处州南山洞中置汀州，州境五百里，山深林木秀茂，以领长汀、黄连、杂（新）罗三县。地多瘴病，山都、木客丛萃其中。
>
> 州初移长汀，长汀大树千余株，皆豫章迫隘，以新造州府，故斩伐林木，凡斩伐诸树，其树皆枫、松，大径二三丈，高者三百尺，山都所居。其高者曰人都，其中者曰猪都，处其下者曰鸟都。人都即如人形而卑小，男子妇人自为配耦（偶）；猪都皆身如猪；鸟都皆人首，尽能人言，闻其声而不见其形，亦鬼之流也。三都皆在树窟宅，人都所居最华。人都有时见形，当伐木时，有术者周元太能伏诸都。禹步，为厉术，则以左合赤索围而伐之。树既卧仆，剖其中，三都皆不化，则执而投之镬中煮焉。②

关于粤东地区，《太平寰宇记》云：

"凤凰山一名翔凤山，有凤凰水，昔有爰居于此集因名之，山多相思树，中有神形如人，被发迅走。"同书潮阳县条云："山都，神名，形如人而被发迅走。"③

关于赣南地区的山都，该书描述最多。在"吉州庐陵县"条引《庐陵异物志》：

> 庐陵大山之间有山都，似人，常裸身，见人便走，自有男

---

① 牛肃大约生于唐武周时期，卒于唐德宗贞元年间，所撰《纪闻》十卷，是唐代第一部小说集。此书所载皆唐代开元、乾元间之事，虽多为徵应、怪异之事，但仍具有较高的史料价值。参见黄楼《牛肃〈纪闻〉及其史料价值探讨》，《史学月刊》2005年第6期。
② （宋）乐史：《宋本太平寰宇记》卷102《江南东道十四》"汀州"条，中华书局2000年版，第129页。
③ （宋）乐史：《宋本太平寰宇记》卷158《岭南道二》"潮州·海阳县"条，中华书局2000年版，第285页。

女，可长四五尺，能啸相呼，常在幽昧之间，亦鬼物也。①

在"吉州太和县"条又云：

> 庐陵有木客鸟，大如鹊，千百为群，飞集有度，不与众鸟相厕，云是木客所化。……又有山都兽，似人。《异物志》云，"大山穷谷之间有山都人"，不知其流绪所出，发长五寸不能结，裸身，见人便走避。种类足束少，旷时一见，然自有男女焉。②

在"虔州雩都县"条：

> 君山在县东南三百八十五里。《南康记》云"其山奇丽鲜明，……又有自然石室如屋形。风雨之后，景气明净，颇闻山上鼓吹之声，山都木客为其舞唱之节"③。

在"虔州赣县"条引《舆地志》曰：

> 虔州上洛山、多木客，乃鬼类也，形似人，语亦如人，遥见分明，近则藏隐。能研杉枋，聚于高峻之上，与人交市，以木易人刀斧。交关者，前置物枋下，却走避之。木客寻来取物，下仿于人，随物多少，甚信直而不欺。有死者，亦哭泣殡葬，尝有山

---

① （宋）乐史：《宋本太平寰宇记》卷109《江南西道七》"吉州·庐陵县"条，中华书局2000年版，第167页。《异物志》是汉唐时期一类特殊的典籍，主要记载当时周边地区及国家的物产风俗，内容涉及自然环境、资源物产、社会生产、历史传说、风俗文化等许多方面。据学者考证，从汉到唐，至少有22种以上以《异物志》命名的著作出现。这类著作初现于汉末，繁盛于魏晋南北朝，至唐开始衰变，宋以后退出历史舞台。下文所引《异物志》，亦当指曹叔雅所撰《庐陵异物志》。曹叔雅，事迹无考，从其书引用情况看，当为唐以前人。所撰《庐陵异物志》亦已佚失，部分内容散见于《初学记》、《艺文类聚》、《太平御览》、《太平寰宇记》等书所引。参见王晶波《汉唐间已佚〈异物志〉考述》，《北京大学学报》（哲学社会科学版）2000年专刊。

② （宋）乐史：《宋本太平寰宇记》卷109《江南西道七》"吉州·太和县"条，中华书局2000年版，第170页。

③ （宋）乐史：《宋本太平寰宇记》卷108《江南西道七》"虔州·雩都县"条，中华书局2000年版，第161—162页。《南康记》为邓德明所著，其生卒年不详，估计生活在东晋南朝间，南康郡（今赣州市）人，幼好学，后投师于当时著名学者雷次宗门下。《南康记》综合介绍了家乡的山川胜迹、自然景物、社会人事，以及民间奇闻，为赣南最早的山水人文志。

行人遇其葬日，出酒食以设人。①

《太平御览》是宋代的一部大型类书，它的成书时间几乎与《太平寰宇记》完全一致。该书也有不少对赣闽粤边区山都、木客的记载。如：

"山都……好在深涧中翻石觅蟹啖之"；"木客头面语声亦不全异人，但手脚爪如钩利，高岩绝峰，然后居之，能砍榜牵著树上聚之。昔有人欲就其买榜，先置物树下，随量多少取之，若合其意，便将去，亦不横犯也，但终不与人面对交语作市井。死皆知殡敛之，不令人见其形也，葬棺法，每在高岸树抄或藏石案中。南康三营伐船兵往说，亲睹葬所，舞倡之节虽异于世，听如风林泛响。声类歌吹之和。"②

南康有神，名曰山都，形如人，长二尺余，黑色赤目，发黄披身。于深山树中作窠，窠形为卵而坚，长三尺许，内甚泽，五色鲜明。二枚沓之，中央相连。土人云，上者雄舍，下者雌室。旁悉开口如规，体质虚轻，颇似木筒，中央以鸟毛为褥。此神能变化隐形，猝睹其状，盖木客山猱之类也。赣县西北十五里，有古塘，名佘公塘。上有大梓树，可二十围，老树空中，有山都窠。宋元嘉元年，县治民有道训道灵兄弟二人，伐倒此树，取窠还家。山都见形，骂二人曰："我居荒野，何预汝事？山木可用，岂可胜数？树有我窠，故伐倒之。今当焚汝宇，以报汝之无道。"至二更中，内处屋上，一时起火，舍宅荡尽矣。③

此外，关于赣闽粤边区山都、木客之类的原始人类的记载，在其他文献中也偶尔提到。

唐代韩愈贬谪潮州任刺史时作异俗诗云："怪魅炫耀堆蛟虬，山猱灌

---

① （宋）乐史：《宋本太平寰宇记》卷108《江南西道七》"虔州，赣都县"条，中华书局2000年版，第159页。《舆地志》一书为南朝的顾野王所著："《舆地志》三十卷，陈顾野王撰。……（南朝）陈时顾野王抄撰众家之言，作《舆地志》。"（唐）魏征等：《隋书》卷33《经籍志二》，中华书局1973年点校本，第983页。

② （宋）李昉：《太平御览》卷884《神鬼部四》，引《南康记》，中华书局1960年影印本，第3928页。

③ 同上书，第3929页。

噪猩猩游。"① 这里所说的"怪魅"、"山㺜",学者认为指的就是"山都"②。

唐代徐坚《初学记》亦引《异物志》提到"木客":"庐陵有木客鸟,大如鹊,千百为群,飞集有度,不与众鸟相厕,云是木客所化。"③

刘禹锡被贬为连州刺史时,曾作《莫瑶歌》,诗中就提到"木客":

> 莫瑶自生长,名字无符籍。市易杂鲛人,婚姻通木客。星居占泉眼,火种开山脊。夜渡千仞豀,含沙不能射。④

南宋时江西人洪迈在《夷坚丁志》"江南木客"条中曰:

> 大江以南地多山,而俗祀鬼。其神怪甚诡异,多依岩石树木为丛祠,村村有之。二浙江东曰"五通",江西闽中曰"木下三郎",又曰"木客",一足者曰"独脚五通",名虽不同,其实则一。考之传记,所谓林石之怪夔罔两及山獠是也。⑤

明代邝露《赤雅》卷上木客条载:"木客形如小儿,予在恭城见之,行坐衣服,不异于人,出市作器,工过于人,好为近体诗,无烟尘俗毛。"⑥ 恭城位于今桂林市东南部,于隋末大业十四年(618年)开始置县。邝露当时能够"在恭城见之",说明广西在明代尚有木客活动。

《临汀汇考》云:

> 今汀中畲客所占之地多在山水严恶之处,天日阴晦,草树溟蒙,其中鬼魅混迹,与人摩肩往来,恬不避忌。内地人力作其间,偶或触犯,焚香楮榭之,亦即平善。想郡治初开时,乡村平衍处亦都如是,故唐书谓汀郡多山鬼也。至《唐韵》载山魈出

---

① (唐)韩愈:《昌黎先生文集》卷4,四部备要本。
② 郭志超:《闽台民族史辨》,黄山书社2006年版,第119页。
③ (唐)徐坚:《初学记》卷1,"木客"条,中华书局2004年版。
④ (唐)刘禹锡:《莫瑶歌》,载(清)彭定求《全唐诗》卷354,中州古籍出版社2008年版,第四卷,第1797页。
⑤ (宋)洪迈:《夷坚志》第二册丁志卷19,中华书局2006年版,第695页。
⑥ (明)邝露:《赤雅》卷上《木客》,清嘉庆二十二年石门马氏大酉山房重刻本。

汀州，……《太平广记》所载山魈事，其云坐于檐上，脚垂于地者，今汀城夜中人时见之。①

以上这些是古代文献对山都木客的基本描述，也是现代学者在研究山都木客问题时所使用的基本材料。尽管这些文献材料多有传闻和神话色彩，但学者基本一致肯定了古代赣闽粤边区山都和木客的存在，并且大多认为山都木客都是人类，而不是动物。②

从上引文献中我们亦可发现，对山都、木客问题的讨论最为集中的是在东晋至唐宋间，而明清以后就很少了。存在这种叙述频率差异的原因，笔者认为当与这一地区的开发时序有关。东晋南朝时，由于中原中央政权首次南迁到南方的建康地区，当地土著族群与中原汉族的直接交往和联系也就猛然增多，加上南方的自然环境和人文特质与北方存在巨大差别，十分容易引起中原汉人的兴趣和关注，因此生活习俗特异的山都、木客自然也就被汉族文人所关注。唐宋时期，随着北方人口大量涌入赣闽粤边区，大大促进了这片山区的开发，在开发过程中，当地土著族群的情况也屡屡被人们发现，山都、木客再次引起文人的兴趣和关注。而到明清以后，由于赣闽粤边区经过长期开发，生态环境发生了巨大变化，山都、木客也逐渐被其他族群所同化，从而在赣闽粤边区的文献记载中也逐渐隐而不显了。至于山都木客究竟融入了哪些族群，谢重光先生认为应该是一部分汉化为客家，另一部分与南迁的武陵蛮同化为畲族。③

（二）六朝以前的外来移民

1. 关于秦汉时期赣闽粤边区外来汉族移民的重新考察

我们在探讨北方汉人进入赣闽粤边区这一问题的时候，必须提及客家学界关于客家先民南迁的研究。在客家学界中，关于客家先民最早进入赣闽粤边区的时间，学者之间存在很大争议。例如，罗香林先生提出客家先

---

① （清）杨澜：《临汀汇考》卷4《山鬼淫祠考》，清光绪四年刻本。
② 关于山都、木客问题研究的主要成果，参见陈国强《福建的古民族——"木客"试探》，《厦门大学学报》1963年第2期；蒋炳钊《古民族"山都木客"历史初探》，《厦门大学学报》1983年第3期；万幼楠《赣南"赣巨人""木客"识考》，《赣南师范学院学报》1994年第1期；郭志超《闽粤赣交界地区原住民族的再研究》，《厦门大学学报》1996年第3期；彭明瀚《枭阳新考》，《殷都学刊》2003年第2期；罗勇《"客家先民"之先民——赣南远古土著居民析》，《赣南师范学院学报》2004年第5期。
③ 谢重光：《畲族与客家福佬关系史略》，福建人民出版社2002年版，第54—55页。

民最早进入赣闽粤边区的时间当在东晋"永嘉之乱"①,谢重光先生则坚持认为赣闽粤边区大量接受外来移民的最早时间当在唐中后期(主要在安史之乱后)。② 很显然,罗、谢两位先生的上述观点,是针对客家族群的形成问题所提出来的,由于他们认为秦汉时期的中原移民与后来客家的形成关联性不大,所以都没有对这一时期的中原移民进行论述。但就本章所探讨赣闽粤边区的族群结构和历史开发这一主旨而言,秦汉时期中原汉人对这里的影响则是一个无法回避的问题。尽管文献中很难找到关于秦汉时期中原汉人流入赣闽粤边区的直接记载,但我们还是可以从相关的材料进行推测。

秦汉时期北方之人向赣闽粤三省人口迁移,主要有三种方式:一是军队驻守人口,二是移民实边,三是战争难民。

秦汉时期,中央政府都曾对赣闽粤地区大举用兵,主要是秦始皇南征百越,和汉武帝对东越和闽越的战争。这种大规模的军事行动,必然要调集大量的军队。秦始皇为攻打南粤,第一次就发兵50万。③ 汉武帝对南粤和东越的两次军事行动,所动用的兵力当不在少数,可见当时涌入到赣、闽、粤之境的外来人口之盛。当然,一般来说,这种大规模的军事移民往往会随着军事行动的结束而撤离,但也难免会有一些士兵和军官因各种原因留居当地。④ 更为重要的是,闽、粤两地作为新征服的地区,赣南又是防止闽、粤造反的桥头堡,为了维护征服战争的胜利成果,秦汉时期

---

① 罗香林先生认为在永嘉之乱以后,并、司、豫诸州中原汉人逐渐流集今日之河南、安徽、湖北、江西、江苏一部分地方,其后又渐次沿赣溯赣江而至今日赣南及闽边诸地,成为客家先民自北而南迁徙的第一时期。参见罗香林《客家研究导论》,南天书局1992年版,第40—48页。

② 谢重光先生通过对历史户口资料、行政区划变迁资料和客家族谱资料等进行详细排比,认为客家民系的近源(也即直接源头)是"唐宋时期的江淮地区"的汉人,他们是在唐朝安史之乱以后才逐渐迁移到赣闽粤边区这个客家大本营的。参见谢重光《客家源流新探》,福建教育出版社1995年版,第43—75页。

③ (汉)刘安:《淮南子》卷18《人间训》云:"秦始皇二十八年,使尉屠睢发卒五十万为五军,一军塞镡城之岭,一军守九疑之塞,一军处番禺之都,一军守南野之界,一军结余干之水。"转引自刘康德《淮南子直解》,复旦大学出版社2001年版,第1036页。

④ 《读史方舆纪要》云:"秦始皇伐百越,命史禄转饷,禄留家揭岭,或以为即此山也。"(宋)顾祖禹:《读史方舆纪要》卷103《广东四·潮州》,"揭阳山"条,中华书局2005年点校本,第4719页。

中央政府都在这里驻扎了大量部队。①虽然这些士兵按照秦汉时期的征兵制度会定期换防，但就整个赣闽粤地区而言，总是有一定数量的军队驻扎在这里。

秦汉时期的政治移民也应该对赣闽粤边区带来了一定数量的人口。秦汉时期，中央政府已在赣闽粤边区境内设置了不少郡县，而当时对边疆新设郡县治理的措施，通常是采取"移民实边"，即把内地人口强制迁徙到边郡，以充实边防的办法。关于往岭南地区的移民，文献中也有记载。如：秦始皇"三十四年，谪治狱不直者，筑长城和南越地"②。汉代自汉武帝后，"颇徙中国罪人，使杂居其间，乃稍知语言，渐见礼化"③。

此外，东汉末年至三国时期的北方战乱，也引起了不少人口的迁移。据葛剑雄先生研究，东汉末年大规模的迁徙主要有五次，其中吴国是这些移民的主要迁入地之一。这些移民大多是来自中原内郡，移民数量也很多，这从吴国境内在这一时期内增设了不少新政区可以看出。如福建境内原仅一县，在吴时竟增加到7县。④由此可以推知，作为吴国控制下的赣闽粤边区，当时也应当有一部分北方移民流入这里。

在上述三种人口迁移中，因"移民实边"而来的政治移民和因避战乱而来的战争难民对于赣闽粤边区的人口结构所产生的影响自不待言。而数量最多，流动性也最大的驻军人口又将对赣闽粤边区的人口结构产生怎样的影响呢？

按照汉代屯戍制度，戍卒可以带家属戍边，并且给家属充足的生活保障，由国家发给口粮等基本的生活保障。尤其在汉武帝以后，集兵方式发生重大转变，征兵制日益衰落，募兵制逐渐成为汉代最主要的集兵方式。在这种雇佣兵制度下，士兵的服役期限并不固定，甚至出现长期服役的现象。⑤在这种情况下，允许士卒随带配偶戍守边防，当是更加普遍的现

---

① 至于驻守军队的数量，学者有不同意见。葛剑雄认为，秦末仅迁徙、派驻到岭南的军队有10—15万，黄留珠也认为当时光是赵佗所领导的中央驻军就不少于6万人。参见葛剑雄《中国移民史》，福建人民出版社1997年版，第73页；黄留珠《从龙川令到南粤王——岭南早期中土移民变迁史考察》，载黄留珠《秦汉历史文化论稿》，三秦出版社2002年版，第262—274页。
② （汉）司马迁：《史记》卷6《秦始皇本纪》，中华书局1959年版，第253页。
③ （南朝）范晔：《后汉书》卷86《南蛮传》，中华书局1965年版，第2839页。
④ 葛剑雄：《中国人口史》第一卷，复旦大学出版社2005年版，第560—564页。
⑤ 黄今言：《秦汉军制史论》，江西人民出版社1993年版，第83—106页。

象，在居延汉简中就大量记载了西北驻军妻女随军的情况。① 闽、粤两地作为新征服的地区，在秦汉时期也被看作南方的边地，家属自然也可以随军。对于那些尚未婚配的士兵呢，政府为了使这些人能够安心戍边，甚至还专门为他们派来了随军女子。"尉佗知中国劳极，止王不来，使人上书，求女无夫家者三万人，以为士卒衣补。"② "为士卒衣补"当然是一种委婉的说法，他在上书中强调所遣女子应为"无夫家者"，实际上就是要把这些女子安排给戍卒作性伙伴或婚姻配偶，使他们能够安心戍边。这些驻防在赣闽粤地区数量庞大的士兵及其家属，也应该像居延地区的西北戍边部队那样，必须进行开荒屯田，他们的这些垦荒活动，在考古发掘中也有所反映。先秦时期，闽粤地区出土的文物多为石器和青铜器，铁器只在广东的一些战国时期的遗址中发现过一些，秦汉时期则大为不同了，中原地区的铁器和汉文化传入闽粤地区大大增多。表现在墓葬中，汉式陶器已成为主要的随葬品。出土的铁器数量、种类和地点，均比以前大大增加。③ 这些铁制器具的出土，反映了中原文化在赣闽粤地区的传播情况，尤其是农业生产工具的出土，更是在一定程度上反映了外来汉人对赣闽粤地区的开发情况。

总之，无论是军事驻防，还是政治移民和战乱移民，赣闽粤地区确实生活着一批从汉族地区迁来的人群，尽管相对于土著族群而言，他们人数并不占优势，但他们在这里的驻防、垦荒等活动，无疑会对赣闽粤边区的地域开发、族群互动和文化交流产生一定的影响。他们所驻防或聚居的地方，不仅是当时的汉人聚居点，而且也是一个个的汉文化聚集点。这些聚居点的形成，成为以后汉文化向当地土著人们传播汉文化的主要据点，对中原文化在这里的广泛传播，具有不可低估的深远意义。

2. 魏晋至唐前期汉族移民迁入赣闽粤边区的概况

东汉末年以至魏晋时期，农民起义此起彼伏，军阀割据混战不已。由

---

① 李振宏：《汉代屯戍生活中的古典人道精神》，《历史研究》2001年第5期。
② （汉）司马迁：《史记》卷118《淮南衡山列传》，中华书局1959年版，第3086页。
③ 参见广州象岗汉墓发掘队《西汉南越王墓发掘初步报告》，《考古》1954年第3期；杨式挺《关于广东早期铁器的若干问题》，《考古》1977年第2期；福建省博物馆、福建省文管会考古工作队《福建近十年的文物考古收获》，文物编辑委员会《文物考古工作十年》，文物出版社1990年版，第143—146页；蔡奕芝《从考古发现看广东早期农业生产》，《南方文物》1998年第2期；广东省文管会《广东佛山市郊澜石东汉墓发掘报告》，《考古》1964年第9期；福建省博物馆《崇安城村汉城探掘简报》，《文物》1985年第11期。

于中原战乱频仍,北方汉人大量南迁。根据葛剑雄先生的研究,从汉初平元年(190年)到吴五凤二年(255年)这些年间,由于战乱所引起的北方人口大规模迁徙主要有五次。① 其中发生在建安十八年(213年)的那次是迁移人数最多的一次,曹魏久攻东吴不下,只好撤军北归,"恐沿江郡县为权所略,征令内迁",引起江淮间百姓恐慌,"户十余万皆东渡江"②。尽管这次移民在规模与数量上无法与后来的永嘉迁徙相比,但有学者认为,这次移民"实际上是中原士民首次较大规模地迁入江南地区,对江南地区的开发,以及居民成分的改变,都起到了重要的作用"③。汉末中原移民是否进入赣闽粤边区,由于史料缺乏,我们无法确知。但从上述东吴在江西和福建的经略来看,当时大量郡县的增设,除了把古越后裔驱出山林,强行纳为编户齐民之外,应当也安置了一部分南迁汉民。

西晋是个短暂的统一王朝,在它的统治后期,统治集团已极度腐朽,政治十分黑暗,最终导致了匈奴贵族攻占洛阳,俘晋怀帝的"永嘉之乱"。"永嘉之乱"不仅导致西晋统治的终结,而且也使北方中原地区陷入长达300年的战乱。长期的战火,给中原汉人带来深重灾难,从而引发了历史上第一次的人口大迁移。史书记载:"洛京倾覆,中州士人避乱江左者十六七。"④ 据谭其骧先生的研究,从"永嘉之乱"到刘宋一朝,南迁汉人约有90万,相当于西晋时期北方人口的1/8。⑤

关于魏晋移民浪潮对赣闽粤边区的影响,客家研究学的奠基者罗香林先生认为,"永嘉之乱"所引起的移民浪潮,使一部分中原汉人迁入江西中南部以及广东北部地区,并且成为最早的客家先民,并引广东兴宁、蕉岭等客家地区的巫氏、廖氏、温氏、张氏等族谱以证之。⑥ 虽然谭其骧和谢重光两位先生并不苟同罗香林的上述观点,认为这批南迁移民与客家民

---

① 葛剑雄:《中国移民史》第二卷,福建人民出版社1999年版,第271—273页。
② 参见《三国志》卷47《吴主传》和《三国志》卷14《蒋济传》中的相关记载。
③ 宋超:《东汉末年中原士民迁徙扬荆交三州考——兼论永嘉迁徙前客家先民的早期形态》,《齐鲁学刊》2000年第6期。
④ (唐)房玄龄等撰:《晋书》卷65《王导传》,中华书局1974年版,第1746页。
⑤ 谭其骧:《晋永嘉丧乱后之民族迁徙》,载谭其骧《长水集》(上),人民出版社1987年版,第219—220页。
⑥ 罗香林:《客家源流考》,中国华侨出版公司1989年版,第13—16页。

系的形成并无直接的关系①，但他们俩也并没有否定有一些北方汉民迁入到赣闽粤边区的可能性。如，谭先生在肯定永嘉移民总体上主要迁移至江淮流域之后，接着十分谨慎地说，"此据侨州、郡、县之记载而立言。实际其时中原流民之栖止地，自不限于侨州、郡、县之所在。林谓《闽中记》中原仕族林、黄、陈、郑四姓，先入闽。客家初次南徙，据近人研究，亦在此时。则中原人有远徙福建、广东者。"②谢先生也说："纵使有极小一部分人远徙至今广东、福建境内，由于人数太少，也只能被当地土著同化掉。"③

其实，作为一次历时长达 300 余年，数量多达百万之众的移民运动，其中有些人口进入赣闽粤边区亦符合逻辑。江淮作为永嘉移民的集聚地，短时期内也无法完全消化这突如其来的巨额人口，而赣闽粤边区距离江淮之地并不遥远，并且从秦汉三国以来，赣闽粤边区已经得到一定开发，在这样的历史背景下，在人口高度密集的江淮地区溢出一部分人口，继续南迁进入地旷人稀的赣闽粤边区，在沿河山谷的平川之地落居，也是合情合理的。关于这一点，我们也可从其他学者的研究成果得到证实。罗勇在田野调查中发现，在赣南宁都的赖氏、石城的郑氏等族谱中，就有关于其祖在东晋五胡乱华之际从中原迁来的记载。④ 王东先生也认为，在粤东北境内县级行政建置的第一个高峰就是在东晋南北朝时期，这种现象的出现也应该与"永嘉之乱"的移民浪潮有关。⑤ 此外，在赣南地区的考古发掘也似乎证明这一点。从 20 世纪 80 年代以来，在赣南境内发掘了一批南朝和唐代墓葬，墓中出土了一批铁农具，其中锸最为常见。⑥ 锸的使用历史十

---

① 谭其骧先生认为，永嘉移民总体上主要迁移至江淮流域，而江西、湖南等江南地域因为"距中原已远，故流民之来处者较少，且地域仅限于北边一小部分"。参见谭其骧《晋永嘉丧乱后之民族迁徙》，载谭其骧《长水集》（上），人民出版社 1987 年版，第 219—220 页。谢重光先生也认为，当时这批南迁移民主要集中住在江淮区域，与客家民系的形成并无直接的关系。参见谢重光《客家源流新探》，福建教育出版社 1995 年版，第 9 页。

② 谭其骧：《晋永嘉丧乱后之民族迁徙》，载谭其骧《长水集》（上），人民出版社 1987 年版，第 200 页，注二。

③ 谢重光：《客家源流新探》，福建教育出版社 1995 年版，第 9 页。

④ 罗勇：《客家赣州》，江西人民出版社 2004 年版，第 56 页。

⑤ 王东：《那方山水那方人：客家源流新说》，华东师范大学出版社 2007 年版，第 90—91 页。

⑥ 薛翘、刘劲峰：《从赣南出土的古代农具看汉、唐时期江西南部的开发》，《农业考古》1988 年第 1 期。

分悠久，在原始社会时期就开始使用，但在东汉以后，随着牛耕技术的推广，这种古老的原始农具便在北方中原地区逐渐被摒弃。而在赣南地区南朝和隋唐时期的汉人墓葬中，锸却成了最重要的随葬品。这一现象的出现，应该与赣南在东晋南朝时期接纳了不少中原移民有关：那些迁入到赣南的北方移民，由于耕作条件较好的河谷平原地带已大部分被土著居民所占领，他们到山间坡地进行开山垦荒，因为初来乍到，买不起耕牛和其他先进农具，加上这些地方受地形地势的影响，牛耕使用不便，而手持操作的铁锸反而十分方便，所以铁锸、铁镬等这些价格低廉的旧式农具在赣南地区大量使用。

总之，从秦汉以来，随着统一的封建中央集权制国家的建立，已有不少中原汉族由于驻军、战乱、政府移民等原因，迁入到赣闽粤边区。尽管这些中原汉民数量不多，对当地人口结构影响不大，但他们毕竟是一支生猛鲜活的劳动力大军，尤其是他们还带来了当时最为先进的农耕技术，这些都对赣闽粤边区的早期开发产生了十分深远的影响。

二 隋唐以前赣闽粤边区的经济开发

关于六朝以前赣闽粤边区的社会发展状况，由于生产力发展水平和族群本身社会进化水平的不同，大体可以分为汉人区和土著区。

从现有的考古发掘情况来看，汉人聚居地区主要集中在县治周围和附近的地方。[①] 这些地方之所以能够成为汉人的集居点，主要是因为：一是耕垦条件相对优越。一般来说，在古代设立郡县，多会考虑在地势平坦、交通便利、水源充足、附近有可供大量非农人口生存的农业基地。[②] 二是因接近地方政府所在地，军队防治更严密，具有更好的安全保障。三是已有一定的开发基础。秦汉时期，汉族军队攻占土著聚居区后，往往即在其旧址建立新的政权，所以这里的开发基础较好。由于这些因素，后来移民也多愿意迁移到这些地方，这样就形成了一个个汉族人口相对集中的居住区。在一个个汉人聚居点之外的广大地区，则分布着原先一直生活在这里的土著居民。靠近汉人聚居区的那部分土著，因为深受汉文化的影响而迅

---

① 例如，在广东地区所发掘的秦汉城市遗址，主要分布在番禺、仁化、乐昌、英德、龙川等地，这些地方既是当时的行政、军事中心，又是当时农业发达地区。发掘出来的大量武器、农具和生活器具，也基本与中原地区完全一样，说明这些地区也是中原汉民的聚居区。参见邱立诚《广东秦汉时期建筑遗址初探》，《东南文化》1993年第1期。

② 蓝勇：《中国历史地理》，高等教育出版社2002年版，第135页。

速汉化,而在十分偏远的山谷、溪峒,则成为一个个土著聚居区。因为这些山涧盆地和溪谷面积狭小,无法容纳大量人口,所以与汉人聚居区相比较,土著聚居区形制更小,数量更多,并且分布更加分散。

在汉人聚居区域,由于他们带来了先进的生产技术,所以社会经济获得较大发展。如在福建地区,由于受汉族政权和中原移民的影响,福建尤其是闽北地区的开发十分迅速。西晋初年,闽北各主要的河谷盆地和山间盆地都得到初步开发,建安郡所辖县治也增加到 7 个。闽北地区的成功经营,也推动了对福建南部的开发,至太康三年(282 年),西晋又在福建南部另立晋安郡(治在今福州),下设辖县 8 个。根据学者的研究,在北方先进技术的影响下,福建地区的社会经济获得了很大发展。在农业方面,为了灌溉农田,在晋安郡"凿东西二湖,周迥各二十里,引东北诸山溪水注于东湖,引西北诸山溪水注于西湖,二湖与闽海潮汐通,所溉田不可胜计"①;在郡城的所属地,长乐开凿了严湖。这些水利设施,促进了农业生产的发展。水稻、小麦等粮食作物和橘柚、龙眼、荔枝、橄榄等经济作物的种植面积也大大扩增了。此外,在魏晋南朝时期,福建的丝织业、陶瓷制造业、造船业等各项手工业生产以及商业也获得了较大发展。②

在广东地区受中原文化影响深刻的番禺、佛山、顺德、清远、英德、曲江、连县等地,社会发展也十分迅速。如在农业生产方面,西汉后期,香禺城以西的"江浦"即西樵山一带以及帧阳(今英德)县的吴山都有外地人有组织的开垦耕种。曲江诸县凿山通道以后,远离县治的偏僻地方也出现了新的村落和农田。东汉末年,桂阳县从北方迁来的袁姓兄弟三人开凿了"龙腹陂",灌溉农田五千多亩。西汉后期起,番禺的水网地带已经出现牛耕:广东省博物馆展出佛山、广州出土的东汉墓明器都有陶牛,其中一块水田模型,有 V 形犁头,另有陶俑,一手扶犁,一手赶牛耕作。可见,中原传入的铁器牛耕技术在这个县已不是个别现象了。③ 在水稻种植方面,广东水稻栽培较中原为早,到了秦汉时期,由于中原先进农具和

---

① (明)王应山著:《闽都记》卷 15《西湖沿革》,林家钟、刘大治校注,福建省地方志编纂委员会整理,方志出版社 2002 版,第 99 页。

② 胡沧泽:《魏晋南朝时期北方汉人入闽及其对福建经济发展的影响》,《中国社会经济史研究》1992 年第 2 期。

③ 杨式挺:《关于广东早期铁器的若干问题》,《考古》1977 年第 2 期。

技术的传入，水稻的种植面积和复种指数都大大提高了。汉代儋耳、珠崖郡，"男子耕农，种禾稻苎麻，女子蚕桑织绩，民有五畜"①。粤北诸县由于官府推广桑麻，种植的作物也大体相同。再从出土汉墓多有炭化稻谷和粮仓模型以及猪牛羊鸡鸭俑这一情况看，南海郡遍植水稻，兼养家禽家畜。条件较好的番禺城周等地，水稻生产不但使用铁器牛耕，而且注宽排灌，重视施肥，而且复种指数提高，出现了一年两熟水稻。② 这些情况，从考古发掘中也有所反映。在佛山汉墓明器出土的水田模型，有陶俑使牛犁田，其四周有排水沟和肥堆的田面上插秧，应是反映夏种情景。广州汉墓的陶屋模型，从干栏到多层楼阁，都有专门圈养牲口的地方和厕所以便收集家肥。③

在江西地区，秦汉时期铁器亦已在这里传播，据考古发掘所知，春秋晚期至秦汉，境内出土的铁制农具、手工工具逐渐增多，出土遗址的地域分布遍及境内各县，所出土的铁制农具种类也多，有铲、锄、锸、镬、斧等。生产工具的改进，大大促进了生产的发展，粮食产量更加丰足了，使江西成为当时重要的粮食生产区。1975年，在新干县发掘了两座大型的战国粮仓遗址，粮仓平面长61.5米，宽11米，仓内仍存大量碳化了的米粒，考古人员认为这是当时"我国已发现的最早最大的粮仓"④。江西成为秦汉时期的重要粮产区，在汉武帝时淮南王刘安的上疏中亦可看出：汉武帝建元三年（前138年），当时闽越之民骚动作乱，汉政府派兵镇压，汉军未至而闽越惊走，刘安建议驻军余干，以待越民之变。其理由是"越人欲为变，必先田余干界中，积食粮乃入"⑤。这就说明余干、鄱阳一带的江西地区农业发展较好，是当时重要的粮产区。由于生产的发展，人口也有较大的发展，据史书记载，西汉平帝元始二年（2年）豫章郡户67462，口351965。⑥ 到东汉顺帝永和五年（140年），该郡户达406496，口为1668906⑦，人口增长率约为374%。有学者认为，按净增人口数排

---

① （汉）班固：《汉书》卷28《地理志下》，中华书局1962年版，第1670页。
② 《太平御览》卷839"稻"引《异物志》云："交趾稻，夏冬又熟，农者一岁再种。"
③ 关于广东地区在汉晋时期的发展情况，参见子月《岭南经济史话》（上册），广东人民出版社2000年版，第56—82页。
④ 《新干县发现战国粮仓遗址》，《文物工作资料》（内部资料）1976年第4期。转引自许怀林《江西史稿》，江西高校出版社1998年版，第39—40页。
⑤ （汉）班固：《汉书》卷64上《严助传》，中华书局1962年版，第2781页。
⑥ （汉）班固：《汉书》卷28《地理志上》，中华书局1962年版，第1593页。
⑦ （南朝）范晔：《后汉书》志22《郡国志》，中华书局1965年版，第3491页。

列，豫章郡居于全国第二位，仅次于益州郡。① 这种增长，也在一定程度上反映了当时生产发展的情况。在魏晋南北朝时期，江西经济继续向前发展，南朝刘宋时期的著名隐士雷次宗所著《豫章记》云："地方千里，水陆四通，风土爽垲，沃野垦辟，家给人足，蓄藏无缺。故穰岁则供商旅之求，饥年不告臧孙之籴。人食鱼、稻，多尚黄老清静之教。"又曰："郡江之西岸有盘石，下多良田，极膏腴者一亩二十斛。稻米之精者如玉澈于器中。"② 所言虽有夸张，但也在一定程度反映了江西农业获得发展的情况。

总之，赣闽粤三省在隋唐以前的发展概况，从总的态势来看，在这一时期，由于统一的中央集权制国家的建立，使代表当时先进生产力的铁制农具和牛耕技术能够从中原地区向这里推广，因此大大促进了这一地区的发展。然而，我们对这一时期农业生产的发展不能估计过高，与中原地区相比起来，赣闽粤边区的农业生产水平和开发程度依然十分低下。赣闽粤三省的发展，在内部还存在很大的不平衡性，那些在地势平坦的平原地区发展较快，而在山高林深的山地和丘陵地带则发展相对要缓慢得多。我们以江西为例，秦汉时期北部的鄱阳湖平原发展很快，余干、鄱阳一带等成为重要的粮产区，而在中部的庐陵郡（在东汉献帝兴平中由孙策分豫章而立），它的开拓仍是很初步的，至南朝刘宋孝武帝时，周朗任庐陵内史，"郡后荒芜，颇有野兽，母薛氏欲见猎，朗乃合围纵火，令母观之"。他在郡工作期间，"虎食三人，虫鼠犯稼"③。可见当地仍有许多荒闲未辟之地，所以才虫兽横行，伤人害稼。相对而言，位于江西南部的赣南地区，其开发程度更是落后。当时，赣南还是一个山林幽广，巨木参天的原始状态，成为官府采伐良木的山场。东晋末年，徐道覆受卢循命为始兴太守，派人伐木，于南康造船，"赣石水急，出船甚难"，致使船板大积。④晋代《南康记》云："（于都县）县东之樟潭山，有大樟树，以造龙舟；县东南梓潭山有大梓树，伐造龙舟，'而牵引不动'；县西南宵山，多杉

---

① 许怀林：《江西史稿》，江西高校出版社1998年版，第36页。
② （宋）乐史：《宋本太平寰宇记》卷106《江南西道》，"洪州"条，中华书局2000年版，第145页。
③ （梁）沈约：《宋书》卷82《周朗传》，中华书局1974年点校本，第2101页。
④ （唐）房玄龄等撰：《晋书》卷100《卢循列传》，中华书局1974年版，第2635页。

松，下有筅笋。① 这都是开发未深的表现。"南朝陈宣帝太建六年（574年）三月诏："去年大灾，官租未征，豫章等六郡的田租，可延至今秋征收。""南康一郡，岭下应接，民间尤弊，太建四年田租未入者，可特原除。庶修垦无废，岁取方实。"② 同在江西，官府征租时，却加以区别宽待，也反映了赣南垦殖更为落后的局面。

下面谈谈非汉人区的社会经济发展状况。从上述汉人聚居区经济开发情况可知，由于地理条件的不同，其生产发展存在巨大的不平衡性。在铁器农具和牛耕技术使用更多的汉人聚居区内社会经济发展状况尚且如此，那么生活在深山老林中的土著聚居区的发展更是可想而知的了。这些聚居区因为人口稀少，面积不大，布局分散，极大限制了先进生产技术的交流。由于得不到先进的铁制农具和牛耕技术，他们的农业生产停留在十分低下的水平，加上当地恶劣的自然资源，这对当地农业生产带来极其不利的后果，导致了他们的农业生产长期以来停留在极其低下的水平。土著族群地区的开发情况，我们从时人的评述中窥知一二。汉武帝拟发兵击闽越，淮南王刘安上疏劝阻说，从刘安的劝说中，我们大体知道当时山越土著的一些概况，以及北方对山越的印象："越，方外之地，剪发文身之民也"；"越非有城郭邑里也，处溪谷之间，篁竹之中"；"（越境）地深昧而多水险"；"深林丛竹，水道上下击石，林中多蝮蛇猛兽。夏月暑时，欧泄霍乱之病相随属也"；"越人绵力薄材"；"南方暑湿，近夏瘅热，暴露水居，蝮蛇惹生，疾疠多作"③。从这段描述中，我们大体可以看出秦汉时期在南方闽越所处之地，乃是一个"暑湿瘅热"、"深林丛竹"、"蝮蛇惹生"、"疾疠多作"的地方，当地土著之民尚未建立城池房屋，甚至仍在"溪谷之间，篁竹之中"过着原始穴居或构木为巢的生活。这种落后的开发状况，甚至到隋唐时期依然存在，这从当地瘴疠盛行的情况可以推知。《隋书》云："自岭以南二十余郡，大率土地下湿，皆多瘴疠，人尤夭折。"④《太平寰宇记》载："唐开元二十四年，开福抚二州山洞，置汀州；天宝年改为临汀郡，乾元元年复为汀州。按州初置在杂罗，以其地

---

① （宋）乐史：《宋本太平寰宇记》卷108《江南西道六》，"虔州"条，中华书局2000年版，第161—162页。
② （唐）姚思廉撰：《陈书》卷5《宣帝纪》，中华书局1972年版，第87页。
③ （汉）班固：《汉书》卷64上《严助传》，中华书局1962年版，第2781页。
④ （唐）魏征等：《隋书》卷31《地理志下》，中华书局1973年点校本，第887—888页。

瘴，居民多死，大历十四年移理长汀白石村。"①《嘉应州志》载："梅溪又称恶溪……窃疑此水自唐以来即有二名，如《明史·地理志》之说，唐宋以其地远恶，迁谪苦之，故恶之名特著。明以后诸恶既除，故梅之名独显。……考恶溪之恶有三：瘴雾毒恶一也；滩石险恶二也；鳄鱼狞恶三也。"② 宋代虔州（今赣州）"龙岗、安远二县有瘴，朝廷为立赏添俸甚优，而邑官常缺不补。他官以职事至者，率不敢留，甚则至界上移文索案牍行遣而已。"③ 相似的叙述，在正史中亦有记载："赣有十二邑，安远滨岭，地恶瘴深，谚曰：'龙南、安远，一去不转。'言必死也。"④ 从这些文献记述中可以看出，赣闽粤边区在唐宋以前瘴疠是十分常见的。已有学者指出，两千年来中国南方的土地开发史和瘴域变迁史之间存在着明显的因果关系⑤。赣闽粤边区在隋唐以前瘴疠肆虐的现象，也正反映了该地区十分落后的开发状况。

三 酋豪持政——隋唐以前中央政权在赣闽粤边区的脆弱统治

根据前文所述，赣闽粤边区的族群成分复杂，从秦汉到魏晋间，不仅有土生土长的古越族及其后裔，而且还有从外界迁入的北方汉人。这种多元族群杂处的状况，《隋书》中有明确记载："南蛮杂类，与华人错居，曰蜑，曰獽，曰俚，曰獠，曰㺒，俱无君长，随山峒而居，古先所谓百越是也。"⑥

秦汉以后，中原汉族政权虽然包括赣闽粤边区在内的广大华南地区设立了郡县，名义上把它们纳入了统一的国家版图。秦始皇派兵占百越地区之后，即在百越之地设立南海、桂林、象郡，管辖辽阔的岭南地区，现今梅州、潮州一带的粤东、粤北地区，即受南海郡管辖。现今的赣南地区，秦时受九江郡管辖，汉代则归属豫章郡，且在赣南境内还增设了南埜、赣县和雩都三县。在福建地区，秦朝时就在这里设立了闽中郡，汉初实行郡国并治的政策，汉高祖封无诸为闽越王，建立了闽越国，但由于闽越国内部经常发生争斗，同时又常进攻临近的地区，所以汉武帝在坚决镇压了闽

---

① （宋）乐史：《宋本太平寰宇记》卷102《江南东道十四》，"汀州"条，中华书局2000年版，第129页。
② （清）吴宗焯等修，温仲和纂：《嘉应州志》卷4《山川》，清光绪三十二年刻本。
③ （宋）方勺撰：《泊宅编》，许沛藻、杨立扬点校，中华书局1983年版，第16页。
④ （元）脱脱等撰：《宋史》卷473《秦桧传》，中华书局1977年版，第13747页。
⑤ 龚胜生：《2000年来中国瘴病分布变迁的初步研究》，《地理学报》1993年第4期。
⑥ （唐）魏征等：《隋书》卷82《南蛮》，中华书局1973年点校本，第1831页。

越国的叛乱后，强迁部分越民至江淮地区，并在原处设立县治，从而也把这里纳入到中央政府的直接管辖之下。由此可见，早在秦汉时期，华南地区就已被纳入北方中原王朝的版图，到东晋南北朝时，在赣南、闽西、粤北等地广大华南地区所设郡县进一步增多，中央政府对华南地区的控制也进一步加强。

然而，尽管中原汉族政权在包括赣闽粤边区在内的广大华南地区设立了许多郡县，名义上把它们纳入了统一的国家版图，但实际上却是实行一种十分粗放的间接管理。中央政府主要是任用当地蛮夷酋豪进行统治管理，华南地区实际上仍然被这些蛮夷酋豪所控制，以致出现一种"酋豪持政"的局面。

早在秦始皇时期，中央政府对福建的治理模式是："闽越王无诸及越东海王摇者，皆越王勾践之后也。秦已并天下，皆废为君长，以其地为闽中郡。"① 也就是撸去无诸和摇的诸侯王封号，把他们变为地方君长，并在这里设立闽中郡。把闽越诸王废为地方君长，实际上还是承认了他们仍是当地土著族群的首领地位，这为他们继续管辖和控制当地民众，留下了巨大的空间。这种情况，似乎在南越也曾出现过。② 到了南朝时期，土著酋豪被封赐爵位、职务的现象，文献则有大量记载。如，始兴曲江侯安都，"世为郡著姓"，"善骑射，为邑里雄豪"；始兴巨族萧子范先后在梁朝曾担任内史、主簿，其势力之大，甚至连陈霸先也不得不依仗他的帮助。③ 岭南谯国夫人，"高凉洗氏之女也，世为南越首领，跨据山洞，部落十余万家。夫人幼贤明，多筹略，在父母家抚循部众，能行军用师，压服诸越"④。福建陈宝应，"晋安侯官人也，世为闽中四姓。父羽有才干，为郡雄豪。性多反复变诈。梁代晋安数反，杀郡将，羽初并扇成其事，后复为官军乡导破之，由是一郡兵权皆自己出。侯景之乱，晋安太守宾化侯肖云以郡让羽。羽年老，但治郡事，令宝应典兵"⑤。此外，江西地区也

---

① （汉）司马迁：《史记》卷114《东越列传》，中华书局1959年版，第2979页。
② 清人钱大昕云："当秦初并天下时，王翦南征百越，已有（南海、桂林、象郡）三郡之名，但因其君长，俾自治之，如后世羁縻之州，其后使尉屠睢略取其地，黜其君长，置官吏如内郡。"参见钱大昕《潜研堂文集》卷35《再与谈阶平书》，上海古籍出版社1989年版，第632页。
③ （唐）姚思廉撰：《陈书》卷8《侯安都传》，中华书局1972年版，第143页。
④ （唐）魏征等：《隋书》卷80《谯国夫人传》，中华书局1973年点校本，第1800页。
⑤ （唐）姚思廉撰：《陈书》卷35《陈宝应传》，中华书局1972年版，第486页。

有南康的蔡路养、临川的周迪、豫章的熊昙郎、新吴的余孝顷等地方豪族，他们都是"世为郡著姓"，"仕至州牧"，称雄一方，角逐于世。

由此可见，包括赣闽粤边区在内的华南地域社会实际上还是由当地土著豪族把持着，他们通过在地方政府中担任实职，依然实现了对地方社会的控制。这种粗放的经略模式存在很大弊端，它不仅严重削弱了中央政权在这里的影响，阻碍了当地社会的开发和进化，而且还埋下了分裂割据的隐患，破坏了国家的安全和统一。由于中央政府对这里的控制十分脆弱，所以地方巨豪是否服从中央的管辖，地方社会能否得到安宁，主要看中央政府的实力是否强大。在豪强土著看来，中央政权在这里建立的地方政府，无疑是一种外来势力，阻碍了他们对地方社会的全面统治。如果朝廷政局不稳定，中央政府实力下降，这些桀骜不驯的地方土著很可能起来抵制这种外来势力的统治，甚至起兵反叛，建立割据政权，与中央政府分庭抗礼[①]。

总而言之，在隋唐以前，随着中原汉族政权向华南地区进行苦心经略和权力渗透，使得这个原本"俱无君长，随山峒而居"的溪峒社会，与中央政权建立了紧密有序的正常联系，促进了中原地区先进的汉族文明在这里的传播和交流，大大推进了华南地区的开发进程。然而，由于当时华南地区与中原地区在文明发展序列存在巨大差异，使得中央王朝势力在华南地区的扩张受到很大阻碍，只能通过土著酋帅对溪峒社会实行十分粗放的间接统治，并且，由于当地保守的落后势力仍然十分强大，加上一些其他因素的干扰，又使得这种粗放的间接统治并不稳固。这是一种文明在异地传播过程中，常常遭遇的正常现象。到了唐宋以后，随着中原汉族文明的进一步强大，向南推进的步伐进一步加快，这种并不巩固的粗放的局面才得以彻底改变。

第三节　唐宋以来赣闽粤边区战略地位的骤升

在隋唐以前，赣闽粤边区虽然早已被纳入中央政府的版图，但中央政

---

① 例如，萧梁大将陈霸先本是吴兴长城人，久任西江督护、高要太守，他乘侯景之乱，"厚结始兴（郡）豪杰，同谋义举"，使"三山獠洞、八角蛮陬"为其所用，"躬率百越，师次九川"，凭靠蛮夷酋豪的巨大势力夺取了萧梁政权，最后建立了陈朝。（唐）姚思廉撰：《陈书》卷1《高祖本纪上》，中华书局1972年版，第1—31页。

府对这里的控制却十分微弱，地方政权几乎仍然被土著酋豪所把持，地域经济也迟迟没有开发，社会经济发展极其缓慢。然而，唐宋以后，随着中国经济重心的南移，以及大庾岭通道的开凿，赣闽粤边区的地域开发飞速发展，其经济发展潜力和重要的交通地位也日益凸显。

一 古代经济重心的南移与赣闽粤边区经济地位的提高

（一）中国古代经济重心的南移

我国历史悠久，幅员广阔，各地自然条件差异悬殊，经济发展很不平衡，那些自然条件好，人烟稠密，生产技术先进的地区，往往成为经济发展水平高，生产总量大，经济辐射能力强的经济中心区域，同时也是当时国家财税收入最为倚赖的重心所在。我国古代经济重心的变化，经历了一个由北向南的发展轨迹，大致是秦汉以前经济发展中心在黄河中下游地区，魏晋至隋唐前期，黄河流域的经济地位不断下降，长江流域的经济发展迅速，经济地位上升很快，两地日趋均势。到了宋元时期，经济重心完全移到南方。

中国古代早期的经济重心在北方黄河流域。夏、商、周三代，北方的农业生产就远胜于南方，秦汉之时，北方已经形成了以关中和关东两大经济区。司马迁在谈到关中经济区时说："关中自汧、雍以东至河、华，膏壤沃野千里，自虞夏之贡以为上田，……故关中之地，于天下三分之一，而人众不过什三；然量其富，什居其六。"[①] 而在函谷关以东广阔的关东地区也是我国早期文明的重要发源地，这里地势平坦，土地肥沃，战国以后直至两汉时期，经济发展迅猛，也是成为黄河流域另一个重要的经济区。这种经济格局的改变，使得一些学者认为，早在先秦至秦汉时期，我国就发生了自西向东，由关中向关东的第一次经济重心大迁移。[②] 不过，从总体上看，在秦汉以前，我国古代经济发达地区，主要还是一直停留在北方黄河中下游流域。

从东汉末年开始，经过魏晋南北朝，直至唐朝前期，南方长江流域的社会经济迅速开发，原先那种"北强南弱"的经济发展格局逐渐发生改变。在东汉末年至唐朝前期长达五个多世纪的时段中，中原地区由于频繁战乱，导致社会局势长期不稳定，缺乏一个安定的生产环境，同时大量生

[①]（汉）司马迁：《史记》卷129《货殖列传》，中华书局1959年版，第3261页。
[②] 参见郭豫庆《黄河流域地理变迁的历史考察》，《中国社会科学》1989年第1期；蓝勇《中国历史地理学》，高等教育出版社2002年版，第221页。

产资料和生活资料被战争所消耗，经济不断衰败，而南方则相对安宁，且接纳了大量有先进技术和经验的北方流民，因此获得了很大发展。

唐末五代时期是一个重要的转折时期，原来南北经济均势被打破，古代经济重心开始向南方严重倾斜。"安史之乱"是我国古代社会经济发展的重要拐点，自此以后，北方屡历战乱，人口大批南迁，社会经济遭到严重破坏，而南方经济则继续平稳且又快速地向前发展，南北经济均势被打破。① 迨至两宋时期，南方社会经济全面超过北方，经济重心已经从由北方完全移到了南方。学者从当时的人口的数量和密度、土地开发利用率、经济作物的栽培种类和面积、粮食单产和总产量、手工业主要部门的种类和发展程度、商业城镇的发展规模和数量，以及地区经济在国家财政中所占地位等方面，对南北方经济的发展进行比较，认为在宋代南方地区都已远远超过北方，说明南方地区已经成为中国当时的经济重心。② 两宋时期我国经济重心从北方移到南方以后，这种南强北弱的经济局势后来一直未被扭转，在两宋之后长达600多年的元明清时期内，北方地区虽然有悠久农耕传统、良好农业基础和先进技术经验，但经济发展水平却一直无法超过南方。③

宋元以后经济重心的南迁，不仅从根本上转变了我国古代"南弱北强"的经济发展态势，而且对赣闽粤边区的社会发展提供了良好的历史机遇：赣闽粤边区地处江南腹地，江南地区的新兴发展，必然也将带动着赣闽粤边区的发展。宋元以来赣闽粤边区社会经济的迅速发展，当与古代经济重心的南移密切相关。

(二) 唐宋以后赣闽粤边区经济地位的提高

唐宋以后我国经济重心的南移，使赣闽粤边区经济地位大大提高。

---

① 关于经济重心南移的起止时间，学术界争议比较大。参见程民生《关于我国古代经济重心南移的研究与思考》，《殷都学刊》2004年第1期。

② 齐涛主编：《中国古代经济史》，山东大学出版社1999年版，第463—468页。

③ 关于宋元经济重心南移以后不再北归的原因，学者从气候、水文、植被、土壤等多方面进行了阐述，认为北方地区经过长期的开发和利用，土壤结构遭到破坏，肥力严重下降，以及植被破坏巨大，水土流失严重，致使中原地区自然资源无法恢复，导致经济重心不复北返。参见董咸明《唐代的自然生产力与经济重心南移：试论森林对唐代农业、手工业的影响》，《云南社会科学》1985年第6期；倪根金《试论气候变迁对我国古代北方农业经济的影响》，《农业考古》1988年第1期；郭豫庆《黄河流域地理变迁的历史考察》，《中国社会科学》1989年第1期；郑学檬《略论唐宋时期自然环境的变化对经济重心南移的影响》，《厦门大学学报》（哲学社会科学版）1991年第4期；彭克明《我国古代经济重心南移原因析》，《安徽史学》1995年第4期；蓝勇《中国历史地理学》，高等教育出版社2002年版，第220—222页。

我国经济重心的南移，使东南地区获得巨大发展，成为当时中国的新兴经济发展地区。唐末五代时期，东南地区获得了长足发展，这种强劲的发展势头，一直持续到宋代。不仅平原地带开发出大批耕地，丘陵山区也得以开垦，江河两岸和湖泊周边低洼地被改造成高产稳产的圩田，山区则出现了梯田，沿海地区则进行围海造田，太湖、闽浙一带东南区域甚至出现"耕无废圩，耘无遗垅"①，"土狭人稠，田无不耕"② 的情景。大量田地被垦辟，使长江下游太湖流域和长江中游江西、湖南地区等水稻产区成为全国著名的粮食、茶叶、蚕桑等重要产区。到唐后期，在国家财政收入中，东南财税已占居首要地位。东南地区经济的迅猛发展以及在国家财政税收中的重要地位，使时人发出"军国大计，仰于江淮"③ 和"今天下以江淮为国命"④ 等感慨！到了宋代，南方更是成为国家的经济命脉，东南财税在国家财政中的地位更加突出。据文献所载，太平兴国六年（981年）政府规定每年运到开封的粮食为 550 万石，其中由江南、淮南、两浙、荆湖等南方各路运到的米为 300 万石，菽（豆）为 100 万石，占总数的 72.7%。到大中祥符初年（1008—1010 年），南方运粮增至 700 万石。对于东南地区这种经济地位，时人多有表述。所以庆历间曾在中央财政机构——户部担任判官的包拯说："京师众大之都，屯兵数十万，财用储廪，皆仰给于东南。"⑤ 仁宗时曾任宰相的富弼亦云："朝廷用度，如军食、币、帛、茶、盐、泉货、金、铜、铅、锡以至羽毛、胶漆，尽出九道（笔者：指江南九道）。朝廷所以能安然理天下而不匮者，得此九道供亿使之然尔。此九道者，朝廷之所供给也。"⑥ 由此可见，在两宋时期，东南地区已经成为国家经济命脉之所在。

东南地区经济的迅猛发展，也使地处东南腹地的赣闽粤边区在全国经济贸易中的地位迅速提升。

一方面，在东南地区经济迅猛发展的带动下，赣闽粤边区的经济贸易

---

① （宋）吴泳：《鹤林集》卷39《隆兴府劝农文》，四库全书本。
② （宋）许应龙：《东涧集》卷13《初到潮州劝农文》，四库全书本。
③ （宋）欧阳修等撰：《新唐书》卷165《权德舆传》，中华书局1975年版，第5076页。
④ （唐）杜牧：《上宰相求杭州启》，载（唐）杜牧撰《樊川文集校注》，何锡光校注，巴蜀书社2007年版，下册，第1067页。
⑤ （宋）包拯：《包拯集》卷3"请置发运判官"条，黄山书社1999年版，第169页。
⑥ （宋）李焘：《续资治通鉴长编》卷128，"康定元年八月乙未"条，中华书局1986年版，第10册，第3034页。

都明显发展。众所周知，宋代茶叶贸易繁荣，获利巨大，"茶之为利甚博，商贾转致于西北，利尝至数倍"，成为宋代财政收入中的大宗，所以宋朝实行"天下茶皆禁"的政策，由官府垄断茶叶贸易。① 江西、福建两省的山区地势较高，山多雾霭，夏无酷暑，冬乏严霜，且多红壤之地，这些自然条件十分适于植茶，所产茶叶叶厚味浓，故而这里的产茶甚多，成为唐宋时期全国著名的茶业中心。② 在《宋会要辑稿》一书中，还详细记载了闽西、赣南的汀州、瑞金、赣县、大庾、上犹、南康等各州县的"榷茶"数量，可见当时赣闽粤边区在茶叶贸易中的重要地位。③ 两宋时期，赣闽粤边区的矿冶业也得到极大发展。江西、福建和广东地区多有色金属，矿产种类多，储量大。经济重心的南迁，使这里矿产资源得到开采和利用。如粤北地区的韶州，是宋代广东矿冶业最发达的地区，该地"杂产五金，四方之人弃农持兵器，慕利而至者不下十万"④。福建的矿冶业在宋代也得到很大发展，如据《三山志》记载："坑冶。自国初至祥符间，惟建、剑、汀、邵有之。天禧中，州始兴发。至皇祐，银才两场尔。铁独古田莒溪仅有也。嘉祐之后，银冶益增。熙宁间，铜、铅乃盛。崇宁，用事者仰地宝为国计。检踏开采，所至散漫。政和以来，铁坑特多。至于今，矿脉不绝。抽收、拘买立数之外，民得烹炼。于是，诸县炉户籍于官者始众云。"⑤ 由于赣闽粤边区的矿产丰富，矿业发达，所以政府也十分重视加强对这里的控制和管理。据《宋史·食货志》载，当时在赣南、闽西、粤北境内的虔州、南安军、汀州、漳州、邵武军、韶州、循州、英州、连州等地，就设有银场、铜场、铁冶、铁场、铁务、铅场、锡场等。⑥ 这些矿冶管理机构的设立，既反映了赣闽粤边区矿冶业的兴盛，又说明了政府对赣闽粤边区经济地位的重视。制瓷业也是当时一项大宗。江西是宋代全国闻名的制瓷中心之一，位于赣州市东南郊4公里处的七里

---

① （元）脱脱等撰：《宋史》卷184《食货下五》，"茶法"条，中华书局1977年版，第4477页。

② 吴旭霞：《宋代江西的茶业》，《农业考古》1991年第2期。

③ （清）徐松：《宋会要辑稿》，不分卷，《食货二九》，中华书局1957年版，第135册，第5279页。

④ （宋）余靖：《武溪集》卷15《韶州新置永通监记》，四库全书本。

⑤ （宋）梁克家：《三山志》卷14《版籍类五》，福州市地方志编纂委员会编，海风出版社2000年版，第153页。

⑥ （元）脱脱等撰：《宋史》卷185《食货志下七》，"阬冶"条，中华书局1977年版，第4523—4533页。

镇就是当时江西省内重要的瓷器产地。① 粤东、粤中、粤西、粤北的制瓷业在宋代也获得巨大发展，成为十分重要的瓷器生产地，产品远销日本、菲律宾、印度尼西亚、马来西亚以至巴基斯坦等地。② 上述这些行业的巨大发展，使原本开发缓慢、经济落后的赣闽粤边区一跃成为全国重要的新兴发展区。

另一方面，赣闽粤边区深藏的经济发展潜力，也使它的经济发展地位不容小觑。

在东南经济发展过程中，逐渐形成了赣北鄱阳湖平原、岭南珠江三角洲平原、闽东南沿海沿河平原三个区域经济中心，尽管赣闽粤边区在唐宋时期也获得了长足的发展，但相对于这紧邻的三个区域经济中心，赣南、粤北、闽西依然还是属于当时开发程度很低，经济发展缓慢的地方。③ 这种落后的状况，使赣闽粤边区很多土地、森林、矿产等自然资源都能够保留下来，这些恰恰是赣闽粤边区社会经济的巨大潜力所在。随着赣北鄱阳湖平原、岭南珠江三角洲平原、闽东南沿海沿河平原三个区域的经济开发不断深入，自然资源日益枯竭，经济发展成本不断提高的情况下，那些过剩的资金和人力必然会向资源丰富、开发程度低的赣南、粤北、闽西转移。因此，对于中央政府来说，唐五代以前尚未得到大规模开发的赣闽粤边区，恰恰是江南地区所剩存的一个条件十分优越的经济增长点，它潜在的经济地位自然不能低估。因此，宋元以后，中央政府十分重视对赣闽粤边区的控制和管理，当与该区域所具有的这种潜在经济发展能力是密不可分的。

二 赣江—大庾岭通道的开凿与赣闽粤边区战略地位的提高

赣江—大庾岭通道的开凿，不仅促进了赣闽粤边区的社会、经济和文化的迅速发展，而且也提高了赣闽粤边区的战略地位，并且也推动了唐宋以后中原王朝对赣闽粤边区的控制。

---

① 《江西赣州七里镇窑址发掘简报》，《江西文物》1990年第4期。
② 参见古运泉《广东唐宋陶瓷生产发展原因初探》、曾广亿《广东唐宋陶瓷工艺特点》，均载于《广东唐宋窑址出土陶瓷》，广东省博物馆、香港大学冯平山博物馆1985年印行。
③ 关于赣南、闽西和粤北在两宋时期社会发展相对落后的研究成果，参见许怀林《江西史稿》，江西高校出版社1998年版，第290—292页；李瑾明《南宋时期福建经济的地域性与米谷供求情况》，《中国社会经济史研究》2005年第4期；汪廷奎《两宋广东区域经济及其变化》，《广东社会科学》1996年第3期。

（一）赣江—大庾岭通道的开凿

大庾岭，又称梅岭，位于赣江上游，距离宋代南安府治（今江西大余县城）约二十五华里。该岭山体延绵，险峻难登："其山延裹二百里，螺转九蹬而上"①，该岭是岭南地区北进中原的重要孔道，地理位置十分重要，历来成为兵家必争之地。古人称其"南扼交广，西距湖湘，处江西之上游，拊岭南之项背"②。"庾岭蜿蜒，形胜夭矫。一夫当关，万夫莫敌。伊古兵学家，谓为赣南之门户。"③

赣江—大庾岭通道虽然很早就已开凿，但它在沟通和连接岭南和北方中原地区方面的巨大作用，直到唐宋以后才充分发挥来。汉唐时期，以广州为中心，岭南地区可以通过三条道路北上中原："西北至上都取郴州路四千一百一十里；取虔州大庾岭路五千二百一十里；西北至东都取桂州路五千八十五里。"④ 六朝以前，北方中央政府对岭南的联系和沟通，主要在于政治和军事方面，因此，在交通道路的选择上，也多受政治中心的影响。秦和西汉时期，政治中心在关中，当时岭南与北方地区的联系，多走桂州路：横渡洞庭湖，溯湘江至今长沙，然后折转西南溯湘江而上，通过灵渠转至离水，顺西江而下，进入岭南。东汉以后，政治中心东移之关东地区，则多取郴州路：从中原南下，横渡洞庭，溯湘江而上，再折东南下耒水，翻越越骑田岭，经武水顺流而下至韶关。⑤ 然而，唐宋以后，随着江南经济的发展，经济重心的南移，东南赋税在国家财政比重越来越大，中原与东南地区的联系和交流也显得更加重要，尤其是隋炀帝开凿了南北大运河以后，赣江—大庾岭通道对沟通中原和岭南的地位和作用空前提高。正是在这种背景下，唐宋以后历代政府才开始高度重视对大庾岭通道的开凿和维护。

唐朝张九龄开凿大庾岭，是赣江—大庾岭交通史上最具历史意义的大事。尽管大庾岭原先就有路，但因为不是主要通道，所以在张九龄开凿之前，这里瘴疠肆虐，道路荒废，不易攀行：

---

① （清）黄鸣珂修，石景芬等纂：《南安府志》卷3《山川》，清同治七年刊本。
② （宋）顾祖禹：《读史方舆纪要》卷88《江西六·南安府》，中华书局2005年版影印本，第4078页。
③ 吴宝炬等修纂：《大庾县志》，卷首，序文民国八年刊本。
④ （唐）李吉甫：《元和郡县志》卷34《岭南道一》，"广州"条，贺次君点校，中华书局1983年版，第886页。
⑤ 陈代光：《中国历史地理》，广东高等教育出版社1998年版，第257—268页。

（唐）初，岭东废路，人苦峻极。行逐寅缘，数里重林之表；飞梁业巘，千丈层崖之半。颠跻用惕，斩绝其元。故以载则曾不容轨，运则负之以背。①

天长地阔岭头分，去国离家见白云。洛浦风光何所似，崇山瘴疠不堪闻。②

阳月南飞雁，传闻至此回。我行殊未已，何日复归来。江静潮初落，林昏瘴不开。明朝望乡处，应见陇头梅。③

隋唐以来，随着江南地区的迅速开发，对外贸易的激增，赣江——大庾岭的交通意义日益凸显。张九龄是广东曲江人，自然十分清楚这一点。他任左拾遗内供奉后，便上疏请求开凿大庾岭路，唐玄宗准其疏奏，并委派他亲自监督修岭之事。张九龄领旨后，便于开元四年（716 年）开始，趁着农闲，召集民工，开岭凿路。经过艰辛努力，大庾岭通道很快就修凿好了。新修大道宽敞通达，平坦如砥，并还沿途设有憩息、住宿之所："坦坦而方五轨"，"有宿有息，如京如坻"④。

由于这次大规模的开凿整修，尤其是又充分利用了天然水道，适应了经济重心南移的形势，加上如此良好的路况和设施，使赣江——大庾岭通道的交通地位大大超过其他通道，一跃成为进入南岭最重要的通道。关于这一点，我们可以从相关文献的描述中得知："故之峤南虽三道，下湞水者十七八焉。"⑤"岭路既开，用是如粤，或迁谪岭表者，悉取此道。"⑥

大庾岭开凿以后，历代政府都十分注意对它的维修和保护，其中规模较大的有下列几次：

嘉祐八年（1063 年），权知南安军、提点江西刑狱、提举虔州盐政的

---

① （唐）张九龄《开凿大庾岭路序》，载（唐）张九龄《曲江集》，广东人民出版社 1986 年版，第 608 页。

② （唐）沈佺期：《遥同杜员外审言过岭》，载（清）彭定求《全唐诗》卷 96，中州古籍出版社 2008 年版，第一卷，第 480 页。此诗由初唐诗人沈佺期所写，他因得罪武则天的面首张易之，被流放驩州，因而路过大庾岭。

③ （唐）宋之问：《题大庾岭北驿》，载（清）彭定求《全唐诗》卷 52，中州古籍出版社 2008 年版，第一卷，第 295 页。

④ （唐）张九龄：《开凿大庾岭路序》，载（唐）张九龄《曲江集》，广东人民出版社 1986 年版，第 608 页。

⑤ （宋）余靖：《武溪集》卷 5《韶州真水馆记》，四库全书本。

⑥ （明）刘节：《南安府志》卷 9《地理志》，明嘉靖十五年刻本。

蔡挺鉴于梅岭南北"驿路荒远,室庐稀疏,往来无所庇"的状况,遂与时任广东转运使的哥哥蔡抗商量合作,由江西南安军和广东南雄州一起,各自负责岭北、岭南的道路修缮事宜。这次修缮工程很大,不仅在险要处用砖砌以护路,使之永固,而且还在道路两旁种植松树,使行人有阴翳可乘。"岭路险阻,(挺)公为巉而甓之,为永世利"[1];"课民植松夹道,以休行者"[2]。通过这次全面整修,大庾岭通道变得更加宽敞通达。

另一次大修是在明代成化年间。宋嘉祐以后,虽地方官员平时也"增植松梅",注意对路面的保养,然而毕竟年岁已久,车马纷沓,大庾岭通道还是损坏严重。岭南段的路面至明朝永乐末年,就已是"原砌砖石日久圮坏"[3],明代成化年间,岭北段的路况也是"自岭至府治,旧有砖石细街,岁久碎没,尺点丈缀,散如列星……若遇积雨连旬,往往人驴俱仆,摩虬蹄触,货随覆败"[4]。于是,地方政府不时整修路面,以保障商旅畅通。如正统十一年(1446年),南雄知府郑述就曾"砌岭路九十余里,补植路松"。但较大规模的修葺则是在成化年间。如,在岭南段,成化五年(1469年)和十七年(1481年),南雄知府刘安、江璞分别两次大修岭路[5];在岭北段,成化十五年(1479年),南安知府张弼也重修岭路,"悉用椎削取其礐确以补道陷","又砌以石蹬","其长二十五里,其阔一丈,悉用碎石块平砌,其中而青石长条固其边幅"[6]。这次整修比较彻底,直到一百余年后的万历二十三年(1595年),意大利传教士利玛窦从韶州去赣州,途径大庾岭时,还曾这样描述这条道路的平安和舒适:"翻越它的全程尽是穿过覆盖树林的多石山区,但是歇足地和路旁旅店也一路不绝,以致人们可以平安而舒适地日夜通行。"[7]

第三次较大规模的修缮是在清代道光末年。时至清代,大庾岭通道由

---

[1] 张方平:《乐全集》卷40,《工部尚书蔡公墓志铭》,四库全书本。
[2] (元)脱脱等撰:《宋史》卷328《蔡挺传》,中华书局1977年版,第10575页。
[3] (清)黄其勤纂:《直隶南雄州志》卷6《名宦》,清道光四年刻本。
[4] (明)桑悦:《重修岭路记》,载(清)余光璧纂修《大庾县志》卷18《艺文》,清乾隆十三年刻本。
[5] (明)谭大初:《南雄府志》卷下《营缮》,"道路"条,明嘉靖二十一年刻本。
[6] (明)桑悦:《重修岭路记》,载(清)余光璧纂修《大庾县志》卷18《艺文》,清乾隆十三年刻本。
[7] [意大利]利玛窦、金尼阁著:《利玛窦中国札记》,何高济、王遵仲、李申译,中华书局1983年版,第279页。

于"岁久年湮,屡修屡圮,左右欹折,中或低洼,路几失其真形"①。所以嘉庆至道光时,亦曾筹款欲修大庾岭北道,然"皆有修之名而无修之实","以故路圮石没,依然泥淖水冲"。直到道光三十年(1850年),南安知府汪甫率众奋修,用了两年时间,终于把岭北路段整修一新。②

由于历代王朝的精心维护,大庾岭通道在唐宋以后逐渐连接中原和岭南的最重要的通道,甚至在清朝乾隆二十二年(1757年)至鸦片战争前夕,由于清政府实行"闭关锁国"的政策,规定只允许广州"一口通商",大庾岭通道更是货物潮涌,商旅如流。然而,鸦片战争后清政府被迫五口通商,从长江南下广东,可完全不经过梅岭,大庾岭商路的作用一落千丈,等到粤汉铁路修通以后,从中原到广州的货运可以直走铁路,赣江—大庾岭通道最终退出历史舞台,留下满山梅香和曲幽古径,让人能够依稀体会到此处曾经有过的繁华。

(二)大庾岭通道开凿的意义

大庾岭通道的开凿,不仅对赣闽粤边区的地域开发和社会发展有着极其重要的意义,而且对中央政府加强对南方地区的控制,促进全国的发展也有着重大影响。具体表现在以下几个方面:

1. 成为中原沟通南方的重要通道,对于中央政府经略南方有着重要的战略意义

一方面,大庾岭通道的开凿,对于促进中外贸易发展,维护我国封建经济繁荣,有着十分重要的意义。隋唐以前,中国与国外的经济交流,主要是以穿越河西走廊的"丝绸之路"为最主要的贸易路线。随着经济重心的南移,隋炀帝开凿了大运河,唐朝张九龄开凿大庾岭,这样就开辟了一条从中原直通岭南的以水路为主的便捷大道。这条通道的开辟,不仅使中原到达南岭的交通十分便利,而且还改变了中外国际贸易的路线,使原先以陆上"丝绸之路"为主的贸易路线,转为以内河航运和海运为主,促进了我国海洋经济的发展。在唐代,广州就成了我国最重要的对外贸易港口。元明时期,中外贸易更加发达,特别是郑和七下西洋,海上贸易空前发展,广州一直都是当时十分重要的外贸港口。唐宋以后对外贸易的发

---

① (清)甘棠:《重修梅岭路记》,载(清)黄鸣珂修,石景芬等纂《南安府志》卷19《艺文》,清同治七年刊本。

② (清)周礼:《重修梅岭记》,载(清)黄鸣珂修,石景芬等纂《南安府志》卷19《艺文》,清同治七年刊本。

展，大庾岭通道发挥了极其重要的作用。当时大多数货物都是从这条道路运往中原的，正如文献所载："广南金银、香药、犀象、百货，陆运至虔州而后水运。"① 明人桑悦称颂大庾岭的物流之繁盛曰："庾岭，两广往来襟喉，诸夷朝贡亦焉取道。商贾如云，货物如雨，万足践履，冬无寒土。"② 意大利传教士利玛窦也对大庾岭通道商贸物流的繁荣作过如下描述："许多省份的大量商货抵达这里，越山南运；同样地，也从另一侧越过山岭，运抵相反的方向。运进广东的外国货物，也经由同一条道输往内地。旅客骑马或者乘轿越岭，商货则用驮兽或挑夫运送，他们好像是不计其数，队伍每天不绝于途。"③ 到了乾隆二十二年（1757年），清政府规定广州"一口通商"，外国商船只能至广州港停泊交易，梅岭更为重要，商业更为繁荣。"梅岭古道一路店铺林立，据说下雨天不带伞，可走几公里而身上不会淋湿。"④

另一方面，大庾岭通道的开凿，又对中央政府加强对华南地区的经略和控制有着重要的战略意义。唐宋以后，随着江南经济的发展，经济重心的南移，东南赋税在国家财政比重越来越大，中原与东南地区的联系和交流也显得更加重要，所以隋朝修筑了从洛阳到杭州的南北大运河。而大运河的开辟，其意义不仅仅保障了东南财富源源不断地输往中原地区，而且也使中原王朝的势力顺着大运河渗透到东南地区，这对于中央政府加强对这一地区的管理和控制，有着十分重要的意义。然而，大运河的修筑，只是使中原王朝的势力直接到达长江下游的江浙、东南地区，而欲把中原王朝的势力直接输送到更为广大的江南腹地和岭南地区，光有大运河是无法承载的。而赣江—大庾岭通道的开凿，恰恰是弥补了这方面的不足。这条通道开凿后，中央王朝的势力可以从中原地区，通过大运河到达杭州，然后溯长江而上，沿着赣江，翻过大庾岭，进入岭南地区。沿着这条交通路线，中原王朝的势力也就十分方便地直接伸展到了江南腹地乃至岭南地区。

---

① （元）脱脱等撰：《宋史》卷《食货上三》，"漕运"条，中华书局1977年版，第4250页。
② （明）桑悦《重修岭路记》，载（清）黄鸣珂修，石景芬等纂《南安府志》卷21《艺文》，清同治七年刊本。
③ ［意大利］利玛窦、金尼阁：《利玛窦中国札记》，何高济、王遵仲、李申译，中华书局1983年版，第278—279页。
④ 黄志繁：《梅关古道》，《寻根》2007年第3期。

赣江—大庾岭通道所具有的政治和经济功能，对唐宋以后中原王朝加强对华南地区的控制具有十分重要的现实意义。我们曾经在前面就讲到，在六朝以前，华南地区虽然早被纳入中原王朝的政治版图，然而中央政府对这里的管理和控制是十分粗放的，只能通过当地土著酋豪实行间接的统治，华南社会实际上仍然把持在地方豪强势力手中，中央朝廷在这里的势力很弱，影响不大。唐宋以后，随着经济重心的南移，华南地区在全国中的地位日益上升，中原王朝对该地区的管理和控制也势必需要加强，而赣江—大庾岭通道的开凿，恰恰是为中原王朝的势力直接伸展到江南腹地和岭南地区，提供了良好的交通条件。大庾岭通道所具有的巨大意义，也为越来越多的有识之士所体察。如宋代杨万里在谈及赣州城（该城位于大庾岭北麓，地处赣江之滨）时说："赣之为州，控江西之上流，而接南粤之北陲，故里专一路之兵铃，而外提二境之戎柄，其地重大。"① 元朝伍庠在谈到大庾岭北麓的南安府时也说：该地"控广引闽，……地虽僻远，而据上流，遏边徼"②。清代著名史学家顾祖禹对大庾岭通道的战略地位也予以了充分的肯定："（庾岭）南扼交广，西距湖湘，处江西之上游，拊岭南之项背。"③

2. 大大提高了赣闽粤边区的交通地位，促进了该地区社会经济和文化的发展

大庾岭通道开凿以后，赣闽粤边区成为中原进入岭南地区最重要的交通孔道，大庾岭通道所具有的交通地位，对赣闽粤边区社会经济的发展产生了直接的影响。

首先，是大量外来人口涌入赣闽粤边区。由于大庾岭路的开通，使赣闽粤边区成为联结南北交通的重要枢纽。唐末五代直至两宋时期，北方地区大部分时间都处于战乱状态，引起大批流民向南迁徙。他们当中的许多人正是顺着大运河—长江—赣江这条路线向南流移的。他们进入赣南后，一部分沿着贡水向东进发，进入赣南东部的瑞金、宁都、石城，甚至继续翻越武夷山，进入福建的长汀、宁化。一部分沿着章水而上，翻过大庾岭，进入岭南。首当要冲的南雄州保昌（今南雄）县，便成了唐宋时期

---

① （宋）杨万里：《诚斋集》卷76《章贡道院记》，四部丛刊本。
② （明）刘节：《南安府志》卷9《地理志》，明嘉靖十五年刻本。
③ （宋）顾祖禹：《读史方舆纪要》卷88《江西六·南安府》，中华书局2005年版影印本，第4078页。

各地官民南下广州的中转站，保昌境内的珠玑巷（或叫"朱紫巷"、"朱杞巷"），是翻过大庾岭进入岭南的第一个歇息地，成为南下移民的永远记忆，在后来珠江三角洲地区的族谱中，很多都记载了其先祖当年曾在此地短暂寓居过。

其次，赣江—大庾岭通道的开凿，使赣闽粤边区成为全国著名的榷收商税场所，也提高了赣闽粤边区社会生产的商品化程度。唐宋以后赣江—大庾岭通道成为中原通达岭南以至海外的主要道路，往来商旅如鲫过江。繁荣的过境商贾货物，也使赣闽粤边区成为全国著名的榷收商税场所。[①]明清时期江西关税在全国关税中占有重要地位，素有"赣税甲江右"的美誉，赣州税关作为江西境内最重要的税关之一，其作用是不言而喻的。繁荣的过境贸易，不仅给赣闽粤边区带来了巨额的关税收入，而且也为这里输入了浓厚的商品经济意识，大大促进了赣闽粤边区社会生产的商品化。赣闽粤边区地处山区，适合种植水稻的土地本来就少，在商品意识的驱动下，赣闽粤边区的人们扬长避短，充分发挥山区优势，大量种植经济作物，使赣闽粤边区农业生产的商品化程度十分显著。明清时期赣南地区烟草、甘蔗、花生、茶油、蓝靛等经济作物的普遍种植，就是一个十分显著的事例。[②] 繁荣的过境商贸物流，不仅为赣闽粤边区带来了巨大的税收收入，大大提高了该地区在国家财政税收中的经济地位；同时，大量经济作物的种植，也为赣闽粤边区带来了丰厚的利润，促进了该地区的经济开发和社会发展。所有这些，都对于赣闽粤边区的社会变迁产生了极其深远的影响。

最后，赣江—大庾岭通道的开凿，还促进了赣闽粤边区的文化风教。赣江—大庾岭古道开通后，南北商旅之人络绎于道，他们行经在赣闽粤边区时，为赣闽粤边区带来了各地不同的文化，使此处饱领各种文化气息，尤其是在南来北往的旅人中，不乏饱读诗书的文人墨客，达官宦人，他们

---

① 廖声丰：《清代赣关税收的变化与大庾岭商路的商品流通》，《历史档案》2001 年第 4 期。

② 关于明清时期赣南地区商品性生产的研究，参见曹树基《明清时期的流民和赣南山区的开发》，《中国农史》1985 年第 4 期；黄志繁《大庾岭商路·山区市场·边缘市场——清代赣南市场研究》，《南昌职业技术师范学院学报》2000 年第 1 期；饶伟新《清代山区农业经济的转型与困境：以赣南为例》，《中国社会经济史研究》2004 年第 2 期；黄志繁、廖声丰《清代赣南商品经济研究：山区经济典型个案》，学苑出版社 2005 年版；李晓方《烟草生产在清代赣南区域经济中的地位和作用》，《农业考古》2006 年第 1 期。

在这里吟诵山水，题写碑刻，更使赣闽粤边区的土著居民领略到当时的高雅文化，这些都有助于排解这里原有的"蛮夷"之俗。恰如明人邱浚所云："兹路既开，然后五岭以南人才出矣，财货通矣，中朝之声教日远，遐陬之风俗日变矣。"① 邱浚所言不假，大庾岭凿通后，韶州在唐宋时期先后出现了张九章、张宏雅、李金马、张九皋、孔闰、余靖等在当时政坛、文坛上显赫一时的名人。岭北的赣南也先后有周敦颐、程颐、程颢、王阳明等儒学大师在此为官、讲学。南宋以后，赣闽粤边区以儒家思想为内核的客家族群文化逐渐形成，当与赣江—大庾岭通道的开通，儒学得以在这里广泛传播，有着密切的关系。

总之，大庾岭通道的开凿是中国交通史上的一件大事，它不仅成为纵贯南北的交通大动脉，促进了中国南北物资、人员乃至文化的交流，而且还是使远在中原腹地的中央政府也加强了对岭南地带的控制。正因为如此，赣闽粤边区的战略地位也随着这条通道的开凿而日益凸显出来。

---

① （明）邱浚：《唐丞相张文献公开大庾岭路碑阴记》，载（清）郝玉麟《广东通志》卷60《艺文志二》，清雍正九年刻本。

第二章 军事征略与文化传播

——赣闽粤边区的社会动乱与中央政府的应对措施

唐末至明清时期，赣闽粤边区吸纳了大批外来移民，造成族群之间的矛盾与冲突，并且由于政府在这里实行的不当政策，引发了当地持续的寇乱。中央政府为了控制这一战略要地，对赣闽粤边区进行了镇压和招抚相结合的军事征略。中央政府在这里的军事行为，既推动了赣闽粤边区的族群整合，也促进了中原主流文化在这里的传播。

第一节 唐末至明清时期赣闽粤边区的移民运动与社会动乱

唐末至明清时期赣闽粤边区的移民运动，按照其移民的流向，大体可以分为两种，一是外部人口流向赣闽粤边区，二是赣闽粤边区内部之间的人口流动。这种大规模的人口流动，必然对迁入地产生巨大影响，赣闽粤边区长期发生的社会动乱，就与这里的移民运动密切相关。

一 唐末至明清时期赣闽粤边区的移民运动

唐末至明清时期赣闽粤边区的移民运动可分为两种，一是外来人口涌入赣闽粤边区，二是赣闽粤边区内部之间的人口流动。

（一）外来人口的涌入

随着经济重心的南迁，赣闽粤边区成为新的经济开发区，吸引了大量劳动力到这里来开发，同时，赣江—大庾岭通道的开凿，也使赣闽粤边区成为全国南北交通大动脉上的重要通道，为大量劳动力进入这一区域提供了便利。在这种历史背景下，大量的外来移民因此涌入赣闽粤边区，并为这里的经济开发作出了巨大贡献。

1. 北方汉人

根据已有的学术研究成果，唐中期"安史之乱"以后至宋末元初时期，是北方汉民大举南迁的又一个重要时期，这次南迁的中原汉民，对赣闽粤边区客家民系的形成有着直接的关系。① 这次长达500年的大迁徙，大致可以分为以下四个阶段：

（1）唐中后期。也即在"安史之乱"至黄巢大起义之间，主要是因为"安史之乱"的爆发，叛乱历经8年虽被平息，但也使唐朝社会发展走下坡路，并导致大批北方和江淮汉人南迁。谢重光先生根据《旧唐书》、《新唐书》、《元和郡县图志》、《全唐文》、《全唐诗》以及部分客家族谱中，关于北方汉人南迁，中原、江淮、江南等地户口变化等的描述，认为当时从中原、江淮逃来的北方人口已有大批进入江南、江西境内。② 尽管这些移民真正进入赣闽粤边区境内的并不多，但他们对于客家族群的形成具有十分重要的意义。安史之乱造成的北方和江淮人民南迁的规模是很大的，江南和江西是这次移民的主要迁入地，这两个地区已经临近日后形成的客家基本住地，虽然这次移民直接迁入赣南、闽西者尚少，但唐末从这两个地区迁入赣闽粤交界地区的人口很多，他们多为安史之乱阶段来自北方和江淮移民的后裔，故而其对客家民系孕育、形成的影响不可低估。

（2）五代十国至宋初期间。黄巢起义对唐朝统治是个沉重打击，李唐政府的中央集权瓦解，中国出现南北大分裂的混乱局面。由于战乱，又一次引起大规模的人口迁移，在这一时期里，赣闽粤边区涌入了大量的汉人。

关于五代十国至宋初期间大量汉人涌入赣闽粤边区的真实性，绝大多数学者都肯定了这一点。不过，关于这一时期为什么会有这么多人口涌入

---

① 关于唐代以后北方汉人南迁的研究，最为全面、系统的当数葛剑雄先生主编《中国移民史》，该丛书第三卷（隋唐时期）和第四卷（辽宋金元时期）（均由吴松弟先生所著）里对唐至宋元时期北方汉人南迁的情况作了详细的阐述。至于对北方汉人南迁对赣闽粤边区客家族群形成的影响的研究，参见罗香林《客家研究导论》，南天书局1992年版；谢重光《客家源流新探》，福建教育出版社1995年版；王东《那方山水那方人：客家源流新说》，华东师范大学出版社2007年版。

② 谢重光：《客家源流新探》，福建教育出版社1995年版，第43—75页。谢先生的这一判断，亦得到其他学者研究成果的印证。参见王东《那方山水那方人：客家源流新说》，华东师范大学出版社2007年版，第208—243页；吴松弟《中国移民史》（第3卷隋唐五代时期），福建人民出版社1997年版，第242—243页；周振鹤《客家源流异说》，《学术月刊》1996年第3期。

赣闽粤边区的原因，学者较多注意到的是赣闽粤边区远离战火，相对比较安全，且因山高林深，开发条件较差，开发较迟，因此尚能容纳较多的外来人口。作为补充，笔者认为我们不能忽略当时控制这一地区的割据政权所实行的招徕移民政策的作用。当时控制赣闽粤边区的割据政权有南唐、南汉、闽国等，为了在战乱中生存或吞并其他政权，这些割据政权比较注意招徕移民、鼓励农业生产。例如，南唐烈祖李昇主政时，规定"民有向风来归者，授之土田，仍给复三年（即免徭役三年）"①。在福建，王潮、王审邽治闽期间，也十分注意招抚流民，规定"流民还者假牛犁，兴完庐舍。"②

（3）两宋之交时期。两宋之交是中原宋代王朝的耻辱史，也是中原汉人的灾难史。从靖康元年至建炎四年（1126—1130年）这短短的几年中，就引起了大批中原汉人被迫迁移。如宋金在山西一带作战，"威胜（军）、隆德（府）、汾（州）、晋（州）、泽（州）、绛（州）民皆渡河南奔，州县皆空"③。金军攻打开封，又导致中原士庶百姓"逃避者莫知其数"④。在这短短几年间，由于杀戮和逃亡，中原地区的户口几乎荡涤已净。北宋名士庄绰在笔记中记载了自己的目睹亲见："建炎元年秋，余自穰下由许昌以趋宋城，几千里无复鸡犬。"⑤ 严格说来，除了两宋之交这段时期外，在南宋统治的152年时间内，先是宋金和战不定，后是宋元几度争战，中原地区几乎大部分时间都处在战乱之中。因为当时战火烧自北方，中原汉人只有南迁才可避其锋镝，故而江南地区甚至包括岭南、川蜀地区，因地处偏远，远离战争，也都成为北方人民避难的乐园。在这样的背景下，部分难民逃入赣闽粤边区，也是情理之中的事情。例如，根据吴松弟和王东两位先生的研究，靖康之乱以后，赣南、闽西的人口数量确实有较大的增长，这种增长主要就是因为接受了大量中原移民。不过，在这些移民中，直接从中原地区进入赣闽粤边区的并不多，大多数是经过赣

---

① （清）吴任臣撰：《十国春秋》卷42《南唐一·烈祖本纪》，中华书局2010年版，第183页。
② （宋）欧阳修等撰：《新唐书》卷190《王审邽传》，中华书局1975年版，第5492页。
③ （元）脱脱等撰：《宋史》卷23《钦宗本纪》，中华书局1977年版，第421—438页。
④ （宋）徐梦莘：《三朝北盟会编》，乙集，"靖康中帙三九"条，大化书局1979年版，第63页。
⑤ （宋）庄绰：《鸡肋篇》卷上，上海书店出版社1990年版。"穰下"即今河南南阳，"宋城"即今商丘县。

北、赣东北和赣中等地辗转而来的。①

（4）宋元之交时期。理宗端平元年（1234年）正月，蒙古和宋联合灭金。次年，蒙古军挥师南下，宋蒙战争全面展开。从1235年宋蒙开始全面交战，到1279年宋主赵昺蹈海身亡，南宋残部彻底覆灭，共44年间，除了中间有10余年时间因蒙军统帅忽必烈北归争夺皇位，战局暂时缓和之外，其余三分之二的时间南宋都处于战乱之中。这次大混战，又一次引起大批北方汉民南迁。例如，嘉熙元年（1237年）蒙古军全面攻宋以后，荆襄和淮南一带重新沦为战场，南宋政府下令江淮清野，淮南百姓为避难纷纷南迁，"淮民避兵，扶老携幼渡江而南无虑数十百万"②。这次南迁淮民迁到苏州、杭州、建康府、江州、兴国军（治在今湖北阳新县）、鄂州等地。淳祐五年（1245年）七月，朝廷鉴于江南地区新迁入的北方移民众多，"诏监司守臣及沿江诸郡安集流民"③。宋德祐二年（1276年）正月，南宋恭帝降元，南宋亡。陈宜中、张世杰、文天祥、陆秀夫等南宋遗臣，退守福建、广东并先后奉度宗之子赵昰、赵昺为宋主，以期恢复宋朝天下。据《宋季三朝政要》记载，当时随二王自闽迁粤的正军有17万、民兵30万、淮兵1万人。④ 在这40多万人中，当有不少是北方汉民。

以上所述唐至宋元之交时期的北人南迁，是与客家族群有着直接渊源关系的四次大规模移民，至于其他零星、个别的人口迁徙，限于篇幅，我们在这里就不一一列举。这些断断续续进行了五六百年的移民运动，对赣闽粤边区的影响是很大的，给我们印象最为显著的，是使赣闽粤边区的人

---

① 关于靖康之乱以后赣南、闽西的人口变化情况，吴松弟和王东两位先生都认为有所增长，并且增长的原因主要是外来移民的迁入。但这些移民是否都是从战乱的北方直接进入赣闽粤边区的，他们都持否定态度。吴松弟先生认为北方难民进入江西，大部分是进入赣北、赣东北和赣中地区的江州、洪州、信州、饶州和吉州等地，而直接进入赣南（当时设有虔州府和南安军）的不多。在他从士人文集所搜集得来的215个迁入江西的移民实例中，南安只有2个，虔州只有1个，均为诸州府中得民最少者。福建虽然接纳了不少北方移民，但主要是福州和泉州两地，而汀州和漳州则不多。[参见吴松弟《中国移民史》（第三卷隋唐时期），第327—341页] 王东先生也认为这一时期赣闽粤边区所接纳的移民人口，主要是从赣北、赣中就近迁移而来，直接从北方迁移过来的很少。（参见王东《那方山水那方人：客家源流新说》，第172—176页）
② 杜范：《清献集》卷8《便民五事奏札》，四库全书本。
③ （元）脱脱等撰：《宋史》卷43《理宗本纪三》，中华书局1977年版，第833页。
④ 佚名撰：《宋季三朝政要笺证》卷6，《广王本末》，王瑞来笺证，中华书局2010年版，第466页。

口有了一定幅度的增长。我们以汀州为例，唐朝元和年间汀州有 2618 户，北宋太宗太平兴国年间时有 24007 户，百余年间户数增长 916%；过了一百年左右到神宗元丰年间时，汀州户数从 24007 户增至 81454 户，增长率为 339%；再过百余年，至南宋宁宗庆元时期，又增至 218570 户，增长率为 226%。① 唐宋间汀州户口如此快速的增长，原因当然有很多，但结合上述相关文献的记载，大量外来人口的迁入当是其中的重要原因。

2. 南方蛮族

唐宋以来，赣闽粤边区在接收北方汉人的同时，也接纳了来自南方地区的蛮种族群。

蛮族是先秦时期对南方少数民族的泛称。秦汉时，南方蛮族主要有三支：盘瓠、廪君、板楯，其中，盘瓠蛮主要分布在今湖南之大部分及黔东、鄂西南等部分地区。② 盘瓠蛮因把高辛帝的神犬盘瓠作为图腾而得名，由于他们主要分布在古代的武陵地区（其地理范围大约包括今天的湘中、湘南和黔东、鄂西南一带），故又被称为"武陵蛮"或"五溪蛮"③。从其地理位置及历史流移来看，武陵蛮与赣闽粤边区的关系最为紧密。

武陵蛮的大规模向外迁移，主要有两次，一次是在东汉时期，一次在宋代。引起东汉时期武陵蛮外迁最主要的原因，是东汉政权对武陵蛮的赋税政策的变化。据史书所载，武陵蛮多居山陵沟壑，过着耕作狩猎的生活，生产力十分低下。秦朝时尚"无关梁符传，租税之赋"。西汉时虽开始对武陵蛮征收赋税，但仅是要求其贡献少量的"賨布"而已。这种以土特产为征收对象的低税政策，其用意主要在于它的政治象征意义，所以西汉政权与武陵蛮的关系良好。但是，到了东汉时期，这种良好的关系却因东汉政府的增税政策而遭到破坏，并且激起了武陵蛮的强烈反抗。斗争的结果当然是以弱势的武陵蛮的失败而告终，他们或遭杀戮，或被强迁。其中就有一支被强制东迁到江夏地区，后来，这支中的一部分向东北进入了庐江郡，这是武陵蛮向东南地区迁徙的开始。东汉以后，武陵蛮大规模

---

① 上述人口数据分别来自《元和郡县志》、《太平寰宇记》、《宋史·地理志》、《临汀志》等文献。

② 白寿彝主编：《中国通史》第四卷《秦汉时期》（上册），上海人民出版社 1995 年版，第 98 页。

③ 王瑞莲：《试论武陵、五溪的区别及五溪蛮的分布》，《中南民族大学学报》1989 年第 5 期。

的反抗活动虽然偃息下来，但武陵蛮的外迁趋势却并没有消停。① 隋代以降，盘瓠蛮继续向南迁徙，逐渐分布于今江西、福建、广东、广西等江、岭广大地区，而真正使武陵蛮大量涌进赣闽粤边区的，还是宋代的"开梅山"事件。梅山即是现在湖南新化至安化一带的雪峰山，在梅山中生活着武陵蛮的一个分支，两宋时他们被称为"梅山蛮"。由于地势险要，交通闭塞，两宋以前，朝廷对这里的控制一直很弱，梅山蛮势力逐渐壮大。唐末宋初，梅山蛮乘动荡的政治形势，积极向外扩张，与北宋政权屡屡发生严重的军事冲突。中央政府经过长期的策划和准备，于宋神宗熙宁五年（1072年）派章惇率军进击梅山，经过军事打击、招抚纳降、增设县治、编辑户口、均定赋役、筑路修桥、建立寺观学校等措施，终于逐渐把这些溪峒蛮民转化为编户之民。这就是史书中所记载的"开梅山"事件。② 在"开梅山"的过程中，不少蛮民外逃，从而又一次掀起了迁移的高潮。在上述两次武陵蛮的外迁高潮中，有些溯沅水逾越城岭进入岭南，折而向东，辗转抵达粤北和粤东地区；有些则经江西溯赣水而上，进驻赣南，有的继续从赣南折而向东，抵达闽西，甚至再由闽西南下，进入梅州等地。③

盘瓠蛮在赣闽粤边区的活动情况及其对当地社会的影响，我们从该地区的地方志书中亦可得知。由于迁入赣闽粤边区的盘瓠蛮在宋代以后大多演化成为畲族和瑶族④，所以，关于他们的活动情况，我们可以从对畲、瑶等的记载材料中窥知。

嘉靖《惠州府志》载："瑶本盘瓠种，地介湖蜀溪峒间，即长沙黔中

---

① 江应梁：《中国民族史》（上），民族出版社1990年版，第263—265页；白寿彝主编：《中国通史》第四卷《秦汉时期》（上册），上海人民出版社1995年版，第96—99页。
② 向祥海：《开梅山考议》，《湘潭大学社会科学学报》1990年第2期。
③ 谢重光：《畲族与客家福佬关系史略》，福建人民出版社2002年版，第31—40页。
④ 尽管关于畲、瑶两族的族群来源，学界仍然存在较大分歧，但这畲、瑶两族与盘瓠蛮之间存在共同的图腾信仰，且亦有很多相似的习俗，则是目前学者较为公认的一致看法。这种看法，也使较多学者作出畲、瑶两族同宗共源，均来源于盘瓠蛮的判断。参见徐规《畲族的名称、来源和迁徙》，《杭州大学学报》1962年第1期；李维信《试论瑶族源问题》，《广西大学学报》1980年第1期；韩肇明《试论瑶族族源的几个问题》，《学术论坛》1980年第2期；石光树《从盘瓠神话看苗、瑶、畲三族的渊源关系》，《中央民族学院学报》1982年第3期；施联朱《关于畲族的来源与迁徙》，《中央民族学院学报》1983年第2期；吴永章《盘瓠考述》，《思想战线》1986年第2期；蒋炳钊《畲族史稿》，厦门大学出版社1988年版，第21—44页；胡阳全《近年国内畲族族源研究综述》，《历史教学》1992年第5期；谢重光《畲族与客家福佬关系史略》，福建人民出版社2002年版，第19—45页；郭志超《闽台民族史辨》，厦门大学出版社2006年版，第132页。

五溪蛮是也。其后滋蔓，绵亘数千里，南粤在在有之，至宋始称蛮。瑶在惠者，俱来自别境。"①

乾隆《龙岩州志》"畲客"条曰："畲客即瑶人，岩属俱呼为畲客。"②

《福安县志》："㟍深山中有异种曰畲民，……福郡古田、连江、罗源、福宁、宁德……相传为五溪盘瓠之后。"③

武陵蛮在赣闽粤边区的迁播和流布，在一些族谱中也能找到一些线索：例如，惠东县陈湖村《黎氏族谱》记载了该族人的迁徙情况："六祖于宋淳熙二年从河南潭州永康县鹅塘都迁到广东连州，另有一支也从鹅塘东乡迁到广东高腰、罗浮一带，嘉熙元年以后又迁到博罗、归善（海丰）一带。"④

江西贵溪、铅山一带的畲族族谱中也记载了祖先迁移的情况："楚平王出敕钟大后上十八族，放行广东路途，只望青山而去，过山开产为业，携带妻子，经过各州、府、县、卫、所衙门、巡司、水路、关津、把隘、屯堡、官、兵、里、甲人等验实放行，毋得阻挡，强取瑶人财物……盘瓠子孙，过关无税，过渡无钱。只望青山，刀耕火种为业。父过子任，富豪军民，不得侵占山场，远离庶民田、塘一丈三尺地，乃是瑶人火种之山。……"⑤

从上述方志和族谱所记述的内容来看，赣闽粤边区境内的畲、瑶等族

---

① （明）姚良弼修，杨载鸣纂：《惠州府志》卷14《外志》，"瑶疍"条，明嘉靖三十五年刻本。
② （清）张廷球主修，徐铣主纂：《龙岩州志》卷12《杂记》，清乾明隆三年刻本。
③ （清）张景祁、徐承禧修：《福安县志》卷38，清光绪十年刻本。"㟍"为福安县的古称。
④ 广东省民族研究所编：《广东省畲族社会历史调查资料汇编》，1983年编印，第63—66页。族谱中的"河南"应当是"湖南"的误笔，这从"潭州"的行政沿革可以明显看出来，潭州的地理范围曾包括湖南的大部分地区以及湖北的一部分地区。参见郑天挺、谭其骧主编《中国历史大词典》，上海辞书出版社2000年版，第3204页。
⑤ 转引自《中国少数民族社会历史调查资料丛刊》，福建省编辑组编《畲族社会历史调查》，福建人民出版社1986年版，第196页。族谱中所指"楚平王"，并非指春秋时期的楚平王熊弃疾，而应该是指原唐末潭州刺史、后被后梁太祖朱温封为"楚王"的马殷，其依据有二：其一，春秋时期的楚平王熊弃疾，殁于公元前516年，在位时间13年。假如他就是谱中所指之楚王，则该族历史将出现从春秋到隋唐这一长时段的记忆空白，这完全不符合族群发展的一般规律。且亦将与此谱中下文所提到的卫、所、巡司等事物衔接不上，因为这些事物是元、明时期才出现的军事机构。其二，在《畲族社会历史调查》一书中，也收集了一些关于广东、福建等地畲族族源和迁徙历史的资料，这些资料也有与"楚平王"相关的类似记载。如在广东省丰顺凤坪村蓝姓畲族所保留的光绪戊申《汝南堂长房族谱》中，亦提到了"楚平王"："楚平王奉天承运王敕大随五年五月十五日，给会稽山七贤洞抚瑶券牒……"经杨成志、黄淑娉、陈凤贤等学者鉴定，认为这里的"大随"为"隋"之误。（参见《畲族社会历史调查》，第24页）如果学者这一判断不谬的话，那么我们亦可据此判定这部江西畲族族谱中的"楚平王"当为五代时的"马楚"。根据这一判断，我们大体可以确定江西贵溪、铅山一带的畲族的先祖应该就是从武陵地区辗转迁徙而来的盘瓠蛮。

群应该与古代武陵蛮之间存在十分密切的血脉关系。

总之，从上述种种史迹表明，从汉晋直至唐宋以来，确实有一部分蛮族种群从荆湘地区辗转迁徙而来，他们和北方迁来的汉人族群、赣闽粤边区原有的土著族群一起，共同开发了赣闽粤边区这块蛮荒之地，成为后来客家民系的共同来源。

（二）赣闽粤边区内部的族群流动

在北方人口和武陵蛮向赣闽粤边区迁移的同时，赣闽粤边区内部的人口流动也比较频繁。内部人口流动的大体趋势：明清时期以前，主要是由赣南、闽西流向粤东、粤北；明清时期以后，则主要是从闽西、粤东北流向赣南。

早在两宋时期，福建人口流向粤东和粤北的现象很常见。福建山多地少，且在唐末以来又接受了不少外来人口，所以在宋代中期就出现了地狭人众的现象，为了解决人地矛盾，政府就允许闽人迁往宽乡。北宋中期的皇祐二年（1050年）六月，仁宗说："古有迁民于宽闲之地，今闽、蜀地狭，其民亦可迁乎？"大臣丁度说："民固安土重迁，若地利既尽，要无可恋之理。……凡似此狭乡皆宜徙之宽乡。"于是，仁宗"乃诏京西转运司晓告益、梓、利、夔、福建路民，愿徙者听之"①。仁宗这条诏令得到了很好的贯彻，据南宋初年曾丰（1142—1224年）所云："闽地偏，不足以衣食之也，于是散而之四方。故所在学有闽之士，所在浮屠老子宫有闽之道、释，所在圜阓有闽之技艺。其散而在四方者固日加多，其聚而在闽者率未尝加少也。"②曾丰所言，说明当时因土地供应"不足以衣食"而迁徙的，除了农民之外，还有操持其他职业者。北宋中后期的人口外迁，并没有解决问题，因为中原战乱，北方人口源源不断涌入福建，导致"其聚而在闽者率未尝加少"，所以南宋时期福建的人口压力依然很大，故而叶适（1150—1223年）依然建议政府组织移民，"分闽、浙以实荆楚，去狭而就广"③。宋末元初，陆秀夫、文天祥等拥立赵㬎、赵昺为宋主，广东地区是文天祥抗击元兵的主战场，人口损失严重，再次引发闽人

---

① （宋）李焘：《续资治通鉴长编》卷168，"皇祐二年六月乙酉"条，中华书局1986年版，第12册，第4048页。

② 曾丰：《缘督集》卷17《送缪帐干解任诣铨改秩序》，四库全书本。

③ （宋）赵汝愚：《论汀赣盗贼利害》，载（明）杨士奇等《历代名臣奏议》卷54《治道》，"宋孝宗时叶适应诏上言"条，四库全书本。

迁粤高潮。此后虽仍有汀州人不断迁入粤北地区，但其规模远远不及宋元时期。

宋元时期广东的珠江三角洲地带有大量沙田尚未开发，潮州、梅州等地也仍然是被山岚瘴雾所笼罩，旷土很多，及到南宋后期仍然被时人称为"土旷人稀，地有遗利"①。南宋初闽人林安宅到潮州后，得知去番禺的路有两条："直北而西，由梅及循，谓之上路；南至潮阳，历惠之海丰，谓之下路。绵亘俱八百余里。上路重冈复岭，峻险难登，林木蓊翳，瘴疠袭人，行者惮焉。下路坦夷，烟岚稀远，行人多喜由之。"② 可见当时潮、梅一带仍是山高林深，人迹罕至的地方，具备接纳大量福建移民的潜力。当时迁入广东的闽人之盛，从史籍中可窥一斑。宋人说潮州："虽境土有闽广之异，而风俗无潮漳之分。""土俗熙熙，无福建、广南之异。"③ "土俗熙熙，有广南福建之语。"④ 在这些迁到广东的闽人中，当然也有不少是汀州人。南宋祝穆在谈到梅州的情况时说：梅州"土旷民惰，业农者鲜，悉借汀、赣侨寓者耕焉"⑤。清代《嘉应州志》亦云："元世祖至元十四年（即宋景炎二年，1277 年），文信国引兵出江西，沿途招集义兵、所向响应，相传梅民之从者极众。至兵败后，所遗余子只杨、古、卜三姓，地为之墟，闽之邻粤者相率迁移来梅，大约以宁化为最多，所有戚友询其先世，皆宁化石壁乡人。"⑥ 现代学者吴松弟先生通过广东客家姓氏进行统计后也证实，宋、元时期汀州、赣州不少姓氏迁入广东，主要分布在梅县、兴宁、长乐（今五华）、大埔、镇平（今蕉岭）、平远等地。⑦

宋元时期赣南人口流入广东，应该也有不少。承前所述，自唐朝张九龄开凿大庾岭以来，赣江—大庾岭通道逐渐成为中原进入岭南的主要通道，所以赣南与粤北的交通十分方便，一旦发生战乱或自然灾害，赣南人口越过大庾岭很快就可进入粤北地区。从前引南宋祝穆所言梅州"土旷

---

① （宋）许应龙：《东涧集》卷 13《初到潮州劝农文》，四库全书本。
② （宋）林安宅：《潮惠下路修驿植木记》，载《永乐大典》卷 5345，转引自司徒尚纪、李海东《从历史文献论徐霞客游广东》，《热带地理》2004 年第 1 期。
③ 祝穆：《方舆胜览》卷 36《潮州·事要》，中华书局 2003 年版，第 649 页。
④ （宋）王象之：《舆地纪胜》卷 100《潮州·四六》，江苏广陵古籍刻印社 1991 年版，第 801 页。
⑤ 祝穆：《方舆胜览》卷 36《梅州·事要》，中华书局 2003 年版，第 650 页。
⑥ （清）吴宗焯等修，温仲和纂：《嘉应州志》卷 12《古迹》，"塚墓附"条，清光绪三十二年刻本。
⑦ 参见吴松弟《中国移民史》第四卷（辽宋金元时期），第 200—205 页。

民惰，业农者鲜，悉借汀、赣侨寓者耕焉"的情况看来，"侨寓"在梅州的赣南人也不少。但从上引吴松弟先生的研究结果来看，在宋元时期迁入潮、循两州（即今广东客家地区）的62个姓氏中，赣南姓氏才3个，远远不及汀州人。并且现在广东客家族谱提及其祖先迁徙源流时，往往只提到汀州，而很少言及赣南。其原因，笔者认为主要有以下两点原因：

一是赣南人口大多迁往珠三角地区去了，停留在梅州等粤北地区的不多。如果我们对照地图就会明白，从赣南大余县翻越大庾岭后，就进入南雄，然后顺浈水直达韶州、广州，此时珠三角有许多沙田可供耕垦，且在当时条件下，开发沙田的经济成本和技术要求远远低于山区，所以没有必要再往东绕到梅州去开垦土地。

二是受宋末元初战火的影响。粤东地区是文天祥与元兵交战的主要场所，"至兵败后，所遗余子只杨、古、卜三姓，地为之墟"。而闽西此时遭受战火不多，并又地狭人稠，所以成为粤东人口最主要的补给来源。赣南也是主战区，人口损失亦当巨大，自然没有更多的过剩人口补给粤东。

明中期以后，赣闽粤边区内部人口的主要态势，已由原先的从赣南、闽西流向粤北，变成由粤北、闽西倒流赣南。① 在宋元以前的赣闽粤边区内部人口流动中，赣南因为地处赣江——大庾岭通道这条南北交通线上，能够吸引大量北方战乱移民，所以往往成为向闽西和粤北输送人口的区域，而到元明清时期，因为中国获得空前的大统一，北方几乎未再出现长期的战乱，所以大规模的北方移民南迁高潮也就再也没有出现了，赣南地区原有重要人口补给源断绝了。而根据学者的研究，赣南从元代以至明初，由于战争和鼠疫，赣南的人口一直在下降。② 到了明朝中后期以后，由于军屯弊病丛生，以及赣南赋役太重，又导致大量人口逃亡。③ 清初受"三藩之乱"，赣南的人口也受到较大损失。

上述诸多原因，导致明清时期赣南人口大量死亡或逃亡，出现严重的地广人稀的现象。如，明朝初年杨霄远谈到安远因赋役过重而人口逃失的

---

① 不可否认，这一时期，仍然有部分人口从闽西流向粤北。参见吴建新《明清广东人口流动概观》，《广东社会科学》1991年第2期；曹树基《中国移民史》第五卷，第408—410页。

② 曹树基：《闽、粤、赣三省毗邻地区的社会变动和客家形成》，《历史地理》第14辑，上海人民出版社1997年版。

③ 王东：《那方山水那方人：客家源流新说》，第254—255页。

情况时说:"臣待罪安远,知安远一兴一废。……夫田少土硗,又粮多则重,无怪乎催科日迫,求生无路,而死无门。或合室全逃,更名换姓,或壮丁远遁,撇子丢妻……"①曾任明代内阁大臣的杨士奇在一篇序文里这样描述赣南:"赣为郡,居江右上流,所治十邑,皆僻远民少,而散处山溪间,或数十里不见民居。里胥持公牒征召,或行数日不底其舍。"②嘉靖四十二年(1563年),海瑞调任兴国县知县,他所遇见的情景是:"卑职自到任至今,县民每告称:'近日赋役日增,民多逃窜。零都里分虽少,田广粮轻,里甲富实,户户齐足。'本县犹以人各私己,将疑将信。查户口,则名虽五十七里,实则不及一半。嘉靖三十年以前犹四十四里,今止三十四里。卑职到任后,极力招徕,今亦止得四十里,其间半里、一分、二分、三分里分尚多。"③清朝初年,因政权更替和"三藩之乱"等所引发了大规模的战乱,又使赣南失去大量人口。"赣当明季户籍十万八千,丙戌十月城破,存者三千户。"赣县章水乡"兵燹以来,十不存一"④。"自遭诸逆变叛,人民死徙,田土荒芜,伤残踩病之状,荡析仳离之惨,什倍他省……杀戮逃亡人丁七十余万口,抛荒田地一十七万余顷。"⑤"康邑为虔州肘腋,为戎马扰攘者数年,及定鼎,被闽贼踩躏又数年。丁口消耗者十之六,田土荒芜者三之二。"⑥

由于大量人口流失和田地荒芜,政府和民间都十分重视招徕人口进行垦耕。据王阳明所云,首任南赣巡抚金泽,就曾将从广东流来的輋民安插到上犹县:"其初輋贼原系广东流来,先年奉巡抚金泽行令安插于此。"⑦兴国县在清初战乱之后也大力招徕。"频年以来,仰赖上宪嘉意无绥,广

---

① (明)杨霄远:《薄敛疏》,载(清)魏瀛修,钟音鸿纂《赣州府志》卷66《艺文志》,清同治十二年刊本。
② (明)杨士奇:《送张鸣玉序》,载(清)魏瀛修,钟音鸿纂《赣州府志》卷66《艺文志》,清同治十二年刊本。
③ (明)海瑞:《兴国八议》,载(明)海瑞《海瑞集》,中华书局1962年版,第203页。
④ (清)刘瀚芳:《赣县志》卷3《风俗》,清康熙二十三年刻本。
⑤ (清)王新命:《清除荒疏》,载(清)白潢、查慎行《西江志》卷147《艺文》,清康熙五十九年刻本。
⑥ (清)沈恩华修,卢鼎峋纂:《南康县志》卷首,"旧序·陈晖序"条,清同治十一年刻本。
⑦ (明)王守仁:《立崇义县治疏》,载(明)王守仁撰《王阳明全集》卷10《别录二·奏疏二》,吴光等编校,上海古籍出版社1992版,第350页。

示招徕。"该县顺治十四年招徕男妇共 4506 人，皆于户籍。① 康熙年间南康县也实行了招徕流民的措施："（近）年来几经招徕劝垦，幸户口递增，荒递垦，而赋递升，庶几无负。"②

值得一提的是，明清时期赣南在招徕外来人口的过程，学者往往忽略了田主私自招徕人口的现象。因为赣南在当时地广人少，当地富户拥有大片土地和山场，他们也极力招揽流民承租佃耕。如康熙年间，清政府在兴国安插郑成功的旧部蔡璋、张治、朱明等将兵及其家属几千人，"履亩按籍授田而析置之"，然而这些人却"不自耕，招募闽广流人赁耕"③。此外，根据周雪香等人的研究，明清时期广东、福建沿海的商品经济发达，也驱使大量闽粤之人到赣南承租山场、土地种植蓝靛、烟叶等经济作物，以牟取巨利④。正是在这样的背景下，明清时期出现了粤北、闽西人口大量进入赣南的现象。

在经济利益的驱使以及民间和政府的共同努力下，明清时期大量劳动力流向赣南地区。赣南接收粤北和闽西人口的情况，文献多有体现。如清初《赣州府志》在描述府境的风土人情时云："深山荒谷，则粤闽侨居，蛮蜑之习，有时而染。"⑤ 康熙时魏礼在谈到宁都的情况时亦云："阳都属乡六，上三乡皆土著，故永无变动，下三乡佃耕者悉属闽人，大都福建汀州之人十七八，上杭、连城居二三，皆近在百余里山僻之产。……夫下乡闽佃，先代相仍，久者耕一主之田至子孙十余世，近者五六世、三四世，……久历数百年……"⑥ 南康县谭口一带，"清初兴宁人徙来占籍者众"，其他地方亦是"自雍正九年，新户入籍，招徕垦辟，至今土著之民渐居其少，外来之民日居其多"。所有这些，都反映了明清时期闽粤人口大量进入赣南的情形。罗勇先生还进一步对这部分闽粤移民在赣南的地理分布作了统计："尤以寻乌、全南、定南、龙南以及上犹、崇义两县西北

---

① （清）黄惟桂修，王鼎相纂：《兴国县志》卷 3《赋役志》，"户口"条，清康熙二十三年刻本。
② （清）沈恩华修，卢鼎峋纂：《南康县志》卷首，"旧序·陈晖序"条，清同治十一年刻本。
③ （清）崔国榜修，钟音鸿等纂：《兴国县志》卷 12《武事》，清同治十一年刻本。
④ 周雪香：《明清闽粤边客家地区的社会经济变迁》，福建人民出版社 2007 年版，第 111—114 页。
⑤ （清）朱□等修，林有席纂：《赣州府志》卷 2《风土》，清乾隆四十七年刻本。
⑥ （清）魏礼：《魏季子文集》卷 8《与李邑侯书》，载（清）林时益编《宁都三魏文集》，清道光二十五年易堂本。

部最为密集，占居民总量的50%—70%；兴国、瑞金、会昌、安远等县次之，占40%—50%；赣县、南康、大余、于都、信丰等县以及上犹、崇义两县东南部则人数较少，占30%—40%；宁都、石城两县最少，占20%—30%。"①

（三）唐末以来赣闽粤边区移民运动的影响

宋元以来发生在赣闽粤边区持续不断的移民运动，对该地区产生了十分深远的影响。大量外来人口迁入赣闽粤边区，使该地区获得了大量的劳动力，有力地促进了该地区的经济开发和社会发展。同时，赣闽粤边区内部的人口交流，也有利于这一地区的族群交流和文化整合。但是，这种人口众多，规模巨大，持续时间长久的移民运动，也给赣闽粤边区带来一个严重的问题——大量脱籍人口的出现。

赣闽粤边区移民安置的方式主要有两种：一是得到政府予以及时安置；二是政府不进行安置，而任其自由存在。政府给予及时安置的，常常是由政府招徕而来的，故一般能够得到当地政府的及时安置，如指定具体的迁入地域、划拨荒地供其开采、为其解决户籍等问题。例如，康熙四年，政府招徕福建流民到赣南，"凡数万人，令就地安插，造花名册"②。康熙九年，一批原郑成功旧部投降清廷，被安插在赣南兴国县，时任赣州知府的孔兴训亲自到兴国县，督办为这批移民"按籍授田"之事宜。③ 有的甚至还由官府提供种子和耕牛，如五代时的南唐政府规定"民有向风来归者，授之土田，仍给复三年"④。福建的王氏政权规定"流民还者假牛犁，兴完庐舍"⑤。

而发生在赣闽粤边区的移民运动大多是民间自发的流动迁徙，尤其是那些赣闽粤边区内部不同区域之间的人口流动，政府一般不予安置，不解决他们的户籍，任由他们自择荒芜山地耕垦或佃种当地土著居民的田地、山场。关于这种成分复杂的"无籍"之人，赣闽粤边区的地方志书有很多记载。如：正德年间王守仁在谈到上犹县的移民情况时说，"先年奉巡

---

① 罗勇：《客家赣州》，江西人民出版社2004年版，第65页。
② 林天筹：《乞鉴力役之苦敕部严禁疏》，转引自李文治等《明清时代的农业资本主义萌芽问题》，中国社会科学出版社2007年版，第70页。
③ （清）崔国榜修，钟音鸿等纂：《兴国县志》卷12《武事》，清同治十一年刻本。
④ （清）吴任臣撰：《十国春秋》卷42《南唐一·烈祖本纪》，中华书局1983年版，第183页。
⑤ （宋）欧阳修等撰：《新唐书》卷190《王审邽传》，中华书局1975年版，第5492页。

抚金泽行令安插于此"的广东"拳贼",在"生长日藩,羽翼渐多",并从土著居民那里夺来大量田地之后,"又且潜引万安、龙泉等县避役逃民并百工技艺游食之人,杂处于内"①。很显然,这些"潜引"(暗中招纳)的避役之人,自然是没有获得上犹县的户籍。相同的事例在嘉靖初年的广东惠潮二府等地方也大量出现,由于该地产矿,所以"各处射利之徒广置炉冶,通计三四十处,每冶招引各省流民、逃军、逃囚,多则四五百人,少则二三百人不等"②。这些由"射利之徒"所招徕的矿冶工人,自然也被排斥在当地户籍之外。康熙间,赣州府龙南县"按籍丁口有三千八十有奇,不丁不籍者,奚啻十蓰!"③ 这些"不丁不籍"之人,显然也没有包括在龙南的"按籍丁口"之内。实际上,这些"不丁不籍"的人并不是真的没有户籍,他们的户口身份大多还保留在原籍地,他们之所以被称为"无籍",是因为他们没有寓居之地的户籍。这种情况,在《定南县改厅部文》中说得很明白:"(定南)幅员纵横二百余里,复岭重岗,实属山多田少,俗悍民刁,兼之广东无籍穷民来此垦种,异籍环处,日渐繁剧……"④ 部文中既把广东流民说成是"无籍",又说他们是"异籍",就把上述户籍问题阐述得十分清楚。笔者认为,把这种人称为"脱籍之人"或许更为准确,即他们虽有户籍,但却又脱离了相应的户籍控制。

大量脱籍人口的存在,对赣闽粤边区造成严重的社会问题。在我国封建社会里,国家赋役制度与户口有着密切关系,所以对户籍管理十分严格,在籍之人不得随意流动。"脱籍之人"的大量存在,使原籍所在地的政府无法完成额定的税收任务,而迁居所在地的政府也无法向他们征收赋税,所以"脱籍"也就意味着逃脱了国家赋役。更为严重的是,随着"脱籍之人"的大量涌入,不仅不能使迁居所在地的政府获得相应的赋役收入,而且因为他们与当地人之间频频发生矛盾和冲突,还给迁居地政府带来管理上的极大麻烦。在流入赣闽粤边区的移民中,有一部

---

① (明)王守仁:《立崇义县治疏》,载(明)王守仁撰《王阳明全集》卷10《别录二·奏疏二》,吴光等编校,上海古籍出版社1992版,第350—351页。

② (明)姚镆:《禁兴炉冶》,载(明)姚镆《东泉文集》卷8《督抚事宜》,《中国古代地方法律文献》甲编第2册,世界图书出版公司2006年版,第261—356页。

③ (清)阎士杰修、王之骥纂:《龙南县志》卷4《食货》,清康熙四十八年刻本。

④ (清)海成:《定南县改厅部文》,载(清)魏瀛修,钟音鸿纂《赣州府志》卷70《艺文志》,清同治十二年刊本。

分人挈家携口，从此在这里定居，并最后还是获得了当地户籍，这些人一般都能安守本分。而另一部分则是不在寓居地长期定居，而是在原居地与寓居地之间往返，具有很大的流动性，因此方志中往往把他们称为"流移之人"。这部分的数量也不少。如，"韶惠等处系无主官山，产生铁矿，先年皆被本土射利奸民号山主矿主名色，招引福建上杭等县无籍流徙，每年于秋收之际，越境前来，分布各处山峒，创寮住扎"①。赣州府安远县，"闽粤之人，杂处其中，土著者七，流移者三"②。因为这些人流移不定，所受管束少，所以给当地治安带来很大问题。如据文献所载，赣州、南安两府"有田者非土著之民，力役者半寄籍之户。缓则谓非亲管，或相抗拒；急则逃去原籍，追摄不前"③。"福建武平、上杭、清流、永定，江西安远、龙南，广东程乡，皆流移错杂，习斗争，易乱。"④ 梅州大浦县因产铁矿，有人在此煽炉炼铁，"闻每日所用俱以千余人计，而来佣工此地者，多远方亡命之徒，踪迹不可稽查。……以故其附近地方，屡被流贼伙劫，且甚至数十众白日持刀入人家，或掳辱或宰杀，衣服牛只扫卷一空"⑤。

总之，从唐朝中期以来直至明清时期，赣闽粤边区的人口流动都是十分频繁的。既有北方汉人、南方少数民族的大量迁入，又有赣闽粤边区内部的人口流动。这些人口迁移对于加速赣闽粤边区的开发，促进赣闽粤边区的文化整合，推动客家族群的产生和壮大，都起到了积极的作用。但是，这些人口迁移也使赣闽粤边区出现了大量脱籍人口，给该地区带来了严重的安全隐患，宋元以来赣闽粤边区屡所爆发的社会动乱，在很大程度上都与这些迁移人口有关。

二　宋至明清时期赣闽粤边区的社会动乱

赣闽粤边区因为山高林深，道路崎岖，瘴雾严重，所以隋唐以前一直没有得到充分的开发。五代以降，随着大量人口不断往这里迁徙，原本人迹及罕至的赣闽粤边区却变得人口大增，尤其是这些人口大多是"无籍

---

① （明）戴璟：《广东通志初稿》卷30《铁冶》，明嘉靖十四年刻本。
② （清）于作霖修，欧阳时纂：《安远县志》卷1《舆地志》，清康熙二十三年刻本。
③ （明）陆稳：《边方灾患恳免加派钱粮以安人心疏免南赣加派》，载（明）陈子龙等《明经世文编》卷314《陆北川奏疏》，中华书局1962年版，第四册，第3322页。
④ （清）张廷玉等：《明史》卷187《洪钟传》，中华书局1974年版，第4957页。
⑤ （清）宋嗣京：《埔阳志》卷2《政纪》，"平砂村煽炉议"条，清康熙二十五年刻本。

之民"，不受地方政府的管束，他们在这里占山垦荒，开矿种靛，他们内部之间，或他们与原住居民之间，往往因为争夺生产资料或生存空间，极易产生矛盾和冲突，引发社会的动荡不安。

（一）两宋时期

关于北宋时期赣闽粤边区的盗贼情况，王安石的弟弟王安礼在其文集中云："汀闽之俗旧苦多盗。"① 不过，北宋时期赣闽粤边区的"盗"，主要是走私食盐的武装分子。诚如北宋时期的御史中丞邓润甫所指出的那样："闽越山林险阻，连亘数千里，无赖奸民比他路为多，大抵盗贩盐耳。"② 对于这一点，我们还可从北宋英宗时曾任长汀知县黄彦臣时"日有贩盐被捕"③ 的情形推知。当时走私盐贩猖獗的原因和活动情况，《续资治通鉴长编》有具体的阐述：

> 初，江、湖漕盐既杂恶，又官估高，故百姓利食私盐，而并海民以鱼盐为业，用工省而得利厚，由是盗贩者众。又贩者皆不逞无赖，捕之急则起为盗贼。而江、淮间虽衣冠士人，犯于厚利，或以贩盐为事。江西则虔州，地连广南，而福建之汀州，亦与虔接。盐既弗善，汀故不产盐，二州民多盗贩广南盐以射利。每岁秋冬，田事既毕，往往数十百为群，持甲兵、旗鼓，往来虔、汀、漳、潮、循、梅、惠、广八州之地。所至劫人谷帛，掠人妇女，与巡捕吏卒斗格。至杀伤吏卒，则起为盗，依阻险要，捕不能得，或赦其罪招之，岁月浸淫滋多。而虔州官来盐岁才及百斤，朝廷以为患④。

从这些表述中，我们也可看出，当时赣闽粤边区走私食盐的原因主要

---

① （宋）王安礼：《王魏公集》卷2《制敕·前守汀州上杭县尉林璋可著作佐郎制》，四库全书本。
② （元）脱脱等撰：《宋史》卷183《食货下五》，"盐下"条，中华书局1977年版，第4461页。
③ （清）李清馥撰：《闽中理学渊源考》卷13《少师黄叔灿先生彦臣》，徐公喜、管正平、周明华点校，凤凰出版社2011年版，第216页。
④ （宋）李焘：《续资治通鉴长编》卷196，"嘉祐七年二月辛巳"条，中华书局1986年版，第14册，第4739页。

是因为在盐区划分上的不合理以及盐政管理上的混乱所导致的①，因而食盐走私的情况十分严重。不过，在北宋时期，盐贩与稽查官兵之间的冲突多是一些偶发事件，其中除了嘉祐四年（1059年），虔州盐寇戴小八攻害数邑，杀虔化县令之外②，绝大多数的事态发展程度虽出现了"斗格"和"杀伤"，并没有发展到像后来那样公开的、大规模、有组织、直接反对政府官兵的叛乱。官府对这些走私食盐的人，多称之为"盗"，而不像后来南宋时期多以"贼寇"称之，也表明了政府对这些犯罪行为的性质认定，仍然是局限在一般的经济犯罪之内。因此，我们可以确切地说，这些盐贩的抢掠行为和与官府之间的一些冲突，还不能算是完全意义上的农民起义。所以从总体上来说，在整个北宋时期，赣闽粤边区虽然存在严重的食盐走私问题，但它并没有引起剧烈的社会动荡。

到了南宋时期，情况就大不相同了，赣闽粤边区的社会动乱演化得更加剧烈，大规模的社会动乱时有爆发。其爆发频率之高，当时任漳州知州的朱熹就曾感叹："汀、漳盗贼日多，每三四年一次发作。"③ 福建安抚使赵汝愚也在上书称："臣伏见闽中诸郡，惟汀州数多盗贼，十年之间已三弄兵矣。"④

据粗略统计，在南宋时期，被当时统治者称为"贼寇"的地方动乱就多达79次。其中，高宗建炎至绍兴年间、孝宗淳熙年间和宁宗嘉定与理宗绍定年间是动乱最为频繁的几个时段（见表2-1）。

南宋时期赣闽粤边区的社会动乱呈现出人数众多、声势浩大、破坏性强等特点。一些跨州连县、影响范围广大的公开叛乱频频出现。如，"（南宋初年）闽部八郡山贼自建炎后盘踞岩险，剧寇管天下、伍黑龙、

---

① 关于宋代汀赣两州食盐走私严重的原因，学者大多归因于宋朝中央政府把本来临近"广盐区"的赣闽粤边区错误地划入"淮盐区"，和食盐在运销过程中的腐败现象，以及北宋的党争及治安原因干预了虔州盐政的改革等原因所导致的。参见郭振忠《宋代盐业经济史》，人民出版社1990年版，第710—883页；漆侠《宋代经济史》上海人民出版社1987年版，第186页；姜锡东《宋代的商人和商业资本》，中华书局2002年版，第197—214页；黄国信《弭"盗"、党争与北宋虔州盐政》，《史林》2006年第3期；罗雄飞《宋代汀、赣诸州私盐问题探析》，《中国社会经济史研究》2005年第3期。
② （清）徐松：《宋会要辑稿》，不分卷，《兵十一·二六》，中华书局1957年版，第177册，第6938页。
③ 朱熹：《晦庵集》卷27《与张定史书》，四库全书本。
④ （宋）赵汝愚：《论汀赣盗贼利害》，载（明）杨士奇等《历代名臣奏议》卷319《弭盗》，四库全书本。

表2-1　　　　　　　南宋时期赣闽粤边区动乱次数统计

在位帝王	高宗		孝宗		光宗	宁宗			理宗		度宗
寇发时间	建炎	绍兴	乾道	淳熙	绍熙	嘉泰	开禧	嘉定	绍定	端平	淳祐
寇发次数	6	40	1	9	1	2	2	6	4	1	1

资料来源：1. 黄志繁：《"贼""民"之间——12—18世纪赣南地域社会》，生活·读书·新知三联书店2004年版，第44—46页；2. 盛长富：《宋元时期闽西地方动乱与社会变迁》，硕士学位论文，南昌大学，2007年，第46—51页；3. 李坚：《宋代赣粤边区地域社会变迁——以动乱为中心的考察》，硕士学位论文，南昌大学，2007年，第40—42页。

卓和尚、何白旗、丘崇、廖七嫂、满山红之属，数十百部，部数千至数十百人，泉、漳、汀、南剑、邵武界咸被其毒，乡民多筑山岩自保，甚则残败县邑，州门昼闭。"① 可见这个时候的"盗贼"人数之众，声势之广。另外，岳飞曾被朝廷派往赣闽粤边区平定动乱，他向高宗上过一道奏札，提到绍兴三年（1133年）虔州寇发的情况："是时，虔州、吉州之境，盗贼群起，吉州则彭友、李动天为之魁，以次首领，号为十大王。虔州则陈颙、罗闲十等各自为首，连兵数十万，置寨五百余所，表里相援，捍拒官军，分路侵寇循、梅、广、惠、英、韶、南雄、南安、建昌、汀、潮、邵武诸郡，纵横往来，凶焰方赫"②。从岳飞在这份奏札的描述中，吉州、虔州的动乱都有首领，连兵数十万，扎有营寨，且又互相呼应，都说明这一时期的动乱再也不是一般的偶发性官民冲突，这些动乱之人也已从一般的"暴民"演变成"贼寇"了。

与北宋时期相比，南宋时期赣闽粤边区的社会动乱除了规模、影响、组织形式和动乱性质等有了很大变化之外，引起动乱的原因和参加动乱的民众身份也变得更加复杂。北宋时期的官民冲突中，引起冲突的原因主要是争夺食盐贸易的丰厚利润，所以民众的一方往往是走私盐贩。而在南宋时期，参加动乱的民众除了这些走私盐贩之外，还有茶农、海盗、溪峒土民，甚至州军士卒等。如，绍兴三年（1133年）"海寇黎盛犯循、惠等州"③。嘉定十一年，"南安军峒民谢宝崇、曾志作乱南安军、赣州、南雄

---

① （宋）薛季宣：《浪语集》卷33《论国服札子遗编》，文渊阁四库全书本。
② （宋）岳珂：《金佗粹编》卷5《行实编年》，文渊阁四库全书本。
③ （清）郝玉麟：《广东通志》卷6《编年》，清雍正九年刻本。

州"①，这些身份复杂的群体加入或发动叛乱，不仅使动乱的原因变得更加复杂，而且也进一步使赣闽粤边区的社会局面变得更加动荡不安。

由此可见，唐末至两宋时期赣闽粤边区确实是一个"寇乱"频发的时期。造成这一局面的原因，固然与政府在这里施行不当的税收政策等因素有关系。但从更宽广的视野来看，则与这一时期赣闽粤边区接纳了大量北方移民的事实相关。正因为大量外来移民的涌入，才使这里得到进一步开发，国家才开始对这里实行严格的行政管理，从而激起这里的强烈反弹，导致这里出现极大的社会动荡，盗贼蜂起。

（二）元朝时期的动乱

元朝时期赣闽粤边区的社会动乱特点十分鲜明：一是发生动乱的时间阶段很清晰，绝大部分动乱都是发生在元初忽必烈至元年间（1264—1294年）和元末顺帝至正年间（1341—1368年）。二是动乱的规模、持续时间和剧烈程度也比以前更为浩大长远。

在元朝初期，从至元十三年到至元二十七年（1276—1290年）这短短的14年间，赣闽粤边区的兵火从未间断。期间主要的动乱有至元十五年（1278年）闽北黄华之变、至元十六年（1279年）漳州陈吊眼之变、至元二十四年（1287年）广东董贤举之变、至元二十五年（1288年）汀州钟明亮之变等大规模的武装反叛，此外，各地还有其他规模不等、持续时间不一的反乱。如，元朝时曾为延平路儒学教授的刘埙在谈及钟明亮的叛乱时曾提道："明亮、邱元之外，赣、吉有谢主簿、刘六十，乐安有卢大老，南丰有雷艾江之徒，乘时响应，俱烦省官亲提重兵随处逐捕。"②

需要指出的是，元初赣闽粤边区剧烈的社会动荡，除了与当时的移民运动导致人口激增所引起的骚乱之外，还与文天祥、张世杰等南宋遗臣的抗元活动有很大关系。文天祥是在南宋将近灭亡的德祐（1275年）初期而勤王的。他接到勤王诏书后，"使陈继周发郡中豪杰，并结溪峒蛮，使方兴召吉州兵。诸豪杰皆应，有众万人"③。他的勤王活动主要集中在吉州、赣州、汀州、漳州、梅州等赣闽粤边区的这一交界区域。张世杰所统帅的淮军，一直是保护南宋遗臣们所拥立的赵昰、赵昺两位末帝的主力部队，从定海到温州，到福州，再到泉州、漳州、潮州，还曾进攻过雷州，

---

① （宋）刘克庄：《后村先生大全集》卷159《宋经略墓志铭》。
② （元）刘埙：《水云村泯稿》卷13《汀寇钟明亮事略》，清道光十八年刻本。
③ （元）脱脱等撰：《宋史》卷418《文天祥传》，中华书局1977年版，第12533页。

最后在厓山与元军作殊死战。其活动的区域，主要在江浙闽粤沿海一带，对闽西和粤东两块客家地区的影响也十分深远。①

　　文天祥和张世杰的抗元活动，不仅得到赣闽粤边区"郡中豪杰"的大力支持，而且还得到了溪峒畲蛮等土著民族的热烈响应。如据至元十五年五月乙酉行中书省向元世祖忽必烈汇报剿杀文天祥的一份奏章中就提道，"近讨邵武、建昌、吉抚等岩洞山寨，获聂大老、戴巽子，余党皆下"②。这些据守岩洞山寨的峒蛮武装，就是响应文天祥的勤王号召而起兵的。张世杰在元兵作战中，也得到了"诸洞畲军"的大力帮助，如"张世杰围泉州，将淮军及陈吊眼、许夫人诸洞畲军，兵威稍振"③。这些溪峒畲蛮参与起义，对于赣闽粤边区的族群融合，有着极其重要的意义。

　　经过元初的大动荡之后，赣闽粤边区获得了一段较长时期的平静生活，其间除了延祐二年（1315年）起发，持续时间不到一年的宁都蔡五九叛乱之外，几乎没有再发生其他动乱。但从顺帝至元年间（1335—1340年），赣闽粤边区风云再起，战乱不断。最先起来发难的是（后）至元三年（1337年）漳州的黄二使及其党李至甫，战事"历四载，经百余战"，"兵老民疲"。④ 此后，赣闽粤边区重又陷入动荡之中。

　　我们以闽西地区的汀州为例，至正四年（1344年），"汀州寇窃发，朵儿只调遣将士招捕之。威信所及，数月即平"⑤。至正六年（1346年）五月，"汀州民罗天麟反，讨杀之"。"至正八年（1348年）三月，以福建盗起，诏汀、漳二州特立分元帅府以讨捕之。"⑥ "至正十二年（1352年），盗起海上，势且及汀。"⑦ 至正十八年（1358年），"陈友亮陷汀州路"⑧。"至正二十二年（1362年），土贼曹柳顺据曹坊（注：曹坊在汀州宁化县境内），拥众万人，蚕食诸县。"⑨ 由此可见，从至正四年到至正二

---

① （元）脱脱等撰：《宋史》卷47《瀛国公》，中华书局1977年版，第921页。
② （明）宋濂等撰：《元史》卷10《世祖纪七》，中华书局1976年版，第197页。
③ 《宋季三朝政要笺证》卷6《广王本末》，王瑞来笺证，中华书局2010年版，第480页。
④ （元）郑经岩：《南胜伯赠侯爵赐谥忠洁陈公墓铭》，载（清）沈定均续修，吴联薰增纂《漳州府志》卷46《艺文》，清光绪四年刻本。此事亦载于（明）宋濂等撰《元史》卷39《顺帝纪二》，中华书局1976年版，第833页。
⑤ （明）宋濂等撰：《元史》卷139《朵儿只》，中华书局1976年版，第3353页。
⑥ （明）宋濂等撰：《元史》卷92《百官八》，中华书局1976年版，第2327页。
⑦ （清）陈朝羲修，许春晖纂：《长汀县志》卷15《武功》，清乾隆四十七年刻本。
⑧ （明）宋濂等撰：《元史》卷45《顺帝纪八》，中华书局1976年版，第935页。
⑨ （清）李世熊：《宁化县志》卷7《寇变志》，福建人民出版社1989年版，第439页。

十二年，汀州人们几乎没有度过一天安宁的日子。

从总体上来看，与宋代的动乱相比较，赣闽粤边区在元朝时候爆发的动乱其声势规模和对当地造成的影响都要更加剧烈。当时有些暴乱的人数十分庞大，"一呼数万众"，动辄"数万"、"数十万"；持续时间长，少则数年，多则十余年；暴乱所涉及的范围也很广，"跨州连县"、"剽窃江广"。比如，"漳州陈吊眼聚党数万，劫掠汀、漳诸路"，时间先后持续十年，方被平定。① 至元十五年（1278 年），"建宁政和县人黄华，集盐夫，联络建宁、括苍及畲民妇自称许夫人为乱"②，后被元将降服，但于至元二十年（1283 年）复叛，"众几十万，号头陀军。"直至至元二十六年（1287 年），其余党方皆伏诛③，时间前后长达 12 年。至元二十五年（1288 年），"畲寇钟明亮起临汀，拥众十万，声摇数郡，江、闽、广交病焉"，时间至少持续四年。④

前有寇扰，后继兵剿，这种长期"兵寇兼至"的动荡局势，使赣闽粤边区遭受到空前的劫难，使得大量人口逃亡，田地荒芜。如，赣州石城县的胡廉在回忆至元年间广东暴民剽掠赣南的情境时说："（暴民）俘掠杀戮自若，群不逞相挺而起，环二三百里罹其凶害，惶惶奔窜。……寇息始复故里，满目蓁莱，死者过半，田无人耕。"⑤ 至元二十六年，时任福建闽海道提刑按察使的王恽在给中央朝廷的奏章中也谈到黄华叛乱所带来的严重后果："福建归附之民户几百万，黄华一变，十去四五。"⑥ 宋末元初的著名文学家谢枋得在文章中也提到黄华之乱对政和县的巨大影响："至元癸未（笔者注：即至元二十年）十月，政和民不靖（笔者注：即黄华叛乱），流毒千里，平民无辜而死者几万人。"⑦

笔者从相关文献收集了一些资料，对宋末元初时期福建西部、北部若干州府的人口数量变动作了简单的统计（参见表 2-2），以期从一个侧面来直观反映发生在这一时期的社会动乱对整个赣闽粤边区的人口所造成的影响。

---

① （明）宋濂等撰：《元史》卷 131《完者都传》，中华书局 1976 年版，第 3192 页。
② （明）宋濂等撰：《元史》卷 7《世祖本纪七》，中华书局 1976 年版，第 127 页。
③ （明）宋濂等撰：《元史》卷 15《世祖纪十二》，中华书局 1976 年版，第 307 页。
④ （元）刘埙：《水云村泯稿》卷 2《参政陇西公平寇碑》，清道光十八年刻本。
⑤ （元）吴澄：《吴文正集》卷 69《石城胡际叔妻徐氏墓表》，四库全书本。
⑥ （明）宋濂等撰：《元史》卷 167《王恽传》，中华书局 1976 年版，第 3932 页。
⑦ （宋）谢枋得：《叠山集》卷六《送史县尹朝京序》，四部丛刊本。

表2-2　　　　　　　宋末元初闽西地区人口流失统计

项目	邵武	汀州	建宁	南剑州	漳州
宋末人口	212951	223432	197137	157089	112014
元初人口	64127	41423	127254	89825	21695
净减人口	148824	182009	69883	67264	90319
减少比例	70%	81%	35%	43%	81%

资料来源：1. 元初闽西各府人口数据均来自《元史·地理志》。2. 宋末邵武、建宁人口资料来自《八闽通志》卷20《食货·户口》；汀州人口数据来自《宋史·地理志》；南剑州数据来自乾隆《延平府志》卷14《户役》；漳州数据来自光绪《漳州府志》卷14《赋役上》引《淳祐漳郡志》。

（三）明清时期

明代至清朝初期（顺治至康熙年间）是赣闽粤边区地域发展史上十分重要的历史阶段。由于经过宋元时期的开发，赣闽粤边区的社会经济有了很大进步。然而，由于大量外来人口的迁入，尤其是受全国政治形势的影响，赣闽粤边区在明清时期也发生了很多动乱。笔者选取《赣州府志》、《南安府志》、《宁都直隶州志》、《汀州府志》、《龙岩州志》、《嘉应州志》等文献资料进行了简单的统计，得出了赣闽粤边区在明代至清朝康熙时期内不同时间段所发生的动乱次数（见表2-3），需要说明的是，由于不同文献的作者对动乱的认识有所不同，他们在文献中对动乱的选择及记录的方式也存在差异，这些给统计工作带来很大不便，表中数据不一定能够完全准确地反映当时动乱的真实情况，但它至少还是能够反映该区域的社会动乱在这一时期不同阶段动态发展的基本情况。

从表2-3中，我们可以看出，在洪武（1368—1398年）至康熙（1662—1722年）的355年时间里，赣闽粤边区几乎从来没有停息过动乱，我们大体可以把这一长时期内的社会动乱分为洪武至弘治时期、正德嘉靖时期和明末清初三个时期。

表2-3　　　　　　　明至清前期赣闽粤边区社会动乱次数　　　　　（单位：次）

区域 时间	赣南地区 赣州府	赣南地区 南安府	赣南地区 宁都州	闽西地区 汀州府	闽西地区 龙岩州	粤东北地区 嘉应州	合计
洪武	4					2	6
建文							0
永乐							0
洪熙							0
宣德	2						2
正统	3			1	1	1	6
景泰		1					1
天顺	2			1		2	5
成化	6			2		1	9
弘治	3		1	1	1	3	9
正德	16			3		5	24
嘉靖	18	1		8	10	17	54
隆庆	1					3	4
万历	4					5	9
泰昌							0
天启	2					3	5
崇祯	8	1		2	3	5	19
顺治	19	10	15	5	17	17	83
康熙	11	8	5		4	4	33
乾隆		1					1
合计	99	22	21	24	36	68	270
资料来源	①	②	③	④	⑤	⑥	

1. 资料来源：①同治《赣州府志》卷32《武事志》；②同治《南安府志》卷29《事考》、光绪《南安府志补正》卷10《武事志》；③道光《宁都直隶州志》卷14《武事志》；④乾隆《汀州府志》卷45《杂志·兵戎》；⑤道光《龙岩州志》卷20《杂记·寇乱》；⑥乾隆《嘉应州志》卷8《杂记部·寇变》及卷9《兴宁县·寇盗》、卷10《长乐县·寇变》、卷11《平远县·攘寇》、卷11《镇平县·寇变》。

2. 制表说明：

(1) 我们对于王朝更替之际不同政权交战的次数不计算在内。例如，顺治二年，"清兵入赣，南明杨廷麟、万元吉等展开抵抗，至明年赣州、南安先后陷于清军"①。

(2) 各州府方志同时记载相同动乱事件，计算时只算作一次。例如，《赣州府志》、《宁都直隶州》皆记载了正统十三年、十四年闽西沙寇侵掠石城、瑞金之事，故仅算作一次。

(3) 乾隆十九年之前，宁都直隶州尚未从赣州府分立出来，但为了使资料来源明确，故将计算结果放置在该州栏内。

---

① (清)魏瀛修，钟音鸿纂：《赣州府志》卷32《武事》，清同治十二年刊本。

1. 洪武至弘治时期

这一时期从总体上看，还是属于相对安定的时期。洪武年间，由于明太祖十分重视农业生产，屡屡颁诏奖励农耕，使社会矛盾得到缓和，所以动乱较少。期间虽在赣南上犹、安远和程乡发生了 7 起动乱，但几乎都是在爆发之后不久就被扑灭了，影响并不大。在洪武之后，明太祖的重农安民政策继续得到了比较好的贯彻，所以在建文至洪熙年间几乎没有发生过动乱。

但到正统年间，赣南、闽西和粤东北都发生了动乱，其中赣州府 3 次、汀州府 1 次、龙岩州 1 次、嘉应州 1 次。尽管这些动乱次数或许并不准确，但却反映了这一时期则是相对动荡的时期。正统年间赣闽粤边区的动乱在很大程度主要是由闽北沙县的邓茂七起义所诱发的。如"（正统）十三年，福建沙县贼邓茂七，自称闽王。……十一月，茂七党陈椿八率众数千入境"①。"正统十四年，沙、尤寇邓茂七作乱，遣贼党陈正景围汀州。"② "正统十四年，上杭贼范大满乘邓茂七声势，掠石窟、松源等都。"③ 但其深层的原因，应该还与土地日益集中和赋役、地租日益苛重、吏治腐败、矿业政策失当、流民问题严重等诸多问题相关。④ 这些起义虽然不久就被扑灭了，但根源问题不仅没有得到解决，甚至还越来越严重，所以动乱也越来越频繁。为了更好地处理这一地区动荡不安的局势，弘治八年（1495 年），镇守江西太监邓原奏称南安、赣州二府，界于湘、粤、闽之间，常有农民起义，必须增设巡抚一员，以赣州为治所，兼辖南安、建昌二府（江西布政使司所辖），及广东之潮州、惠州，福建之汀州，湖广之郴州等处。明政府采纳此项建议，成立了南赣巡抚这一个机构。⑤

2. 正德至嘉靖时期

正统年间的动乱平息之后，直到正德嘉靖时期，赣闽粤边区获得一段

---

① （清）魏瀛修，钟音鸿纂：《赣州府志》卷 32《武事》，清同治十二年刊本。
② （清）曾日瑛修，李绂纂：《汀州府志》卷 45《杂志》，"兵戎"条，清乾隆十七年刻本。
③ （清）王之正：《嘉应州志》卷 8《杂记部》，"寇变"条，清乾隆十五年刻本。
④ 关于邓茂七、叶宗留起义的相关研究，参见朱维幹《福建史稿》，福建教育出版社 2008 年版，下册，第 113—153 页；汪征鲁《福建史纲》，福建人民出版社 2003 年版，第 166—167 页；徐晓望《福建通史》第四卷（明清），福建人民出版社 2006 年版，第 58—88 页；于贵信《关于叶宗留、邓茂七起义的几个问题》，《史学集刊》1956 年第 1 期；郑先进《明中期叶宗留、邓茂七领导的矿工和农民起义》，《历史教学》1981 年第 7 期。
⑤ 《明实录明孝宗实录》卷 13，"弘治八年四月辛巳"条，中华书局 1977 年版。

相对安宁的生活。这在方志中也有所反映。连城自"沙寇荡平之后,枹鼓久宁,邑无大警"①。然自明朝中期以来,由于上述社会问题更加严重,所以动乱也更加频繁,到了正德(1506—1521年)和嘉靖(1522—1566年)年间,动乱更加剧烈。正如文献所云:"自洪武十八年广贼周三官、谢仕真入寇以来,干戈相寻,迄无宁日,而正、嘉之间尤甚。"② 在动乱蜂起中,大帽山、横水桶冈、浰水三个地方成为寇乱最频繁的地方。

大帽山又称大望山,地跨江西安远、广东兴宁、福建连城等县,这里崇山峻岭,地势险要,素有"贼巢"之称。据文献记载,从弘治末年到正德年间,这里寇乱迭起,曾发生过彭锦(弘治十六年)③、何积钦(正德三年)④、张番坛(正德五年)⑤、钟仕锦(正德六年)⑥、林满山(正德十年)⑦、詹师富(正德十一年)⑧ 等为"贼首"的一系列动乱。位于赣南西部大庾、南康、上犹三县交界的横水、左溪、桶冈等地,也是当时的"贼窟"。大概在与大帽山发生动乱的同一时期,谢志珊、蓝天凤、薛文高等人领导横水、左溪、桶冈等地民众也纷纷起来作乱。这次动乱长达10余年,据时人所云:"弘治以来,势益猖獗,峒野外公然夺民田庐耕种,攻劫掳掠,侵犯(上)犹、(大)庾,几陷南康,官民能奠枕哉?!"⑨ "浰头"大体位于现今广东河源市境内的连平、和平一带。这里的寇乱由当地"贼首"池仲容等人发动。关于"浰头贼"的活动情况,《龙南县志》云:"龙川上、中、下三浰等巢共三十八寨,大贼首池仲容、仲安、仲宁、谢振禄等三十余人,盘踞一方,密迩邑境,不时流劫,屡经狼兵夹攻,芟除不尽。"⑩ 与横水、大帽山的寇乱相比,浰头的寇乱使时

---

① (明)马森:《汀郡节推刘侯生祠记》,载(清)曾日瑛修,李绂纂《汀州府志》卷40《艺文二》,清乾隆十七年刻本。
② (清)祝天寿修,张映云纂:《定南县志》卷1《纪事》,清顺治十四年刻本。
③ (明)商文昭修,卢洪夏纂:《重修南安府志》卷10《建置志》,明万历三十七年刻本。
④ (清)魏瀛修,钟音鸿纂:《赣州府志》卷32《武事》,清同治十二年刊本。
⑤ 《明实录明武宗实录》卷79,"正德六年九月己巳"条,中华书局1977年版。
⑥ (清)魏瀛修,钟音鸿纂:《赣州府志》卷32《武事》,清同治十二年刊本。
⑦ 梅州市地方志编纂委员会:《梅州市志》上册《大事记·明》,广东人民出版社1999年版。
⑧ (清)张廷玉等:《明史》卷195《王守仁传》,中华书局1974年版,第5159页。
⑨ (明)王廷耀修,郑乔纂:《崇义县志》,嘉靖三十二年刊本,不分卷,《中国方志丛书》华中850,第53—54页。
⑩ (清)阎士杰、蒋国桢修,王之骥等纂:《龙南县志》卷11《纪事志》,清康熙四十八年刻本。

为赣南巡抚的王守仁更为头疼："顾浰贼皆长恶怙终，期间胁从者无几，朝撤兵而暮聚党，若是者亦屡屡矣。诛之则不可胜诛，又恐以其患遗诸后人。"费尽心思，经过几番周折，才将三浰动乱平定下去。

正德间所爆发的大帽山、横水桶冈、浰水等地的动乱，最终都由时任南赣巡抚的王阳明所镇压，使该区域获得了较长一段时期相对安宁的和平局面。然而，由于明朝中后期以来，导致社会动乱的土地兼并、吏治腐败等问题不仅没有得到解决，甚至还有愈演愈烈的趋势，所以赣闽粤边区这种宁静的局面也只是暂时的现象，一有风吹草动，这些潜藏的社会问题又会引发出新的动乱。嘉靖年间东南沿海剧烈的倭寇之乱①，就是引发赣闽粤边区重新动荡不安的重要因素。嘉靖时期，在闽粤之间，倭寇、海盗、山贼交相而起，海盗与倭寇相勾结，而山贼又与海盗相呼应。"彼倭寇之从海上来也，实海寇为之接引也。其屯聚而里掠也，山寇实为向导之。"②倭寇、海盗、山贼三者相互狼狈为奸，成为闽粤边区动荡不安的重要因素。关于嘉靖时期赣闽粤边区爆发的动乱与倭寇的关系，文献中也有明确反映。如方志所云："嘉靖间，倭寇猖獗，闽、广、江右诸山贼遂乘势而起。南赣潮惠间，如班竹楼、大帽山、连子山、上杭之三塗，武平之岩前、象湖，连城之朗村，皆盗窟也。四出剽掠，长史莫能制。"③在东南沿海倭寇之乱的这种背景下，赣闽粤边区的贼寇之乱再次高涨。

赣闽粤边区发生在嘉靖年间的动乱高潮，在南赣巡抚这一机构的协调下，经过三省的通力合剿和抚治下，到隆庆年间（1567—1572年），基本就被平息下去了，赣闽粤边区又获得近半个世纪相对安宁的时期。关于正德至嘉靖这段时间的动乱，天启元年（1621年）《赣州府志》有如下描述："赣当

---

① 从明太祖时期起，倭寇之患一直是明朝政府感到十分头疼的问题，为此明初政府实行了禁止民船下海贸易、把沿海居民内迁、加强海防等措施，由于明朝前期国力强大，海防严紧，所以倭寇问题尚未成为严重问题。但到了明世宗时期，由于实行更加严格的"罢市舶"等海禁政策，加上当时严嵩专权，政治昏暗，海防弛废，卫所空虚，使东南沿海的倭寇之乱急速严重起来，成为危及明代东南安全的重大问题。参见陈鸣钟《嘉靖时期东南沿海的倭寇》，《史学月刊》1955年第2期；陈学文《论嘉靖时的倭寇问题》，《文史哲》1983年第5期；[日]田中健夫《倭寇——海上历史》，杨翰球译，武汉大学出版社1987年版；樊树志《"倭寇"新论——以"嘉靖大倭寇"为中心》，《复旦学报》（社会科学版）2000年第1期；范中义，仝晰纲《明代倭寇史略》，中华书局2004年版。

② （明）林大椿：《林井丹先生集》卷8《论海寇必诛状》，民国二十四年潮阳郭氏双百鹿斋校刊本。

③ （清）黄永纶、杨锡龄：《宁都直隶州志》卷14《武事志》，清道光四年刻本。

五岭要会，……为广寇出没之区。弘治正德之间，跳梁极矣，虽尝一遭大创，而余尽（烬）犹炽发于嘉靖之末年，至隆庆间，则根诛尽铲，巢垒为空，县治开而疆圉靖。异时救死扶伤之民，休养生聚，于今四十余年矣。"①

3. 明末清初时期

赣闽粤边区经过正德—嘉靖间的大乱之后，虽获得了几十年相对安宁的局面，然而这种安宁的状况随着明末农民大起义的开展，该地区重又进入动荡不安的多事之秋。诚如康熙年间《雩都县志》在谈及本邑户口增减时所指的那样："自万历至崇祯四朝之内，时稍承平。户口比昔未尝大损。及明末，值广寇阎贼之变，杀掳无算，户口凋残不能如昔。"② 明末清初时期的动乱主要与以下三方面的因素有关：

一是政权更替所造成的地域性震荡。明朝末年，以李自成、张献忠为领袖的两支起义大军，掀起了全国性的斗争高潮。在这种改朝换代的历史背景下，赣闽粤边区也又一次进入动荡不安的动乱局面。在闽西地区，从崇祯元年到顺治初年，发生了苏阿婆、阎罗总、永宁王妃彭氏、黄通、邹华等所领导的寇乱。③ 赣南地区在崇祯—顺治年间，爆发了石城吴万乾、定南余万吉、瑞金何志源、龙南刘耀中、雩都曾斌、宁都彭贺伯以及流寇张庚子、丫婆总、谢志良等人聚众造反。④ 在粤东北地区，也有苏峻、龚义、钟岳、钟凌秀、陈万、黄历元、涂武子等发动的寇乱。⑤

二是康熙年间的"三藩之乱"。康熙时期发生的"三藩之乱"也对赣闽粤边区产生了很大影响。"三藩之乱"是在清朝康熙十二年至康熙二十年之间由平西王吴三桂、平南王尚可喜、靖南王耿精忠三个藩镇王发起的叛乱事件。"三藩之乱"的战争主要在南方，而赣闽粤边区又毗邻耿精忠、尚之信的老巢，所以遭受的祸害尤为严重。更为严重的是，"三藩之乱"的混乱局势又使平时潜藏的社会矛盾空前激化，引发了更为严重的

---

① （明）余文龙修，谢诏纂：《赣州府志》卷12《兵防志》，明天启二年刻本。
② （清）卢振先修，管奏□等纂：《雩都县志》卷4《食货志》，"户口"条，清康熙四十七年刻本。
③ （清）曾日瑛修，李绂纂：《汀州府志》卷45《杂记》，"兵戎"条，清乾隆十七年刻本。
④ 参见（清）魏瀛修，钟音鸿纂《赣州府志》卷32《武事》，清同治十二年刊本；（清）黄鸣珂修，石景芬等纂《南安府志》，卷29《事考》，清同治七年刊本；（清）杨锡《南安府志补正》卷10《武事志》，清光绪元年刊本。（清）黄永纶、杨锡龄《宁都直隶州志》卷14《武事志》，清道光四年刻本。
⑤ （清）王之正：《嘉应州志》卷8《杂记部》，"寇变"条，清乾隆十五年刻本。

地方寇乱。如，宁化县，"甲寅春，闽藩叛变，盗贼蜂起。宁邑长关之余孽，轰然攻邑城"①。石城县，"康熙十三年，耿精忠党吴八十屯石城蓝田作乱。五月，举众围石城三日，解去；阳都（即宁都）曾若千与耿逆通，自署总兵，率众寇石城，屯长江。时石城四处皆贼"②。

三是抗佃斗争抗租风潮。明末清初时期，由于人地矛盾尖锐和沉重的超额地租等原因③，赣闽粤边区普遍爆发了抗佃风潮。如，在闽西地区，据刘永华博士统计，从顺治三年至乾隆十一年（1646—1746年）一百年时间里，闽西佃农进行了9次以上较大规模的抗租运动，席卷连城、上杭、武平、永定诸县④。在赣南地区，从顺治二年至康熙五十二年间，也发生了以下一系列武装抗租活动。（参见表2-4）

上述明末清初时期由政权更替、"三藩之乱"和抗租抗佃造成的寇乱、民变，给赣闽粤边区带来了巨大的灾难。如明末粤寇闯王总攻破汀州古城镇后："杀戮千人，或聚婴儿巨瓮中，注以沸汤，伺其宛转糜烂；驱童子数十，闭岑楼中，纵火焚之，观其跳踯烟焰中，以为笑乐；孕妇则剖腹中儿，射男、女中否，母子蠕动，逾时乃毙。他惨酷类此。"⑤ 康熙初年宁都遭受"田兵"后："敝邑田贼之害，非自今日，鼎革初年始之。踞租旅，拒田主，驯至称兵。郊陛西城外，万瓦经其焚虐，悉成丘墟。"⑥

---

① （清）祝文郁修，李世熊纂：《宁化县志》卷7《寇变志》，清康熙二十三年刻本。
② （清）黄永纶、杨锡龄：《宁都直隶州志》卷14《武事志》，清道光四年刻本。
③ 傅衣凌先生从阶级斗争的角度，认为明末清初闽赣毗邻地区抗租风潮的爆发，主要是因为地主和佃农的阶级矛盾到了不可调和的地步；刘永华博士集中研究了17—18世纪的闽西抗佃风潮，认为该地区的抗佃原因，主要是由于"不在地主"（居住在县城而非乡村的地主）的出现，激化了主佃矛盾，佃农起来斗争并不是抗租，而是反对田主在正常地租之外收取的额外贡献和服务；黄志繁和饶伟新博士则主要是以赣南为研究对象，认为清初赣南的抗佃风潮的出现，主要是因为明清时期大量流民迁入，人口压力过大，粮食供给紧张，以及赣南特定的山多田少的地理生态环境和贫弱的乡村经济等因素，导致主佃关系紧张，佃农起来斗争主要是为了争取"永佃权"。参见傅衣凌《明末清初闽赣毗邻地区的社会经济与佃农抗租风潮》，《明清社会经济史论文集》，人民出版社1982年版，第338—380页；饶伟新《生态、族群与阶级》，博士学位论文，厦门大学，2002年；刘永华《17至18世纪闽西佃农的抗租——农村社会与乡民文化》，《中国经济史研究》1998年第3期；黄志繁《地域社会变革与租佃关系——以16—18世纪赣南山区为中心》，《中国社会科学》2003年第6期。
④ 刘永华：《17至18世纪闽西佃农的抗租——农村社会与乡民文化》，《中国经济史研究》1998年第3期。
⑤ （清）李世熊：《古城阵亡士卒碑》，载（清）曾日瑛修，李绂纂《汀州府志》卷42《艺文》，"碑"条，清乾隆十七年刻本。
⑥ （清）魏礼：《魏季子文集》卷9《报当事》，载（清）林时益编《宁都三魏文集》，清道光二十五年易堂本。

表2-4　　　　　　　清初赣南地区抗佃斗争统计

时间	地点	发起人	资料来源
顺治二年	石城县	吴万乾	乾隆《石城县志》卷7《兵寇》
顺治三年	瑞金县	何志源、沈士昌	道光《宁都直隶州志》卷14《武事》
康熙九年	石城县	吴八十、陈长生	乾隆《石城县志》卷7《兵寇》
康熙二十七年	宁都县	李矮、李满、王焕英	道光《宁都直隶州志》卷14《武事志》
康熙四十二年	瑞金县	彭谦六、黄淑行	光绪《瑞金县志》卷16《谕附》
康熙五十二年	雩都县	邱兰秀、陈万余	同治《赣州府志》卷32《武事》
康熙五十二年	雩都县	马天祥	同治《会昌县志》卷14《武事》
康熙五十二年	兴国县	李鼎二	中国人民大学清史研究所编：《康雍乾时期城乡人民反抗斗争资料》（上册），中华书局1979年版，第82页

第二节　官方对赣闽粤边区社会动乱的军事应对措施

由于赣闽粤边区地处江南腹地，并且又坐落在大运河——赣江—大庾岭的南北交通大动脉上，具有极其重要的战略地位，因此，面对赣闽粤边区风起云涌的社会动乱，中央政府采取了积极主动的军事应对措施，以预防、消弭这里的社会动乱。

一　加强军事防御

宋元以来不断爆发的区域动乱，使赣闽粤边区遭受强烈的冲击和严重的破坏。面对时常爆发的寇乱，地方政府采取了积极的防御措施，或增设军寨、营堡、巡检司等以加强巡逻瞭望，或筑城挖壕，修筑坚固的军事工程以提高防御，或对军事力量进行重新部署以提高其防御效率，等等，以维护正常的地方秩序。

（一）增设军寨、卫所，加强关隘防守

为了对付"时作时止"、"啸聚往来"的寇乱，在盗寇出没的"贼巢"附近或往来必由之路设立军寨、关隘等防守据点，是一种十分常用且行之有效的防御手段。例如南宋时曾任赣南雩都尉的陈元晋为了对付南安府的溪峒之乱，特向朝廷打报告提出要在南安增加军寨：

某照得南安林峒自嘉定间罗孟二、李元砺等作过，以至年来时作时止，狼子野心委是难以保信……近者傅元一之警，骤集三四千人，几致惊扰，亟责县官招诱傅元一出官，且一面调兵前去南安县措置招捕其贼徒，以傅元一既出，无人为首，且见南安增戍不已，方尔释散，此其措置关防，势不容缓，须至画一。①

会昌县的羊角水堡是汀漳"峒贼"入寇赣州的必由之途，所以明成化年间在羊角城堡建提备所，成为重要的防守据点和瞭望所：

江右列郡十三，赣州边东南，当其上游，外控汀漳潮惠闽广之裔，壤地参错，盘山薮盗，时出没剽劫。而安远、会昌间，则羊角水为之咽喉。盗逾羊角水，以西则袭长沙营，掠雩都、信丰、赣诸县为扰；以北，则攻会昌城西，犯吉；东侵，抚、建诸郡为扰。故羊角水置堡，屯戍卒，隶会昌守御千户所，与长沙营守备都指挥部兵，相为声援。盖古者"遮要害，远斥堠"之义。②

上杭县在岩前设立营堡，也是因为这里是贼寇"聚啸出没"的地方：

岩前旧故无营兵，其有营兵，以流寇故。先是，崇祯戊辰庚午，寇犯杭城，其聚啸出没，实由兹地；识者谓，兹地宜设兵、宜城。兵屯于城，据险守要，可以扼寇之吭而制其命。二邑令君上其议于当事，从之。不期年而城工竣、营兵设矣。③

设置巡检司、汛塘等军事机构，是明清时期加强地方治安的又一措施。这些机构规模小，治所随寇警情况而灵活变动，所以，在预防寇乱方面往往能够发挥极大作用。

---

① （宋）陈元晋撰：《渔墅类稿》卷4《申措置南安山前事宜状》，四库全书本。
② （明）欧阳德：《羊角水堡记》，载（清）刘长景修、陈长栋《会昌县志》卷31《艺文志》，清同治十一年刻本。
③ （明）邱衍箕：《邑侯涧叟赵公岩前营堡碑记》，载（清）曾日瑛修，李绂纂《汀州府志》卷40《艺文二》清乾隆十七年刻本。

例如，明代福建永定县境内设置了兴化、太平和三层岭三个巡检司，并且这三个巡检司的设置地点应寇警变化而屡屡迁移（见表 2-5）。

表 2-5　　　　　　　　　明代永定县巡检司设置情况

巡检司	设置情况	人员设置
兴化巡检司	明洪武五年间，设在溪南里古镇。正统间，以太平里虎冈寇盗出没，无以防于东，徙司于虎冈，改名太平巡检司。天顺间，寇发于（溪）南，有司请复设司于古镇，仍名兴化巡检司。成化十五年间，迁司于丰稔寺之右。嘉靖三十七年，迁司于上杭峰头。万历年间，复迁司于丰稔寺。康熙十年，巡检刘杰迁于高皋	每司设巡检1员，巡吏1员，弓兵30人
太平巡检司	正统间以兴化巡检司从溪南里古镇徙于虎冈，并改为今名。景泰末，徙于高陂。成化十五年开县，仍于高陂建司，未有廨舍。嘉靖十八年，知县唐灿买民卢金稳屋地为之	
三层岭巡检司	在金丰里天德甲。成化十四年，都宪高明因广东饶平、大靖、小靖地方盗贼数起，奏设巡司防守。该司所辖三大山：一曰岐岭，一曰苦竹，一曰条河，盗常据为巢穴。旧司已废，今巡司暂寓于大溪公馆	

资料来源：康熙《永定县志》卷3《营建志》。

从表 2-5 可以看出，这些巡检司的置废迁徙，都是与当时的动乱寇警地点密切相关。对于这些治安机构的作用，时人予以高度肯定：

> 兵者，民之卫也。兵制之修废，一方之安危系焉。永邑南界小靖，西迩河背，东接三饶，奸宄实易潜迹。端赖汛防棋布，宁谧地方，匪浅鲜也。①

从这段文字中我们可以看出，县志编纂者认为永定县能够在"盗窟"环绕之中求得一方安宁，就是因为有了这些巡检司。可见巡检司的设立对预防贼寇扰乱，维护地方治安所起的巨大作用。

（二）修筑城池，巩固城防

在冷兵器时代，修筑坚固的城池对于加强军事防御具有极其重要的意

---

① （清）赵良生修，李基益纂：《永定县志》卷9《兵制志》，清康熙三十六年刻本。

第二章 军事征略与文化传播

义。对于这一点，身处动荡之境的赣闽粤边区军民深有体会。

南宋汀州郡守赵与沐为面对盐寇时发的形势，对郡内县邑城墙多有损毁，郡城也仅是用泥土垒成，不堪担任保卫郡民的重任的状况，表示出深深的忧虑：

> 高城固垒，所以保民。矧汀底闽而盱、赣潮、梅环其境，盐子矫虔时作，可使弗高且固乎？诸邑城多隳，郡城乃累土成之，念陶甓更难，为力未暇，端有俟于后之君子。①

明朝正德年间时任江南刑部江西清吏司郎中童玺，向皇帝递呈奏章，陈述城防之重要，极力疏请朝廷在家乡连城县构筑城池：

> 切照本府所属地方，北连江西之赣州，南接广东之潮州；山谷蜿蜒，深林茂密，土俗顽犷。或邻境盗贼之延蔓，或地方奸宄之窃发，百年之间，已经寇乱。……仰惟祖宗列圣，莫安元元，所以预为防寇备害者，靡所不至。以本府言之，既设郡治一城，卫之以军矣；于要害之处，又设武平千户所一城以守御之，又设上杭县一城以屯守之。其于宁化、清流等县，亦皆近筑一城，盖为保障地方计也。故有城处所，虽经前寇，民多保全。惟连城一邑，素当盗贼出没之冲，未尝设有城池。每经前项寇乱，罹祸独惨：或空邑逃亡，而仓库不守；或少壮幸脱，而老弱涂地。如本县新泉、杨家坊等处，糜烂污辱，又有不忍言者。由是观之，城池之有无，利害之关系如此。②

由于修筑城池具有重要的防御作用，所以一直以来，赣闽粤边区各地郡府县邑都十分热心筑城挖壕。我们以闽西地区的汀州府为例，从唐朝以来，汀州府所辖各县都十分重视城池的修建，尤其是在盗寇纷繁侵扰乱之时，很多城池就是因为贼寇来犯，民无所赖的情况下才被始兴或复筑的。

---

① （宋）胡太初修，赵与沐纂：《临汀志》，不分卷，《城池》，长汀县地方志编纂委员会整理，福建人民出版社1990年版，第11页。
② （明）童玺：《筑城奏疏》，载乾隆《连城县志》卷8《艺文志》，厦门大学出版社2008年版，第221页。

(参见表2-6)不仅如此,为了提高城池的防御性能,他们还在材料选用、结构设计等方面,也费尽心思。如明朝时期永定县的城池修建:"弘治十七年,知县陈济,因北门不通衢路,岑旷可虞,用砖砌塞。……嘉靖三十六年,各垛俱增竹栅。三十七年,于三城门增裹铁叶,横直施木楗。三十八年二月,于北门前砌单薄加填三和土,又因北门城下无壕,钉苗竹钉,阔一丈,长三百丈,以防攀城。"①

表2-6　　　　　　　　汀州府县历代修筑城池概况

州县	始筑年份	修建概况	资料来源
汀州府城	唐大历四年	大中初,刺史刘岐创敌楼一百七十九间。宋治平三年,守刘均拓而广之,绍兴间,赣卒叛,守黄武增修。隆兴元年,守吴南老又增修敌楼五百一十五间。明洪武四年,卫指挥同知王珪,周城包以砖石。弘治己未,卫指挥张韬增建门楼二。嘉靖间,知府杨世芳始因前议,筑土为县城。隆庆间,知县陈金,陶砖包砌。崇祯四年,增修县城,盖合郡县为一矣。国朝康熙三十六年,知府王廷抡重浚旧壕	①
宁化县城	始建无考	旧有城,绍定三年,为潭飞石祭贼晏头陀所破。宋端平间,令赵时馆累石砌之。宝祐二年,圮于水。开庆元年,令林公玉以砖砌北门。明正统间,两遭沙寇,垣墉划平。正德五年,知县周槚请筑土城。九年,邑民雷文琳等,状言甓砖已久,知县何鉴以闻,得请郡丞唐淳与鉴共成之。因三面临溪,常冲于洪水,其后筑修不一。国朝顺治七年重修	②
清流县城	南宋绍兴间	清流县开于宋,城未必于宋。考其时止有子城。宋绍兴间,寇出,郑思诚鸠集流散以兴版筑。岁久湮圮,只存故址。元末红巾之乱,邑人陈有定因南山之险,垒石为城。(明朝)天顺知县郑中清开故址(筑城)。明正德四年,流寇攻破,宁化知县林湜运石复筑。正德七年,广寇窃发,署令戴旦增修。万历间,知县蒋育馨增筑。崇祯间,知县邓应韬重修。后邑人光禄丞蒌华先修马道,龙川县令伍仪捐铁裹五门	③
连城县城	南宋绍兴间	乾道中,令杨立中建三城门。岁久颓圮。端平间,寇乱,令米巨宏复筑。淳祐间,令罗应奇重修,并作瓮城,后复废。明正德四年,流寇窃发,知县蒋玑筑土城七百余丈,广围以栅,上覆以楼。九年,金事胡琫劝富民购砖瓦,分城之。十四年,金事周期雍命县丞黄钟岳垒石为址,甃砖为垣。崇祯间,知府唐世涵增高三尺	④

————

① (清)伍炜、王见川:《永定县志》卷2《营建志》,清乾隆二十二年刻本。

续表

州县	始筑年份		修建概况	资料来源
上杭县城	邑城	南宋端平元年	旧城寻毁。淳祐间,令赵希绳更筑,复圮于水。宝祐二年,令潘景丑乃址以石,甃以砖,覆以瓦。元至正间,颓圮殆尽,摄尹郑从吉拓旧址复筑之,后复圮。明洪武十八年,邑人钟子仁作乱,知县邓致中修筑甫毕而贼至,民赖以全。久复圮。景泰三年,知县黄希礼复拓旧址更筑。成化二年,知县胡钺斥而大之,凡八年工成。正德十年,南门敌楼坏,知县谢诰修造。隆庆四年,知县周裔登浚城壕。万历间,知县李自华修葺。崇祯间,知县卢跃龙增垛郭。康熙、乾隆间,多有修葺	⑤
	溪南城	明嘉靖间	万历间,于溪南四图河头坪,筑抚民公馆。国朝康熙初,知县宁维邦、蒋廷铨先后重修抚民馆,城在上杭县溪南三图中坪	
武平县城	邑城	宋绍兴间	端平间,令赵汝聂重修。元至正间,令魏侃夫仍故址修筑。明弘治间,邑人兵部主事王琼,奏拓旧址更筑,砌以砖。崇祯戊辰,知县巢之梁加高三尺。国朝顺治间,知县朱之焜,康熙初,知县刘昒、署令赵良生,先后重葺。在县治西南二十五里武溪源。明洪武间,山寇窃发,汀州卫指挥黄敏提军剿捕,因驻焉。二十四年始筑城。二十八年,本卫指挥李虎甃砌以砖。嘉靖十九年,漳南道侯廷训增筑新城。崇祯元年,寇破新城,知县巢之梁修葺	⑥
	武平所城	明洪武二十四年		
	岩前城	明崇祯间	岩前城在武平南六十里,明崇祯间,广寇剽掠,巡道顾元镜创筑。九年,知府唐世涵命分画街衢,平治坑堑,度其地以分给乡民;既而方伯潘融春至,复委上杭令卢跃龙督建营房,以招徕众庶,而民始有生聚焉	
永定县城		明弘治	城筑自明弘治七年,讫工于十年,十七年,知县陈济,因北门不通衢路,岑旷可虞,用砖砌塞。嘉靖间,知县许文献增建。隆庆、崇祯间,知县陈翡、徐承烈相继修建。顺治三年,西门城楼毁,知县赵廷标重建。康熙十四年,南门城楼毁。四十八年,知县曾九寿重建	⑦
归化县城		明正德	嘉靖三十七年,增高城墙。嘉靖三十九年,山寇攻围数旬,知县章宗实筑四门月城,浚月池以捍之。万历间,知县陈文辉、陈宪章相继修葺。崇祯间,增高城墙,扩建敌楼。国朝康熙二十年,知县王国脉重修	①

资料来源:①乾隆《汀州府志》卷5《城池》;②康熙《宁化县志》卷1《城池志》;③民国三十六年《清流县志》卷3《建置志·城壕》;④康熙《连城县志》卷2《舆地志》;⑤民国《上杭县志》卷5《城市志》;⑥康熙《武平县志》卷3《建置志》;⑦乾隆《永定县志》卷2《营建志》。

(三) 合理部署军事力量

根据具体情况合理部署守备部队，不仅能够有效利用已有的军事力量，而且还能提高防守的实际效率。兹以清初闽西汀州府的军事布防为例（参见表2-7），对此作一简述。

从表2-7所揭示的兵力部署和分配情况中，我们可以清楚地看出汀州镇兵的"中心—支翼"的军事布防格局，并且突出了"中心"的重要地位，这种布防格局也是与闽西地区的动乱特点相适应的。在整个汀州镇兵的大格局中，中营是中心，左右营是支翼，为了突出中心，分别从左右营抽调了接近一半的兵力防守中营所在的汀州府城；在三营各自的小布局中，也同样突出这样的布防格局。这样的布局特点，从军事上来说，确保了军事指挥核心的安全，大大提高了部队的整体作战能力。这种布防格局也是与闽西地区的动乱特点相适应的。从前面的阐述中我们知道，明清时期闽西地区的寇乱除了本地土寇之外，还有更多的是从粤东和闽南漳泉方向来的流寇，其中武平、上杭、长汀、连城等县则是粤、赣、闽窜连作乱的必由之途。所以在汀州府的兵力部署上，在左营所辖的清流、宁化和归化三县县城仅部署了475员兵力，占汀州镇总兵力2850员的16.7%；而在南部山区的上杭、武平、连城和永定四县共部署了866员兵力，占三营总兵力的30.4%，几乎是北部兵力的一倍。此外，三营在苦竹乡、博平岭、望高岭等地专门设立汛塘，特派精兵把守，也是因为这些地方地势险要，或为盗贼"渊薮"，或是暴民往来出没必由之路。如，"顺治十六年，知县岳钟淑见金丰古竹乡人民顽梗，且地近漳潮，伏莽时闻。特详加设把总一员，分驻古竹乡防守"①。

总之，这些军寨、关隘、营堡等防御设施的设立，以及对地方军事力量进行合理部署，对于安慰人们恐惧心理，稳定人心，切实预防地方动乱，无疑具有积极的意义。这些已耗费巨资所修建起来的城墙，也没有辜负人们的热切希冀，它们在保卫邑民，抵抗寇犯方面确实起到了很大作用。例如，连城的冠豸寨在邓茂七、温文进之乱时，有力地保护了邑民的生命安全："正统年间，沙县邓茂七寇邑。邑令王公佐、乡官许浩志、耆民童得庆、桑叶茂，捐资修葺，民藉全生。弘治辛亥，漳平温文进弄兵，民甚恐。邑侯关铨以连邑无坚城，所依者冠豸寨耳，乃率县丞万贯辈营缮

---

① （清）赵良生修，李基益纂：《永定县志》卷9《兵制志》，清康熙三十六年刻本。

表2-7　　　　　清代乾隆年间福建汀州府兵力布防

营号	营部驻地	指挥编制（人）	兵力（人）	驻防地点	指挥编制（人）	兵力（人）	巡防
汀州镇（设总兵一员，驻扎于汀州府城）	中营	汀州府城	游击1 守备1 千总2 把总4	950	汀州府城	游击1 守备1 千总1 把总1	559	拨防观音岭、皇祝岭、萝葡坪、罗坑口、宋坊桥、鸡心岭、苦麻岭等塘汛
					连城县城	把总1	92	兼辖水西岭、打鼓岭、新泉、桃排、崩坑、三隘等塘汛
					永定县城	千总1	108	兼辖龙窟、罗滩、摺箭、竹隘等塘汛
					苦竹乡	把总1	94	兼辖草子湖、佛子凹、青草湖、三层隘等塘汛
					博平岭	把总1	97	兼辖青山、上寨等塘汛
	左营	清流县城	游击1 守备1 千总2 把总4	950	清流县城	游击1 把总1	285	拨防铁石矶、大岭、五通、金钱隘等塘汛
					宁化县城	千总1	95	兼辖禾口、古背、水茜、乌村、石牛、罗溪、黄柏岭、杨梅迳等塘汛
					望高岭汛	把总1	47	兼辖中沙、沙坪、伍家坊、安远司等塘汛
					归化县城	把总1	95	兼辖华源、莲花山、夏坊涧、余子岭、谢家排、宦磜坑、三角坪等塘汛
					汀州府城	守备1 千总1 把总1	428	拨50兵防新桥大息岭、归仁、七里等塘汛
	右营	上杭县城	游击1 守备1 千总2 把总4	950	上杭县城	游击1 千总1	304	拨60兵驻防回龙、三潭头、黄泥垅、峰市、蓝屋驿、鹅公岭等塘汛
					武平县城	把总1	95	兼辖高屋坝、石鸡岭、赤冈等塘汛
					武平所	把总1	76	兼辖中田铺、犁畲等塘汛
					随防汀州府城	守备1 千总1 把总1	475	拨90兵驻防古城隘岭、长桥迳、畲心、游绳渡、三洲等塘汛

资料来源：乾隆十九年《汀州府志》卷14《兵制》。

之,……贼远闻之不敢犯。"①

二 实行招抚

对于已发生的地方寇乱,官方的办法要么招抚,要么征剿。如果仔细权衡这两种办法的实施成本和实施效果,官府当然更愿意采取招抚。因为统治者也知道,民众其实并不是有意要与朝廷作对,如果政府实行招安,部分满足他们的要求,叛乱之民自然不败而散,并且如果招抚成功,不仅能够使官府省约大量军费开支,而且又能够避免伤及无辜,显示政府的宽大仁怀,因此历代统治者在对待平民造反问题上,不乏实行招抚的事例。具体到赣闽粤边区,官府之所以屡屡实行招抚政策,除了上述原因外,还因为官兵不如"贼寇"那样熟悉本地山川地形的优势,并且由于赣闽粤边区分属三个不同的大行政区,官府军队调度迟缓,所以官兵剿灭难以奏效,因此官兵更愿选择招抚。诚如宋代李纲所云:"(贼)多于虔州管下诸县择要害地,建置寨栅,蜂蚁屯聚,窥伺间隙,攻陷州县,杀戮生灵,掳掠财物,为害不细。一路官兵进讨则散入他路,诸路官兵进讨则深入巢穴,依负险阻,卒难讨荡。官军既退则复出为恶,习以为常。"②

正因为招抚措施具有上述优点,所以在对付赣闽粤边区的"寇乱"时,官府屡屡采用招抚的办法并常常取得很好的效果。如"建炎、绍兴间所有盗贼蜂起然,皆不数年间随即剿绝,惟汀赣两州之盗群聚山谷间,甚费朝廷经理,后十余年,不得已本司遣官招抚,方得平定。今安抚司尚有使臣数员,皆当时所招汀赣之盗也"③。又如,弘治年间,金泽在南赣巡抚间,采取招抚、安插的措施,治理汀漳之寇蔡郎纲余党和流入上犹、南康、信丰、龙南等地的闽粤流民,平定了"寇乱",取得了很好的效果,甚至使朝廷因"汀赣盗贼既息",而一度将专事剿寇事宜的南赣巡抚裁撤。④ 而招抚效果最好的,莫过于嘉靖年间汀州郡丞缪宗尧在上杭实行

---

① (明)童玺:《重修冠豸寨记》,载乾隆《连城县志》卷9《艺文志》,厦门大学出版社2008年版,第252页。
② (宋)李纲:《论虔州盗贼札子》,载(宋)李纲《梁谿集》卷82《表札奏议四十四》,四库全书本。
③ 参见(宋)赵汝愚《论汀赣盗贼利害》,载(明)杨士奇等《历代名臣奏议》卷319《弭盗》,四库全书本。关于招抚"贼首"为官之事,《淳熙三山志》亦有印证:"绍兴十年,招汀、赣州山寨首领刘贤等八人,奏补充散抵侯等差遣,任满存留,再任后各升转官资,差充听候使唤。"参见(宋)梁克家《三山志》卷24《秩官类五》,"安抚司使臣"条,福州市地方志编纂委员会编,海风出版社2000年版,第292页。
④ (明)谈恺:《虔台续志》卷2《纪事一》,明嘉靖三十四年刻本。

第二章 军事征略与文化传播 ·79·

的招抚措施:

（其摄事伊始）发告布令，开以诚心，民闻不疑。选日戒徒，往莅其乡。而教谕梁君彦锦实赞缪侯之计而决其行，乃与训导郏君夔率学宫弟子邱道充、道南、李如珠、赖荣先从焉。戎器不除，卒旅不具，雍雍翼翼，冠盖斯戾。魁首丑党，部勒有次，稽首马前，爰崩厥角，扶旄提倪，观于周道，欢喜歌呼，激越林莽。昔为魁首，今为长正；昔为丑党，今为编氓。刮瘢洗瘀，复还骨肉，拨雾掀瞖，再睹白日。民视缪侯，如出子寄孥，久离乳哺，一旦还归，婉恋膝下，始识慈母。民视梁君，如骏童骄孺，未识衣冠，骤谒师傅，拱揖步趋，盼顾惊喜。吏既诚民，民亦怀吏。周行疆亩，考阅壁垒，曰险尔平，曰翳尔辟，曰莱尔易。乃犒牛酒，乃给耒耜，乃分麻缕，乃置门塾。男耕女织，各得其业。户诵家吟，知慕为士。向之盗民，弃去如脱。①

这段极尽赞颂之能事的骈文，虽有过分夸喻之嫌，但也反映了缪侯实行招抚政策的效果和时人对这种政策的欣赏。

当然，招抚政策也不一定完全奏效，由于种种原因，常常会出现接受招安之后复又"反水"的现象。如宋代建炎间，闽北范汝为先招后叛②，黑风峒寇李元砺时叛时降③；元朝至元年间广东钟明亮乍叛乍服④，福建黄华降而复叛⑤；明朝正德、嘉靖和万历年间，梁宁、梁道辉、邱泾等时抚时叛⑥，等等，令招抚政策遭到激烈诟病。如，北宋后期，曾任虔州司法的杨时，就对宋廷屡行招安的做法提出批评:

自还乡，盗贼蜂起，两年避地奔窜，未尝一日安居。……若只招安，如养骄子，少不如意，则复思乱矣，世路如此，

---

① （明）王慎中:《上杭缪侯抚寇碑》，载（清）曾日瑛修，李绂纂《汀州府志》卷41《艺文三》，清乾隆十七年刻本。
② （元）脱脱等撰:《宋史》卷26《高宗纪三》，中华书局1977年版，第475页。
③ （元）脱脱等撰:《宋史》卷39《宁宗纪三》，中华书局1977年版，第749页。
④ （明）宋濂等撰:《元史》卷15《世祖纪十二》，中华书局1976年版，第307页。
⑤ （明）宋濂等撰:《元史》卷10《世祖纪七》、卷131《完者都传》，中华书局1976版。
⑥ （清）王之正:《嘉应州志》卷11《平远县》，"攘寇"条，清乾隆十五年刻本。

奈何！①

南宋绍兴初年，时任江南西路安抚制置大使兼知洪州的名臣李纲也对招安提出强烈反对：

> 自近年以来，专务招安，官司失于措置，有以诱之为盗，谓如招安到贼火首领，尽补官资，放散徒党，其徒党中桀黠者，又复纠集徒众，自为头首，以俟招安，复得名目。递相仿效，无有穷已。其招安出首领，虽已补授官资，或与差遣，多是不离巢穴，不出公参，依旧安居乡土，稍不如意，或资用阙乏，则又相率为盗，以此滋蔓，虽痛遭屠戮，亦不改悔。窃恐为患未艾。②

明朝正德年间，时任南赣巡抚的王阳明也对当时"招抚太滥"的现象猛烈抨击：

> 查三省贼盗，二三年前，总计不过三千有余；今据各府州县兵备守备等官所报，已将数万，盖已不啻十倍于前。臣尝深求其故。寻诸官僚，访诸父老，采诸道路，验诸田野，皆以为盗贼之日滋，由于招抚之太滥……盗贼之性虽皆凶顽，固亦未尝不畏诛讨。夫惟为之而诛讨不及，又从而招抚之，然后肆无所忌。③

从这些抨击文论中，我们亦可以看出宋元以来，历代政府在对待赣闽粤边区地方"寇乱"上都采用了招抚政策。实际上，尽管许多官员纷纷诟病招抚，但他们只是不满对招抚之策的滥用，并没有放弃招抚之策，而是认为要正确使用它。如李纲云："今来朝廷欲措置虔寇，不过招捕两事：临以重兵，有以制其死命，然后可以招抚，务令措置合宜，乃为得

---

① （宋）杨时：《杨时集》卷21《书六·答曾元忠·其二》，林海权点校，福建人民出版社1993年版，第499—500页。
② （宋）李纲：《申督府密院相度措置虔州盗贼状》，载（宋）李纲《梁溪集》卷107《状三》，四库全书本。
③ （明）王守仁：《申明赏罚以励人心疏》，载（明）王守仁撰《王阳明全集》卷9《别录一·奏疏一》，吴光等编校，上海古籍出版社1992年版，第310—311页。

策。"① 可见，他认为招抚的使用，应该是先剿后抚。明朝王阳明也提出，"盖招抚之议，但可偶行于无辜胁从之民，而不可常行于长恶怙终之寇；可一施于回心向化之徒，而不可屡施于随招随叛之党。"② 实际上也是主张招抚不可滥用，也不必完全放弃，而是应该对实行招抚的对象有所区分。

三 军事征剿

尽管防御和招抚之术为历代朝廷所使用，但不可否认的是，历代政府在对待叛乱问题上也从来没有放弃过武力征剿。因为虽然引发叛乱的主要责任绝大多数在于政策失当或官员渎职，但在统治者看来，叛乱本身毕竟是一件为封建统治者所不能容忍的大逆不道之举。即使在朝廷有意显示"宽大之意"，对叛乱者多"存姑息之念"，而"专事招安之策"的宋朝，其实也从来没有放弃对征剿手段的使用，甚至调用岳飞、韩世忠等抗金名将到赣闽粤边区来镇压这里的动乱：

绍兴三年春，"时虔、吉盗连兵寇掠循、梅、广、惠、英、韶、南雄、南安、建昌、汀、邵武诸郡，帝乃专命飞平之"③。

建炎间，建安范汝为反，宋高宗任命韩世忠为福建、江西、荆湖宣抚副使，"亟领步卒三万，水陆并进"，进行镇压。④

在传统的正规战争中，兵力的大小往往决定着交战双方的胜负成败。实际上，宋元以来赣闽粤边区的动乱久久不能得到平息，在很大程度上，与政府在此地所部署的兵力非常有限分不开。例如，由于宋代在兵力部署上采取"强干弱枝"和"守内虚外"的原则，使部属在南方的国家正规部队很少⑤，在这样的兵力分布下，宋代赣闽粤边区的官方军事力量也十分薄弱。如在汀州，仅部署了"威果第三十五指挥营"和"广节第八指挥营"两支禁军部队，这两支部队额定兵员总共仅780人，并且实际上

---

① （宋）李纲：《申督府密院相度措置虔州盗贼状》，载（宋）李纲《梁溪集》卷107《状三》，四库全书本。
② （明）王守仁：《申请赏罚以励人心疏》，载（明）王守仁撰《王阳明全集》卷9《别录一·奏疏一》，吴光等编校，上海古籍出版社1992年版，第310—311页。
③ （元）脱脱等撰：《宋史》卷365《岳飞传》，中华书局1977年版，第11375页。
④ （元）脱脱等撰：《宋史》卷364《韩世忠传》，中华书局1977年版，第11355页。
⑤ 在宋代，禁军是中央直辖的正规军，也是宋朝军队的主力。中央政府为了加强禁军，把地方军队中那些身体强壮、骁勇善战的人都挑选到禁军当中来，这就既加强了中央的军事力量，又极大地削弱了地方的军事力量；同时，在禁军屯驻分布上，北方驻兵一千七百三十二指挥，而南方仅驻兵一百九十五指挥。这样做主要是使地方无法同中央抗衡，以达到"强干弱枝"的目的。参见陈群《中国兵制简史》，军事科学出版社1989年版，第238—242页。

还缺额 103 人。① 南宋时期赣南各巡检司、寨的兵力也普遍缺额高达 40%以上。② 明代中后期，尽管赣闽粤边区寇乱频发，但政府部属在这里的兵力也不多，并且也往往缺额，装备也极差。如王阳明上任南赣巡抚后，通过实地调查发现，"卫所军丁，止存故籍，府县机快，半应虚文"，从而发出"御寇之方，百无足恃"，"夫以赢卒而当强寇，犹驱群羊而攻猛虎，必有所不敢矣"的感慨。③ 嘉靖八年，另一个南赣巡抚周南也发现，"各县民快额多孱弱，卫所官军徒存虚额"，并且也认为这样孱弱的兵力，"缓急俱不足恃"④。

因此，为使征剿富有成效，做到一有寇警，官兵能够"招之即来"，"战之必胜"，中央政府往往在赣闽粤边区大量增加地方兵员数量，努力提高地方部队的战斗力。

例如，宋代为了抵抗赣闽地区的地方动乱，就曾组建了著名的"江西仗枪兵"和"福建左翼军"。"熙宁七年（1074 年），招籍虔、汀、漳三州乡丁枪手以制置盗贼。"⑤

"绍兴十五年，薛待制弼为闽帅时，剧贼管天下者剽掠郡邑，薛命提辖李贵讨之，为管生得。薛前守有忠郎石城陈敏，武翼郎开封周虎臣，各有家丁数百人，皆骁健善战，乃奉敏为汀、漳巡检，虎臣本路将官，即选二人家丁千人，日给钱米，责以捕盗，谓之奇兵，于是虔、梅草寇不复入境，盗悉平。十八年八月，遂改奇兵谓之殿前左翼军，即以敏为统制，留戍其地，后以时招填，增倍其数。"⑥

明朝正德间，王阳明任南赣巡抚，也十分重视招募和训练本土民兵："四省各兵备官，于各属弩手、打手、机快等项，挑选骁勇绝群，胆力出众之士，每县多或十余人，少或八九辈；务求魁杰异材，缺则悬赏招募。……所募精兵，专随各兵备官屯扎，别选素有胆略属官员分队统押。教习之方，随材

---

① （宋）胡太初修，赵与沐纂：《临汀志》，不分卷，《营寨》，长汀县地方志编纂委员会整理，福建人民出版社 1990 年版，第 108 页。
② （清）徐松：《宋会要辑稿》，不分卷，《兵三·三二》，中华书局 1957 年版，第 173 册，第 6802 页。
③ （明）王守仁：《选拣民兵》，载（明）王守仁撰《王阳明全集》卷 16《别录八·公移一》，吴光等编校，上海古籍出版社 1992 年版，第 526 页。
④ （明）谈恺：《虔台续志》卷 4《纪事三》，明嘉靖三十四年刻本。
⑤ （元）马端临：《文献通考》卷 156《兵考八·江西枪仗手》，华东师大古籍研究所点校，华东师范大学出版社 1985 年版。
⑥ （宋）薛季宣：《浪语集》卷 33《先大夫行状笺》，四库全书本。

异技；器械之备，因地异宜；日逐操演，听候征调。"① 继王阳明之后巡抚南赣的其他官员也都十分重视民兵建设。如嘉靖八年，巡抚周用"命府县召募武勇，不拘名数"②；万历十九年，巡抚王敬民申敕教练民兵，派"副总兵呈送操册，到院查阅习技"③。

除了增加军事力量之外，中央朝廷还赋予负责征剿赣闽粤边区寇乱的官员以特别的权力，使赣南、闽西和粤北三地官兵能够在征剿"贼寇"时协调一致。

赣闽粤边区分属江西、福建和广东三省管辖，"盗贼"往往利用该地区分属不同行省所辖的情况，流窜到别境作乱。"今虔寇巢穴多在江西、福建、广东三路界首置立寨栅，为三窟之计，一处有兵，则散往他处，官军既退，则又复团聚，中间遣发军马，卒不能穷讨。"④ 甚至还出现"汀人为盗于赣，赣州移文追捕，而汀州视如秦越"⑤ 的有趣现象。这种流窜作乱的现象，不仅宋代存在，明代也存在。"江西、福建、广东、湖广各布政司地方交界去处，山高岭峻，树林蒙密。累有盗贼生发，流劫县治，杀掳人民。东追则西蹿，南捕则北奔，且因地连各境，事无统属，彼此推调回护，以致盗横行肆暴，略无畏惧。"⑥ "汀赣奸氓合为寇，其始甚微，蕳符狗鼠之盗耳。郡县有司无远略，不急捕，其势浸炽，而岭南、湖湘之不逞者，从而和之，四出别掠，劫富室、燔民居、掠帑藏、杀官军，哄然为东南郡县患。有司始骇而图之，备其东则发于西，剿其南则窜于北。时镇守江西太监邓公原暨巡按监察御史、都布按三司议，以为盗之未平，以政令不一，而邻境有司不肯协心故也。"⑦ 这种"邻境有司不肯协心"的

---

① （明）王守仁：《选拣民兵》，载（明）王守仁撰《王阳明全集》卷16《别录八·公移一》，吴光等编校，上海古籍出版社1992年版，第527页。

② （明）谈恺：《虔台续志》卷4《纪事三》，明嘉靖三十四年刻本。

③ 如嘉靖《虔台续志》卷5《纪事四》载："宪台于去年冬月新募图兵五百五十员，名计扼邵武，以防楚寇轶入。先声既张，寇亦豚息。"

④ （宋）李纲：《申督府密院相度措置虔州盗贼状》，载（宋）李纲《梁溪集》卷107《状三》，四库全书本。

⑤ （清）徐松：《宋会要辑稿》，不分卷，《职官四七》，"嘉定八年七月十一日"条，中华书局1957年版，第87册，第3446—3447页。

⑥ 《明实录明孝宗实录》卷99，"弘治八年四月辛巳"条，中华书局1977年版。

⑦ （明）何乔新：《新建巡抚院记》，载（明）康河修，董天锡纂《赣州府志》卷31《艺文志》，明嘉靖十五年刻本。何乔新（1427—1502），字廷秀，江西广昌人，景泰年间进士，累拜刑部侍郎。

现象，更加助长了"贼寇"的嚣张气焰。

针对这种各地官府单打独斗，不相协作的状况，当时担任江南西路安抚制置大使，负责征剿赣南"盐寇"的李纲，向朝廷提出由他来节制和统领广东和福建的兵马，并且得到朝廷的许可。① 明朝政府为了征剿赣闽粤边区此起彼伏的寇乱，甚至设立了"南赣巡抚"这一专门机构，以加强各地兵力的统一节制和调度。②

正因为有了强大的兵力和协调一致的行政机制，所以官府对赣闽粤边区寇乱的征剿行动能够取得巨大的成功。如南赣巡抚成立以来，采取过一系列的征剿活动，并且取得了巨大胜利：正德七年，巡抚周南"集各道兵夹攻大帽山等诸巢贼，平之"③。王阳明任南赣巡抚间，于正德十二年二月，"亲督各道兵次于上杭剿诸贼，平之"。六月，"遣兵剿南安诸寇，颇之，焚其积聚。"正德十三年春正月，"计执浰贼池仲容，遂发兵剿灭之"。"会兵剿乐昌诸寇，平之。"④ 嘉靖六年，巡抚潘希曾"征龙南山寇，平之。"嘉靖二十二年十月，巡抚虞守愚"剿上杭、会昌、龙南诸盗，悉平之"⑤。隆庆四年张翀任南赣巡抚时，"伙贼越境称乱，三省合兵剿平之"⑥，等等。这些大规模的联合军事行动之所以能够执行并取得成功，当与南赣巡抚地位尊荣，权力集中，能协调各处兵力，统辖有方密切相关。

第三节 中央政府的军事征略对赣闽粤边区族群融合和文化传播的意义

从宋元以至明清，赣闽粤边区经历了许许多多规模不等的各种动乱。在这风云激荡的岁月中，赣闽粤边区的族群融合得到进一步发展。这种族群之间的人口交错杂居，相互交流，也促进了不同文化之间的融合。

---

① （宋）李纲：《论虔州盗贼札子》，载（宋）李纲《梁谿集》卷82《表札奏议四十四》，四库全书本。
② 唐立宗：《在"盗区"与"政区"之间：明代闽粤赣湘交界的秩序变动与地方行政的演化》，台湾大学出版委员会2002年版。
③ （明）谈恺：《虔台续志》卷2《纪事一》，明嘉靖三十四年刻本。
④ （明）谈恺：《虔台续志》卷3《纪事二》，明嘉靖三十四年刻本。
⑤ （明）谈恺：《虔台续志》卷4《纪事三》，明嘉靖三十四年刻本。
⑥ （明）唐世济修纂：《重修虔台志》卷4《事纪一》，明天启三年刻本。

一　战争促进了赣闽粤边区的人口迁移和族群融合

宋元以来，赣闽粤边区的人口迁移是非常频繁的，这种频繁的人口迁移，主要表现在两个方面：一方面，大量外部人口迁入赣闽粤边区地区，表现在既有北方汉人，还有以畲瑶为主的南方其他土著族群涌入这一地区。另一方面，赣闽粤边区内部不同区域之间的人口流动非常频繁，表现在赣南、闽西、粤北之间的族群交流十分频繁。频繁的人口迁移促进了三地之间的族群融合。

（一）战争促进了北方汉人涌入赣闽粤边区

宋元时期大量移民涌入赣闽粤边区的情况，我们在本章第一节就已阐述过。在这里，我们想要强调的是，这些人口迁移的直接动因在很大程度上都是由于战争的驱使。战争造成大量人口进入赣闽粤边区的情况，无论在正史典籍、地方文献、姓氏族谱、民间传说等都有清楚的记载。如：

嘉应《刘氏族谱》云：

　　一百二十一世祖讳祥公，妣张氏，唐末僖宗乾符间，黄巢作乱，携子及孙，避居福建汀州府宁化县石壁洞。……祥公原籍，自永公家居洛阳，后徙江南，兄弟三人，唯祥公避居宁化县，其二人不能悉记。

兴宁《廖氏族谱》云：

　　唐时我祖由江西雩都，避乱，迁汀州宁化石壁寨。后子孙因乱，又迁顺昌。廖氏居于闽者遂众。

如赣南大余县叶顿村李氏族谱中关于其始迁族景山公的记载：

　　吾族乃陇西之后，散处南方大江西，各群萃州聚，咸望族焉。然自汉以后，吾祖嫡派代远湮，不可悉考。至宋景炎间，吾始迁祖景山公奋起义勇从丞相文天祥与元人相拒，丞相礼之幕席，常敬重焉。五坡岭之败，丞相被获，北驱过庾岭，吾祖潜随至横浦话别，泪盈泣数行下，谓丞相曰："丞相去显大节，客自此埋名矣。"乃寻江浒东下三十里，许见平渚明秀，环顾久之，喜曰："庶于此得一当乎!"始有驻足意。至今讹为叶顿者，即此地也。当是时，尝惴惴元人大索，故终元世，嘱子孙以农事韬迹，致中数世有名虽存而没则已焉之。①

石城珠坑《宁邑湖头张氏族谱》：

三十世世居河南光州固始。三十八世宣城公宋元丰二年生，原籍南京应天府江宁县，仕高宗，建炎间官大卿中政大夫，因阉官作祟，天下乱之，父子流驻张家湾，后移枫树林，复居清流铁石矶头。

除了姓氏族谱有明确记载之外，在客家地区，至今还流传着不少客家人的迁移与战争有关的传说故事。

例如，在罗香林先生的《客家源流考》中，就辑录了一则在闽西地区广为流传的"葛藤坳"的故事：

在昔，黄巢造反，隔山摇剑，动辄杀人；时有贤妇、挈男孩二人，出外逃难，路遇黄巢。怪其负年长者于背，而反携幼者以并行，因叩其故。妇人不知所遇即黄巢也，对曰：闻黄造反，到处杀人，旦夕且至；长者先兄遗孤，父母双亡，惧为贼人所获，至断血食，故负于背；幼儿固吾生子，不敢置侄而负之，故携行也。巢嘉其贤，因慰之曰：毋恐! 巢等邪乱，惊葛藤，速归家，取葛藤悬门首，巢兵至，不厮杀矣。妇人归，急于所居山坑径口，盛挂葛藤，巢兵过，皆以巢曾命勿杀悬葛藤者，悉不敢入，一坑男子，因得不死。后人遂称其地曰葛藤坑，今日各地客家，其先，皆葛藤坑居民。②

在谭元亨先生的一篇文章中，也记录了客家邓姓先祖在"永嘉之乱"中逃难的经历：

---

① 大余县《大余叶顿村李氏三修族谱》卷首《初修族谱记》，清宣统二年刻本。
② 转引自罗香林《客家源流考》，中国华侨出版社1989年版，第38页。

邓攸在逃亡队伍中，率着一家人，扶老携幼，向南奔逃，初时，尚有车马代步，毕竟是个大家族，逃起来也有条不紊。没料，过泗水时，流人中传来一个可怕的消息，说石勒的胡兵马上掩杀过来了。邓攸当机立断，舍弃辎重，破毁车辆，用牛、马驮着女眷，幼儿疾走，男人则追随卫护在后。逃脱了胡兵，却没能避得了沿途杀出的盗匪，牛马被掳，财物一空，所幸者，尚未伤及生命。于是，邓攸挑起担子，一头是儿子，一头是侄儿，继续艰难前行。但人非车马，怎承受得起长途的肩压，加上饥饿袭来，几乎无法撑下去了。他不得不作出最后的抉择：两个孩子，只能舍弃一个。他只好哽咽着对妻子说："我的弟弟早死，只余侄儿一根独苗，绝不可让他无后。你我将来有了安身立命之地，还可以再生养。所以，我想把儿子丢了，好保住全家。"第二天，夫妻俩趁儿子熟睡未醒，带上了侄子，狠心上了路。谁知到了晚上，儿子竟又随别的流亡队伍哭喊着追了上来。第三天，天一亮，邓攸只好狠心将儿子捆在树上，头也不敢回地走了。他们终于逃脱险境，来到了江南，有了落脚之地。后来，邓攸与他的侄儿邓绥还入了仕，当了官。可每每回忆起这一路上的骨肉分离，一辈子都有剜心之痛。①

在福建上杭县，也流传着汤姓先祖因怠慢南征官兵而被血洗村庄的悲惨故事：

在杭定居汤氏，有两个支脉。唐末黄巢起义时，为避战乱，这两支汤氏上祖们从河南光州固始县境向南播迁，途经江苏、浙江、湖南、江西，翻越武夷山，进入福建宁化石壁。这两支汤氏，其一为小八郎支脉，他们为了拓展家园，于元代中期，从宁化石壁继续向南迁移。在汀州府暂住期间，在小教场西山岗安葬了一世祖小八郎之妻蓝、邱恭孺人骸骨。后继续向武平方向迁徙，行至现在武平武东乡川坊村时，认为是"风水宝地"，故在

---

① 转引自谭元亨《从史录到神话：客家民系形成的思想脉络》，《华南农业大学学报》（社会科学版）2004年第3期。

此辟地开基，取名为汤坊。经过他们艰苦创业，不但生活富庶，而且欣欣向荣。但是元代后期，朝廷有位大员率部出征南方，得胜而返路经汤坊时，前卫鸣锣开道，威风凛凛，后面人喧马嘶，灰尘滚滚，使不少村民出门驻足观看。但这位大员行至村口一看，立即下马，曰："此村乃是卧虎藏龙之地！"于是改为步行，以示敬重。村头的骑楼上有几位拧线的妇女，听到鸣锣和马嘶声，争着起身观看。却把碗头浸苎的水打翻，这位大员经过骑楼下时，楼板上流水淋在他身上，抬头仰视，见几位青年妇女伏在栏杆上笑，误以为她们便溺羞辱自己。加之，迎面而来的百姓也不下跪迎接，便勃然大怒，令官兵就地驻扎，封住路口，来往行人只进不出，按户登记核实汤姓人口。至腊月下旬一天晚饭时分，大员下令对汤姓人实行大屠杀，做到一个不留，从而酿成了惨绝人寰的"血洗汤坊"事件。杭邑等地上祖四十八郎（系一世祖小八郎儿子），在"血洗汤坊"事件中所以能幸免于难，是因为得到了聘请来家执教塾师的保护。塾师张先生用亲生儿子顶替四十八郎，而使他躲过劫难；另有一户人待驻户官兵亲如兄弟，那晚行动前将其儿子引至池塘边塞在池塘涵洞里躲藏，最后以"斩首完毕"骗过监斩官。待官兵撤走后，四十八郎从汤坊逃至上杭湖洋寨背厚洋定居，故四十八郎既是汤氏二世祖，又是上杭的开基始祖，厚洋亦属汤氏发祥地。①

上述这些材料，无论是族谱记载，还是口传故事，都是这些战争难民后裔对当时战争移民的历史记忆。这些记载不一定翔实，口耳相传的故事也存在一定瑕疵，但却共同反映了宋元以至明清，北方汉民历经战争浩劫辗转迁入赣闽粤边区的历史事实。这些来自北方的战争难民在迁入赣闽粤边区以后，与这里的土著居民经过长期交流和融合，最后都成为客家民系的一个组成部分。

（二）战争促进了溪峒蛮族与汉人族群的融合

连年战争除了驱使大量北方汉人进入赣闽粤边区，之外，更为重要的

---

① 福建上杭客家联谊会：《客家姓氏源流汇考》增订本，福建上杭客家联谊会 2004 年编印，第 89—90 页。

是，也还加快了畲蛮土著族群与汉人族群之间的融合。

赣闽粤边区地区地处万山之中，因道路险僻，迟迟得不到应有的开发，所以还居住着大量輋、瑶、獞、苗等各种"蛮夷"部族。① 这些民族，多为土著居民，原来深居深山密林之中，与外界绝少接触，一直按着自己的发展轨迹缓慢地发展着。然而，由于动乱和战争，促使了大量外来人口进入这一地区，搅乱了这些土著"蛮族"原本平静、封闭的生活。这些苗蛮之族"性质耿直"，"好为争斗"，往往与逃匿至此的逋户、罪犯等游食之人"党与相聚"，"声势相倚"，四出剽掠郡民。《永乐大典》（残卷）卷7，引《元一统志》"《图志》云"条：

>（汀州）西邻章贡，南接海湄，山深林密，岩谷阻蚴，四境椎埋顽狠之徒，党与相聚，声势相倚，负固保险，动以千百计，号为畲民。时或弄兵相挺而起，民被其害，官被其扰，盖皆江右、广南游手失业之人，遁逃于此，渐染成习，比数十年，此风方炽，古岂有哉。②

>江西之南、赣，福建之汀、漳，广东之韶州，湖广之郴桂，其间深山大谷，绵亘数千里，瑶、獞居焉，时出剽杀，民被惨害。③

>潮与漳、汀接壤，盐寇、輋民群聚剽窃，累政。④

尤其是宋元以来，随着汉族政权向这里步步推进，致使这些溪峒蛮族与汉族政权之间的摩擦和冲突日益加剧。如"其南安郡财计，只靠南康一邑所有，只由大庾人户无几，若郡计更有不给，必然波及山峒之民，利害甚大"⑤。这种"波及山峒之民"的结果，自然就是官府"往往差人入山，逼取猺獞皮张、黄蜡、生漆、蜂蜜等项"。⑥ 尽管官府所取"皮张、黄蜡、生漆、蜂蜜等项"，与其他省民相比，或许已是减轻了许多的赋

---

① 蒋炳钊：《畲族史稿》，厦门大学出版社1988年版，第120—129页。
② 转引自朱维干《福建史稿》上册，福建教育出版社1985年版，第376页。
③ （明）王琼：《南赣类序》，载陈子龙等《明经世文编》卷110《王晋溪本兵敷奏二》，中华书局1962年版，第二册，第1016页。
④ （宋）文天祥：《文山先生全集》卷11《知潮州寺丞东岩先生洪公行状》，四部丛刊本。
⑤ （宋）吴潜：《许国公奏议》卷1《应诏上封事条陈国家大体治道要务凡九事》，四库全书本。
⑥ （明）姚镆：《东泉文集》卷8《督抚事宜》，四库存目本。

税，但对于这些原本"不纳赋税"的溪峒之民来说，也是他们所无法接受的。因此他们往往与汉人族群一起，不断掀起了各种军事叛乱。

在元明清时期，这些畲瑶之民仍与汉人一道，经常起来发动叛乱。如元初闽北政和县黄华聚众造反，就联结了大量畲人入伍。如据《元史》所载：至元十五年，"建宁政和县人黄华，集盐夫，联络建宁、括苍及畲民妇自称许夫人为乱"①，早在黄华起义之前，陈吊眼已在漳州起兵。"漳州陈吊眼聚党数万，劫掠汀、漳诸路，七年未平。十七年八月，枢密副使孛罗请命完者都往讨，从之。……十九年三月，追陈吊眼至千壁岭，擒之，斩首漳州市，余党悉平。"② 从时人苏天爵的记述来看，陈吊眼及其叔父陈桂龙的叛乱③当有大量畲民参与其中："至元十六年五月，降旨招闽地八十四畲未降者。十七年八月，陈桂龙父子反漳州，据山砦，桂龙在九层磜畲，陈吊眼在漳浦峰山砦，陈三官水篆畲，罗半天梅泷长窖，陈大妇客寮畲。余不尽录。"④ 此外，还有至元二十五年（1288年）前后的广东董贤举和钟明亮之变，以及元朝中后期的福建漳州李志甫、广东惠州朱光卿和戴甲等的叛乱；明朝时候的赣南横水、桶冈的谢志珊、蓝天凤，广东浰头的池仲容，以及在赣闽粤交界的大帽山起兵的李宗政、钟三、刘昂等的起兵作乱⑤，等等，同样也都有大量畲民参与其中。

当然，也有"溪峒蛮族"与官兵联结起来，共同抗敌的情况。如，南宋末年文天祥在江西，"使陈继周发郡中豪杰，并结溪峒蛮，使方兴召吉州兵。诸豪杰皆应"⑥。张世杰在潮州招义军，也得到以陈吊眼、许夫人为代表的溪峒蛮族的热烈响应。"张世杰围泉州，将淮军及陈吊眼、许夫人诸洞畲军，兵威稍振。"⑦ 民国《潮州志·丛谈·事部》亦云："许

---

① （明）宋濂等撰：《元史》卷10《世祖纪七》，中华书局1976年版，第197页。
② （明）宋濂等撰：《元史》卷131《完者都传》，中华书局1976年版，第3192页。
③ 陈桂龙与陈吊眼的叔侄关系，可从这条史料得知："（至元十九年）征蛮元帅完者都等平陈吊眼巢穴班师，赏其军钞，仍令还家休息。遣扬州射士戍泉州。陈吊眼父文桂及兄弟桂龙、满安纳款，命护送赴京师。其党吴满、张飞迎敌，就诛之。……（二十年）六月庚戌，流叛贼陈吊眼叔陈桂龙于憨答孙之地。"参见（明）宋濂等撰：《元史》卷12《世祖本纪九》，中华书局1976年版，第339页。
④ （元）苏天爵：《国朝文类》卷41《杂著》，四部丛刊本。
⑤ 谢重光：《畲族与客家福佬关系史略》，福建人民出版社2002年版，第205—214页。
⑥ （元）脱脱等撰：《宋史》卷418《文天祥传》，中华书局1977年版，第12533页。
⑦ 《宋季三朝政要笺证》，卷6《广王本末》，王瑞来笺证，中华书局2010年版，第480页。

夫人，潮川畲妇也。景炎元年，宋帝趋潮州，张世杰招义军，夫人倡率诸峒畲妇应命。"

上述这些军事行动有的持续时间长达十余年，有的仅有几个月，但都在当时引起了强烈的轰动，在赣闽粤边区族群发展史上留下了深刻的记忆。尽管如此，这些起义要么被剿灭，要么被招抚，而使这些轰动一时的社会动乱终归平静。在平定这些起义的过程中，官府采取各种手段，或招抚"贼首"到担任政府军队的将领职务，或安插起事之人到附近州郡，或在"贼巢"之地设立县治和学校等，都使赣闽粤边区的溪峒畲瑶诸族与汉人族群之间有了更加充分的交流和融合。

（三）战争促进了赣闽粤边区内部不同地域的族群融合

动乱和战争也促进了赣闽粤边区内部不同区域的族群融合。表现在三个方面：

第一，中央政府在这里的征伐战争，促使了大量"贼寇"在赣南、闽西和粤北三个地区辗转来回地流窜，促进了这一地区的族群交流。如绍兴五年至七年，虔州盐贩大规模地向粤北的南雄、英州、韶州三州和粤东的循州、梅州、惠州等地进犯[1]，"（绍兴间）虔冠窃发，多缘群入闽、广贩盐以致作乱"[2]。这种跨地域、大规模的联合军事行动，必然也使三个地区的民众卷入其中。例如，顺治二年，赣州府石城县吴万乾"倡永佃，起田兵"，就主动联合当时在石城佃耕的外来民户："邑大户土著为多，万乾恐不能胜，又要联客纲头目郑长春、李诚吾、连远候，结党惑众，名纲义约。"而同县王振在举兵起事时，更是远接临县宁都、瑞金和福建省的宁化县，"纠宁都、瑞金、宁化等处客户，一岁围城六次"[3]。这种不同地域的族群联合行动，自然有助于他们的交流和融合。值得一提的是，在"贼寇"遭到官兵围剿时，往往还出现当地民众为之通风报信和供送粮食的情形。如上杭名贤邱嘉穗在谈到境内来苏等三乡的峒寇之乱时说："其三界村氓畏贼势炽，又多与之接济，来若为迎，去若为护，前后皆彼奸

---

[1] （宋）李纲：《乞措置招捕虔州盐贼奏状》，载（宋）李纲《梁溪集》卷66《表札奏议二十八》，四库全书本。

[2] （宋）熊克：《中兴小纪》卷15，南宋绍兴三年十月戊戌。

[3] （清）朱一慊：《石城县志》卷7《武事》，清道光四年刻本。

细,声息动相应援。"① 这种贼民相互交通的情况在赣闽粤边区的"寇乱"中十分普遍,以至王阳明甚至把它当作是盗贼难以靖除的根本原因,因而颁行《十家牌法》以严厉禁止:"访得所属军民之家,多有规图小利,寄住来历不明之人,同为狡伪欺窃之事;甚者私通畲贼,而与之传递消息;窝藏奸宄,而为之盘踞夤缘","行令所属府县,在城居民,每家各置一牌。……日轮一家,沿门按牌审察动静;但有面目生疏之人,踪迹可疑之事,即行报官究理。或有隐匿,十家连罪,如此庶居民不敢纵恶,而奸伪无所潜形"。②《十家牌法》的实行效果我们姑且不论,单就其如此严厉实行的程度来看,说明这些"贼寇"与当地民众的密切联系。"贼"与"民"之间的这种密切联系,尤其是在那些连县跨省的寇乱中,无疑也反映了族群之间的联系和交流。

第二,起义被官兵打败后,又有大量"贼寇"被安置到异地州郡。如正德六年,"(广东)程乡贼钟仕锦攻劫附近乡邑,都御史周南招降贼首何积玉及余党千余人,擒仕锦,戮之,安插朱贵等三百余人于羊角水。后积玉复叛,知县蔡爨督民兵格杀之,安插余党叶芳等于(安远)黄乡堡为新民"③。这种异地安插的政策,无疑对两地族群的融合具有十分重要的促进作用。

第三,动乱也引发了大量难民逃亡,往往是赣南发生战乱,则难民就逃向闽西或粤北,闽西发生战乱,难民就逃往粤北或赣南。如宋末元初,"梅州人民抗元的壮烈,地为之墟。闽之邻粤者,相率迁移来梅,大约以宁化为最多。所有戚友询其先世,皆来自宁化石壁人"④。元初至元年间,闽北黄华军变,"福建归附之民户几百万,黄华一变,十去四五"⑤。这些难民往往并不远徙,一般都在赣闽粤边区内部辗转来回,所以也在客观上促进了赣闽粤边区内部不同地域之间的族群交流和融合。

总之,在宋元以来的历次动乱中,赣闽粤边区的溪峒畲蛮与汉人族群

---

① (清)邱嘉穗:《与翁明府、蒋参戎论洞寇书》,载(清)曾日瑛修,李绂纂《汀州府志》卷43《艺文五》,清乾隆十七年刻本。
② (明)王守仁:《案行各分巡道督编十家牌》,载(明)王守仁撰《王阳明全集》卷16《别录八·公移一》,吴光等编校,上海古籍出版社1992年版,第531页。
③ (清)魏瀛修,钟音鸿纂:《赣州府志》卷32《武事》,清同治十二年刊本。
④ (清)吴宗焯等修,温仲和纂:《嘉应州志》卷32《丛谈》,"谈梅"条,清光绪三十二年刻本。
⑤ (明)宋濂等撰:《元史》卷167《王恽传》,中华书局1976年版,第3932页。

一道，或揭竿倡起，或遥相呼应，或联合举兵，在轰轰烈烈的反抗斗争中，他们为了对付共同的敌人，摒弃了种族差别，在共同的反抗斗争中，彼此之间有了更为广泛和深刻的接触和交流。同时，起义军在赣闽粤边内部不同地域之间的辗转作战，也大大促进了不同区域的族群融合，这些都使汉蛮边界、地域边界逐渐模糊，赣闽粤边区地域社会的整体特性日益明显。正是在这种多元族群的地域融合中，客家民系才得以逐渐形成和发展。从这个意义上来说，客家民系的形成，既是族群融合的结果，也是地域整合的结果。

二　军事征抚促进了赣闽粤边区的文化传播

战争的意义不仅宣扬了胜利者的武力，而且也宣扬了胜利者的文化。在中央政府对赣闽粤边区的长期征抚中，也把中原地区的文化带进了这一地区。方言、建筑和风俗习惯等都是一个地域的标志性文化事象。我们以赣闽粤边区的军家话方言岛、围屋为例，说明战争对客家地区文化传播的意义。

（一）赣闽粤边区"军家话"方言岛的出现

现在赣闽粤边区通行的语言是客家方言，客家方言的主要特征是保留了大量的宋元时期的中原古音，它是唐宋以来大量北方汉人涌入赣闽粤边区以及中原文化在赣闽粤边区广泛传播的结果。然而，在赣闽粤边区这片客家方言海洋中，竟然矗立着几座被称为"军家话"的方言孤岛，成为赣闽粤边区地域文化的奇异景观。赣闽粤边区"军家话"的形成，则是明清时期中央政府在这一地区进行军事征略的结果。

赣闽粤边区比较著名的军家话方言岛主要有三个：一是武平中山镇"军家话"方言区，二是南平市城郊附近"土官话"方言区，三是赣州市城郊和信丰嘉定镇的"西南官话"方言区。

武平县是著名的客家县，全县以客家话为主要语言，然在县域西南部的中山镇，则存在一个"军家话"的方言岛。该镇人口近两万，其中将近一半的人讲的是"军家话"，形成镇内"客家"、"军家"双语并行的语言格局。当地军家人"有强烈的独立于武平客家的自我意识，对进入军家人家庭并成为其中一员的客家人，要求学会军家话。这种强烈的独立意识使军家话代代相传"[①]。关于武平中山镇"军家话"方言岛的形成原

[①] 福建省武平县县志编纂委员会编：《武平县志》卷33《方言》，"附中山军家话"条，中国大百科全书出版社1993年版，第795—799页。

因，语言学家一致认为与明清时期的战乱有关。① 据文献记载，因为当时寇乱爆发，中央政府派军在此驻守：

  武平有武平城。洪武二十四年（1391年）正月置武平千户所于此。②

  明洪武二十年，山寇谢仕贞倡乱，县丞蒋昭奏闻，遣汀州卫指挥黄敏提军剿捕。因设兵防守，至二十年始筑城。③

据当地人讲述，当时朝廷置武平所时，派遣十八员将军和十八员副将领兵千余在此戍守。三十六将各为一姓。他们带着妻小，在此驻守并垦屯军田，这些驻所军士及其后代单独划入军籍，内部相互通婚，久而久之，就形成独特的军家人和军家话。清朝初年，由于负城抵抗，中山惨遭血洗，军家人伤亡尤重。安定以后，朝廷招抚流亡并从邻县客家人中大量移民，渐渐形成百姓杂居的现象。军家人在中山镇享有优越地位，今天镇内仍然存有明初建城时铺设的石板路，传说当时只有军家男子有权踏行，客家人不可逾越。④

由于客家人的迁入，镇内形成了客家话与军家话并行的语言格局。虽然军家人与客家人长时间相处在一起，语言上自然有不少混同的地方。但由于军家人是从不同地方迁徙而来，并且形成了自己的语言风格，所以军家话与客家话之间还是存在明显的差异。据方言学者的调查，军家话除了北方话之外，更杂有赣方言的特点。⑤ 如"插秧"，军家话说"栽禾"，客家话说"莳田"；"明天"，军家话说"天光"，客家话说"明朝"；"什么"这个词，军家话说"啥哩"，客家话则说"嘛格"；"吃"这个词，军家话说"喫"，客家话则说"食"；"热水"这个词，军家话说"烧

---

① 梁玉璋：《武平县中山镇的"军家话"》，《方言》1990年第3期；严修鸿：《武平中山镇的军家话》，李如龙、庄初升、严修鸿《福建双方言研究》，汉学出版社1995年版。
② （清）张廷玉等：《明史》卷45《地理六》，中华书局1974年版，第4957页。
③ （清）刘胪修，赵良生纂：《武平县志》卷2《建置志》，清康熙十一年刻本。
④ 方拥：《闽西奇特的两处方言岛文化现象》，《华侨大学学报》（哲学社会科学版）1992年增刊。
⑤ 林清书：《武平中山军家话与赣方言》，林立芳主编《第三届客家方言研讨会论文集》，韶关大学学报2000年增刊。

水",客家话则说"滚水",等等。①

福建南平地区临近闽西,境内也有不少客家人。在南平地区城区的梅山一带和城郊西芹镇,至今还保持着流传了500余年的"土官话",这种官话大体保留了下江官话的特点,成为福建中部最大的北方方言岛。例如,"土官话"中保留了大量与闽方言不同而跟普通话一致的词语。如,"闪电"、"暖和"、"背后"、"旁边"、"暖和"、"门槛"、"干儿子"、"锅盖"、"房间"、"厅堂"、"插秧"、"脸盆",等等。②南平"土官话"方言岛的形成,也与明清时期的动乱和战争有关系。明朝正统年间,邓茂七在沙县(沙县后来被罗香林先生认定为客家纯客县)率领佃农起来进行抗租抗佃。明朝中央政府调集军队进行镇压,数年后才平息动乱。动乱之后,这支军队留驻当地,成为这里的军家人。因为军人大多来自长江中游地区,所以这里的军家话也就带有下江官话的特征。③

赣南地区是客家大本营地区之一,境内以客家人聚居为主,"客家话"是当地最主要的方言。然而,就在这客家话的汪洋大海中,也有两个非常突出的"西南官话"方言岛——赣州市章贡区城区和信丰县政府所在地嘉定镇。

章贡区位于江西南部,赣江上游两条支流——章江和贡江的交汇处,东、南、北三面与赣县接壤,西与南康市相邻。现辖水东、水南、水西、沙石、沙河5个镇和解放、赣江、南外、东外4个街道办事处,户籍人口463127人。章贡区的语言分为城区内和城区外两大部分。城内人讲的西南官话(客家人称之为"赣州话",本地人则自称为"官话"),城外以及整个赣南地区都是讲客家话。赣州话语调平缓,用词文雅,发音柔和,语流音变不十分活泼。中华人民共和国成立后,"赣州话"受普通话及赣客方言的影响,语音上又有了"新派"与"老派"的区分。④

信丰县位于赣南中部,也是一个客家大县,境内存在两大方言体系:讲客家人约60万,占全县人口的90%,讲西南官话的人约6万,占全县人口的10%。官话人口集中分布县城所在地嘉定镇的水东、长生、黄家

---

① 李如龙:《福建方言》,福建人民出版社1997年版,第55—57页。
② 南平市地方志编纂委员会编:《南平地区志》卷48《方言》,方志出版社2004年版,第2500—2571页。
③ 李如龙:《福建方言》,福建人民出版社1997年版,第52—53页。
④ 金虹:《赣州话音系概要》,《烟台师院学报》(哲学社会科学版)1985年第1期。

坑、七里、同益、水北、山塘、白石、黄坑庙、胜利、土墙背、游州、太平、蕉坑等村。其余客家话人口则分布在县城以外的12镇3乡，对官话形成一种包围之势。①

据学者考证，西南官话形成于明清时期。② 赣州这两个方言岛的形成原因，亦当与明清时期的卫所制度有关。卫所制度是明朝政府的常备军制度，其特点是军人世袭、兵农合一，它把世袭服役军士与屯田紧密结合起来。卫、所是最基本的军事编制单位，其建制规模为一卫5600人，千户所1200人，百户所112人。军中士卒另立军籍，并为世职："天下既定，度要害地，系一郡者设所，连郡者设卫。大率五千六百人为卫，千一百二十人为千户所，百十有二人为百户所。……其军皆世籍。"③ 卫所官兵除了战时出征打仗之外，平时都是屯田自养，收获作为军官的俸禄和军粮以及军人养家糊口之用。明代卫所制度在洪武七年就已基本完善定型了，成为整个明代军队屯田的基本管理模式。④ 据地方文献记载，曾在赣州城区和信丰县城分别设立有府卫和千户所，其规模和建置与典籍制度基本一样："赣州卫署　府东南三里，周百有六十丈。……军二千二百七十有七人。""信丰守御千户所　县西北，周二百有三十丈。……军千八十七人。"⑤

赣南驻军规模对当地方言的影响，我们可以从信丰县的驻军与当地居民的数量比例进行比较。信丰县的民口数量，同书有明确记载：洪武二十四年3109人，永乐十年4421人，宣德七年4989人，正统七年4561人，景泰三年4971人，天顺六年5002人，成化八年4915人，弘治五年4237人，弘治十五年4114人，正德七年4292人，嘉靖元年4711人。⑥ 天启年间人口3846人。⑦

而信丰千户所的驻军数量，嘉靖年间，"信丰守御千户所　军千八十

---

① 信丰县志编纂委员会编：《信丰县志》，江西人民出版社1985年版，第709页。
② 周振鹤、游汝杰：《方言与中国文化》，上海人民出版社1986年版。
③ （清）张廷玉等：《明史》卷90《兵二·卫所》，中华书局1974年版，第6193页。
④ 孙东：《明代卫所制度研究》，《文史学报》1965年第2期。
⑤ （明）康河修，董天锡纂：《赣州府志》卷6《戎卫》，明嘉靖十五年刻本。
⑥ （明）康河修，董天锡纂：《赣州府志》卷4《食货》，"户口"条，明嘉靖十五年刻本。
⑦ （明）余文龙修，谢诏纂：《赣州府志》卷7《户口》，明天启二年刻本。

七人"①。天启年间，"信丰所旗军共四百四十七名"②。而军屯田亩及屯军数量则是：嘉靖年间，信丰守御千户所"屯田二万七千七百有二十亩，岁纳子粒四千九百十有一石七斗三升，屯军八百九十七人"③；天启年间，"信丰屯田二万七千七百二十亩，岁纳子粒四千九百一十一石七斗三升。屯军八百九十七人"④。

从上述数据可以看出，综观明代，信丰县的人口规模变化不大，基本上都是在3000—5000人。而信丰千户所驻军数量，则有一个较大的变化，从嘉靖年间的1087人，降到天启年间的447人，但其屯田军士数量则一直保持在897人。我们以嘉靖和天启年间的两组民户和军户人口数据为例，则可知道，在嘉靖年间，军户（1087+897）与民户（4711人）之间的比例是：42∶100；天启年间，军户（447+897）与民户（3846人）之间的比例是：35∶100。这就意味着在明代，整个信丰县的人口中，每100人中，差不多就有35—42个来自军户。如此庞大的军人集团的长期存在，难怪会形成这样的方言岛。

（二）赣闽粤边区特色建筑——围屋的出现

客家围屋是赣闽粤边区著名的富有特色的民居建筑，按其外形特征，大体可以分为圆形土楼、方形围屋和前方后圆的围龙屋三大类。客家围屋的分布范围很广，在整个赣闽粤边区都有广泛分布。关于围屋的来源，有不同的说法，有的说客家人的独创，有的说是来自北方中原。⑤但无论如何，我们认为，赣闽粤边区这种特殊民居建筑的出现，是当时频繁的动乱和战争催生的结果。这从围屋建筑的防御性特征，围屋的分布地区特征，以及传说故事等几方面清晰地看出来。

先来看看赣闽粤边区围屋的防御性能。与普通的民居建筑相比，无论是方形围屋，围龙屋，还是圆形土楼，其安全防御功能都要明显得多。围屋外墙很厚，一般达一米以上，修筑围屋墙体的材料有的用条石，但更多

---

① （明）康河修，董天锡纂：《赣州府志》卷6《戎衙》，明嘉靖十五年刻本。
② （明）余文龙修，谢诏纂：《赣州府志》卷12《兵防志》，"军制"条，明天启二年刻本。
③ （明）康河修，董天锡纂：《赣州府志》卷6《戎衙》，明嘉靖十五年刻本。
④ （明）余文龙修，谢诏纂：《赣州府志》卷12《兵防志》，"军屯"条，明天启二年刻本。
⑤ 参见韩振飞《赣南客家围屋源流考——兼谈闽西土楼和粤东围龙屋》，《南方文物》1993年第2期；杨豪《从城堡、土楼、围龙屋看客家建筑文化》，《岭南文史》2004年第1期。

的是用黏性极强的黄土，按一定比例，加入石灰，砂石，就着糯米浆，有的还加入红糖，一起搅动，这样的墙体风干后，坚硬如石，又富有韧性。围屋一般比较高，有的高达二三层，甚至更高。围屋顶层一般不堆放杂物，并设计有一环形墙走廊贯通整个顶层，方便战时调兵遣将，四周作战。围屋顶层外墙一般都向外开有一排排枪眼炮孔。围屋四角顶上还建有小碉堡，并且为了消灭死角，这些小碉堡飘出墙体，形成一个悬顶，这样站在小碉楼里就可以射击潜至墙下的敌人。大门是进入围屋的最重要的通道，因此围屋的防御性能也集中体现在对大门的设计上。赣闽粤边区地区的围屋往往只留一个孔道进入围屋，这一孔道设有数道大门。最外面的大门，大门墙体一般会特别加厚，门框用条石砌成，门板用非常坚硬的木头做成，门板厚度很高，并且一般还会包上厚达数毫米的铁皮。有的门顶上还备有"水漏"以防火攻。为了防止被围困，一般围屋里面还掘有水井，以备饮用，等等。如此颇具匠心的设计，无疑是为了防御战争，寻求自保而产生的。

再来看看围屋的地域分布。赣南地区以方形围屋为主，主要分布在龙南县、定南县、全南县、信丰县、安远县、寻乌县等与广东和福建交界地域。当时，这一地域也是战乱频发的地区。根据学者的统计，自明正德元年至清同治十二年（1506—1873年）的368年里，见于记载的兵火便有148起。在这148起中，起源或波及龙南、定南、全南、安远、寻乌一带围屋较多县的兵火就有92起，平均每4年有一起。[1]

在整个梅州地区，兴宁的围龙屋数量最多、最密集，种类较为齐全，被荣称为"中国围龙屋之乡"。其中，盘安围、善述围、棣华围等都是建筑工艺独特、保存完好的著名的围龙屋。兴宁围龙屋的出现，也与当地的社会动乱有密切关系。如，嘉靖三十七年（1558年）程乡县的林朝曦联合饶平县的张琏聚众闹事，队伍发展到10万人，活跃于赣闽粤三省[2]；嘉靖四十二年（1563年），蓝松三领导了大埔、程乡畲民起义；万历十三年（1585年）兴宁有刘青山率600余人在罗岗谋反。[3]

福建圆形土楼以圆形为主要特色，主要分布在南靖、永定一带。其建

---

[1] 万幼楠：《赣南围屋研究》，黑龙江人民出版社2006年版，第66页。
[2] （明）郭子章：《潮中杂记》卷6《请增盐甲补京银义》，载饶宗颐主编《潮州善本选集第一种 潮中杂记》，香港潮州商会1993年印行。
[3] 《兴宁县志》，《大事记》，广东人民出版社1992年版，第16—17页。

筑年代主要在元末明初、明末清初和清末民国初年。如集庆楼建于明永乐十七年（1419 年），承启楼建于清康熙四十八年（1709 年），奎聚楼建于清道光十四年（1834 年），遗经楼始建于清咸丰元年（1851 年），福裕楼建于清光绪六年（1880 年），振城楼建于民国元年（1912 年）。而这一段时期，也正是中国政权交替、社会动荡的时期，尤其是当时客家与福佬两大族群矛盾尖锐、族群冲突严重的时期。① 动乱的社会局势使得当地居民为了自保，不得不花重金建筑防御性能强大的围屋，以保全全族的生命和财产。

客家围屋这种防御性特征的凸显，客家学界普遍认为，客家围屋是战争的直接产物。例如，关于福建圆形土楼的出现，学者认为土楼的最初产生，是仿照了军事防御性质的土城、土堡的形制而建造出来的。这种土楼在沿海地区更早出现，这与明朝中后期福建各地民变纷起，动乱频仍，以及日本倭寇疯狂骚扰我国东南沿海地区有关，于是土楼在乱事最频繁最剧烈的闽南和闽中首先兴起，漳州沿海地区由于倭患最惨烈，所以在龙溪、漳埔、诏安、海澄等县兴筑的土楼也最多。后来，由于客家与福佬两大族群之间的矛盾和冲突尖锐，又使这一地区的人们仿照沿海地区的圆形土楼那样，在漳州的南靖、平和、诏安等山区县份，以及汀州永定县东南部，建起了数量众多的防御建筑。② 由此可见，频频发生的动乱和战争是赣闽粤边区建筑围屋的直接原因。战争不仅使围屋的建筑成为必要，而且，战争也促进了建筑技术传播到了赣闽粤边区。

再者，围屋的建筑与动乱的关系，在赣闽粤边区是族谱记载和民间传说中也可生动地反映出来。在不少姓氏族谱中，有不少关于筑堡自卫的直接记载。如龙南县杨村镇的燕翼围：

> 赖上拔，字福之，龙南杨村人。幼豁达，有智略，及长，好读书，贯穿经史，为交直抒所见，下笔千言立就，不投有司所好，屡试不得志，以邑诸生终。先是闽贼余孽杨细徕聚众作乱，扰杨村，欲胁居民为助。时上拔年甫十三，大呼曰："乱臣贼子，力不能诛，可从之耶?!" 居人壮其言，悉力拒之，得免。国朝顺治丙戌丁亥间，山寇猖獗，劫掠无虚日。上拔偕弟上赠、

---

① 谢重光：《畲族与客家福佬关系史略》，福建人民出版社 2002 年版，第 233—242 页。
② 谢重光：《客家文化述略》，中国社会科学出版社 2008 年版，第 202—204 页。

上骸奉其父郁华避乱黄牛石。寇灭，奉父归，庐舍已为灭烬矣。闾井萧索，鸡犬不闻，乃请于父，筑楼以为保家计。①

安远县镇岗乡的东生围：

至咸丰二年，肆布谣言，时势大乱，父子重议，要有坚实墙体，方可保护人口财产。旋请工师再议重围外围如城，墙厚需四尺五寸，对外门窗均用条石段嵌。竣工后同年五月，李元古造反，乡邻皆躲入我围。又两年，长毛贼来乱，再两年庚申八月，花旗贼来犯，前后三次之乱，皆由我围躲难，计三千余人得保平安，众乡亲皆谓我有先见之明，加紧造好围屋防贼。②

于都马安乡的宝溪围：

迩年来，贼盗蜂起，举境仓皇，或匿迹于深山穷谷，或寄食于别邑他乡。受尽风霜、倍历险阻，迨寇退返舍，则室如悬磬，糇粮尽书为贼赏，衣物皆为匪攫。连年遇寇，累岁不安。于是，学琚始思固族之谋，请求御侮之法。……（围子修成后）从此日上竿惊，白发高眠长乐，一坊永保，青山无恙矣。③

---

① 龙南：《桃川赖氏八修族谱》，不分卷，《福之公传》，桃川赖氏族谱编辑文员会 2005 年编印。
② 安远县《颍川堂陈氏族谱》，不分卷，《建造东生围详记》，1995 年刊本。
③ 于都县《宝溪钟氏八修族谱》，不分卷，《宝溪围序》，民国八年刊本。

第三章 政治实践与文化传播

——中央政府强化对赣闽粤边区基层社会的控制

增设行政区划，加强地方基础组织建设，是唐宋以来中央政府在赣闽粤边区进行的两大重要政治实践活动。通过这些实践活动，中央政府强化了对赣闽粤边区的控制，同时也促进了中原文化在这一地区的传播。

第一节 增设行政区划

所谓行政区划，就是国家为了进行分级管理而实行的国土和政治、行政权力的划分，将全国的地域划分为若干层次大小不同的行政区域，设置相应的地方国家机关，实施行政管理。在进行行政区的划分时，一般都要充分考虑区域内的地理条件、经济联系、历史传统、民族分布、风俗习惯等因素。

一 唐宋至明清时期赣闽粤边区增设行政区划的概况

自从秦朝开始在全国推行郡县制以来，在行政区划上，曾先后出现过郡—县两级制、道（路、省）—州（府、厅）—县三级制、省—路—州（府）—县四级制等模式，其中，三级制是比较普遍的一种模式。[1] 在道（路、省）—州（府、厅）—县三级制这一常见的模式中，赣南、闽西和粤东北这三个地区境内都分别设立了第二级和第三级行政管理机构，有的甚至还曾设立了第一级行政管理机构。

在第二级行政管理机构设置方面。赣南在秦汉时期一直隶属于豫章郡，东汉兴平元年（194年），分豫章郡置庐陵郡，赣南则隶属于庐陵郡。

---

[1] 陈代光：《中国历史地理》，广东高等教育出版社1997年版，第127—159页。

三国东吴嘉禾五年（236年），析庐陵郡置南部都尉，隶扬州，治所在雩都，领雩都、赣县、平阳、阳都、揭阳、南安、南野7县，这可以说是赣南成为第二级行政区划的端倪。西晋太康三年（282年），罢庐陵南部都尉，置南康郡，治雩都，则是赣南正式设立第二级行政区划的开始。东晋南朝时期，由于南方战乱，赣南的行政区划变动更加频繁，但总的情况是县治增减不居，郡级的归属关系时有变动，第二级行政区划的设立也是时设时废。隋朝针对东晋南朝地方行政区划制度十分混乱的状况，在开皇三年（583年），诏令"罢天下诸郡"，保留州、县，恢复到秦汉时期的二级制[1]，并于开皇九年（589年），改南康郡为虔州。这样在赣南境内出现了第一级地方管理机构。唐初划天下为十道，实行三级制，虔州虽保留了州的名义，但只是第二级行政区划而已，隶属于江南道。在以后的历史发展过程中，赣南也就一直作为第二级行政区划出现在历史舞台上。值得一提的是，在北宋淳化元年（990年），以虔州原辖南康、大余、上犹3县另置南安军，治大余，这样赣南境内就开始两个第二级行政区，并一直保留到清代。南宋绍兴二十三年（1153年），以"校书郎董德元言'虎头州非佳名'"，虔州之名改为赣州。[2] 清朝乾隆十九年（1754年），升赣州府下的宁都县为宁都直隶州，辖瑞金、石城2县，这样，在赣南境内又出现了"二府一州"（赣州府、南安府和宁都直隶州）的行政区划模式。

  闽西地区在历史上的行政区划设置情况，在秦至东晋南朝时期，闽西曾隶属过闽中、建安、晋安、晋平、南安、泉州等州郡。唐开元二十四年（736年），设汀州，这是闽西境内建立第二级行政区划的开始。唐后期至五代十国间，闽西境内的州郡之名时有变化，但其所辖领地大体一致，两宋时，汀州建置沿袭未变。元朝实行省—路—州（府）—县四级制，在至元十五年（1278年），汀州一度还上升为"路"。明洪武元年（1368年），改路为府，称汀州府。清雍正十二年（1734年）福建省督抚酌定海疆，以漳州府龙岩县距府治僻远，鞭长莫及，奏升龙岩县为直隶州，下辖原属漳州府的漳平、宁洋2县，这样，闽西境内又出现了"一府一州"（汀州府和龙岩直隶州）的行政建制并直至清末。

---

[1] （唐）魏征等：《隋书》卷1《高祖纪上》，中华书局1973年点校本，第20页。
[2] （清）魏瀛修，钟音鸿纂：《赣州府志》卷2《舆地志》，"沿革表附·赣州府"条，清同治十二年刊本。

粤东北地区的地域范围主要以现在的梅州为主。在州级行政区的设置方面，早在五代十国南汉乾和三年（945 年），程乡升为敬州，领程乡县。这是梅州州治设立的起始。宋开宝四年（971 年），因避宋太祖祖父赵敬之讳，改"敬州"为"梅州"。宋熙宁六年（1073 年），废梅州，以程乡县隶潮州；元丰五年（1082 年），梅州复置，仍领程乡县，属广南东路；绍兴六年（1136 年），废梅州复设程乡县隶潮州；绍兴十四年又复置梅州，仍领程乡县，属广南路。

元至元十六年（1279 年），改梅州为"梅州路"，置总管府；明洪武二年（1369 年），废州为程乡县，隶潮州。清雍正十一年（1733 年），程乡升为"嘉应州"，隶属广东省，嘉庆十二年（1807 年），升嘉应州为嘉应府。嘉庆十七年，复为嘉应州，宣统三年（1911 年），嘉应州复名梅州。

在历代的行政区划设置中，"县"的名称最稳定，其级别也一直是最低的。在赣闽粤边区，县的建置比州、府更早，其出现之后，也更稳定。赣南地区最早设县是在汉高祖六年，当时在赣江上游支流的章江流域设立南壄县，在另一条支流贡江流域设立雩都，在两条支流的汇合处设立赣县，成为中央政府控制赣南地区的最早行政区划。随着对这一地区的开发的深入，这三个行政区不断分划衍生出更多的县，到了东晋南朝时期，赣南已经设立了赣县、平固、雩都、宁都、虔化、陂阳、南康、南壄 8 个县。隋初在全国进行大力裁并州县，受这一形势的影响，赣南原有的 8 个县，裁并成 4 个，即赣县、雩都、虔化、南康。唐朝时期，赣南又逐渐恢复或增设了一些县。如从安远县，"南朝梁大同十一年，析雩都置安远县，寻废。唐贞元四年，仍析雩都置安远县。"① 信丰县，"唐永淳元年，由南康县析出南安县，天宝元年改名信丰。"② 此外，古县"南壄"在隋朝降为大庾镇，并入南康县，唐时亦复县，并更名为大庾县。闽西在南朝时属于晋安郡下辖的新罗县。唐开元二十四年在闽西设置汀州，新设领长

---

① （清）魏瀛修，钟音鸿纂：《赣州府志》卷 2《舆地志》，"沿革"条，清同治十二年刊本。但这与《安远县志》的记载有所不同，该志云："南齐建县，随罢。南梁复建，隋又废入雩都。唐复析雩都地建县。"（清）黄瑞图修，丁佩纂：《安远县志》卷1，《地理志》，"沿革"条，清同治十二年刊本。

② （清）魏瀛修，钟音鸿纂：《赣州府志》卷 2《舆地志》，"沿革"条，清同治十二年刊本。

汀、黄连、龙岩三县。天宝元年，改黄连名为宁化。大历十二年，又把龙岩割属漳州，并移建州之沙县来属，南唐开运二年，移割沙县归剑州。①粤东北在南朝以前先后设置过兴宁、义招、齐昌和程乡等县。隋朝裁并郡县，粤东北地区仅保留程乡、齐昌②和兴宁三县，唐朝时，又把兴宁县并入齐昌，所以只设有齐昌和兴宁两县③，但这两县实际上都不是新设，只是在原来的基础上裁革而来。

唐末五代时期，政权割据分治，赣闽粤边区在行政区划上也更加复杂，各地州府辖县的名称更易，辖属调整等都有很大变化。但在新县增设方面，只有赣南地区新增了瑞金、石城、龙南、上犹四县。其中，瑞金："（唐）天祐元年析雩都县象湖镇置瑞金监，瑞金之名始此。……南唐保大十一年，以瑞金监为瑞金县，隶昭信军，此立县之始。"④石城，"南唐昇元初，取吴置昭信军。保大十一年癸丑，析虔化东地石城场为石城县，隶昭信军"⑤。龙南，唐天宝元年"信丰县析地置百丈戍，升为镇，寻又改称为虔南镇。……（后梁）贞明四年，伪吴杨偓演遣刘信攻克虔州，地入伪吴，改虔南镇为虔南场。……（南唐）保大十一年，以信丰虔南场为龙南县，建县始此"⑥。

两宋时期是赣闽粤边区新县增置较多的时期。在赣南，新设了兴国和会昌两县，"太平兴国元年，分江南为东西路，虔州为西路。析赣县潋江镇之七乡，益以庐陵泰和地，置兴国县。析雩都九州镇，置会昌县"⑦。在闽西，则新增了上杭、武平、莲城、清流四县。"淳化五年，析长汀地，益上杭、武平二场并升为县，领县四。元符二年，析长汀、宁化地，

---

① （清）曾日瑛修，李绂纂：《汀州府志》卷2《建置》，清乾隆十七年刻本。
② 据乾隆《嘉应州志》记载，齐昌的历史沿革大约是：南齐，析兴宁置齐昌；唐肃宗省兴宁入齐昌；五代南汉置齐昌府；宋太祖复齐昌县，神宗，齐昌复兴宁。（清）王之正：《嘉应州志》卷9《兴宁县》，"沿革"条，清乾隆十五年刻本。
③ （后晋）刘昫等撰：《旧唐书》卷41《地理四》，中华书局1975年版，第1663页。
④ 乾隆《瑞金县志》卷1《舆地志》，"沿革"条，故宫珍本丛刊第117册，海南出版社2001年版，第173—174页。
⑤ 乾隆《石城县志》卷1《舆地志》，"沿革"条，故宫珍本丛刊第118册，海南出版社2001年版，第224页。
⑥ 乾隆《龙南县志》卷2"沿革"条，故宫珍本丛刊第118册，海南出版社2001年版，第22页。
⑦ （清）魏瀛修，钟音鸿纂：《赣州府志》卷2《舆地志》，"沿革"条，清同治十二年刊本。

置清流县，领县五。绍兴三年，升长汀之莲城堡为县。"① 在粤东北，"宋熙宁五年，析齐昌之长乐镇置县，隶循州"②。

元代基本继承了宋代的行政区划，在府县增设方面似乎没有新的突破。但是到了明代，因为当时动荡的社会形势，所以又增设了不少新县。在赣南增设了崇义、长宁、定南三县。③ 在闽西汀州，新设了归化和永定两个县。④ 在粤东北，则增设了清远和镇平两县。⑤ 明代所增新县，以及连同原来的旧县，也基本为清代所沿袭，同时也基本奠定了现在赣闽粤边区行政区划的总体格局。

为使唐至明末期间新增县治的情况有一直观呈现，我们特此制订了下列表格（见表3－1）：

表3－1　　　　唐至清初赣闽粤边区新增县治数目

时间 区域	唐	五代	宋	明清
赣南	安远、信丰	瑞金、石城 龙南、上犹	兴国、会昌	崇义、长宁、定南、全南
闽西	长汀、黄连	—	上杭、武平莲城、清流	永定、归化、平和
粤东北	—	—	长乐	平远、镇平、大浦、丰顺、和平

二　关于赣闽粤边区不同时期增设县治的方式及其原因之探讨

从上面的叙述中我们知道，从唐到明末，赣闽粤边区一直在不断增设新的县治，那么，这些县治的设立方式有什么不同，这些不同的设立方式又反映了什么样的历史背景，并且对于中央政权加强对赣闽粤边区的控制又有什么样的意义，等等，都值得我们思考。

综观唐至明末赣闽粤边区所增设的新县，其设立方式大体可以分为两种，即单县析出和多县割置。

---

① （清）曾日瑛修，李绂纂：《汀州府志》卷2《建置志》，"沿革"条，清乾隆十七年刻本。
② （清）王之正：《嘉应州志》卷10《长乐县》，"沿革"条，清乾隆十五年刻本。
③ （清）魏瀛修，钟音鸿纂：《赣州府志》卷2《舆地志》，"沿革"条，清同治十二年刊本；（清）黄鸣珂修，石景芬等纂：《南安府志》卷2《沿革表》，清同治七年刊本。
④ （清）曾日瑛修，李绂纂：《汀州府志》卷2《建置志》，"沿革"条，清乾隆十七年刻本。
⑤ 参见（清）王之正《嘉应州志》卷11《清远县》、卷12《镇平县》，"沿革"条，清乾隆十五年刻本。

所谓"单县析出",即新增县治乃从原有单个大县分析而出,成立新的县治。在唐至明末赣闽粤边区所增新县中,有很多都是通过这种方式设立的。如,在赣南地区的雩都县,最早在西汉高祖六年(前201年)设立,是当时在赣南境内所设三县之一。后来雩都一直在被划分离析:东吴嘉禾五年(236年),"分雩都东北之白鹿营,置阳都县";南朝梁武帝大同十年(544年),"又析雩都东南乡置安远县,永明八年寻废",直到唐德宗贞元四年(788年),"仍割雩都旧安远地为安远县";又于唐昭宗天祐元年(904年),"析雩都象湖镇为瑞金监",南唐李璟保大十一年(953年),"升雩都瑞金监为县";北宋太平兴国七年(982年),又"析雩都九州镇地,置会昌县"。实际上,因为阳都县(在南唐时已演化为虔化县)原来属于雩都县,于南唐保大十一年从虔化县分析出来而设立的石城县,实际上也是属于雩都古县的辖地,所以同治年间所修的《雩都县志》云:"又石城县分自阳都,古皆雩都统之,名石城场,是雩固分六县矣。"也即是说,到北宋初,雩都已经一分为六了,即雩都、阳都、安远、瑞金、石城、会昌。① 同样,赣南地区的南埜古县,后来也分立了大庾、南康、上犹、崇义等县。② 闽西地区在唐朝设立的长汀县,后来也亦分析出上杭、武平、莲城、永定等县。③

所谓"多县割置",顾名思义就是新增之县乃由多个县治分割部分辖地共同组成。在赣闽粤边区,由"多县割置"而来的新县也较多。如,明朝正德年间成立的崇义县,乃是割上犹县崇义、上堡、雁湖三里,南康县至坪、尚隆、崇德三里,大庾县义安里而设置成县。④ 嘉应州的平远县,最先是于嘉靖四十一年(1562年),割闽之武平、上杭,江西之安远,粤东之兴宁,置县,隶江西赣州府。后来又于嘉靖四十三年,还三县割地,分程乡之义化、长田、石正三都,并兴宁之大信一里,附义田都,合为县。⑤ 宋代设立的兴国县,也是由赣南的赣县和赣中的泰和县共同割地组成,"宋太平兴国元年,析赣县潋江镇之七乡,益以庐陵泰和地,置

---

① (清)王颖修,何戴仁纂:《雩都县志》卷1《沿革志》,清同治十三年刻本。
② (清)黄鸣珂修,石景芬等纂:《南安府志》卷2《沿革考》,清同治七年刊本。
③ (清)曾日瑛修,李绂纂:《汀州府志》卷2《建置志》,"沿革"条,清乾隆十七年刻本。
④ (清)魏瀛修,钟音鸿纂:《赣州府志》卷2《舆地志》,"疆域·沿革附"条,清同治十二年刊本。
⑤ (清)王之正:《嘉应州志》卷11《平远县》,"沿革"条,清乾隆十五年刻本。

兴国县"①。

按照这两种设立县治的方式,我们将方志所载唐至明末赣闽粤边区新县设置情况列表(见表3-2)。

表3-2　　　　　　唐至明末赣闽粤边区新设县治概况

时间	区域	新县	设立方式	设置概况
唐	赣州	安远	单县析出	南朝梁大同十一年,析雩都置安远县,寻废。唐贞元四年,仍析雩都置安远县
		信丰	单县析出	唐永淳元年,由南康县析出南安,天宝元年改名信丰
	汀州	长汀	单县析出	唐开元二十四年,开福、抚二州山峒,置汀州,领县三长汀、黄连、龙岩。天宝元年,改黄连为宁化。大历十二年,析龙岩属漳州
		黄连	单县析出	
五代	赣州	瑞金	单县析出	天祐元年,析雩都之象湖镇置瑞金监。南唐保大十一年,升瑞金监为县
		石城	单县析出	南唐保大十一年,升虔化县石城场为石城县
		龙南	单县析出	唐天宝元年,南安县改名信丰县,又置百丈镇,寻改虔南镇。后梁开平四年,以虔南镇为场。南唐保大十一年,升虔南场为龙南县
		上犹	单县析出	杨吴顺义四年,析南康县置上犹场。南唐保大十一年,升上犹场为上犹县
宋	赣州	兴国	多县割置	三国吴嘉禾五年,析赣县置平阳县,西晋太康元年,改平阳为平固。隋开皇九年,并入赣县。宋太平兴国元年,析赣县潋江镇之七乡,益以庐陵泰和地,置兴国县
		会昌	单县析出	太平兴国元年,析雩都九州镇置会昌县
	汀州	上杭	单县析出	淳化五年,析长汀地,益上杭、武平二场并升为县
		武平	单县析出	淳化五年,析长汀地,益上杭、武平二场并升为县
		莲城	单县析出	绍兴三年,升长汀之莲城堡为县
		清流	多县割置	北宋元符二年,析长汀、宁化地,置清流县
	嘉应州	长乐	单县析出	宋熙宁五年,析齐昌之长乐镇置县

---

① (清)魏瀛修,钟音鸿纂:《赣州府志》卷2《舆地志》,"疆域·沿革附"条,清同治十二年刊本。

续表

时间	区域	新县	设立方式	设置概况
明清	赣南	崇义	多县割置	明正德十二年，割上犹县崇义、上堡、雁湖三里，南康县至坪、尚隆、崇德三里，大庾县义安里，置崇义县
		长宁	多县割置	万历四年，析安远之双桥、石溪等十五堡，又划会昌长河一带，置长宁县
		定南	多县割置	隆庆元年，析安远、信丰、龙南地，置定南县
		全南	多县割置	光绪二十九年，析龙南、信丰二县地，置虔南厅
	闽西	永定	单县析出	明成化十四年，析上杭地置永定县
		归化	多县割置	明成化六年，以清流之明溪镇为归化县，析将乐、沙县、宁化地以益之
		平和	多县割置	正德十二年，请析南靖县清宁、新安二里，漳浦县二、三都置清平县。题准，次年正式设县，并更名为平和县
	粤东北	平远	多县割置	嘉靖四十一年，割闽之武平、上杭，江西之安远，粤东之兴宁，置县，隶江西赣州府。嘉靖四十三年，还三县割地，分程乡之义化、长田、石正三都，并兴宁之大信一里，附义田都，合为县
		镇平	多县割置	明崇祯六年，割程乡之龟浆第一图、松源第二图，平远之石窟第一图、第二图，立为镇平县
		丰顺	多县割置	乾隆三年，以海阳县丰政都为主，割揭阳县、饶平县、大埔县、嘉应州附近都图属之
		和平	多县割置	正德十三年，分割龙川县和平都、仁义都并广三图共三里，及割附近河源县惠化都，共辖一县
		大浦	单县割置	嘉靖五年，析饶平县置大埔县

资料来源：同治《赣州府志》、同治《南安府志》、乾隆《汀州府志》、乾隆《嘉应州志》、1994年《平和县志》、乾隆《潮州府志》、乾隆《丰顺县志》、光绪《惠州府志》。

从表3-2可知，从唐至明末间，赣闽粤边区共新增县治27个，其中由单县析出而立的有15个，由多县割置而立的共12个。其各时代分布情况大体是这样的：唐朝和五代时期共增设新县8个，它们都是通过单县析出的方式设立；宋代增设新县7个，其中由单县析出的有5个，多县割置的有2个；明代增设新县有12个，其中单县析出的仅2个，而多县割置而成的则达10个（见表3-3）。

表 3-3　　　　　唐至明末赣闽粤边区不同方式所设县治数目

时期	唐代	五代	两宋	明清	合计
增设新县总数	4	4	7	12	27
单县析出县数	4	4	5	2	15
多县割置县数	0	0	2	10	12

由表3-3可知，两种设县方式在时间分布上，呈现出一个十分明显的特点，即在两宋以前，主要是单县析出的方式为主，而在明清时期，则是以多县割置的方式为主。为什么会出现这么一种特点呢？这种特点出现的背后，与当时赣闽粤边区的社会发展时序存在什么样的逻辑联系呢？

首先，我们先来看看唐宋时期的增设县治情况。从表3-3中我们可以得知，从唐朝至宋朝，赣闽粤边区一共新设15个县治，虽然新县增长迅猛，但在时间和地域分配上极不平衡。例如，赣南在唐宋时期总共新设了安远、信丰、瑞金、石城、龙南、上犹、兴国、会昌8个县，占了这一时期赣闽粤边区新设县治总数15个的53.3%，而在同一时期，闽西增设长汀、黄连、上杭、武平、莲城、清流6县，占新增总数的40%。而粤东北仅在宋代设立长乐一县，可见地域分配极不平衡。从时间分布上，也体现出明显的不平衡。赣南单在五代时期（907—960年）这短短的53年时间竟然设置了4个县，占了唐宋期间增设新县的一半，而闽西和粤东北在唐末五代则设县极少甚至没有。并且，从总体上来看，在唐、五代、两宋这三个时间段内，宋代时赣闽粤边区新县猛增，共设立了7个，而在唐代和五代，新设县治相对要少得多。由此可见，从唐至宋代，在赣闽粤边区的新县增置上，无论在时间和地域分配上，都显示出明显的不平衡。除了在时间和地域上的不平衡之外，在新增县治的设置方式上，也出现了"单县析出"这一方式一支独大的现象。如，在唐宋时期新增15个县中，除了宋代所设的兴国和清流这2个县是"多县割置"外，其余13个县都是"单县析出"。

为什么唐宋时期赣闽粤边区在增设县治上会出现这种不平衡？究其原因，应该与这一时期的分裂割据统治有着密切的关系。我们在前面曾经说过，隋唐以前中央政权因为统治中心远在中原，势力难以深入华南地区，所以只能采取一种十分宽泛的治理，因此隋唐以前的辖县面积都很大，其统治其实也更多的是一种政治象征意义。而到了五代时期就不一样了。赣闽粤边区在五代时曾经被吴越、南唐、闽越、南汉等割据政权统治过。与以前的中央政权相比较，这些割据政权的政权中心就设在赣闽粤边区境内，已经具备直接统治的条件，加上他们为了在割据混战中求得生存，十分注意对辖区的经营和治理，因此这些汉族政权在设立割据政权后，就把中原地区的中央政权的"体国经野"，"设官而治"的治理模式移植到这里，并且比以前设立了更多的郡县，以便加强统治。因此，在五代时赣南地区出现了4个新县，占了唐宋期间所设新县的一半。然而这种情况并没有在闽西和粤东北出现，也主要是因为赣闽粤边区内部在区域发展的时序上，存在巨大差异，唐末五代以前，因为赣南与中原的交通相对便利，所以最先得到发展，而闽西是到宋代以后才得到飞跃发展，粤东北则是到宋元以后才逐渐得到较大的开发。因此，在唐至五代时期，闽西和粤东北的行政区划发展十分缓慢，而赣南则显得快得多了。而宋代的情况就不同了。宋代时赣闽粤边区共设7个新县，其中赣南2个（兴国和会昌），粤东北一个（长乐），而闽西一地就增设4个，占了这一时期新增总数的一半以上。这恰恰与宋代汀州的长足发展有关。

唐末至宋代时期，赣闽粤边区新设县治绝大多数是从单一旧县中析出，一方面与这里原先老县的管辖面积过大有关，另一方面又与唐宋时期这里获得较大的开发有关。

根据学者的研究，我国古代统治者在规划县这一级行政区的幅员大小时，曾定下"县大率方百里，其民稠则减，稀则旷"这一基本原则。也就是以百里见方的面积作为县的幅员的基数，再以居民的数量作调节。人口稠密的地方，县的面积划得小些，人口稀少的地方，县的面积划得大些。至于"方百里"这一面积的确定，估计为了与当时的管理水平相适应：假定县城位于该县的几何中心，这样的距离，如果起早贪黑的话，可以在当天徒步往返，对于官员下乡劝科农桑，农民进城交纳租赋都是比较合宜的。① 那么，这种"方百里"的标准在唐宋时期赣闽粤边区是否也得到实施了呢？我们以宋代莲城县为例，看看该地在单独设县之前的情形。据宋代《临汀志》称：该地"在州南一百七十里。本长汀县地。绍兴三年，梅州司士曹事虞观进状称：'比尝摄尉长汀，窃见其境阔远，有地名

---

① 周振鹤：《体国经野之道——中国行政区划沿革》，上海书店出版社2009年版，第34—35页。

南北团,去县三百余里,弱者难于赴诉,强者恣其剽掠,居民商旅,皆元(引者注:疑为"无")聊赖,乞于其地分一县。'准,敕置县。"① 从上面表述可知,在未分析之前,莲城县距离汀州府的行政中心一百七十里,而境内"南北团"这个地方距离属县长汀县的县衙则远达300里。莲城县的事例说明当时赣闽粤边区老县的管辖面积巨大,所以完全能够从中析出部分而单独成为一个新县。随着唐宋以来该地区的经济开发和人口增长,原先过分宽广的管辖面积成为抑制行政效率的主要因素,所以纷纷从老县中析出新县。

唐宋时期赣闽粤边区新设县治设置方式多以"单县析出"为主的原因,还与当时该地经济开发有关。如前所述,唐宋时期是移民高潮,大量劳动人口的迁入,使赣闽粤边区得到极大的开发。为了加强对这些脱籍人口的管理,同时更主要是增加政府财赋收入,所以在这些地方增设县治以治理这些人口。例如,唐朝时候闽西长汀和黄连两县的设立,就是由于人口增加,政府为了增加税收而设置:"唐开元二十一年,福州长史唐循忠于潮州北、虔州东、福州西光龙洞,检责得诸州避役百姓共三千余户,奏置州,因长汀溪以为名实,曰汀州。……其时领县三:新罗、长汀、黄连。"② 瑞金县在南唐保大十一年由镇升监,再由监升县,亦当与其地因金矿开采,聚集了大量人口,经济得到发展有关。③ 实际上,这种因人口增长,经济发展,区域得到开发而增设新县的情况,除了上述汀州和瑞金之外,其他诸如石城、上犹、龙南、上杭、武平等县的设置,亦多是"由场升县"、"由监升县"而来。④ 可见,这种由低级行政单位上升为更高一级的行政单位,应该是该地人口增加,经济发展的结果。

其次,我们再来看看明清时期的增设县治情况。明清时期在赣闽粤边

---

① (宋)胡太初修,赵与沐纂:《临汀志》,不分卷,《建置沿革》,长汀县地方志编纂委员会整理,福建人民出版社1990年版,第4页。
② (清)杨澜:《临汀汇考》卷1《建置考》,清光绪四年刻本。
③ 关于瑞金盛产金矿的情况,文献多有记载,如:"按《太平寰宇记》本,瑞金,淘金之地也。《郡县释名》:以掘地得金名。《舆地广记》本:零都县,地有金,置瑞金监。癸亥《朱志》云:故老相传,置监时有航浮于水面,色如黄金,人目为瑞也。今城南水滨一断碑漫灭,仅有篆字额刻'金航记'三字见存。"(乾隆《瑞金县志》卷1《舆地志·沿革》)瑞金在五代时能迅速由村设镇,再由镇升监,最后于南唐保大十一年再由监升县,应当与该地丰富的金矿有关。
④ 例如,乾隆《汀州府志》载:"(宋)淳化五年,析长汀地,益上杭、武平二场并升为县";"绍兴三年,升长汀之莲城堡为县。"(清)曾日瑛修,李绂纂:《汀州府志》卷2《建置志》,"沿革"条,清乾隆十七年刻本。

区的赣州、南安、汀州、嘉应州共设立新县8个：崇义、长宁、定南、全南、永定、归化、平远、镇平。加上漳州府的平和县，潮州府的大埔县、丰顺县、惠州府的和平县，共设立了12个县。从中我们同样可以看出，这一时期所设新县在地理分布依然存在不平衡：主要是分布在赣南4个，粤东北6个，而闽西才2个。这种情形，也与当时的经济开发密切相关。我们知道，经过宋元时期的发展，闽西快速增长，出现地狭人稠的现象，这些剩余劳动力，大多流向毗邻的粤东北地区，因此到了明代，粤东北地区的新设县治最多，占了整个赣闽粤边区新设县治总数的一半。而赣南新增四县，多在原先山高地偏，开发落后的地方，这些县治的增设，体现了赣南境内经济开发向纵深方向发展的新趋势。

如果从设县方式上来看，赣闽粤边区在明清时期的情况又与唐宋时期存在很大的不同：在9个县当中，只有永定（从上杭析出）和大埔（从饶平县析出）两县，是以单县析出的方式设置的，而其余10个则都是由多县分地而置，多县割置的方式占了新县总数的83.3%。为什么会出现这种转变？我们认为除了经济发展，人口增长之外，还与明清时期赣闽粤边区繁剧的社会动乱相关。

前面我们已经论述过，明清时期也是赣闽粤边区动荡不安的时期，当时盗寇猖獗，动乱纷起，中央政府为了有效平息这里的动乱，加强对这里的治理，他们采取了在动乱繁剧的地方单独设县治理，并取得了较好的效果。关于这一点，文献中有很多的材料。如：

崇义县：

> 南安府知府季斆呈：备所属致仕省祭义官监生杨仲贵等呈称，上犹等县横水、左溪、长流、桶冈、关田、鸡湖等处，贼巢共计八十余处，界乎三县之中，……近年肆无忌惮，遂立总兵，僭拟王号；罪恶贯盈，神人共怒。今幸奏闻征剿，蒙本院亲率诸军，捣其巢穴，擒其首恶；妖氛为之扫荡，地方为之底宁。三县之民欢欣鼓舞，如获更生。访得各县流来之贼，自闻夹攻消息，陆续逃出颇众。但恐大兵撤后，未免复聚为患。合无三县适中去处，建立县治，实为久安长治之策……①

---

① （明）王守仁：《立崇义县治疏》，载（明）王守仁撰《王阳明全集》卷10《别录二·奏疏二》，吴光等编校，上海古籍出版社1992版，第350—352页。

长宁县：臣照得安远县黄乡、双桥等堡地方，离县三百余里，与广东平远、和平、龙川等处接壤，实为江、广两省上游。层峦叠嶂，不逞之徒，向来啸聚其中。历稽往牒，如邝子安、黎仲瑞、王霁壤、高安、陈良玉、陈士锦等相继猖狂，积久而后勘定。正德五年，该县贡生林大纶等具呈，乞于地名李福湾、三省巢峒之要冲，建立州治以制之。后因会议迁延，遂与三百余里土地人民，尽没于叶楷之手。迄今八十余年，横极而祸烈矣。近赖朝廷威武神灵，逆楷伏诛。然特一时之利，未为永久之规。须趁此机会，开设县治，控制要冲，敷声教而化导之。如先臣平桶冈而设崇义，平浰头而建和平，平高砂、下历而建定南。皆杜遗孽潜滋之萌，贻生灵久安之休。不然，提防疏阔，万一有复如楷者，诚不知其终也。为今经久之图，孰有逾于建县者哉！①

上述崇义县的设置过程中，监生杨仲贵提出建县的理由主要是因为横水、左溪、长流、桶冈、关田、鸡湖等处，盗贼众多，这些盗贼掳掠乡村，攻劫郡县，对当地社会造成极大危害。虽然承蒙官兵围剿，贼势暂息，但却担心"恐大兵撤后，未免复聚为患"，所以要求单列成县，以加强防守。长宁县的设县也都是因为安远县黄乡、双桥等堡地方"层峦叠嶂，不逞之徒，向来啸聚其中。历稽往牒，如邝子安、黎仲瑞、王霁壤、高安、陈良玉、陈士锦等相继猖狂，积久而后勘定"。并且因为有崇义、和平、定南等先例，所以要求建县。

此外，分别在明代成化六年和成化十二年所设的归化和永定两县，其设县原因，也主要就是为了防御当时的地方动乱：

归化县：

归化之设，分清流之归上、归下里，分宁化之柳杨、下觉里，分将乐之兴善、中和里，分沙县之沙阳里。四乡之民，各去县治甚远。曩沙、尤邓寇作乱，四方之民不无胁从之党。大军征剿之余，尚不尽格心式化。时监察御史吴公璘会同都、布、按三司秦民敬等，以汀郡二守程熙素得民心，委诣紫云台抚字之。至则民尽

---

① （明）吴百朋：《分建长宁县疏》，载（清）魏瀛修，钟音鸿纂《赣州府志》卷67《艺文志》，清同治十二年刊本。

格心成化。六年，巡抚都宪滕公按临，程公备述民情，乞于明溪镇增设县治为宜。滕公移文巡抚御史左公钰、参政赵公昌、副使何公乔新，会议具奏。下民部议之，所议佥当。入告于上，上允所议。①

永定县："汀之永定，乃上杭之析邑，而闽之绝域也。毗近潮、漳，僻居万山中。人民倚险习顽，袵席干戈。成化丁酉冬，渠魁钟三啸聚劫掠，四远弗宁。上命都宪高明巡抚其地。贼平，会三司议：'非立县，不可为长治久安计。'遂奏析杭之溪南、胜运、太平、金丰、丰田五里一十九图，设立县治于田心，名曰永定。②

此外，明朝隆庆三年设立定南县，也是"因草窃猖狂，乃立县以资防御"③。可见，出于防御贼寇而增设县治的情况，在明清赣闽粤边区是十分常见的现象。值得一提的是，除了增设县治之外，甚至连更高一级的"直隶州"的设置，主要也是为了加强对这一地区的治安才设立的。如：

龙岩直隶州：

> 泉州府、漳州府，俗悍民刁，健讼好斗。所辖地方太广，实有鞭长莫及之虞，应各设直隶州，互相分理。……漳属之龙岩县，上接汀州，下通延建，山深菁密，去府三百余里，东至漳平县界七十里，西至宁洋县界亦七十里，请以龙岩县为直隶龙岩州，以漳平、宁洋二县归其管辖。……雍正十二年五月十六日奉旨依议。④

嘉应州：

> 雍正十年七月初八日，广东总督鄂弥达等，题为《酌请改设州牧、移驻游击等事疏》称，粤东省惠州府属之兴宁、长乐二县，及

---

① （明）林文：《初建归化县记》，载（清）曾日瑛修，李绂纂《汀州府志》卷40《艺文二》，清乾隆十七年刻本。
② （清）伍炜、王见川：《永定县志》卷1《封域志·建置》，引（明）吴节《新建永定县记》，清乾隆二十二年刻本。
③ （清）赖勋等修，黄锡光等纂：《定南厅志》卷1《图说·定南厅疆界图》，清道光五年刻本。
④ （清）张廷球主修，徐铣主纂：《龙岩州志》卷13《艺文志一》，《议覆福宁永春龙岩改隶府州县疏》，清乾隆三年刻本。

潮州府属之程乡、平远、镇平三县，均离府治穷远，该管知府既有鞭长莫及之虞。而程乡一县，又地处适中，应如该督鄂弥达等所请，将程乡县改为直隶知州，统辖兴、长、平、镇四县。……（十一年三月）十六日，奉旨依议，钦定州名为嘉应。①

宁都直隶州：

赣州一府，管辖十二县，地方辽阔，甲于诸郡。界连闽粤，多崇山密林，险僻奥区，易藏奸匪。民俗强悍，持械争斗，习以为常，实属冲繁疲难之缺。而所属宁都、瑞金，距府三百七八十里，石城距府四百六十余里，即知府精明强干，亦恒虑鞭长莫及。若以宁都一县，改为直隶州，以瑞金、石城分隶管辖，裁去宁都知县，设直隶知州，俾得就近查察弹压。……乾隆十九年闰四月十三日，奉旨依议。②

从这些新增县治的数量变化、地理分布和设置方式上，我们可以清楚看出赣闽粤边区从唐宋以来所发生的巨大的社会变迁，以及中央政府对这一地区的控制的逐步加强。

第二节 加强基层组织建设

有了国家政权，便产生了对基层社会的治理问题。关于我国古代中央政府对基层地方的治理，历来就有"皇权不下县"之说，现代学者秦晖对此形象概括为："国权不下县，县下惟宗族，宗族皆自治，自治靠伦理，伦理造乡绅。"③如果从形式上看，我国自秦汉推行郡县制以来，确

---

① （清）王之正：《嘉应州志》卷1《舆地部》，"沿革·改设州治奏属议"条，清乾隆十五年刻本。
② （清）黄永纶、杨锡龄：《宁都直隶州志》卷31《艺文志》，"升宁都县为直隶州，辖瑞金、石城二县会议奏疏"条，清道光四年刻本。
③ 秦晖：《传统中华帝国的乡村基础控制》，载黄宗智主编《中国乡村研究》第一辑，商务印书馆2005年版，第2页。

实存在着"皇权止于县政"的现象，其主要标志是：县一直作为最低一级的行政区划；"县官"是由中央政府直接任命的最低一级行政主官；中央下达的诏令止于县，县以下由县令代为转达。总而言之，从整个国家行政系统来看，"县政"是一切政事的开端，"天下事莫不起于州县，州县理则天下无不理"[①]。尽管如此，但在实际的政治实践中，中央政府其实对县以下的基层社会的控制和管理，一直没有放松过。

一 建立乡里制度

夏商时期，随着国家政权的出现，原来的原始村落组织逐渐发展成为具有一定行政性质和经济功能的社会共同体——邑或邑聚。邑聚作为居民的聚居点，有大小之分。西周时期，统治者在村民聚居的地方设"里"，"里"内又设"社"，此外，还有"乡"。"乡"、"里"和"社"成为当时基层社会的组织单位。春秋战国时期，乡、里作为地方社会的基层组织，其上下统属关系也已基本固定。"五家以为轨，轨为之长；十轨为里，里有司；四里为连，连为之长；十连为乡，乡有良人。"（《管子·小匡第二十》）秦汉时期，乡里制度的统属关系更加确定，并且其政治管理职能也逐渐加大，举凡赋役征收、地方教化、社会治安等，无不由其承担："大率十里一亭，亭有长。十亭一乡，乡有三老，有秩、啬夫、游徼：三老掌教化；啬夫掌诉讼，收赋税；游徼徼循禁贼盗。县大率方百里，其民稠则减，稀则旷，乡、亭亦如之，皆秦制也。"（《汉书·百官公卿表上》）隋唐时期是中国乡里制度从乡官制转为职役制的重要转折点。乡官制的显著特点是"官有秩，各有掌，重教化"，大体是乡官主要由官派产生，辅以民间推选，并享有俸禄品秩，选拔官员的标准是道德和知识。但在唐朝中期以后时期，无论是宋代的乡里制，还是明清时期的里甲制度都呈现出了乡里之长有职无权，地位降低的趋势。乡里之长原来所享有的几乎可以全面治理乡村社会的权力，被逐渐剥夺，只剩下为县级官员所驱使，替政府收取杂泛赋役的职能；地位也陡然降低，从秦汉时常受皇帝赏赐，在唐前期仍然能够被免除个人一切赋役的地位，降为仅授以微薄薪水，有的甚至因担任里正之职，无法催缴上头规定的赋税，只好把自家财产垫付而最后变得倾家荡产。这就导致原来德高望重、握有实际乡村治理大全的乡长里正之职最后竟然因无人愿意应职而变成一种强行摊派的杂

---

① 转引自周积明、宋德金《中国社会史论》，湖北教育出版社 2000 年版，第 512 页。

泛差役了。①

　　赣闽粤边区虽然早在秦汉时期就开始行政建制，其乡里制度建设也势必随之进行了，但由于资料缺乏，我们对这一区域在隋唐以前的乡里制度建设情况，无法作出一个清晰的描述。根据现有资料，下面我们以地方文献为主，对赣闽粤边区宋至明清时期乡里制度的建设作一概述。

　　宋代赣闽粤边区乡里制度的建设情况，我们可以从《临汀志》这本古籍中得知。宋开庆元年（1259年）胡太初修，赵与沐纂的《临汀志》是难得的宋志之一，全国现存的宋志仅有20多种，《临汀志》即居其一。宋本《临汀志》原书久已佚亡，长汀县地方志编纂委员会根据《永乐大典》所过录的《临汀志》，并综合参考《舆地纪胜》、《太平寰宇记》、《元和郡县志》及新旧《唐书》等书进行校雠，编订出版了该志，使我们得以对宋代闽西的乡里建置，有一粗略了解。

　　临汀郡在开庆时期领有长汀、宁化、上杭、武平、清流、莲城6县："长汀，倚郭；宁化，在州东北一百七十五里；上杭，在州南二百四十里；武平，在城西南二百七十里；清流，在州东北二百一十七里；莲城，在城南一百七十里。"②

　　各县又设有坊、乡、里等。其情况列举如下：
长汀县：

　　倚郭。乡三。衣锦乡，管里六，在长汀县东。以真宗赐罗或锦旗云"明时衣锦还乡"，故名。归仁里，仙桂里，古城里，清泰里，分上、下。营阳里。永宁乡，在长汀县南，管六：成功里，分上、下。宣德里，分南、北。四保里，平源里。古田乡，在长汀县东，管团里二：河源上团，岩头团。

宁化县：

　　兴贤坊，太平坊，开庆坊。旧志载十三坊，绍定寇毁，今复建三坊。乡二：桂枝乡，在宁化县西，管团里五：迁善团，新村

---

① 赵秀玲：《中国乡里制度》，社会科学文献出版社1998年版，第7—59页。
② （宋）胡太初修，赵与沐纂：《临汀志》，不分卷，《建置沿革》，长汀县地方编纂委员会整理，福建人民出版社1990年版，第3页。

团，永丰里，攀龙里，会同里。登龙乡，在宁化县南，管团里五：招贤里，招化里，杨柳团，下觉里，温泉团。

清流县：

拱辰坊，登俊坊，攀桂坊，进贤坊，龙门坊，凤池坊，朝天坊，仁智坊，朝真坊。乡二：折桂乡，在清流县东，管团保七：郭下团，仓盈团，永德团，梦溪团，罗村团，北团，四保。龙山乡，在清流县南，管里一，归仁里。

莲城县：

华封坊，崇儒坊，富寿坊，介福坊，迎恩坊，俊德坊，凌云坊，擢桂坊。分上、下。旧志载六坊，绍定间寇毁，今复建九坊。乡一，古田乡，在莲城县东北，管团里六：南团，姑田团，席湖团，河源下里，北团，袁正里。

上杭县：

登俊坊，朝绅坊。旧志载四坊，绍定间寇毁，今复建二坊。乡团十一：平原团，平元里，安丰里，分上、下，来苏里，古田里，鳖沙里，来苏团，胜运乡，兴化乡，太平乡，金丰乡。[①]

根据表3-4，临汀郡设有6县，连郡城所在地，总共设立了26个坊，23个乡，44个里，18个团，14个保。各县所领坊、乡、里、团、保的数目如下：

临汀郡州城所在地设有17坊，长汀县设有3乡，下设12里、2团；宁化县设有3坊、2乡，乡下设有6里、4团；清流县设有9坊、2乡，乡下设1里、6团、1保；莲城县设有9坊、1乡，乡下设2里、4团；上

---

① （宋）胡太初修，赵与沐纂：《临汀志》，不分卷，《坊里墟市》，长汀县地方志编纂委员会整理，福建人民出版社1990年版，第13—15页。

表3-4　　　　　　南宋开庆年间临汀郡基层组织情况

县	坊（乡）	里（团、保）	合计
州城	坊	（州城内）福善坊、登贤坊、崇福坊 （州城外）青紫坊、词学坊、崇善坊、郎星坊、登俊坊、攀桂坊、金花上坊、金花中坊、金花下坊、仁寿上坊、仁寿中坊、仁寿下坊、兴福坊、兴仁坊	17坊
长汀县	衣锦乡	归仁里、仙桂里、古城里、清泰上里、清泰下里、营阳里	3乡
	永宁乡	成功上里、成功下里、宣德南里、宣德北里、四保里、平源里	12里
	古田乡	河源上团、岩头团	2团
宁化县	坊	兴贤坊、太平坊、开庆坊	3坊
	桂枝乡	迁善团、新村团、永丰里、攀龙里、会同里	2乡 6里
	登龙乡	招贤里、招化里、杨柳里、下觉里、温泉团	4团
清流县	坊	拱辰坊、登俊坊、攀桂坊、进贤坊、龙门坊、凤池坊、朝天坊、仁智坊、朝真坊	9坊
	折桂乡	郭下团、仓盈团、永德团、梦溪团、罗村团、北团、四保。	2乡 1里 6团
	龙山乡	归仁里	1保
莲城县	坊	华封坊、崇儒坊、富寿坊、介福坊、迎恩坊、俊德坊、凌云坊、擢桂上坊、擢桂下坊	9坊 1乡 2里
	古田乡	南团、姑田团、席湖团、河源下里、北团、袁正里	4团
上杭县	坊	登俊坊、朝绅坊	2坊
	胜运乡		4乡
	兴化乡	平原团、来苏团、平元里、安丰上里、安丰下里、来苏里、古田里、鳖沙里	6里 2团
	太平乡		
	金丰乡		
武平县	坊	文明坊、兴贤坊、集贤坊、人和坊、魁星坊、和义坊	
	顺义乡	武溪里、忠孝里、禾平里	
	万安乡	禾丰里、千秋里、大顺里	6坊
	归顺乡	东流里、留田里、丘田里、顺明里	7乡
	永平乡	归平里、招仁里、安乐里、石塘里	17里 13保
	永宁乡	七里保、相坑保、露溪保、亭头保、象村保、大和保、招信保	
	安丰乡	睦郡上保、睦郡下保、新恩保、竹鉴保、丰田保、高吴保	
	清平乡	长泰里、留村里、河头里	

资料来源：《临汀志》之《坊里墟市》。

杭县设有2坊、4乡，乡下设6里、2团；武平县设有6坊、7乡，乡下设17里、13保。

从上引地方文献的描述中，我们大体可以知道，宋代在临汀郡的基层组织设置方面，有以下特点：

一是基层组织的名目十分繁杂。从前引资料可以看出，在南宋开庆年间，在临汀郡内的基层组织设置中，保留了坊、乡、里、保、团等名目。这样是因为北宋中期以后，随着保甲法的推行（稍后详述），乡里制度逐渐被保伍制度代替，但原有的乡里组织有的又保留了下来，这样就出现了乡、里、保、团并存的状况。

二是组织设置的分布不均。从资料上看，有些县域的基层组织数量很多，有些则很少，有的竟然阙如。例如，武平县境内所设置的所有"坊"、"乡"、"团"、"保"等组织高达46个，而隔壁的上杭县的基层组织总数才14个。在"乡"的设置上，长汀县设3了个乡，宁化县设了2个乡，莲城县只才设1个乡，而武平县则设了7个乡。这种现象的出现，估计与该县的人口和治安有关系。

三是各基层组织的关系复杂。从该志《坊里墟市》篇的记载来看，该篇虽记录当时临汀郡各县的乡里组织，但对于这些组织之间的关系却尚未记录，使我们对乡、里、团、保等之间的关系模糊不清。所幸的是，在该志《丛录》部分，有两条材料弥足珍贵，可以给我们一些线索：

> 淳熙十六年，汀州布衣雷衡陈《经界钞盐利害》云："……州境东西四百一十一里，南北五百里，析为六县。长汀管一十四里，宁化一十团里，上杭一十二乡团，武平三十里保，清流八团，莲城六里。逐团里又析为都……一都有十大保，一大保统四小保。"[1]

> 开庆元年，知州胡公太初《奏请经界保伍及移兵官一员置司城外三事》云："……臣近行下诸邑，选差隅总，重排保伍。以五家为一甲，甲有首；五甲为一保，保有长；五保为一大保，有大保长；五保以上为一都，都有官；合诸都为一乡，或为一团，亦各有长。"[2]

---

[1] （宋）胡太初修，赵与沐纂：《临汀志》，不分卷，《建置沿革》，长汀县地方志编纂委员会整理，福建人民出版社1990年版，第177页。

[2] 同上书，第181页。

从上述材料中，我们虽然大致可以看出乡、里、保之间的某些户口数量关系，但坊、乡、里、团之间的统辖关系，则依然模糊不清。

以上是关于临汀郡在南宋时期乡里组织建设的大致情况，赣南地区的发展进程比闽西地区更快，其基层建设应该更健全，粤东北地区的发展进程在宋代以前虽比闽西稍慢，但在大一统的统治格局下，其基层建设也应该不会比闽西差得太多。因此，从临汀郡的基层建设情况，我们大致可以推知赣南和粤东北的情形。从资料显示情况来看，虽然在南宋后期，临汀郡的基层组织的建设和管理比较混乱，但毕竟说明了当时中央政府在这一地区的县级以下基层社会进行了相关的建设和管理，这样的政治实践，对于加强这一地区的控制无疑起了重要作用。

明清时期中央政府最主要的基层建设就是实行里甲制度。经过元末农民大起义，使元朝官僚地主遭到沉重打击，其所占广的田园沃野则为新朝所有，原先为大官僚地主所控制的人口也获得了人身解放。国家所控制的大量土地与大量自耕农的存在，成为明政府实行里甲制的坚实基础。早在洪武三年，朱元璋便在江南地区创立里甲制，洪武十四年开始在全国推行。关于里甲制度的具体内容，《明史》卷77《食货志一》中有明确记载："以一百十户为一里，推丁粮多者十户为长，余百户为十甲，甲凡十人。岁役里长一人，甲首一人，董一里一甲之事。先后以丁粮多寡为序，凡十年一周，曰排年。在城曰坊，近城曰厢，乡都曰里。里编为册，册首总为一图。"[①] 里甲的首要任务虽是提供政府所需徭役，但其功能绝非仅限于赋役的科派和征收，每个里甲都又一个对地方各种公共事务统一管理的行政组织，同时也应当是一个相对封闭的且有很强集体认同感的合作社区，成为中央政府实现基层社会控制的重要工具。里甲制度在明朝前期确立之后，虽然经过不断的发展和修正，但其以乡里民户为依据，画地治民的基本举措并没有改变，成为整个明清时期中央政府控制地方社会的基本组织形态。

明清时期赣闽粤边区实行里甲制度的基本情况，我们可从当时的地方志记载中窥知一二。

闽西地区：

---

① （清）张廷玉等：《明史》卷77《食货志一》，中华书局1974年版，第1877页。

长汀县，宋附郭分六坊，外分三乡，领九里二图。国朝改坊为二厢，并团为十里，统图五十有一。左厢　统图六。旧金华、登俊、鄞河三坊。　右厢　统图三。旧青紫、福善、崇善三坊。　归阳里　统图三，在府城东七十里。旧归仁营阳里。　古桂里　统图一，在府城西六十里。旧古城、仙桂二里。　清泰里　统图五，在府城西南五十里。旧青泰下里。（以上三里宋俱统于衣锦乡）　宣成里　统图八，距府城九十里。旧为宣德南里并成功里。　成上里　统图二，距府城五十里，旧成功上里。（上二里俱府城西南）　成下里　统图六，在府城南一百里。旧成功下里。　四保里　统图五，在府城东七十里。　平原里　统图三，在府城西一百五十里。（上二里俱仍旧名。以上五里宋俱统于永宁乡）　宣和里　统图六，在府城西南一百四十里。旧宣德北里并河源团。　青岩里　统图三，在府城东南八十里。旧青泰上里并岩头团。[①]（以上二里宋俱统于古田乡）

连城县：

宋一乡，统二里四团。明改为六里，统图三十二，今减一：在城里　统图四；南顺里　统图八；北安里　统图四；姑田里　统图六；河源里　统图五；表席里　统图四。[②]

粤东北地区：

程乡县　厢三，曰一都、溪南、逢福。乡三，曰怀仁，属都三曰石窟、松源、龟桨；太平，属都三曰韩莆、石坑、万安；丰顺，属都一　曰义化（堡三）。

大埔县　都二，曰恋洲，管里一十一，村社四十六处；曰清远，管里九，村社三十五处。

[①] 黄仲昭编纂：《八闽通志》卷16《地理·坊市》，福建人民出版社1989年版，第308—309页。

[②] （清）曾日瑛修，李绂纂：《汀州府志》卷5《城池》，"里图"条，清乾隆十七年刻本。

兴宁县　乡二，曰荣仙，属都二　曰一都、四都；顺化，属都二　曰五都、六都。

　　和平县　都图四，曰仁义、在城、惠化、广三。①

赣南地区：

　　兴国县　隅：东西南北里各二；乡：大足里八，太平里八，宝城：里六，儒林里六，清德·　里八，衣锦里十一。②
　　宁都县在清朝道光年间也分为清泰乡、太平乡、怀德乡、安福乡、仁义乡、平阳乡等六个乡，这两个乡下面又一共设立了六十一个图。各乡下面又分都、图等。③

　　据学者研究，清代县以下的乡村管理，从层级上来看，有"乡→都→图→村"四级制的，也有"乡→图→村"三级制的，还有"乡→村"或"图→村"二级制的，甚至还有不分层级，只设都、图、总甲或村等一级制的。从名称上看，各地乡村中行政区划的名称也并不一致。如对于第一层级，有的地方乡、都并列，乡即都，都即乡；有的地方不称乡，而称区、称场（厂）等。对于第二层级，有的地方都与第三层级里的位置互换，里在上，都在下；有的地方不称都，而称保（堡）、社、屯等。对于第三层级，里、图往往并列，经常互换；又有不少地方不称里、图，而称会、圩、堡、保、练、社、约、镇、铺、牌、地方、团、团镇，等等。④从上述引文来看，明清时期赣闽粤边区基层组织的设置确实十分复杂，无论在层级、名称方面，都存在各州各县并不一致，同一州府在不同时间并不一致的情况。但不管如何复杂，都不能掩盖明清中央政府在赣闽粤边区加强乡村基层组织建设的事实。

　　二　推行保甲制度
　　乡里制度是中央政府加强对赣闽粤边区管理和控制的常态组织，这些

---

①　（明）黄佐：《广东通志》卷6《坊都》，明嘉靖四十年刻本。
②　（明）康河修，董天锡纂：《赣州府志》卷5《创设》，"厢里"条，明嘉靖十五年刻本。
③　（清）黄永纶、杨锡龄：《宁都直隶州志》卷4《城池志》，"都里"条，清道光四年刻本。
④　张研：《清代县以下行政区划》，《安徽史学》2009年第1期。

组织机构在和平时期在赋税征收、加强社会治安、组织社会生产等方面起着重要作用。然而，由于赣闽粤边区是一个移民活动非常活跃的地区，移民运动所引起的种种社会震荡，又使原有的常态性的乡村组织无法实现政府对赣闽粤边区乡村社会的有效治理。为了加强对这一地方的控制，政府往往又实行特殊的乡村控制措施——保甲制度，以达到牢固控制和有效管理的目的。

保甲法虽与里甲制度同为政府加强对地方控制的基层组织建设措施，但两者还是有比较明显的区别。清代人戈涛曾说："保甲与里甲，相似而实不同。里甲主于役，保甲主于卫。"① 清代人黄六鸿亦云："所谓保甲者，邑分四乡，乡立一长，谓之保长。不曰乡而曰保者，以别有长，所以管摄钱谷诸事，而保长乃专司盗逃奸宄，不与乎其他者也。"② 现代学者罗远道也说，"里甲与保甲的区别就在于，前者以征赋派役为主，后者以察捕奸宄为主"③。可见，设立保甲组织的最主要的目的，乃是纠察捕盗，维护治安。如同与其他区域一样，中央朝廷也十分重视对赣闽粤边区保甲制度的建设，其中，两宋时期所推行的"保伍法"和明清时期所推行的"十家牌法"是中央政权加强对该地区基层社会控制的最为重要的两个措施。

（一）两宋时期的"保伍法"

两宋时期中央政府在赣闽粤边区实行保伍法，有其深厚的历史背景：一方面，保伍法是两宋时期中央政府在全国推行的基层管理制度，保伍法在赣闽粤边区的实行，与这一整体形势密切相关。当时北宋政府长期外临着契丹、西夏、辽、后金等北方少数民族政权的威胁，内临广大民众不满朝廷贪官污吏的腐败统治，政局极其不稳定。为了加强对内部的控制，同时也为了节省军费，提高军队战斗力，中央政府因此大力推行既可"除盗"又可"养兵"的保甲制度："今所以为保甲，为其足以除盗，然非特除盗也，固可渐习其为兵。既人人能射，又为族鼓变其耳目，慚与约：免税、上番、代巡检下兵士；……则人竞劝。然后使与募兵相参，则可以消

---

① （清）徐栋辑：《保甲书》卷4《广存》，张霞云校点，安徽师范大学出版社2012年版，第97页。
② （清）黄六鸿：《保甲三论》，载（清）贺长龄《皇朝经世文编》卷74《兵政五保甲上》，（台北）文海出版社1966年版，《近代中国史料丛刊》（731），第2643页。
③ 罗远道：《试论保甲制的演变及其作用》，《中国历史博物馆馆刊》1994年第1期。

募兵骄志，省养兵财费，事渐可以复古。此宗属长久计，非小事也。"①保甲法于神宗熙宁三年（1071年）首先在开封府界实行，在开封府界取得经验后，保甲法又推广到永兴路、秦凤路、河东路等路，进而陆续推广到全国其他各路。②

另一方面，当时赣闽粤边区"盐寇"、"峒寇"之乱纷起，社会局势动荡不安，也是中央朝廷大力在这里推行"保伍法"的重要原因。诚如前文所述，当时赣闽粤边区多为烟瘴之地，政府对这里的控制比较薄弱，加上实行不恰当的食盐专卖政策，导致这里成为逋逃赋役、盗采矿产、走私食盐之人的蜂屯蚁聚之所，这些"非法之民"凭借山林之险，肆意作乱："虔州江南地最旷，大山长谷，荒翳险阻，交广闽越，铜盐之贩道多出入。椎埋盗夺，鼓铸之奸，视天下为多。"③ "虔之诸县，多是烟瘴之地，盗贼出没不常。"④ "汀、漳盗贼日多，每三四年一次发作。"⑤ "闽中诸郡，惟汀州数多盗贼，十年之间已三弄兵矣。"⑥ 这些"贼寇"肆意作乱，不仅严重扰乱社会治安，严重影响了当地民众的生产生活，而且也使政府的财税收入遭到严重损失。更为重要的是，这些"盗寇"利用这里是三省交界之地，往往走窜作案，使官兵围剿难以奏效："（贼）多于虔州管下诸县择要害地，建置寨栅，蜂蚁屯聚，窥伺间隙，攻陷州县，杀戮生灵，掳掠财物，为害不细。一路官兵进讨则散入他路，诸路官兵进讨则深入巢穴，依负险阻，卒难讨荡。官军既退则复出为恶，习以为常。"⑦正是在这样的情况下，宋代政府就在赣闽粤边区大力推行保甲制度，以期加强对地方社会的防控。

宋代保甲法因为"五家结为一保"⑧，故又称"保伍法"。从现有的

---

① （宋）李焘：《续资治通鉴长编》卷221，"熙宁四年三月丁未"条，中华书局1986年版，第16册，第5392页。
② （元）脱脱等撰：《宋史》卷192《兵六》，"乡兵三·保甲"条，中华书局1977年版，第4767页。
③ 王安石：《临川文集》卷82《虔州学记》，四库全书本。
④ （宋）李纲：《梁溪集》卷首《行状下》，四库全书本。
⑤ 朱熹：《晦庵集》卷27《与张定史书》，四库全书本。
⑥ （宋）赵汝愚：《论汀赣盗贼利害》，载（明）杨士奇等《历代名臣奏议》卷319《弭盗》，四库全书本。
⑦ （宋）李纲：《论虔州盗贼札子》，载（宋）李纲《梁溪集》卷82《表札奏议四十四》，四库全书本。
⑧ （北宋）欧阳修：《欧阳修全集》，第五册，中华书局2001年版，第1830页。

文献来看，两宋时期赣闽粤边区确实也已实行了"保伍法"。赣南地区推行保伍法的情况，文献中有记载：

> （彭合）知赣之信丰县。赣之民俗，健于争讼，轻为盗贼，信丰其甚者。缓之则不治，急之则为乱。……公曰：保伍之法，得孟轲所谓出入相友，守望相助，疾病相扶持之意，简易以行之，庶几有功于盗贼。于是申其画一，联其什伍，绝其并缘之奸。①

文天祥在《文山集》中也多次谈到自己在担任赣州知州时在赣州实行保甲之法的情况："郡中旧例，以八九月申严编氓出甲之禁。"②"赣事稍简……只有出甲一项，未易杜绝，今春此辈在广，闻某新上，皆急于归就保伍。"③书信中提到"出甲"一事，当指那些已经纳入保甲之内的民众不遵守保甲法令，私自离甲外出。官府之所以要选择在每年八九月份"申严编氓出甲之禁"，是因为汀赣二州之民多在秋冬之际结伙到广东走私食盐："多盗贩广南盐以射利，每岁秋冬，田事既毕，往往数十百为群，持甲兵旗鼓，往来虔、汀、漳、湖、循、梅、惠、广八州之地。"④文天祥担任赣州知州的时间是在南宋咸淳十年（1274年）⑤，当为南宋末世，从信中"郡中旧例"一语的记载，说明在整个南宋时期都严厉实行了保伍制度。

此外，南宋绍兴年间，官拜参知政事兼权枢密院事，时任江南西路洪州知州的张守在《措置江西善后札子》一文中，强调要厉行保伍法，亦可佐证宋代江西包括赣南确实实行过保伍法：

> 伏见祖宗以来捕盗之法，下有保伍，上有巡尉。一夫犯盗，

---

① 宋似孙：《宋故户部郎中总领湖广江西京西财赋彭公行状》，《江西出土墓志选编》，江西教育出版社1991年版，第128页。
② （宋）文天祥：《文山集》卷6《与广东曹提刑》，四库全书本。
③ （宋）文天祥：《文山集》卷7《与曾曹尉先之》，四库全书本。
④ （宋）李焘：《续资治通鉴长编》卷196"嘉祐七年二月辛巳"条，中华书局1986年版，第14册，第4739页。
⑤ （清）魏瀛修，钟音鸿纂：《赣州府志》卷42《官师志》，"府名宦"条，清同治十二年刊本。

责在保伍,一盗不获,罪加巡尉。本路自兵火以来,法令废弛,保伍有名而无实,巡尉有赏而无罚。盗贼所以滋蔓,而至于难图也。……今欲乞申严保伍、巡尉之法,仍令每县置籍,抄上被盗之家与岁月,捕获则朱书其下,通判季点,提刑按察岁终委帅司,考核盗发、已获、未获之数量多寡迟速而赏罚之。①

从这篇札子的表述来看,保伍法作为"祖宗以来捕盗之法",可以肯定在绍兴以前已在江南西路普遍实行过,只是因为两宋之交,江西盗寇纷起,使地方社会的基层组织受到严重破坏,保伍制度也是"有名而无实",因此才下令重新严厉实行保伍法。当然,由于文献缺乏进一步的记载,我们无法得知张守厉行该法的具体效果。

闽西地区的汀州府也实行了保甲法。如《连城县志》里收录了绍熙三年(1192年)所颁发的《劝谕榜》,其中就有关于保伍制度的内容:

> 一劝谕保伍互相劝戒事件:仰保人互相劝戒,孝顺父母,尊敬长上,和睦宗姻,周恤邻里,各依本分,各修本业,莫作奸盗,莫纵饮博,莫相斗打,莫相论诉。孝子顺孙、义夫节妇,事迹显著,即仰具申,当依条格旌赏;其不率教者,亦仰申举,依法究治。
>
> 一禁约保互相纠察事件:常切停水防火,常切觉察盗贼,常切禁止斗争,不得贩卖私盐,不得宰杀耕牛,不得赌博财物,不得传习魔教。保内之人,互相觉察,知而不纠,并行坐罪。……②

在《临汀志》中所保留的开庆元年知州胡公太初撰写的《帖请诸乡隅总规式》,当时详细记录了汀州地区实行保甲法的具体内容:

> ……今来编排保伍,专以不扰为先,止要沿门点定户口人丁,置簿抄上各三本,一申州,一申县,一付隅总。以五家为一

---

① 张守:《昆陵集》卷7《措置江西善后札子》,四库全书本。
② 连城县地方志编纂委员会编:《连城县志》(康熙版点校本)卷末《增添》,方志出版社1997年版,第318—319页。

甲，置一甲首；以五甲为一保，置一保长；五保为一大保，置不（笔者：此"不"当为"一"字）大保长； 五大保以上为一都署，都官；合诸都为一乡或为一团，隅总统之。仍于各处置立粉壁，大书保下甲下人户姓名，以凭稽考。即不许唤集关留，有妨民业。如将来甲内有人丁事故，甲保次第报知隅总销落，仍申县申州照会。……人家密处，小保长置梆一只；人家疏处，甲长置梆一只。如遇警急，即仰鸣梆，一梆鸣，众梆皆鸣，甲内及保都人户闻梆，不以早晚深夜，即刻前赴应援。各家置枪棒一条，以备缓急，不许非时施用及将带出入。如有不遵约束及不相救应之人，仰甲保觉察报知隅总，申县照条断治。①

此外，正如江西和福建一样，广东地区在宋代也曾实行过保伍法。这从当时担任广州知州方大琮的一段话推知：

若盐子入岭，向者留忠宣守赣时给据与之，何后来之不可行？惠甫宋宪使申严保五法，以其精力行之，两年间越岭者少。②

（二）明代的"十家牌法"

"十家牌法"是明代在赣闽粤边区实行保甲法的重要举措，该法最先在赣南创立，后推广到整个赣闽粤边区，乃至全国其他地方，并且对清代的保甲制度也影响极大。

1. 实行"十家牌法"提出的历史背景

明朝在地方行政制度的建设方面，在前期和后期有着比较大的差异，大体经历了一个从里甲制度向保甲制度的演变。里甲制度是明朝最重要的地方行政制度，于洪武十四年（1381年）开始实行，是与编制赋役黄册同时进行的。明代的黄册本来称为户籍黄册或赋役黄册，是明代用来管理户口、征调赋役的重要制度。当时朱元璋"诏天下编赋役黄册，以一百十户为一里，推丁粮多者十户为长，余百户为十甲，甲凡十人。岁役里长一人，甲首一人，董一里一甲之事。先后以丁粮多寡为序，凡十年一周，

---

① （宋）胡太初修，赵与沐纂：《临汀志》，不分卷，《丛录》，长汀县地方志编纂委员会整理，福建人民出版社1990年版，第182页。
② （宋）方大琮：《铁庵集》卷18《书·郑金部（逢辰）》，四库全书本。

曰排年。在城曰坊，近城曰厢，乡都曰里。里编为册，册首总为一图"①。里甲制度和黄册制度的实行，都是为了户口和赋役管理的需要，里甲制度是编排黄册的组织保证，而黄册的编排又是中央政府管理人口，收取赋税的重要依据。由于里甲制度在国家管理和财税征收方面的重要作用，所以明初对里甲制度十分重视，推行的力度很大，效果也十分显著，"除部分少数民族及僻远地区以外的人户，基本上都纳入里甲组织之内"②。

明初里甲制度的推行是以相对稳定的小土地占有关系和自耕农经济为基础的。一旦这两个基础削弱了，里甲制度就必然遭到破坏。对于里甲与土地、人口的关系，当时明代人就已看得相当清楚："夫里甲之制，即比闾族党之遗也。然田不井授，里甲安可常哉！夫十户为甲固矣，今田已属之他人，户亦何能独存！昔者之里长，尝凌虐小民，今户已亡，里亦不能独支！"③ 而到明朝中期以后，由于土地兼并日益严重，加上商品经济的发展，人口被迫或主动离开乡土而辗转他处的现象也日益严重。这种现象的出现，自然严重冲击着里甲制度存续的两个基础。因为民户大量逋逃，里甲组织破坏，国家赋税徭役的及时征收也面临问题。为了确保赋役的征收，他们开始改变赋税的征收办法。因为与人口相比，土地更具有稳定性，所以明朝中期进行了以改变原先按户、丁佥派徭役的办法，改由按土地田亩的办法来征收的改革，各地出现的诸如"里甲银"、"均平银"、"纲银"、"十段册"、"征一法"等尝试，最后就促成了"一条鞭法"在全国范围内的实施。

这些赋役改革所出现的"摊丁入亩"的趋势，更加削弱了里甲之长征收赋税的职能④，进一步推动了里甲制度与赋役制度的分离⑤，同时，

---

① （清）张廷玉等：《明史》卷77《食货一·户口》，中华书局1974年版，第1877页。
② 韦庆远：《明代黄册制度》，中华书局1961年版，第49页。
③ 参见梁方仲《论明代里甲法和均徭法的关系》，载《学术研究》1963第4—5期；唐文基《试论明代里甲制度》，载于《社会科学战线》1987年第4期。
④ 里甲之长的职责比较宽泛，但就中央政府推行里甲制度的核心目的而言，里甲制度最为重要的功能还是为了征取赋役。"今制每一里百户立十长，长辖十户，轮年应役，十年而周。当年者谓之见役，轮当者谓之排年。凡其一里之中，一年之内，所有追征钱粮，勾摄公事，与夫祭祀鬼神，接应宾旅，官府有所征求，民间有所争斗，皆在见役者所司。唯清理军匠，质证军论，根捕逃亡，挨究事由则通用排年里长焉。"［（明）邱浚：《大学衍义补》卷31《治国平天下之要·制国用》，林冠群、周艺夫点校，京华出版社1999年版，第287页］由此可见，尽管里长兼有宗法、司法等职能，但从总体上来说，"追征钱粮，勾摄公事"乃是里长最主要的职责。
⑤ 参见梁方仲《一条鞭法》，载《中国社会经济史集刊》1936年第4卷第1期；唐文基《明中叶东南地区徭役制度的变革》，载《历史研究》1982年第2期。

这种情形反过来也更加严重削弱了里甲制度，使里甲组织控制乡村社会的职能更加微弱。明朝中央政府在地方社会的行政控制能力日渐下降的趋势，很难与明朝中后期的地方治安状况相适应。在明朝中期以后，由于土地兼并所引发的阶级矛盾日益尖锐，加上东北地区后金政权的兴起以及日本倭寇不断骚扰东南地区，又使民族矛盾日趋尖锐。这些日益尖锐的社会矛盾加剧了地方社会的不稳定性，这就使明朝统治者迫切需要加强对地方社会的控制，以达到维护乡村封建统治秩序的目的。因此，各地掀起了改革原有的里甲制度，推动基层组织职能由以征收赋税为主转向以"察捕奸宄"为主的保甲热潮。① 在这股热潮中，尤以王阳明在赣闽粤边区实行的"十家牌法"最为显著。

王阳明在赣闽粤边区推行"十家牌法"的原因，除了上面所述明朝中期以来土地兼并加剧，人口逃亡增多，里甲制度难以维继，保甲制度逐渐推行的大气候之外，也有赣闽粤边区特殊的小气候。正如我们在前一章所云，明中期以来，赣闽粤边区也正经历着一场持久而又剧烈的动乱，当时"贼寇"活跃在赣闽粤边区，他们攻州略县，惩杀官吏，严重扰乱了封建统治秩序。王阳明之所以被任命为南赣巡抚，主要就是派遣他前来平定这些叛乱。他莅任以后，通过明察暗访，发现当时贼寇难以平息的原因，就在于所属军民因图小利，家中接纳过往路人，甚至私通畲贼，从而为地方治安埋下隐患。为了"防奸革弊"，为了严厉打击私通贼寇之人，保证"剿寇"顺利进行，所以才实行坚壁清野的保甲制度：

> 照得本院巡抚地方，盗贼充斥；因念御外之策，必以治内为先。顾莅事未久，尚昧土俗；永惟抚缉之宜，憕然未有所措。访得所属军民之家，多有规图小利，寄住来历不明之人，同为狡伪欺窃之事；甚者私通畲贼，而与之传递消息；窝藏奸宄，而为之盘踞夤缘；盗贼不靖，职此其由。合就行令所属府县，在城居

---

① 明朝中后期各地推行保甲制度的情况，参见闻钧天《中国保甲制度》，商务印书馆1935年版，第203—233页。必须说明的是，尽管明朝中后期以来，保甲制虽广泛施行，但里甲未曾取消，它实亡却是名存。直至明末，黄册十年一编审在形式上仍按期举行。可以这样说，明后期是保甲和里甲双轨并存的时期，保甲制度在全国范围内完全取代了里甲制度当在清代雍乾时期，以乾隆三十七年正式下令停止户籍编审为标志。参见赵秀玲《中国乡里制度》，社会科学文献出版社1998年版，第37—59页。

民，每家各置一牌；备写门户籍贯，及人丁多寡之数，有无寄住暂宿之人，揭于各家门首，以凭官府查考。仍编十家为一牌，开列各户姓名，背写本院告谕，日轮一家，沿门按牌审察动静；但有面目生疏之人，踪迹可疑之事，即行报官究理。或有隐匿，十家连罪，如此庶居民不敢纵恶，而奸伪无所潜形。为此，仰钞案回道，即行各属府县，著落各掌印官，照依颁去牌式，沿街逐巷，挨次编排，务在一月之内了事。该道亦要严加督察，期于著实施行，毋使虚应故事。仍令各将编置过人户姓名造册缴院，以凭查考；非但因事以别勤惰，且将旌罚以示劝惩。①

正是受上述全国性和区域性的综合背景的影响，明清时期赣闽粤边区的保甲热潮也因此如火如荼地开展起来。

2."十家牌法"的实施概况

王阳明把"十家牌法"当做是平定动乱的最重要法宝，所以不遗余力地推行它，为此他颁布了一系列的申谕、法令，并且也在文案中多次提到它。为了使我们对他的努力有一个清晰的了解，笔者依时间顺序，把他涉及"十家牌法"的告谕、行批列表，如表3-5所示。

表3-5　　　　　　　　明代"十家牌法"实施概况

时间	条文	内容	出处
正德十二年	《十家牌法告谕各府父老子弟》	阐述推行"牌法"的缘由，颁布牌法的样式	卷16，第528页
正德十二年	《案行各分巡道督编十家牌》	访得所属军民之家，多有规图小利，寄住来历不明之人，同为狡伪欺窃之事；甚者私通畲贼，而与之传递消息，窝藏奸宄，而为之盘据夤缘；盗贼不靖，职此其由。合就行令所属府县，在城居民，每家各置一牌；备写门户籍贯，及人丁多寡之数，有无寄住暂宿之人，揭于各家门首，以凭官府查考。仍编十家为一牌，开列各户姓名，背写本院告谕，日轮一家，沿门按牌审察动静；但有面目生疏之人，踪迹可疑之事，即行报官究理。或有隐匿，十家连罪	卷16，第531页

---

① （明）王守仁：《案行各分巡道督编十家牌》，载（明）王守仁撰《王阳明全集》卷16《别录八·公移一》，吴光等编校，上海古籍出版社1992年版，第531页。

续表

时间	条文	内容	出处
正德十五年正月	《告谕安义等县渔户》	近闻渔户人等曾被宁王驱胁者,虑恐官府追论旧恶,心不自安……为此特仰南康府通判林宽,将本院告谕,真写翻刊,亲赍各户,逐一颁谕,务使舍旧图新,各安生理……本院旧在南赣,曾行十家牌式,军民颇安,盗贼颇息。除各该地方行分巡分守官编置外。前项渔户人等,就仰通判林宽照式逐一编置,务在着实举行,以收成效	卷17,第596页
正德十五年正月	《申谕十家牌法》	本院所行十家牌谕,近来访得各处官吏类多视为虚文,不肯着实奉行查考,据法即当究治,尚恐未悉本院立法之意,故今特述所以,再行申谕……	卷17,第608页
正德十五年正月	《申谕十家牌法增立保长》	先该本院通行抚属,编置十家牌式,为照各甲不立牌头者,所以防胁制侵扰之弊;然在乡村,遇有盗贼之警,不可以无统纪,合立保长督领,庶众志齐一。为此仰抄案回司,即行各道守巡兵备等官,备行所属各府州县,于各乡村推选才行为众信服者一人为保长,专一防御盗贼	卷17,第610页
正德十五年二月	《晓谕安仁余干顽民牌》	照得安仁、余干各有梗化顽民数千余家,近住东乡,逃避山泽,沮逆王化,已将数年,即其罪恶,俱合诛夷无赦;但本院抚临未及,况查本院新行十家牌谕,各官因各民顽梗,尚未编查,若遽行擒剿,似亦不教而杀。为此牌仰抚州府同知陆俸,督同东乡县知县黄堂,及安仁县知县汪济民,余干县知县马津亲诣各民村都,沿门挨编,推选父老弟子知礼法者晓谕教饬,令各革心向化	卷17,第612页
正德十五年十月	《申行十家牌法》	今有司往往不严十家之法,及至盗贼充斥,却乃兴师动众,欲于某处屯兵,某处截捕,不治其本,而治其末,不为其易,而为其难,皆由平日怠忽因循,未尝思念及此也。自今务令各甲各自纠举,甲内但有平日习为盗贼者,即行捕送官司,明正典刑;其或过恶未稔,尚可教戒者,照依牌谕,报名在官,令其改化自新,官府时加点名省谕,又逐日督各家,输流沿门晓谕觉察,如此,则奸伪无所容,而盗贼自可息矣	卷31,第1153页

续表

时间	条文	内容	出处
正德十五年十一月	《批再申十家牌法呈》	据江西按察司呈，看得盗贼之纵横，由于有司之玩弛；沿流推本，实如所呈，失事各官，俱合提究，以警将来。但地方多事未完，缺人管理，除该府县掌印官，姑且记罪，责令惩创奋励，修败补隙，务收桑榆之功，以赎东隅之失；其巡捕等官，即行提问，以戒怠弛。仍备行各府县掌印巡捕等官，自兹申戒之后，悉要遵照本院近行《十家牌谕》，及于各街巷乡村建置锣鼓等项事理，上紧著实举行，严督查考，务鉴前车之覆，预为曲突之徒，毋得仍前玩忽怠弛，但有疏虞，定行从重拿究，断不轻贷，此缴	卷31，第1154页
正德十五年十二月	《牌行崇义县查行十家牌法》	看得新开崇义县治，虽经本院委官缉理经画，大略规模已具，终是草创之初，经制未习。……牌仰知县陈瓒上紧前去该县，首照十家牌谕，查审编排，连属其形势，辑睦其邻里，务要治官如子，爱民如子，一应词讼、差徭、钱粮、学校等项，俱听因时就事，从宜区处	卷17，第615页
嘉靖七年四月	《行廉州府清查十家牌法》	案照本院先行十家牌谕，专为息盗安民。访得各该官员，因循怠惰，不行经心干理，虽有委官遍历城市乡村查编，亦止取具地方开报，代为造缴，其实未曾编行。……为此牌仰廉州府推官胡松，先将该府及所属州县原编牌谕，不论军民，在城在乡，逐一挨查，务著实举行，仍须责令勤加操演。若各官仍前虚文搪塞者，指实参究。果有科罚骚扰等项，仰即拿问究治	卷30，第1106页
嘉靖七年四月	《揭阳县主簿季本乡约呈》	本院近行十家牌谕，虽经各府县编报，然访询其实，类是虚文搪塞；且编写人丁，惟在查考善恶，乃闻加以义勇之名，未免生事扰众，已失本院息盗安民之意	卷18，第632页
嘉靖七年五月	《绥柔流贼》	（王阳明责备左江道参议、知府未能尽行十家牌法，以至该道盗贼未除）至于本院近行十家牌谕，诚亦弭盗安民之良法，而今之有司概以虚文抵塞，莫肯实心推求举行，虽已造册缴报，而尚不知其间所属何意，所处地方。该道仍要用心督责整理，诚使此法一行	卷18，第650页

资料来源：（明）王守仁：《王阳明全集》，上海古籍出版社1992年版。

从表3-5可以看出，王阳明本人亲自督行"十家牌法"的时间，主要在正德后期和嘉靖初期，施行地点主要在南赣巡抚所管辖的赣闽粤边区、平定宸濠之乱后的安仁、余干等地区，以及广西廉州等地三大地域。从时间上来看，正德十二年至正德十三年，主要在虔院所辖的四省交界地域，《十家牌法告谕各府父老子弟》、《案行各分巡道督编十家牌》都是在正德十二年提出来的。如果我们查看《虔台志》就可知道，王阳明在南赣巡抚任上的时间是正德十一年二月至正德十六年六月，而其真正莅临职务的时间则是在正德十二年正月，"正德十一年春二月，公（指前任南赣巡抚陈恪）迁大理寺卿，以鸿胪寺卿王公守仁升都察院右佥都御使代。……十二年春正月，王公莅任"①。这就意味着他在赣闽粤边区莅位伊始就实行了"十家牌法"，可见他对该法酝酿之良久，重视程度之深刻。

王阳明对"十家牌法"之重视，推行力度之大，从仅在正德十五年这一年内，他就接连颁发、批复了《申谕十家牌法》、《申谕十家牌法增立保长》、《申行十家牌法》、《批再申十家牌法呈》、《牌行崇义县查行十家牌法》五道推行"十家牌法"的告谕中可以看出来。王阳明在推行"十家牌法"方面可谓是殚精竭虑，苦口婆心。一方面，他详细介绍了"十家牌法"的牌式编撰和操作程序，再三阐明推行"十家牌法"的宗旨和作用。另一方面，他采用耐心说服的方法，劝谕地方官员予以配合。他在《申谕十家牌法》中说：

> 凡十家牌式，其法甚约，其治甚广。……今特略述所以立法之意，再行申告；言之所不能尽者，其各为我精思熟究而力行之；毋徒纸上空言搪塞，竟成挂之虚文，则庶乎其可矣！②

又在《绥柔流贼》一文中动情地说：

> 本院近行十家牌谕，诚亦弭盗安民之良法。……本院疏才多病，精力不足，不能躬亲细务；独其忧患地方，欲为建立久安长治一念，真切自不能已，是以不觉其言之叨叨。各官务体此意，毋厌其多言，而必务为绸缪；毋谓其迂远，而必再与精思；务竭

---

① （明）唐世济修纂：《重修虔台志》卷4《事纪一》，明天启三年刻本。
② （明）王守仁：《申喻十家牌法》，载（明）王守仁撰《王阳明全集》卷17《别录九·公移二》，吴光等编校，上海古籍出版社1992年版，第608页。

其忠诚，务行其切实，同心协德，共济时艰。①

王阳明"十家牌法"的主要内容和具体程式，可从其颁发的告谕中窥知：

> 所属府县，在城居民，每家各置一牌；备写门户籍贯，及人丁多寡之数，有无寄住暂宿之人，揭于各家门首，以凭官府查考。仍编十家为一牌，开列各户姓名，背写本院告谕，日轮一家，沿门按牌审察动静。②
> 十家牌式：
> 某县某坊
> 某人某籍
> 某人某籍
> ……
> 右甲尾某人
> 右甲头某人
> 此牌就仰同牌十家轮日收掌，每日酉牌时分，持牌到各家，照粉牌查审：某家今夜少某人，往某处，干某事，某日当回；某家今夜多某人，是某姓名，从某处来，干某事；务要审问的确，乃通报各家知会。若事有可疑，即行报官。如或隐蔽，事发，十家同罪。
> 各家牌式：
> 某县某坊民户某人。(某坊都里长某下，甲首军户则云，某所总旗小旗某下。匠户则云，某里甲下，某色匠。客户则云，原籍某处，某里甲下，某色人，见作何生理，当某处差役，有寄庄田在本县某都，原买某人田，亲征保住人某某。若官户则云，某衙门，某官下，舍人，舍余。若客户不报写庄田在牌者，日后来告有庄田，皆不准。不报写原籍里甲，即系来历不明；即须查

---

① （明）王守仁：《绥柔流贼》，载（明）王守仁撰《王阳明全集》卷18《别录十·公移三》，吴光等编校，上海古籍出版社1992版，第635页。
② （明）王阳明：《案行各分巡道督编十家牌》，载（明）王守仁撰《王阳明全集》卷16《别录八·公移一》，吴光等编校，上海古籍出版社1992年版，第531页。

究)

　　男子几丁

　　某某项官，见任，致仕，在京听选，或在家。

　　某某处生员，吏典。

　　某治何生业，成丁，未成丁，或往何处经营。

　　某见当某差役。

　　某有何技能，或患废疾。

　　某

　　某

　　某

　　（见在家几丁　若人丁多者，牌许增阔，量添行格填写）

　　一妇女几口

　　一门面屋几间（系自己屋，或典赁某人屋）

　　一寄歇客人（某人系某处人，到此作何生理，一名名开写浮票写帖，客去则揭票；无则云无）①

　　从这份告谕中，我们可以知道"十家牌法"的主要内容和操作形式：各家必须按照政府规定的统一格式如实填写家牌（即"粉牌"），家牌的内容主要有"户主"（某县某坊民户某人）、男丁情况（包括职业、年龄、技能、废疾、外出或在家等）、妇女情况、居所情况（原住或租住）、寄歇客人情况（客人从哪里来，来此做什么）。每十家造一总牌（即"十家牌"），上面填写各家的基本情况。"粉牌"和"十家牌"造好后，必须呈报官府并留一份副本在牌甲内，要求每天傍晚时分甲内轮值之家手持"十家牌"，挨家挨户，对照"粉牌"进行清查。"若事有可疑，即行报官。如或隐蔽，事发，十家同罪。"

　　王阳明对在弭息盗乱，维护地方社会秩序方面具有独特功能的"十家牌法"充满期望，认为该法"诚亦弭盗安民之良法"，如果认真执行的话，一定能够取得"奸伪无所容，而盗贼自可息"的良好效果。他在《申行十家牌法》中说：

---

① （明）王守仁：《十家牌法告谕各府父老子弟》，载（明）王守仁撰《王阳明全集》卷16《别录八·公移一》，吴光等编校，上海古籍出版社1992年版，第528—530页。

凡立十家牌，专为止息盗贼。若使每甲各自纠察，甲内之人，不得容留贼盗；右甲如此，左甲复如此，城郭乡村无不如此；以至此县如此，彼县复如此，远近州县无不如此；则盗贼亦何自而生？……自今务令各甲各自纠举，甲内但有平日习为盗贼者，即行捕送官司，明正典刑；其或过恶未稔，尚可教戒者，照依牌谕，报名在官，令其改化自新，官府时加点名省谕，又逐日督令各家，轮流沿门晓谕觉察，如此，则奸伪无所容，而盗贼自可息矣。①

他在《申谕十家牌法》中又说：

凡十家牌式，其法甚约，其治甚广。有司果能着实举行，不但盗贼可息，词讼可简，因是而修之，补其偏而救其弊，则赋役可均；因是而修之，连其伍而制其什，则外侮可御；因是而修之，警其薄而劝其厚，则风俗可淳；因是而修之，导以德而训以学，则礼乐可兴。凡有司之有高才远识者，亦不必更立法制，其于民情土俗，或有未备；但循此而润色修举之，则一邑之治真可以不劳而致。②

王阳明所推行的"十家牌法"在平定赣闽粤边区的社会动乱，维护地方社会秩序的过程中，发挥了巨大作用。正因为它在"弭盗安民"方面具有重要的功效，所以它几乎被所有后来继任南赣巡抚的官员所沿用，而且也为时人所赞颂和怀念。

嘉靖三十三年（1554年），南赣巡谈恺就说道：

照得本院所属四省联络，万山盘踞，粤稽在昔尝为盗区，自阳明王公荡平之后，增设县治，建立社学，十家有牌，一乡有约，汙染尽革，政教维新。迩年以来，法久而玩，虽有司治之无

---

① （明）王守仁：《申行十家牌法》，载（明）王守仁撰《王阳明全集》卷31《续编六·征藩公移下》，吴光等编校，上海古籍出版社1992年版，第1153页。

② （明）王守仁：《申谕十家牌法》，载（明）王守仁撰《王阳明全集》卷17《别录九·公移二》，吴光等编校，上海古籍出版社1992年版，第608页。

力，亦新民顽而弗率，……甚者迫于饥寒，相率聚为盗贼，余风未殄，积习犹存，将谓官府莫能谁何。……仍照十家牌法相率劝勉，其有举行乡约教子孙读书，遵守法度，地方信服者，千百长、总甲、里老人等指名报官，年终量加犒赏，行乡约者，给以米布，入社学者给以纸笔，以为一方之劝，仍类申本院另行给赏施行。其有顽弗率教，……照依律例问断，决不轻贷。①

除了谈恺之外，继续沿用"十家牌法"的南赣巡抚还有陈察、王浚、李显、朱纨、汪尚宁、吴百朋、张翀、李棠等人。如，

陈长公者，名察，字原习……吏部言南赣阙抚臣，请以陈察任，报可卿三品。又迁，日左使当副都而大臣者失其名，以公不先事见嗛之，仅改左佥都御史。之镇，公则申先都御史王守仁束约，定甲保，缮要冲，勒习技射。②

嘉靖十五年至十八年，王浚任南赣巡抚，亦行保甲之法：

查勘某户男子几丁，设立一牌，书写于上。推举平昔行止端庄，身家无过，为人所信服者一人，村立村长，保立保长，乡立乡长，团立团长。于要害去处，或设一隘，或树一亭，各立旗竿为号，用布做旗，书写某村、某保、某乡、某团"卫御居民"四字。盗贼窃发，以锣为号，毋分彼此，协力截遏，获有真正贼犯，解送，验功给赏。……保甲之法，昉于阳明，而公推衍行之。③

从相关一些文献的记载来看，"十家牌法"所倡导的保甲制度和乡村自保自卫的精神，在赣闽粤边区也得到较好的贯彻和执行，以至在县志和总姓族谱中就有关于保甲制度的记载。如：粤东大埔县：

---

① （明）谈恺：《虔台续志》卷5《纪事四》，明嘉靖三十四年刻本。
② （明）王世贞：《左□□御史陈长长公察传》，载（明）焦竑《国朝献征录》卷63《都察院》，台湾学生书局1965年版。第2731页。
③ （明）谈恺：《虔台续志》卷4《纪事三》，明嘉靖三十四年刻本。

嘉靖二十三年甲辰秋九月，县令曾广翰擒获刘全，令招降各贼，免死。未几，贼党数百人皆投诚，誓不再犯，协力以御闽寇。广翰允之，严立保甲，民稍安。①

定南县陈姓族谱中还记载了本家族明代所立家约，其中就有要求族人遵守当地官府所颁行的保甲之法，"各守本分，各安生理，不许窝停境外面生歹人"的内容：

一贼盗为害，人人恶之，所在地方，难保其必无此类，则防御之术，其可疏乎？迩来官府颁行保甲之法，实为弭盗安民之要。有官守者当先晓谕，各守本分，各安生理，不许窝停境外面生歹人，相引为非，遇有发生，跟拿送官。倘势豪习泼，敢与党蔽，即是窝主，坐罪不轻。如此，则庶乎盗贼潜消，地方安堵。②

"十家牌法"不仅仅在南赣巡抚所管辖的地区推行，而且也在其他地区广泛推行，甚至被地方官员视为在弭息地方盗贼，推行地方教化方面具有范式意义的标准做法。例如，嘉靖间在东南沿海奋力抗倭的郑若曾在《筹海图编》中提道：

近日虚谈兵事者，动以阳明先生保甲之法为言。殊不知此法止为安新附之民，御鼠窃之盗耳。自古及今，未闻此制御夷狄也。……假使保甲之法果为阳明先生御寇之策，今日亦当更之，不知此老当时擒宸濠、平桶冈、捣八寨，只用保甲之兵乎？抑曾借用狼、土等兵也。③

尽管郑若曾十分反感那些企图用保甲之法来抵御倭寇的言论，但从他所提到的"虚谈兵事者，动以阳明先生保甲之法为言"，也反映了"十家牌法"在弭盗安民方面所取得的巨大成就和产生的深远影响，以至郑若

---

① （清）周硕勋：《潮州府志》卷38《征抚》，清乾隆二十七年刻本。
② 定南《陈氏联修族谱》，不分卷，《锣虹涧洞陈氏家约》，1998年印本。
③ （明）郑若曾：《筹海图编》卷11《经略一·练乡兵》，四库全书本。

曾也不得不承认它在"安新附之民，御鼠窃之盗"方面的作用。

王阳明在赣闽粤边区为了"弭盗安民"而建立的"十家牌法"，不仅在继王阳明之后的整个明代时期所沿用，而且也对清代前期的地方治理产生了深远影响。清承明制，自顺治到嘉庆，清代的帝王皆十分重视保甲的作用。如康熙四十七年下诏规定：

> 一州一县城关各若干户，四乡村落各若干户，户给印信纸牌一张，书写姓名、丁男口数于上，出则注明所往，入则稽其所来。面生可疑之人，非盘诘的确，不许容留，十户立一牌头，十牌立一甲头，十甲立一保长。若村庄人少，户不及数，即就其少数编之。无事递相稽查，有可互相救应，保长、牌头不得借端鱼肉众户。客店立簿稽查，寺院亦给纸牌。月底令保长出具无事甘结，报官备查，违者罪之。①

道光十六年二月，皇帝上谕：

> 保甲一法，著之令甲，立法本极周密，最为弭盗良规……嗣后著各直省督抚，责成各道府慎选委员，会同地方正佐各官亲历编查，不准携带多人，致滋纷扰。倘虚行故事，或不安本分，地方官据实禀详，该上司即严行参办。如徇隐不报，亦著一并严参。②

光绪十三年二月，有人因各省保甲废弛、请饬整顿，皇帝谕内阁：

> 保甲为弭盗良法，果能切实编查，则莠民无藏身之所，地方自臻安谧。近来各直省游勇枭匪滋事之案甚多，即使拿获严惩，良民已先受其害，非筹正本清源之策，不足以靖萑苻而安闾里。

---

① 《清朝文献通考》卷22《职役二·保甲》，浙江古籍出版社1988年版，第5051页。
② 《清实录》三七《宣宗实录》卷278，清道光十六年二月（上）甲子，中华书局1986年影印本，第288页。

著各直省督抚,严饬所属,将保甲事宜认真办理。①

具体到赣闽粤边区,该区在清代前期照样也实行了保甲制度。我们屡屡发现在赣闽粤边区的清代方志中,也经常记载有在社会局势动荡不安的时候建立保甲组织以预防贼寇骚扰的举措。如顺治五年,连城县遭到土寇劫掠,县令严立保甲,搜查奸细,以求保境安民:

> 是岁,土寇两踞揭坊寨,掳掠近寨乡村,焚烧民舍。署令裘同驻防谭,内严城守,外严侦探,日率精兵绕寨击之,杀渠魁而余党惊遁。安抚揭坊难民,仍搜各山寨奸细,设保甲、给腰牌以严出入。②

乾隆年间,永定县令伍炜看到当时境内流移之民尚未折中附服,"牒案滋多",治安隐患严重,故在竭力劝课的同时也严立保甲:

> 余以壬申岁奉命莅永,甫下车,案牍滋多,庶务繁剧,兢兢然思所以肃清而别治之。考诸旧志记载,迁流有未易以折衷者,于是且悉心筹划,课农桑,劝积储,因以计人户田产贫富肥瘠之数;慎考试,亲讲约,因以审士气民俗华实淳漓之坟;严保甲,核词讼,因以察关塞禁令险易轻重之要。③

武平县遭到土寇骚扰,当地乡绅邱嘉穗不满乡村团练"奉公无术"的做法,要求严立保甲和遣兵屯戍:

> 迩来地方小警,仰荷执事平定安辑,绰有成谋。穗叨庇守下,将与父老、子弟共沐弦诵而享金汤,幸甚。但以敝乡任事之

---

① 《清实录》五五《德宗实录》卷239,清光绪十三年二月丁丑,中华书局1987年影印本,第224页。
② 连城县地方志编纂委员会编:《连城县志》(康熙版点校本)卷1《历年纪》,方志出版社1997年版,第40页。
③ (清)伍炜:《永定县志序》,载(清)伍炜、王见川《永定县志》卷首《序》,清乾隆二十二年刻本。

人奉公无术，曾不能推广两台之德而力行之，以致境上汹汹……独不思前日执事尝有申饬保甲之令乎？独不思昨日执事又尝有遣兵屯戍之谕乎？此二议者皆至当不可易，而敝乡练长诸人迄未闻所奉行。是两台实有保境安民之深心，实有除奸铲暴之远略，而敝乡诸人不能恪守规画、奉扬威武以痛断其根株，灭此而后朝食也。虽复劳劳焉，日以称干比戈、边疆捍卫为己任，其亦何补之有与？窃谓为今之计，莫若力行二议，移会武平、程乡地方官，先严保甲之法，著令约地家长，旬月供结。一人从贼，一家窝容，一乡连坐。有作勾引、告密、倡乱者，诛无赦；明知为贼，踪迹有据，而乡邻不即首捕者，与贼同律。而因会三县文武吏相视闽、粤有濑田、茅坪、罗地等处，实为我之门户，贼之咽喉；宜仿岩前、河头二城遗意，筑一堡，增宿精兵数十人，遣把总官一员领之，以戍其地。其工费、粮草亦应酌议匀办四邻。使之平居联栅寨、修烽燧、谨间谍、悬赏格，万一有警，则檄乡兵之自为守者，互相声援，犄角而进，庶几哉奸宄无所容，缓急有所恃，而不至以两台饬甲遣戍之美意，徒为练长奉行之空文而已也。①

第三节　政治实践对赣闽粤边区文化传播的意义

在前面我们论述了中央政府在赣闽粤边区所进行的增设行政区划，加强地方基层组织建设的政治实践，这些政治实践为中原地区的政治文化在赣闽粤边区的传播，奠定了基础。

中央政府在赣闽粤边区的行政区划的设置，尤其是由多县划割辖境重组新县，是一件十分麻烦的事情，特别是涉及跨省的划割，更是如此。例如，明代正德年间，在讨论成立和平县时，广东按察司分巡岭东道兵备佥事朱昂会想从江西龙南县中折一里过来共辖一县，但遭到龙南方面的拒

---

① （清）邱嘉穗：《与翁明府、蒋参戎论洞寇书》，载（清）曾日瑛修，李绂纂《汀州府志》卷43《艺文五》，清乾隆十七年刻本。

绝。清代在设立定南县时，赣州方面也打算把和平县的上下陵、乌虎镇、铙钹寨等地划割过来，亦遭到广东方面的坚决抵制。此外，根据《潮州府志》记载，正德五年，程乡之民陈良玉起来造反，被总兵柳文剿灭。为了永除祸患，当时想分兴宁、程乡和武平三县接壤之地置一直隶州，但却因三县都想把州治设在本县境内而争论不休，最后只好不了了之：

  程乡贼陈良玉与其党梁世昌、张士锦啸聚义化山中，寇石窟。正德五年庚午，总兵柳文督兵破之。按：粤之兴宁、程乡、闽之武平三县为盗窟。时岁欲分三县接壤之地置州，以塞盗源。而程乡民欲城石窟大柘，兴宁民欲城礼福济，武平民欲城千户所。当道以人言喋喋，恐生变，事遂寝。①

  实际上，除了跨省之外，同省合并新县也存在诸多矛盾。如田粮的划拨，积欠赋税的处理，边界的勘定等，并且，新建一县，必然修城筑堡，修建各种官署衙门，增设各种官员属吏，这些都需要花费大量资金。然而，尽管困难重重，但当地精英和地方官员还是极力申述要求建县，中央政府也基本上都予以坚决支持，其根本原因，就在于在传统时代，这种新增县治，对于加强对地方社会的管辖，抵抗社会动乱，确实具有不可低估的作用。

  一是具有更加强大的安全保障。县治设立后，往往会修建坚固的城池，集中更多的人口，驻扎更多的兵力。从上节明清时期汀州府的兵力布防中，我们可以清楚看出，凡是郡府、县衙或关隘所在地，都是兵力驻扎更加强大的地方。这种坚固的防御工事，加上强大的兵力部署，对于地方贼寇自然具有更大的威慑力，因此也大大提升了该县的防御能力，因此也就有了更加强大的安全保障。郭造卿《闽中分处郡县议》："又历考闽属，自国朝来，每因寇乱设县即定。建宁之设寿宁，延平之设永安、大田，漳州之设漳平，及近日宁洋、海澄，而无不定者。独汀州当三省之交，成化六年设归化，而其地盗少，十四年设永定，而窃发间有者，盖南通潮、漳，而北上杭，三图皆寇薮也。迩日乃靖者，赣乃分大埔，而又立平远

---

① （清）周硕勋：《潮州府志》卷38《征抚》，清乾隆二十七年刻本。

耳。"① 地方官员在申请建立长宁县的时候,也提及"如先臣平桶冈而设崇义,平浰头而建和平,平高砂、下历而建定南。皆杜遗孽潜滋之萌,贻生灵久安之休"②。此外,明朝南赣巡抚张翀对定南县的设立对于加强地方治安的作用也予以高度肯定:"自昔建州邑设官司,大抵因地势之轻重而制其宜,地轻则并省之而不为略,地重则增置之而不为繁。此地前明嘉靖之世,实为群盗出入之区,迨张黄诸公议割邻邑之地建县治以镇之,而龙南、信丰、安远皆赖以安,此增置之利,于今犹仰前人之功。"③ 由此可见,建立县治对预防地方寇乱,确实具有极其重要的作用。

二是加强户籍管理和赋税征收。设立新县的标准,除了需要具有一定的空间范围之外,同时还必须要有一定数量的居民户口。新县设立,也必然注意加强对户口的管理。在封建时代里,政府考核官员政绩的一个传统标准是户口的增加。所以地方官员十分重视对户口的检扩和控制。我们以定南县为例:

> 明隆庆三年,龙南县户一百六十四,口一千一百三十一,内男七百八十一,女三百五十;安远县割户四十八,口六百零五,内男四百三十一,女一百七十四;信丰县割户四十八,口一百一十九,内男九十九,女二十。三县共割户三百一十户,口共一千八百五十五,内男共一千三百一十四,女共五百四十一。国朝乾隆四十四年,户共一万九千四百二十七户,口共一十二万二千四百六十,内男共六万七千六百四十六,女共五万四千八百一十四。④

定南县在明朝设县之初,人口才1131人,而到乾隆年间,人口猛增到122460人。如果联系到这些新县之地原来就是流民汇集的地方,所以在新增人口中,除了正常的人口自然增长外,应该还包括在平定战乱之

---

① (明)郭造卿:《闽中分处郡县议》,载(明)顾炎武《天下郡国利病书》,《福建》,第26册,上海书店出版社1935年版,第24页。
② (明)吴百朋:《分建长宁县疏》,载(清)魏瀛修,钟音鸿纂《赣州府志》卷67《艺文志》,清同治十二年刊本。
③ (明)张翀:《建定南县疏》,载(清)赖勋等修,黄锡光等纂《定南厅志》卷1《建置沿革》,清道光五年刻本。
④ (清)赖勋等修,黄锡光等纂:《定南厅志》卷3《贡赋·户口》,清道光五年刻本。

第三章　政治实践与文化传播 ·145·

后，把那些逋逃之人也重新纳入编户齐民。尤其是在那些原来属于溪峒蛮族聚居的地方所设的新县，还应该把原来从未纳入国家体制之内的土著蛮人也转变为编户齐民了。为了便于对这些新增民口进行管理，官府则重新设定都图里甲。而都图里甲的设立，则又有利于国家赋税的征收。"图里之设，所以统户口，而经赋役也。"① 而赋税的征收，除了其经济意义之外，又有其重要的政治象征意义。

在官府看来，区分一个地区是"化内"还是"化外"的重要标志，就是是否接受中央政府的管理和统治。而征收赋税则又是中央政府统治地方社会的一个十分重要的内容。关于这一点，一个众所周知的故事就是春秋时期，地处中原的霸主齐国，挟天子而令诸侯，兴兵讨伐不服统治的南方楚国，其中一个重要理由就是指责楚国"尔贡苞茅不入，王祭不共，无以缩酒，寡人是徵"（《左传·僖公四年》）。苞茅乃是一种野生草本植物，用来过滤酒糟，即使楚国确实没有进贡，齐国也完全可以用其他物品代替，而不至于走到"无以缩酒"的地步，但在齐国看来，苞茅虽然物小，然不进贡则是大事，于是抓住这一把柄兴兵伐楚，可见"贡赋"在古代政治生活中重要的象征意义。而在前面的论述中，我们多次提及在赣闽粤边区聚居着大量的畲、瑶等溪峒蛮族，并且在宋至明末的历次动乱中，往往也看到被贬称为"峒寇"的蛮族的身影。在统治者看来，这些畲瑶蛮族与那些已经纳入编户齐民的"省民"最大的区别就在于畲瑶蛮族"不事赋役"：

　　蛮瑶者，居山谷间，其山自衡州常宁县属，于桂阳、郴、连、贺、韶州，环纡千余里，蛮居其中，不事赋役，谓之瑶人。②

而明朝正德年间在大庾、上犹一带的横水、桶冈爆发的以谢志珊、蓝天凤等为首的叛乱，他们一个很显著的举措就是"自称'盘皇子孙'，收有流传宝印画像，蛊惑群贼"③，尽管这些"贼寇"并不都是畲瑶蛮族，

---

　① 同上。
　② （宋）袁枢：《通鉴纪事本末》卷48，《桂阳蛮瑶之叛》。
　③ （明）王守仁：《横水桶冈捷音疏》，载（明）王守仁撰《王阳明全集》卷10《别录二·奏疏二》，吴光等编校，上海古籍出版社1992年版，第342页。

但首义者为了吸引更多的人群加入起义队伍，利用溪峒蛮族不纳租赋的传统，打出"盘皇子孙"的旗号，也从侧面说明他们当中畲瑶之人也确实不少。这些叛乱被镇压后，通过设立县治，编订户口，把这些乱民（包括脱籍逋赋汉民和无籍畲瑶蛮族）纳入国家户籍制度之中，并且承担的租税赋役，这也意味着国家权力在这里确立了自己的统治，使该地区完成了从"化外"向"化内"的转变。

三是有利于宣扬政教顺化子民。古代郡县官员由中央朝廷直接派出，代表中央政府管理地方社会，这些官员除了保境安民，征收赋税之外，还承担着宣扬朝廷圣典，教化子民的责任：

> 环百里为县，古子、男国也。县有令、有丞、有簿、有尉，同司县政，以教养斯民者也。分五土以养之，敷五典以教之。至于褒善劝义、察奸罚恶、平赋均徭、理争息讼，皆亲民之责也。①

对于中央朝廷而言，边远之境，因为地瘠民贫，经济开发十分有限，赋役征收的经济意义不大，而如何使这些顽梗未化的边民顺从朝廷，往往是统治者更加关心的问题。实际上，政府官员对于赣闽粤地区的长乱不安，也大多归结为这里远在天末，教化未及，人们不知朝廷政教的后果。如明朝嘉靖间曾汝檀谈到福建漳平县时云：

> 设县之初，民皆朴野，其梗化者哄然，不知法而已，无他也。弘治四年，龙溪之境，石椎岭下，渠魁温文进倡乱，平邑小民四出从之。遂攻劫县坊，四境搔然。集兵以御，战于县东，斩首无数。已而遁入各乡，剿擒殆尽，死者又数百人。乡民乃知王法之不可犯，安辑五十余年。②

万历年间谢彬也把当时福建西南部频频发生的动乱归结为"政教未达"，并且认为只有在这些地方设立县治才能解决问题：

---

① （明）林文：《初建归化县记》，载（清）曾日瑛修，李绂纂《汀州府志》卷40《艺文二》，清乾隆十七年刻本。
② （明）朱召修，曾汝檀纂：《漳平县志》卷4《风俗》，明嘉靖二十八年刻本。

> 漳、延、汀三郡，徽于闽岭，实相巉齿，山盘谷阻，绵亘联络，封狐之所窟穴，政教未易以达。惟分疆立邑，使我扼其吭，彼失其据，则乱萌自息。试以近事言之：如李乌嘴之乱，则设永安，温文进乱，则设漳平，郑星乱，则设大田，盖其初一龙岩耳。①

从上述引文可以看出，当时官方统治者已经明确认识到赣闽粤边区社会动乱的频繁发生与政府的管理教化不力密切相关，于是纷纷采取新增县治的办法来试图解决这一问题。当然，如果仅仅是设立县治，当然不能解决问题，关键在于地方官员能否专心教化。关于这一点，明朝曾任南赣巡抚后升任户部尚书的殷从俭阐述十分清楚。他亲自参与了定南县的建设工作，并体察到该地在设立县治四年后所发生的"新民父老率子弟稽首辕门，具结邑里，无复有鸡犬盗，其俊秀群之学者，恂恂然若素习经业之儒生"的巨大变化，并由衷发出"朝廷政教能化导人之速有若是哉"的惊叹。在惊叹之后他接着说：

> 建县设官，得非为弭盗安民乎？然汉时渤海下里之盗，一刺史治之②，盗息且化，率为善乡，何俟分邑分民而专辖之以一令耶？况近日郡县往往盗发，城市又可委之政教之所不能及耶？然则民之理乱，亦视有司何如耳？使有司非其人，县固徒设也。此镇旧多盗窟，自阳明公议建崇义、和平，鹤楼公议建定南，则盗窟尽民廛矣，余今日与监司守令岂复有他议哉。惟原二公所以建县之意，抚新民而生养之，使自厌渤海之民可也，不尔，建县之议将为民厉者耶。余故记之，与司民牧者共勖焉！③

在这段引文中，殷从俭引经据典强调监司守令的作用，认为"使有

---

① （明）谢彬：《海道周公生祠记》，载（明）罗青霄《漳州府志》卷36《艺文》，明万历元年刻本。
② 此则典故乃指西汉宣帝时龚遂为渤海太守，因治盗有术，劝民农桑，使卖剑买牛、卖刀买犊，终致盗息且化。（汉）班固《汉书》，《汉书》卷89《循吏传·龚遂》，中华书局1962年版，第3639页。
③ （明）殷从俭：《新建定南县记》，载（清）赖勋等修，黄锡光等纂《定南厅志》卷7《艺文上》，清道光五年刻本。

司非其人，县固徒设也"，但也没有否定王守仁和张翀二人的增建新县乃"抚新民而生养之"的用意。而是希望履职该县的地方官员要深谙王张二公的本意，充分利用好新建县治这一平台，切实完成教化乡民的重任。

四是行政区划的设置有助于赣闽粤边区地域文化的整合。

以往学者在探讨赣闽粤边区客家文化的形成原因时，通常十分关注移民运动的作用。认为正是由于历史上的移民运动，才使客家文化在赣闽粤毗邻区这块土地上逐渐形成。然而，这些学者并没有注意到，移民运动对文化发展往往是起分裂的作用，因为移民运动必然带来异质的文化，移民运动的直接后果是使文化朝多元化的方向发展。而行政区划的设立，则有助于对这些异质文化的整合，形成一个具有更多同质因素的文化区。

所谓"文化区"（Culture Region），是指某种文化特征在空间上的分布。例如，根据调查或收集的资料绘图，以表示某种语言、宗教、艺术活其他文化特征在地理上的分布范围，就可以成为某种文化特征的分布区。[①] 行政区划的设置对文化区的形成有十分重要的作用。周振鹤先生在论述方言文化区形成的时候，就对行政区划所发挥的作用作了专门的论述：

> 长期稳定的行政区划，必然使同一区划中的语言、风俗等文化因素趋于一体化。一般而言，政区的地域范围越大，一致性越弱；范围越小，则越强。……而对于像唐、宋的州，明清的府这样的二级政区，所辖地域适中，对文化因素的趋同性而言是最有利的。州（府）治不但是一州的政治中心，而且一般也是该州的经济、文化、交通中心。因此，州（府）属各县与州（府）治之间在政治、经济、文化、交通之间的密切接触，也必然有助于消除各县方言的特殊之处，是各县方言自觉地向州（府）治靠拢。[②]

[①] 王恩涌：《文化地理学》，江苏教育出版社1995年版，第42页。
[②] 周振鹤：《中国历史文化区域研究》，复旦大学出版社1997年版，第42—43页。

张晓虹也对政区的作用予以高度肯定：

> 政区形成以后，往往会反过来对区内的文化现象进行整合，在区域内形成同质文化。这是因为在同一政区内，文化接触频繁，联系密切。因此在长期稳定的政区内，极易形成均质的文化区。①

为了说明行政区划的设置对整合赣闽粤边区多元文化的作用，下面我们选择福建三明地区和龙岩地区两个二级行政区作为案例进行比较，因为两者虽然都在唐宋时期接纳大量的外来移民②，但后来两者在文化发展方面却相距甚大。龙岩地区成为今天著名的客家文化区③，而三明地区却无法把多元的文化整合起来，发展成完整的均质的客家文化区。造成相邻两个地区在文化发展方面出现巨大差异的原因当然有很多，但笔者认为历史上龙岩和三明地区在行政区划设置上的不同是个十分重要的因素。

我们来看看历史上龙岩和三明两地的行政区划的建置情况。在唐代：三明境域已设有 4 县，分属 3 个州府；宋代三明境域增至 7 县，分属 4 个州府；清朝三明境域增至 11 个县，隶属 5 个州府。④ 而龙岩境内自唐朝直至明清，其境域所设县级行政区划，除了新罗区等极少数之外，其余绝大多数都仅隶属于汀州府。⑤ 由此可见，三明地区在历史上其行政区划的归属关系远远比龙岩复杂得多，而且变动十分频繁。

龙岩地区之所以能够成为现在公认的客家文化区，与汀州府的设立密

---

① 张晓虹：《文化区域的分异与整合——陕西历史文化地理研究》，上海书店出版社 2004 年版，第 366—367 页。

② 关于龙岩地区的移民概况，已有不少研究成果，由于篇幅限制，本书不再赘述。参见《福建移民史》（林国平著，方志出版社 2005 年版）、《福建六大民系》（陈支平著，福建人民出版社 2000 年版）、《福建客家》（谢重光著，广西师范大学出版社 2007 年版）。关于三明地区历史上的移民情况，亦可参见《三明市志》（福建省三明市地方志编纂委员会编，方志出版社 2002 年版）、《泰宁主要姓氏入籍小考》（肖名俊撰，载《泰宁县文史资料》第七辑，1990 年印行）。

③ 关于龙岩地区客家文化的研究成果，可以参见《乡土中国：闽西客家》（谢重光著，生活·读书·新知三联书店 2002 年版）和《闽西客家研究丛书》四卷本（张佑周主编，四川民族出版社 2012 年版）。

④ 福建省三明市地方志编纂委员会编：《三明市志》，方志出版社 2002 年版，第 123—129 页。

⑤ 龙岩地区地方志编纂委员会：《龙岩地区志》，上海人民出版社 1992 年版，第 66—69 页。

切相关。汀州行政区的最早设立时间在唐朝，当时辖有三个县："唐开元二十四年，开福、抚二州山峒，置汀州。领县三：长汀、黄连、龙岩。"① 对照谭其骧先生所编制的《中国历史地图集》，汀州所辖三县的区域，囊括了现今龙岩市所辖的新罗区、长汀、连城、上杭、武平、永定、漳平等7个县级行政区和三明地区的宁化、清流、明溪、永安等4个县。② 汀州的名称在后来多有变化，其管辖的属县，也有一些变化，但不管怎样变化，后来各个历史时期在这里所设置的二级行政区的管辖范围几乎都与唐朝汀州完全一致。汀州府这个二级行政区长期稳定的存在，对于境内文化的均质发展具有极大的影响，历史上汀州府（路）所辖区域，恰恰也就是今天人们通常所说的闽西客家文化区，两者在空间上的高度一致，应该很能说明这一点。

20世纪60年代初，福建的行政区划发生重大变化，汀州府所辖10县级行政区，6个转属龙岩地区，3个转属三明地区。由于汀州府的主体尤其是府治所在地长汀划归龙岩地区所辖，因此，在提到闽西的客家文化区时，常常就与龙岩地区相提并论。而与龙岩地区紧邻的三明地区，由于在这里设立专门的二级行政区的时间非常短，至今才短短50余年，其辖区内的各县在不同历史时期都分属于其他二级政区，所以很难形成均质文化区，境内分成了多块文化区。③ 虽然现在所辖的宁化、清流、明溪3县被称为是客家县④，宁化石壁村还被称为"客家祖地"，并定期举办祭祀客家先祖的仪式，但作为一个整体，三明地区给人的客家印象还是非常模糊，依然还没有像龙岩地区那样，被人们当作是一个完整的客家文化区。

由此可见，设置合理且长期、稳定存在的行政区划，对于区域文化的整合有着重要作用。龙岩地区和三明地区不同文化发展结果就极好说明了

---

① （清）曾日瑛修，李绂纂：《汀州府志》卷2《建置》，清乾隆十七年刻本。

② 谭其骧：《中国历史地图集》（第五册隋唐五代十国时期），中国地图出版社1982年版，第55—56页。

③ 三明境内文化不同质的现象，从方言文化就可看出。根据学者的研究，三明境域可以分成六块方言区："闽客方言区（宁化、清流）"、"闽赣方言区"（建宁、泰宁）、"闽方言与客赣方言过渡区"（将乐、明溪）、"闽方言过渡区"（大田中部、尤溪大部分）、"闽中方言区"（以三明市区为中心）、"闽南方言区"（大田西南部）。相对而言，龙岩地区的方言分布就简单得多，仅分为三块："闽客方言区（龙岩地区大部分）"、"闽南方言区"（仅龙岩市区、漳平）和"中山镇方言岛（军家话）"（仅武平县中山镇）。参见李如龙《福建方言》，福建人民出版社1997年版，第83—84页。

④ 罗香林：《客家研究导论》，（台北）南天书局有限公司1992年版，第94页。

行政区划对区域文化发展的影响。

  总之,通过上述探讨我们可以知道,地方行政区划的设置,不仅有助于为地方提供更多的安全保障,而且还为中央政府在征收赋税,宣扬教化,推广政治文化,提供了前提,同时也为地方文化的整合,起到了重要作用。

第四章 文化实践与文化传播

——儒家文化在赣闽粤边区的广泛传播

宋明时期是中国儒学发展史上的重要时期,在学术上,儒学发生了由"重治"到"重教"的重大转变,即由原先的重视给统治者制定治国方略政策,转向重视对人们教化的变化。宋明理学的学术转变是时代的产物,对当时重建社会秩序具有重要意义,并对后来中国传统文化的发展也产生了深远影响。中国儒学在宋明时期的学术转变,对赣闽粤边区也产生了巨大的影响,本章通过对中央政府在赣闽粤边区所实行的学校教育、旌奖制度和按照"以神道设教"原则对该区域民间信仰的控制等内容的介绍,旨在说明儒家文化在赣闽粤边区的传播途径和方式,及其对地方社会的巨大意义。

第一节 由"重治"到"重教":宋明儒学的学术转变及其对重建社会秩序的意义

一 宋明儒学复兴的历史背景

宋明儒学又称"道学"、"理学"或"新儒学",它的产生有着深刻的历史背景。它与唐宋以来社会经济、政治和文化所发生的巨大变化密切相关。

从社会经济史的角度看,由于租佃制度逐渐代替部曲制、佃客制,生产关系的改善,大大促进了社会经济的发展。在唐宋以前,租佃制虽然早已出现,但封建国家和地主对农民的超经济控制仍然十分严重,尤其是从魏晋南北朝以来所形成的门阀士族,更是荫庇了大量的部曲、佃客。门阀士族制度下的部曲和佃客的人身依附性很强,严重限制了劳动者的生产积极性。经过隋唐以来农民战争的冲击和统治者的制度调整,门阀士族遭受到沉重打击并逐渐退出历史舞台，原来那种由士族门阀对荫庇制下的部曲、佃客进行直接人身控制的剥削方式也被废弃了，代之而起的是租佃制。这种在社会关系领域的巨大变革，对儒学的复兴产生很大影响：一是这种变革推动了社会经济和科学技术的发展，从而为宋明儒学的兴起提供了经济技术基础。与部曲、佃客制相比较，在租佃制度下地主对农民的限制较小，农民的生产经营更自由和人身控制更弱，这就在一定程度上提高了农民的生产积极性，促进了唐宋时期社会经济的重大发展。生产技术的进步，经济基础的巩固，尤其是自然科学的发展，对宋明理学的出现具有十分重要的影响。"哲学的建构本来就以自然科学的发展为基础，作为宋代哲学核心的理学，对自然及社会规律的思考乃至理学中象数学派的形成，正是宋代科学文化发展的必然结果。"[1] 二是唐宋以来社会经济的发展，也产生了许多新的社会问题，要解决这些社会问题，就需要有一套新的理论指导，从而催发了宋明儒学的产生。租佃制的实行，导致土地自由买卖逐渐盛行，从而加速了地主的土地兼并，尤其是北宋政府奉行"不抑兼并"的政策，使得到仁宗时期，出现"势官富姓，占田无限，兼并冒伪，习已成俗"[2]。日益严重的土地兼并使得大批农民丧失土地、流离失所，农民和地主之间的矛盾日益加剧。并且，由于生产的发展，特别是手工业和商业的繁荣，使唐宋时期出现了新的生活方式、文化观念，这些新事物也必然对原有的道德伦理和社会秩序产生严重的冲击。这些日益尖锐的社会矛盾，也促使素有"经世致用"传统的儒家知识分子进行深刻思考，努力寻求解决社会问题的良方，因此，他们提出的"修身"、"养性"、"存天理，灭人欲"等观念，就是要求人们在对待物质欲望的诱惑时，所应保持的理性态度。

从政治史的角度看，儒家的复兴还与当时宋代统治者积极强化专制主义中央集权的时代背景有关。宋朝统治者认为强大的唐朝政权之所以会溃亡，主要是地方势力太大，以致出现藩镇割据的局面，最后才导致整个政权的垮塌。于是在建立宋代政权后，进行了一系列加强中央集权的措施，这些措施虽然有效地起到维护和强化专制主义中央集权的作用，但也造成权力过于集中于皇帝，职权分散，机构庞大，政府开支巨大，行政效率和

---

[1] 许总：《论宋明理学的形成及其历史必然性》，《齐鲁学刊》2000年第5期。
[2] （元）脱脱等撰：《宋史》卷173《食货志》，中华书局1977年版，第4157页。

军队战斗力极其低下的后果，成为宋代"积贫积弱"的根源，民族矛盾和阶级矛盾日益尖锐。为了维护和巩固这种统治，统治者极其需要一种理论指导，帮助他们化解社会矛盾，使百姓服从他们的统治。汉失天下，门阀士族兴起，佛老盛行，使儒家知识分子抑郁难排，大多数只好潜身于佛老之学，空谈玄学。而隋唐政权重新统一中国，建立起强大的中央集权，尤其是宋代"重用文人"的政策，又使他们恢复了对世俗政权的信心，在"治国平天下"，实现"天下一统"儒家道统的驱使下，他们也自觉担负起安抚百姓、统一江山的历史责任。

从文化史的背景来看，自汉代以来儒学本身存在的缺陷同时又深受佛道两教的冲击，也促使唐宋儒家学者改革儒家经义。汉武帝"罢黜百家，独尊儒术"的政策，使孔子所创立的儒家学说从诸子百家中脱颖而出，取得了艺压群雄，独霸天下的崇高地位，儒学不仅成为国家的意识形态，而且研究儒家经典也成为中国学术的主流。然而汉代儒学存在严重的弊端，当时今文经学注重以经学服务于现实政治，然而在治经时常常牵强附会地大讲经学的"微言大义"，甚至出现"谶纬"现象，致使本来十分严肃的儒家学术中出现许多怪诞之词，严重损害了儒家学说的权威性。而古文经学则又过分重视对经书的历史考察，通过文字训诂而研究原典，囿于繁杂琐碎的注疏笺证，严重远离儒学"经世致用"的本义。所有这些都使得汉代儒学距离现实越来越远。而在魏晋以来，佛教和道教的兴起又给汉代儒学产生强烈冲击，道教崇尚生命，主张"道法自然"，佛教宣称"世事无常，因果循环"，与过分强调"天"的神性和人间道德伦理秩序的儒家相比较，它们都更加关注个体生命，这在动荡不安的魏晋时期，佛、道两教自然更加具有吸引力，以致很多儒家知识分子也转到对佛、道之途，甚至出现一些放浪形骸，冲击儒家纲常的不羁之举。[①] 面对佛、道的强烈冲击，以"分文析字，繁言碎辞"为务的汉代儒学自然无法抵挡，于是，在门阀士族制度瓦解，儒士文人地位抬升的唐宋时期，还原先秦儒学那种以"修身治国平天下"为己任的经世致用的道统，恢复汉代儒学那种"包举宇内，囊括天下"的恢宏气势，成为儒家学者的自觉使命。

二 宋明理学发展的简要脉络

我们在讲宋明理学的发展脉络时，必须先提到中唐时期的韩愈及其所

---

① 余英时：《士与中国文化》，上海人民出版社 2003 年版，第 251—357 页。

倡导的"古文运动"。韩愈（768—824年），字退之，唐贞元八年进士，由于其在文学上的成就，被列为"唐宋八大家"之首。然而在中国文化史上，韩愈首先是位重要的思想家。他在政治上主张天下统一，反对藩镇割据；在思想上力斥佛老，复兴原儒；在文学上反对六朝以来过分追求形式的骈文，追慕先秦时期自由刚健的散文，于是与柳宗元一道倡导古文运动。"古文"运动不仅意在变革文体，而且以先秦两汉古文为法，以儒家经典为皈依，"志乎古道"。以尊儒反佛为主要内容的中、长篇，有《原道》、《论佛骨表》、《原性》、《师说》等文，其在《原道》一文中云："吾所谓道也，非而所谓老与佛之道也。尧以是传之舜，舜以是传之禹，禹以是传之汤，汤以是传之文、武、周公，文、武、周公传之孔子，孔子传之孟轲；轲之死，不得其传焉。"① 明确表明他所继承的是先秦儒家原来的道统，并以传道者自居。尽管宋代理学诸子并不一定肯定韩愈"传道者"的身份，但宋明理学绕开汉儒而直溯孔孟，应该是受到了韩愈这种承道方式的影响。正是从复兴儒家道统这个意义上，苏轼才称韩愈是"文起八代之衰，而道济天下之溺"②。

除了韩愈之外，在中晚唐的提倡古文和斥佛、排佛运动中，还有柳宗元、李翱等。北宋学者抓住这股思潮，继续开展儒学复兴运动。

"宋初三先生"（胡瑗、孙复、石介）努力廓清唐五代以来的浮靡文风，教授生徒以"讲明六经"为职任，为儒学在新时代的复兴培养了大批人才。后人评价他们"始以师道明正学，继而濂洛兴矣。故本朝理学虽至伊洛而精，实自三先生而始，故晦庵有'伊川不敢忘三先生'之语"③。除三先生外，宋初为创建新儒学作出贡献的还有范仲淹、欧阳修、福建古灵"四先生"（陈襄、郑穆、陈烈、周希孟）等人。

继宋初三先生之后，周敦颐援佛、道入儒，提出了理学的一系列新概念、新范畴，为理学开山人物；张载、程颢、程颐各自提出"气"、"理"的本体论，探求自然、社会、人生背后的深层道理，又使本体论与儒家伦

---

① （唐）韩愈：《韩昌黎集》卷11《原道》，转引自朱汉民、萧永明《旷世大儒——朱熹》，河北人民出版社2001年版，第17页。
② （宋）苏轼：《苏东坡集·续集》卷12《潮州韩文公庙碑》，转引自何锐《古文观止译注》，巴蜀书社2011年版，第451页。
③ （清）黄宗羲著：《宋元学案》卷2《泰山学案》，缪天绶选注，商务印书馆1947年版，第39页。

理学相结合，奠定了理学基础。①

　　周敦颐（1017—1073年）被视为是"道学宗主"、"理学开山"，后人评价他的理学思想在中国哲学史上起了承前启后的作用："孔孟而后，汉儒止有传经之学。性道微言之绝久矣。元公崛起，二程嗣之，又复横渠清大儒辈出，圣学大昌。"②他继承《易传》和部分道家以及道教思想，沿着"出入释老"而"反求诸六经"的思维方式，以道教《太极先天之图》与陈抟的《无极图》为主要依据，又参照佛教的《阿黎耶识图》，并融会自古相传的阴阳、五行、动静等观念，构制了《太极图说》，提出一个简单而有系统的宇宙构成论，并构建了一个"无极→太极→阴阳→五行→男女→万物"的宇宙生成图式；并在这个基础上，提出"圣人定之以中正仁义而主静，立人极焉"的结论，为理学的发展奠定了方向，以后的理学诸子在修养论上从未离开过"主静"（静修）、"中正"（窒欲）这条路径。又依据《易》和《中庸》，以"诚"为最高的道德伦理境界，将"诚→几（善几、恶几）→德（爱、宜、理、通、守和仁、义、礼、智、信）"的伦理范畴沟通，借释道宇宙论、认识论的理论成果，重新构造了儒家的伦理哲学。

　　关中地区关学的创始人张载（1020—1077年）把"气"作为宇宙万物的本原和本体，用"气"的聚散来说明万物的变化和宇宙的结构；认为人和天地万物都是气的聚散，当其聚时，都要禀受天性，这"天性"实际上就是"理"；在此基础上，还提出了"天地之性"与"气质之性"的理论，认为天地之性即天性，气质之性是由气的品质（刚柔、缓速、清浊）的不同造成的。这既说明了善恶、智愚的原因，又说明了气质可以改变，道德修养的目的就在于改变气质。使儒学的人性理论达到了比较成熟的程度。朱熹特别欣赏张载这个"气质之说"，称赞它"极有功于圣学，有补于后学"。此外，张载还提出了"心统性情"说，认为心是性与情的主宰，道德修养的主要任务是"正心"、"诚意"，指出了道德修养的关键所在。

　　程颢、程颐两兄弟青年时即从学于周敦颐，且与张载又有表叔侄的关系，故受周、张的影响极深。他俩对理学的贡献主要有：第一，二程十分

---

① 尚斌等：《中国儒学发展史》，兰州大学出版社2008年版，第184页。
② （清）黄宗羲：《宋儒学案·宋元公案》。

重视《周易》，并把"四书"（《大学》、《中庸》、《论语》、《孟子》）抬高到与六经相同的地位。第二，提出了极为重要的"天理"范畴。在二程这里，天理既是宇宙的本原和本体，又是封建制度和封建道德的最高准则，还是天地万物的本体和规律。第三，提出了"性即理"的命题，把人的天地之性与天理统一了起来，指出天地之性就是天理。这就使理学人性理论更为完善。第四，提出了"灭私欲，存天理"的思想。二程说："人心私欲，故危殆。道心天理，故精微。灭私欲则天理明矣。"（《河南程氏遗书》卷18）第五，对《大学》的"格物致知"作出了新的解释，认为格物主要是穷究事物之理，这是道德修养的起点和基础，而治天下国家，则是道德修养的终点和目的。

南宋朱熹是宋朝理学的集大成者，他充分吸收了北宋时期的理学成果，构建起一个包括理气论、格物致知论和心性理欲论在内的庞大的客观唯心主义体系。在这个理论体系中，"理"是最高的哲学范畴，"理"在逻辑上先于、高于、超越于万事万物，但又是构成万事万物的本体存在。"理"并非玄妙而神秘莫测，人世间的伦理纲常便是"理"的具象化。"天理流行，触处皆是：暑往寒来，川流山峙，父子有亲，君臣有义之类，无非这理。"① 在这里，朱熹把宇宙观与伦理学的沟通，使得人世间的伦理纲常道德成为一种理性本体，对个体具有一种主宰、统帅、命令、决定、先验的作用力。同时，朱熹又发挥了张载和程颐的天地之性与气质之性的观点，认为与"天命之性"和"气质之性"有联系的，还有"道心"和"人心"："道心"出于天理或性命之正，本来便禀受得仁义礼智之心；"人心"出于形气之私，是指饥食渴饮之类。如是，虽圣人亦不能无人心。不过圣人不以人心为主，而以道心为主。"道心"与"人心"的关系既矛盾又联结，"道心"需要通过"人心"来安顿，"人心"须听命于"道心"。他认为，人心有私欲，所以危殆；道心是天理，所以精微。因此朱熹提出了"遏人欲而存天理"的主张。

无论是周敦颐、张载、程颢、程颐以及朱熹，他们在探讨宇宙形成和人间秩序的时候，都将社会伦理原则上升为"天理"，使道德伦理规范变成了人世间的绝对权威，而人作为道德实践主体的能动性，则遭到严重忽

---

① （宋）朱熹：《朱子语类》卷40，（宋）黎靖德编，王星贤点校，中华书局1986年版，第672页。

略。而与朱熹同一时期的另一位著名理学家陆九渊则敏锐地洞察到了程朱理学中的不足，他以孟子的"万物皆备于我"出发，提出"宇宙便是吾心，吾心便是宇宙"；"宇宙内事是己分内事，己分内事是宇宙内事"，认为人们的心和理都是天赋的，永恒不变的，仁义礼智信等封建道德也是人的天性所固有的，不是外铄。人难免受物欲的蒙蔽，受了蒙蔽，心就不灵，理就不明，必须通过师友讲学，切磋琢磨，鞭策自己，以恢复心的本然。修养功夫在于求诸内，存心养心。具体方法是切己体察，求其放心，明义利之辨。明代的王守仁在继承思孟学派的"尽心"、"良知"和陆九渊的"心即理"等学说的基础上，批判地吸收了朱熹那种超感性的先验范畴的"理"为本体学说，创立了王学，或称阳明心学。王学的内在结构是由知行合一和致良知构成的。在王守仁看来，心是无所不包的，物、事、理、义、善、学等都不在"吾心"之外，亦即是"心即理"。但他又认为，"良知"是心之本体，是人人生而俱来的。正因为"知"是不待虑而知，不待学而能的本然，所以"致良知"、"为圣"才成为可能。同时，他又强调"天理之在人心"，认为"良知"是外在的社会伦理道德与内在的个体心理欲求的统一。"致良知"实际就是"如何为圣"，变本然的知为主体意识自觉把握的知的过程（也就是他所说的"知行合一"）。这就极大地强调了主体意识的能动性，高扬了人格精神的伟大，成了"致良知"的主体后天努力的内在要求。在这里，王守仁突破了朱熹那种"天理"的绝对性，从而肯定了人欲的合理性。

这样，从周敦颐开始，经张载、二程、朱熹，再到陆九渊、王阳明，宋明大儒们充分吸取释、道两教的理论，进而构造出一个包括自然观、认识论、人性论在内的完整的思想体系，建立了一个庞大的以人的伦常秩序为本体轴心的新儒学体系。[①]

三 由"重治"到"重教"：宋明儒学的学术转变及其对重建社会秩序的意义

（一）由"重治"到"重教"：宋明儒学的学术转变

宋明理学的兴起使中国儒学的发展出现一个重要转折，它使一贯提倡

[①] 此节内容主要参考了以下著述：侯外庐、邱汉生、张岂之主编：《宋明理学史》，人民出版社1997年版；陈来：《宋明理学》第二版，华东师范大学出版社2004年版；张立文：《宋明理学研究》，人民出版社2002年版；朱汉民：《宋明理学通论：一种文化学的诠释》，湖南教育出版社2000年版；蔡方鹿：《宋明理学心性论》，巴蜀书社1997年版。

"经世致用"的儒家思想发生了由"重治"到"重教"的重要转变。关于中国儒学在宋明时期所发生的这个转变,著名的国学大师钱穆先生曾有过这样一段描述:

> 伊洛兴起,那时的学术风气又变了。他们看重"教"更过于看重"治"。因此他们特别提出《小戴礼》中《大学》这一篇,也正为《大学》明白地主张把"治国"、"平天下"包括到"正心"、"诚意"的一条线上来。于是孟子和孔子更接近,周公和孔子则更疏远。……他们之更可看重者,也全在其内圣之德上,而不在其外王之道上。……朱子《四书》悬为元、明、清三代政府功令取士之标准,但我们却不能说朱子《四书》即是元明清三代之王官学。这里有一个极大的分辨。因为古代之王官学,重在当代之礼乐制度、政府规模上,而《四书》义则重在"格、致、诚、正"私人修养上。直从程伊川、朱晦翁到明末的刘蕺山,他们对当代皇帝进言,都把当朝的礼乐制度且搁在一边,而先谈格、致与诚、正。他们且先教皇帝做圣人,暂不想教皇帝当明王。他们认为只有当了圣人才能做明王。这正由本以达末。这是宋学与汉学精神上的一大差异。[①]

钱穆先生在这里所说的"治",当指如何治国平天下的操作技艺,具体来说就是如何制定和构建"礼乐制度"、"政府规模"等具体的治国方略。而所谓的"教",则是指治心修身的方法和实践,也即是如何加强个人的身心修养。钱先生这个判断并非臆造。尽管历代儒家学者都不排除"治"和"教",但就总体而言,宋明理学与以前的先秦和汉代儒学还是存在十分明显的区别。

儒家学者一贯提倡"经世致用",也坚持将自己的学术兴趣、思想焦点集中在社会现实、生活实践的问题,而绝不愿意离"实"而言"学"。然而,在许多人看来,理学家们热衷于讨论抽象而玄虚的理气有无的概念和哲理,喜欢静坐冥思等内在体悟,尤其是经明清之际倡导务实之学的学

[①] 钱穆:《孔子与春秋》,《两汉经学今古文平议》,商务印书馆2001年版,第296—298页。

者批判后，理学家更是被看作"平日袖手谈心性"之徒。其实，这种看法是没有真正客观地理解宋明理学。宋明理学作为儒家学说中的一支，它也同样秉持着儒学一直以来的"实用"传统，重视儒学的经世致用。例如，

北宋名儒胡瑗说："臣闻圣人之道，有体、有文、有用。君臣父子，仁义礼乐，历世不可变者，其体也；举而措之天下，能润泽斯民，归于皇极者，其用也。"①

程颢和程颐说："经所以载道也，器所以适用也。学经而不知道，治器而不适用，奚益哉？"②

真德秀说："士之于学，穷理致用而已。理必达于用，用必原于理，又非二事也。"③

朱熹说："有许多事至如天文地理、礼乐制度、军旅刑法，皆是著实有用之事业，无非自己本分内事。"④

明儒王畿："儒者之学，务为经世。学不足以经世，非儒也。"⑤

此外，明人丘浚认为宋代大儒真德秀的《大学衍义》讲治国平天下的"治术"太少，于是"采辑五经、诸史、百氏之言，补其阙略，以为治国平天下之要"，于是著有《大学衍义补》；全书以"治国平天下"为纲，下分"正朝廷"、"正百官"、"固邦本"、"制国用"、"明礼乐"、"秩祭祀"、"崇教化"、"备规制"、"慎刑宪"、"严武备"、"驭夷狄"、"成功化"十二子目，等等。⑥均表明宋明理学家们亦皆坚持经世致用的原则，从而鲜明地体现出宋明理学的"实用"特征。

然而，宋明理学虽秉承了儒学一贯所提倡的"经世致用"之宗旨，但在如何"经世致用"上，则与以前儒学家那种十分强调"治国之术"，

---

① （清）黄宗羲：《宋元学案》卷1《安定案》，缪天绶选注，商务印书馆1947年版，第35页。

② （宋）程颢：《二程遗书》卷6。转引自潘富恩、徐余庆《程颢程颐理学思想研究》，复旦大学出版社1988年版，第435页。

③ （宋）真德秀：《真西山文集》卷36《跋刘弥邵读书小记》，转引自蒙培元《理学的演变从朱熹到王夫之戴震》，福建人民出版社1984年版，第115页。

④ （宋）朱熹：《朱文公文集》卷45《答游成之》，四部丛刊本。

⑤ （明）王畿：《龙溪王先生全集》卷13《王府瑶文集序》，转引自吴震《阳明后学研究》，上海人民出版社2003年版，第434页。

⑥ （明）邱浚：《大学衍义补》，"原序"，林冠群、周济夫点校，京华出版社1999版，第2页。

为统治者设计治国方略的"重治"风格迥异,而是把关注的重点放在了"正心之术"方面,也就是如何加强个人修养。在宋明理学家们看来,要达到治国平天下,首先就必须治心,尤其是作为一国之君的人主,更应该要"正其心",所以把"治心"作为解决所有社会问题的关键:"朝廷者,天下之本;人君者,朝廷之本;而心者,又人君之本也。人君能正其心,湛然清明,物莫能御,则发号施令罔有不藏,而朝廷正矣。"①"故人主之心正,则天下之事无一不出于正。"② 现代学者朱汉民先生也对于宋明儒学家高度关注"正心之术"的做法曾做过这样的评价:"理学家普遍相信,所有的社会问题、政治问题及经济问题的解决,均可以归结为'人心'问题,尤其是统治者的'心术'问题。"③

当然,先秦儒家也谈治心,宋明理学家也谈治国,但就其学术宏旨而言,两者还是有很大差别。在先秦、汉唐的儒学中,虽也同样兼讲修身养性,但是他们总是将"治"放在最重要的地位。唐宋以后,理学家虽然也谈体与用,谈内圣与外王,谈治国与养心,但就其主体而言,主要还是谈论修身养性,甚至把"格、致、诚、正"的"正心之术"摆放到处理万事万物(包括治理国家)之首。如真德秀为了申明儒家乃是"有体有用之学",他潜心奋著《大学衍义》,书中虽多有"为治"的内容,但他仍然坚持把"治心"置之于根本而首要的地位:"首之以帝王为治之序者,见尧、舜、禹、汤、文、武之为治,莫不自心身始也。"④ 朱熹也把修身养性的功夫作为为学治国的根本,要求摒弃那种过于重视"治术"的做法:"天下万事,有大根本;而每事之中,又各有切要处。所谓大根本者,固无出于人主之心术。"⑤"绌去义利双行、王霸并用之说,而从事于惩忿窒欲、迁善改过之事,粹然以醇儒之道自律"⑥。

总而言之,从整体上看,我国儒学在隋唐以前"重在当代之礼乐制度、政府规模上",而到宋元以后则"重在'格、致、诚、正'私人修养

---

① (宋)真德秀撰:《大学衍义》卷1《帝王为治之序》,华东师范大学出版社2010年版,第9页。
② 《朱文公文集》卷11《戊申封事》,四部丛刊本。
③ 朱汉民:《宋明理学通论:一种文化学的诠释》,湖南教育出版社2000年版,第93—94页。
④ (宋)真德秀撰:《大学衍义》,不分卷,《尚书省劄子》,华东师范大学出版社2010年版,第5页。
⑤ (宋)朱熹:《朱文公文集》卷25《答张敬夫》,四部丛刊本。
⑥ (宋)朱熹:《朱文公文集》卷36《答陈同甫书》,四部丛刊本。

上"，清晰呈现出由"重治"向"重教"的巨大转变。

（二）宋明理学的转变对重建社会秩序的意义

宋明时期儒学发生的从"重治"向"重教"的转折，对社会秩序的重新构建产生了巨大影响。近年来，关于中国古代地方社会"乡村自治"的研究是学术界比较关注问题，有学者认为政府权力下移，出现"非乡官化"新秩序，是在宋元明清时期逐步实现的，并且这种乡村秩序的构建与宋明理学的兴起存在密切的联系。[1]

事实上也是如此。宋明儒家知识分子所追求的是"齐家"、"治国"、"平天下"，都把自己的学术研究与实现这个理想联系起来："为天地立心，为生民立道，为往圣继绝学，为万世开太平。"[2] 他们把自然现象与社会现象背后的本体和规律称为"道体"[3]，并用"无极"、"太极"、"太虚"、"理"、"心"等概念进行阐述，他们努力把自然界的运行规律、社会行为规范与个人的生命体验紧密联系起来的目的，无非就是想将封建纲常伦理转化为人的主观自觉意识与自觉行为。为构建新的社会秩序，他们除了哲学思考之外，还提出重建宗族、履行家礼、推行乡约、设立学校、建设义仓等实施方案。

例如，晋唐以来士族制度被推翻，旧式宗族组织也已瓦解，张载认为，"谱牒又废，人家不知来处，无百年之家，骨肉无统。虽至亲，恩亦薄"，这种状况将会导致地方秩序严重失衡，于是呼吁重修系谱，重建宗族组织，以达到"管摄天下人心"、"厚风俗，使人不忘本"的目的。并且认为宗族组织的重建，可以使小家庭得到宗族的庇护，而家庭又是社会的细胞，家庭保全了，国家也就巩固了："家且不能保，又安能保国家?"

---

[1] 参见费孝通《乡土重建》，上海观察社1948年版；王铭铭、王斯福主编《乡土社会的秩序、公正与权威》，中国政法大学1997年版；郑振满、陈春声主编《民间信仰与社会空间》，福建人民出版社2003年版；王善军《强宗豪族与宋代基层社会》，《河北大学学报》（哲学社会科学版）1998年第3期；邱捷《晚清广东的"公局"——士绅控制乡村基层社会的权力机构》，《中山大学学报》（社会科学版）2005年第4期；蒋传光《略论唐宋时期的社会控制模式》，《上海师范大学学报》（哲学社会科学版）2008年第2期；李治安《历史上基层社会与国家权力问题研究》，《南开学报》（哲学社会科学版）2008年第3期；李治安《宋元明清基层社会秩序的新构建》，《南开学报》2008年第3期；李治安《宋明理学家对乡里社会新秩序的构思与探索》，《天津社会科学》2008年第6期。

[2] （宋）张载：《张载集》，不分卷，《张子语录·语录中》，中华书局1978版，第320页。

[3] 张立文：《宋明理学研究》，中国人民大学出版社1985版，第3—8页。

"公卿各保其家，忠义岂有不立？忠义既立，朝廷之本，岂有不固？"① 这表明张载是从儒家亲亲孝道的伦理观念层面，强调重建宗族的重要。宋明以来宗族组织得以恢复和重建，成为中央政府治理地方社会的重要依托，当与以张载为代表的宋明理学家的极力主张有密切关系。

朱熹编撰《家礼》也对宋元以后乡村秩序的重建起了重要作用。人类学家认为，仪式的精神内核是社会秩序，它通过重复的演练，从而使规定仪式逐渐积淀为习俗，对社会结构的巩固具有重要作用。仪式活动还具有社会关系强化的作用，"它巩固了群体的规范，给个人的行为提供了道德制裁，为共同体平衡所依赖的共同目的和价值观念提供了基础"②。朱熹编撰《家礼》，也是出于相似的目的。他认为，遵守家礼乃应"纪纲人道之终始"，故而"家日用之常礼，固不可以一日而不修"。③《家礼》详细介绍了冠礼、婚礼、丧礼和祭礼等方面的礼仪制度，主要是依照《仪礼》一书所改编。朱熹《家礼》的影响很大，《四库全书提要》经部四《礼类六·家礼》中称："自宋以来，遵而用之。"《仪礼》所载的"家礼"原来只是为士大夫所遵循的家庭礼仪，但经改编而成的《家礼》，则适用于普通的家庭和宗族，在日后民间祠堂、族谱、族田等敬宗、收族、赡族活动中，几乎都是按照《家礼》所规定的礼仪进行操作。

宋明理学家还十分注意规范人们的日常行为。承前所述，宋明理学十分注重"正心之术"，而"心术"本来就包括对人的外在行为活动的程式与约束和内在心性的体验和感悟。理学家们十分重视对外在行为的约束，因为他们认为人的外在行为活动与人的内部精神心理是相通的，所以为日用生活中的外在行为制定程式和规则，相信这些行为规则是个人依身养心、体悟天道的根本途径，要求人们从少小至成人，均应在这些外在行为规则上下工夫。如：

朱熹云："持敬之说，不必多言。但熟味整齐严肃，严威严恪，动容貌，整思虑，正衣冠，尊瞻视，此等数语，而实加工焉，则所谓直内．所谓主一，自然不费安排，而身心肃然、表里如一矣。"④

---

① 《张子全书》卷4《宗法》，四库全书本。
② 王铭铭：《想象的异邦》，上海人民出版社1998年版，第145页。
③ 朱熹：《晦庵集》卷75《家礼序》，四库全书本。
④ （宋）朱熹：《朱子语类》卷12，（宋）黎靖德编，王星贤点校，中华书局1986年版，第207页。

明代方孝孺亦云："道之于事，无乎不在。古之人自少至长于其所在，皆致谨焉而不敢忽。故行跪、揖拜、饮食、言动有其则，喜怒、好恶、忧乐、取予有其度。或铭于磐盂，或书于绅笏，所以养其心志，约其形体者至详矣，其进入道也，岂不易哉！"①

因此，无论朱熹还是方孝孺，都对人们的坐、立、行、寝、揖、饮、言等的日常行为举止容颜都提出了十分具体的规范要求：

坐如尸，立如齐，头容立，目容端，足容重，手容恭，口容止，气容肃，皆敬之目也。②
"立：足之比也如植，手之恭也如翼，其中也敬，其外也直。不为物迁，进退可式，将有立乎圣贤之域！""坐：维坐容，背欲直，貌端庄，手拱臆，仰为骄，俯为戚。勿箕以踞，毋以侧。坚静若山，乃恒德。"③

有的学者认为中国是一个儒学社会，属于伦理控制型的社会。"儒学社会之所以属于伦理控制型社会，乃是因为儒学社会的主导精神是儒学精神，儒学精神的内在规定是伦理性；伦理性在现实社会中则表现为伦理关联，伦理关联在社会管理层次上则表现为一种伦理性的社会控制。"④ 笔者对此深表赞同，并且认为，我国古代儒学社会形成的前提，应该是所有社会成员对儒家伦理文化的认同并自觉遵守。而要实现这种文化认同和行为自觉，首先应当是这种道德伦理符合普通社会成员的现实要求，可以被他们直接体验和实践，只有这样，才能把外在的伦理要求逐渐转为社会成员的内在的行为习惯。如果一种哲学体系、道德伦理过分超越，脱离了当时社会的现实要求，即使设计得再精妙，也无法获得社会成员的认同和遵守。在这一点上，宋明理学获得了巨大成功。在汉代儒学中，儒学家虽然也讲求"天道"，讲求"天人合一"，但更多的是为"君权神授"提供理论解释，

---

① （明）方孝孺：《逊志斋集》卷1《幼仪杂箴二十首》，徐光大校点，宁波出版社1996年版，第1页。
② （宋）朱熹：《朱子语类》卷12，（宋）黎靖德编，王星贤点校，中华书局1986年版，第212页。
③ （明）方孝孺：《逊志斋集》卷1《幼仪杂箴二十首》，徐光大校点，宁波出版社1996年版，第2页。
④ 陈劲松：《儒学社会通论》，中国人民大学出版社2007年版，第330页。

其所宣扬的"天道",是一个高高在上的威严而又冷峻的"天道",这种"天道"距离人们尤其是普通百姓十分遥远,无法真正进入人们的内心体验,所以这种"天道"也难以成为人们自觉遵守的道德准则。而宋明理学把自然运行的规律与社会纲常有机结合起来,提出"人心即天理",更加适合"性即理"、"心即理"等命题,把人的天地之性与天理统一了起来,更加符合人们的内心体验,因而更能获得人们的支持和认同。除了在哲学层面上提出了更加科学的学理阐释之外,在现实操作层面,宋明理学亦提出了比汉唐儒学更加贴近民众的措施。虽然两者都是为了"经世致用",但汉唐儒学侧重"治",宋明儒学侧重"教",前者实践的直接对象是统治者,实践的内容是为统治者设计礼乐制度等治国方略;后者实践的直接对象则是普通民众,实践的内容则是如何加强个体的身心修养。正因为宋明理学与普通民众的自然性情、日常生活十分贴近,并且重视礼仪教化和行为规范,所以更容易得到社会成员的认同和遵守。我国宋元以来,乡村宗族社会得以逐渐构建,儒家伦理得以重新成为人们的道德信仰,是与这种教化手段和方式的采用分不开的。因此,我们可以说,宋明时期儒学发生的由"重治"到"重教"的转变,对我国儒家社会的最终形成功不可没。

第二节 学校与科举:儒家文化在赣闽粤边区的直接传播

学校教育是文化传播的重要方式,通过对教学内容和考核方式的选择和制定,学校可以将某一种文化进行定向、快捷的传播。在传统中国,儒家文化的传播在很大程度上就是通过学校教育和科举考试这两大相互关联的方式进行传播。宋元以来,儒家文化在赣闽粤边区的广泛传播,也与这两种方式密切相关。

一 学校与科举:赣闽粤边区推行学校教育的概况

(一) 州县学校

赣闽粤边区的官办学校始兴于宋,这与赵宋朝廷对学校教育的重视密切相关。有学者认为,宋代无论在办学的指导思想、教学内容、教师的考选、学校教育的升级等方面,都有了前所未有的创新,这种创新也对后来的办学产生了极其重要的影响,成为我国教育史上的一个重要转折点。① 宋代重视学校教育的政策，也大大促进了赣闽粤边区的教育发展。地方士人在谈到本州县的办学历史时，往往都把本地教育的创办和兴盛溯源到宋代："赣州文教始盛于宋"②，"汀之学创于宋天圣"③，"（嘉应州）宋始有州学"④。如果对方志稍加检索也可发现，赣闽粤边区大多数都在宋代就开始建立了州府县学。（参见表4-1）

表4-1　　　　　　　　赣闽粤边区州县学校创建时间表

州县		类型	创建时间	州县		类型	创建时间
赣南	赣州	府学	北宋祥符年间	南安府	上犹	县学	北宋庆历二年
	赣县	县学	北宋祥符年间		崇义	县学	明正德十三年
	雩都	县学	北宋天圣八年	闽西	汀州府	府学	北宋天圣年间
	信丰	县学	北宋景德年间		长汀	县学	北宋
	兴国	县学	太平兴国七年		宁化	县学	南宋建炎三年
	会昌	县学	宋代		清流	县学	北宋元符年间
	安远	县学	北宋庆历四年		归化	县学	明成化七年
	龙南	县学	北宋元祐三年		上杭	县学	北宋
	长宁	县学	明万历四年		武平	县学	南宋乾道年间
	定南	县学	明隆庆四年		连城	县学	南宋绍兴四年
	宁都	州学	北宋		永定	县学	明成化十六年
	瑞金	县学	北宋	粤东北	循州	州学	北宋
	石城	县学	南宋绍兴四年		兴宁	县学	南宋嘉定年间
	南安府	府学	北宋淳化		长乐	县学	南宋绍定年间
	大庾	县学	北宋庆历年间		平远	县学	明嘉靖四十二年
	南康	县学	北宋		镇平	县学	明崇祯七年

资料来源：嘉靖《赣州府志》卷6《学校》；同治十二年《赣州府志》卷23—25《经政志·学校》；同治七年《南安府志》卷5《庙学》；《临汀志》不分卷《学校》；嘉靖《汀州府志》卷7《学校》；乾隆《汀州府志》卷12《学校》；乾隆《嘉应州志》卷11《平远县》；光绪《嘉应州志》卷16《学校》。

---

① 袁征：《宋代教育：中国古代教育的历史性转折》，广东高等教育出版社1991年版，第310—314页。
② （清）魏瀛修，钟音鸿纂：《赣州府志》卷23《经政志》，"学校"条，清同治十二年刊本。
③ （清）曾日瑛修，李绂纂：《汀州府志》卷12《学校》，清乾隆十七年刻本。
④ （清）吴宗焯等修，温仲和纂：《嘉应州志》卷16《学校》，清光绪三十二年刻本。

从表 4-1 可以看出，表中所列赣闽粤边区的三府两州，共建立了 32 所相应级别的学校。其中，除了长宁、定南、崇义、归化、永定等 7 个县学因其县治的设立是在明代之外，其余都是在宋代就设立了官方学校。

历代官员对州县学校建设的重视，也体现在学校一旦出现损毁，一般都会及时修建、完善。我们以赣州府的信丰县为例（见表 4-2）。

表 4-2　　　　　　　　信丰县历年修建县学概况

年代	修建情况	年代	修建情况
北宋景德间	县令方恬创建县学	清顺治九年	知县吉先迪创建未竣，后历知县陈诰、竹箓漪、杨宗昌、吴卿继修成
北宋嘉祐间	县令郑晋重修		
南宋绍兴初	毁于兵寇，县令彭奉先修之		
南宋绍兴二十六年	毁于火中，县令张廉修之	清顺治十一年	知县陈诰继修
南宋嘉定三年	复毁于火中，县令张瑄、陈梓先后修之	清顺治十三年	知县竹箓漪继修
		清顺治十五年	知县杨宗昌继修
元大德二年	宋末，毁于火，县尹张果重建	清顺治十七年	知县吴卿继修
元至大元年	火，县尹吕天倪修	清康熙十五年	寇毁，知县张辅辰重修
元至正七年	又火，县尹崔思孝修	清康熙三十六年	知县方正玉见庙宇库隘，乃重修
明洪武初	知县赵仕宏重修		
明永乐间	知县张颖再修	清康熙三十八年	知县张执中继修，改建名宦、乡贤祠
明景泰间	佥事徐复、知县骆子麟增修		
明成化间	参议林同、佥事方忠、徐完等相继修，未竣，材火于寇	清康熙五十年	知县刘宏钧重修明伦堂、尊经阁
明弘治二年	副使张璁、知县倪俊修成之	清乾隆六年	邑人郭德灏重修县学
明正德四年	推官张宪改修	清乾隆十五年	邑人谢昌捐扩学外基
明正德十年	通判徐珪购民地广学基	清乾隆三十六年	知县潘汝炯重修
明正德十一年	火，副使杨璋建修	清乾隆五十二年	知县吴士淳重修
明嘉靖十九年	明伦堂圮，署县同知张铨改修	清嘉庆十六年	知县刘笃胜改明伦堂为崇圣祠
明隆庆间	知县叶松野谋新之，未果	清道光二十一年	知县张宗裕劝修
明万历间	知县刘一德、同知陈应奎相继重修		

资料来源：康熙二年《信丰县志》卷 6《建设志·学校》；康熙五十八年《信丰县志》卷 2《建置志·学校》；同治十二年《赣州府志》卷 24《经政志·学校》；1990 年《信丰县志》第五编《文化·县学》。

从表 4-2 可以看出，从宋景德间创立县学以来到道光二十一年为止，方志所载的修建次数达 30 余次，尤其是在明清时期，明朝国祚 286 年，信丰县学修建累计次数达到 11 次，平均每 26 年就有一次修建；从顺治九年到道光二十一年（1652—1841 年）的 189 年时间内，共有 15 次修建，平均每 10 年左右就修建 1 次，由此可见主政官员对县学的重视。

由于宋元以后历代政府都十分重视兴办教育，加上唐宋以后，随着科举制度的逐步完善，民间对科举入仕的途径也热烈追求，所以地方官员都把办学兴教作为自己顺应民心，创造政绩的重要途径。到赣闽粤边区为政的官员也不例外，如：

方恬，北宋景德中任信丰知县，"明敏练达，初政不遑他务，首广学基，补弟子员，故士林日盛"[①]。

郑强，南宋绍兴二年知汀州事，"初至郡，庙学荒圮已甚，慨然有更筑意。……即日度地，建于州东，……且市膏腴田以增饩廪，择师儒以严课程，谆谆教训。于是升堂者数倍畴昔，人以不学为耻。越三年，登进士第者四人。"[②]

同治《安远县志》在《名宦》中列录了六位明代知县，其中有四位就与办学重教有关。如宋濂"敷宣文教，士习维新，民风丕变"，甘文绍"新庙学以振士风"，张宪"增学廨"，朱之桢"捐俸买地，以开学宫泮池；重士、爱民"。[③]

（二）书院

书院起源于唐代，兴盛于宋代，延续至清末，历史十分悠久。书院之名始于唐代，分官私两类。官立书院初为官方修书、校书或偶尔为皇帝讲经的场所。私人书院最初为私人读书的书房，唐贞观九年（635 年）设在遂宁县的张九宗书院，为较早的私人书院。唐末至五代期间，战乱频繁，官学衰败，许多读书人避居山林，遂模仿佛教禅林讲经制度创立书院，所以使书院开始流行起来，并且也使书院从原先的读书养性逐渐变为以聚徒讲学、培养学生参加科举考试作为主要目标。两宋时期，随着理学的发展，书院逐渐成为学派活动的场所，并由此出现了诸如江西庐山的白鹿洞

[①] （清）张瀚：《信丰县志》卷 8《名宦志》，清康熙五十八年刊本。
[②] （清）曾日瑛修，李绂纂：《汀州府志》卷 12《名宦》，清乾隆十七年刻本。
[③] （清）黄瑞图修，丁佩纂：《安远县志》卷 6《职官志》，"名宦"条，清同治十二年刻本。

书院、湖南长沙的岳麓书院、河南商丘的应天府书院、河南登封的嵩阳书院等著名书院。元朝建立后，也十分重视书院教育，至元二十八年（1291年），元世祖首次下令广设书院，民间有自愿出钱出粮赞助建学的，也立为书院，后多次颁布法令保护书院和庙学。明初时，宋元留存的书院，多被改建为地方学校和社学。成化、弘治以后书院逐渐复兴。此后几经反复，书院教育的兴废数度起伏。明朝的书院分为两类：一种重授课、考试的考课式书院，同于官学；另一种是教学与学术相结合，各学派在此互相讲会、问难、论辩的讲会式书院。清初统治者抑制书院发展，使之官学化。顺治九年明令禁止私创书院；雍正十一年（1733年）各省城设置书院，以后各府、州、县相继创建书院，这些书院大多数成为以考课为中心的科举预备学校。至光绪二十七年（1901年）则令书院改为学堂，书院就此结束。从唐中叶到清末，书院在一千多年的发展过程中，在办学形式、教授方法、管理制度等方面都形成了独具特色的教育模式，对于推动我国古代教育的发展和学术的传播起了十分重要的作用。[1]

　　书院也是赣闽粤边区重要的教育形式之一。据王东先生的考证，该地区书院的最早兴建是在宋代。如南宋淳熙年间赣县建立义泉书院，南宋咸淳八年兴国县建立安湖书院，南宋淳祐年间惠州归善县建立丰湖书院，此外，梅州的元城书院、兴宁的探花书院、龙川的鳌峰书院、博罗的钓鳌书院等，也是在两宋时期建立的（见表4-3）。

表4-3　　　　　　两宋时期赣闽粤边区书院创建情况

名　称	设置时间	性质	名　称	设置时间	性质
赣县义泉书院	南宋淳熙年间	官立	博罗县罗浮书院	宋代	私立
兴国县安湖书院	南宋咸淳八年	官立	博罗县攉桂书院	宋代	私立
宁都县梅江书院	宋初	不详	博罗县清完书院	宋代	私立
归善县丰湖书院	南宋淳祐年间	官立	博罗县钓鳌书院	宋代	私立
归善县张晋书院	南宋绍兴年间	私立	龙川县鳌峰书院	宋代	官立
博罗县张晋书院	南宋绍兴年间	私立	梅州元城书院	宋代	官立
博罗县郑公书院	宋代	私立	兴宁县探花书院	宋代	私立

资料来源：王东：《社会结构与客家人教育》，湖北教育出版社2003年版，第116页。

---

[1] 李国钧：《中国书院史》，湖南教育出版社1994年版。

赣闽粤边区在宋代时所设立的书院并不普遍,并且这些书院多为纪念或祭祀之用,而聚徒讲学的功能并不突出,大多是"一种象征性的建置,与真正的书院相差甚远"①。如,龙川县鳌峰书院是为祭祀先贤:"在鳌山之阳,宋循州守梁克俊建,祀先贤。元季废。"② 兴宁县探花书院是为纪念宋代学士罗孟郊:"故寿庆寺,地在西南五里。宋学士罗孟郊尝构屋于池边读书。有洗砚池、书院、翰林堂,久废。"③

不过,到了明清时期,这种情况就大大不同了。明清时期书院普遍在赣闽粤边区各州县设立,数量很多,而且其功能也已经是以讲学、读书为主。如闽西地区在宋元时期的书院设置情况几乎不见录于地方文献,而到明清时期,不仅每个县都设立了书院,而且有些县还设立好几个。如在汀州府所在地(即长汀县城)设立龙山书院、龙江书院、文明书院、正音书院、龙山学舍。长汀县又设立了正音书院、新罗书院、东山书院、鄞江书院、紫阳书院。宁化县设立了云龙书院、正音书院。甚至连在明朝成化年间才立县的归化和永定两县,都设立了书院。

表4-4　　　　　　　明清时期汀州府书院设立概况简表

府县	书院设置情况
汀州府城	龙山书院　康熙二十年,巡道邓秉恒、知府鄢翼明创。三十五年,知府王廷抡修。乾隆十四年,知府曾日瑛经营葺缮
	龙江书院　明天启中,推官寇从化、知县萧奕辅建。国朝知府冯协一重修
	文明书院　在府学内
	正音书院　雍正七年,奉文设立。乾隆十四年,知府曾日瑛捐俸,以教子弟之贫者
	龙山学舍　在长汀县学左,明知府万振孙建
长汀县	正音书院　在福寿坊东。雍正七年奉文设立
	东山书院　在龙首山,山椒有亭,署为状元峰
	新罗书院　在霹雳岩
	鄞江书院　在登俊坊,明崇祯七年,知县曾巽建
	紫阳书院　在福寿坊东。乾隆十四年,知府曾日瑛捐俸,延师以教子弟之贫者

---

①　王东:《社会结构与客家人教育》,湖北教育出版社2003年版,第116页。
②　(明)姚良弼修,杨载鸣纂:《惠州府志》卷8《学校》,"龙川县"条,明嘉靖三十五年刻本。
③　(明)姚良弼修,杨载鸣纂:《惠州府志》卷8《学校》,"兴宁县"条,明嘉靖三十五年刻本。

续表

府县	书院设置情况
宁化	正音书院　在县南关外。雍正七年，奉文设立
	云龙书院　即县丞旧署。乾隆八年，监生贾文兆捐七百金建造，知县陆广霖有记
	书院　在旧射圃。明嘉靖二十九年，知县潘时宜建。国朝康熙九年，知县保凤岐重建
清流	正音书院　在法海坊。国朝雍正二年，奉文设立
归化	正音书院　雍正七年，奉文将城内义学改设
	峨嵋书院　在县北，即学宫废址。雍正十三年，邑人黄虞夏等公建
	文昌书院　在城东白沙桥右，后毁。国朝康熙十八年，邑绅士萧徽声、李珍等重建
连城	正音书院　在上庙前，雍正二年奉文设立
	修竹书院、东山草堂、邱氏书院
上杭	正音书院　城乡共一十二处，雍正七年奉文设立
武平	正音书院　在城中，雍正七年设立
永定	书院　在县南挂榜山，隆庆六年建，额曰"绿筠书院"
	正音书院　在城三所，在乡五所，雍正七年设立

资料来源：乾隆十七年《汀州府志》卷12《学校志》。

由此可见，与宋元时期相比，明清时期赣闽粤边区的书院确实增加了很多。不仅如此，这一时期书院作为聚徒讲学的场所，它的教学功能也远比以前突出了。这在当时的士者文人所撰写的书院记文中可以清楚地看出来。如：

> 书院者，宅名胜，居来学，以广国家兴道育才之意。[1]
> 书院之设，与学校相表里，所以佐圣天子崇文之治。上自邦国，下自方隅，皆以此为先务也。[2]
> 紫云书院建之始于乾隆五年庚申，令湘乡之人共建，以为子弟会文之所。[3]

---

[1] （清）杨昱：《〈崇正书院志〉序》，载（清）曾日瑛修，李绂纂《汀州府志》卷39《艺文一》，清乾隆十七年刻本。
[2] （清）秦士望：《豸山五贤书院碑记》，载（清）曾日瑛修，李绂纂《汀州府志》卷41《艺文三》，清乾隆十七年刻本。
[3] （清）吴湘皋：《紫云书院记》，载（清）魏瀛修，钟音鸿纂《赣州府志》卷26《经政志》，"书院"条，清同治十二年刊本。

聚五书院者何？聚吾乡五堡绅耆所众建，为子弟考德问业之肆舍也。①

（三）社学

社学是明清时期十分重要的教育模式，其教育对象主要是12—20岁的青少年。社学最早出现在元代，当时"诸县所属村庄，五十家为一社"②，规定"每社设立学校一所，择通晓经书者为学师，于农隙时分，各令子弟入学"③。朱元璋代元而起，亦继续推行兴办社学的政策，并且鼓励民间的力量兴办社学。"洪武八年，诏有司立社学，延师儒以教民间子弟；十六年诏民间立社学。"④清承明制，亦十分重视兴办社学。早在顺治九年（1652年），清政府就下谕："每乡置社学一所，择其文义通晓，行谊谨厚者，补充社师，免其差役，量给养赡，提学按临时，造姓名册申报查考。"⑤雍正元年（1723年），又令各县设立社学。"定各州县设立义学、社学之例。旧例，各州县于大乡区镇各置社学，凡近乡子弟，年十二以上，二十以下，有志学文者，令入学肄业。至是复经申定，将学生姓名造册申报。"⑥

由于明清中央政府的高度重视，社学得以在地方社会普遍兴办，赣闽粤边区也不例外。

如闽西地区，到《汀州府志》撰修的乾隆十七年（1752年）为止，该府各县共设有62所，其中长汀14、宁化8、清流11、归化8、连城6、上杭6、武平5、永定3所。长汀和清流两县设立数量最多，分别为14所和11所。长汀县是设立社会学数量最多的县份，共设立了14所，它们是"一在福寿坊，一在攀桂坊，一在归阳里，一在古贵里，一在青岩里，一在宣河里金鸡寺，一在平原里东山寺，一在平原里龙山寺，一在青泰里，

---

① （清）钟文奎：《聚五书院记》，载（清）黄瑞图修，丁佩纂《安远县志》卷9《艺文志》，清同治十二年刻本。
② （明）宋濂等撰：《元史》卷，《食货志一》，中华书局1976年版，第2351页。
③ 《元典章》卷23《户部九·农桑·劝农立社事理》，转引自欧阳周《百卷本中国全史14 中国元代教育史》，人民出版社1994版，第44页。
④ （明）李东阳撰，申时行重修：《大明会典》卷76《学校·儒学》，中华书局1989年版。
⑤ 《清会典事例》卷396《学校·各省义学》，四库全书本。
⑥ 《清朝文献通考》卷70，转引自熊承涤编《中国古代教育史料系年》，人民教育出版社1985年版，第791页。

一在宣成里三洲，一在宣成里畲心，一在四保里，一在成下里，一在成上里，俱国朝雍正二年新设"。其次是清流县，设立了11所："一在龙津坊，一在进贤坊，一在清德村，一在明伦坊。国朝雍正二年，新设坊郭里、仓盈里、永得里、四保里、梦溪里、罗村里、北团里七所。"此外，宁化、归化两县分别建立了8所，连城、上杭两县各自建立了6所，武平和永定也分别建立了5所和3所。①

赣南地区也设了不少社学。如定南县，"建县之初，设社学二处，一在城西，一在下历城内。隆庆六年，都御史李公棠檄知县陈时范增置四处，一附横江元规寺，一附下历祖教寺，一附伯洪天花寺，一附小石惠云寺。万历九年，知县刘世懋、训导刘琮重修城西社学。十一年知县章茔查出各堡社学，晓示父兄人等，择师训教，季冬考其勤惰，量加奖赏。祝、林二令亦常申行。岁久，皆废。康熙三十五年，县令吴迹立设学舍于学宫左边今明伦堂下，号'吴公书院'，后为儒学斋署。乾隆七年，县令余应祥构社学于今崇圣祠左，榜曰'莲塘书院'，大学士陈公宏谋抚江时给匾曰'师立善多'，会昌吴湘皋为记。"②又如南康县也设立了7所社学，其中5所在县城："一在东门外宝林山右，一在西门西仓左，一在东门外净慧寺左，一在西门外西竹庵左，一在治西商家巷"；另两所在顺化乡："一在相安司署右，一在南良村"③。

粤东北的梅州也建立了不少的社学。据光绪《嘉应州志》记载，该州共建有社学13所，其中在州治所在地建有4所，分别是"东社学，在攀桂坊东桥之左，明成化时，知县刘彬创建于神霄宫旧址；西社学在城西门外，知县刘彬创建；南社学在城西南二里上墈头，知县刘彬创建于梅溪之南水南乡；北社学，在城东四里周溪，弘治三年知县刘彬构亭于池上，图太极于壁前，作讲堂"。其余9所在各堡，分别在雁洋堡建立两所，在金盘堡、西阳堡、公塑堡、西街堡、榄潭堡、西厢堡、水南堡等各建社学1所。④

---

① （清）曾日瑛修，李绂纂：《汀州府志》卷12《学校》，清乾隆十七年刻本。
② （清）赖勋等修，黄锡光等纂：《定南厅志》卷2《学校·书院》，清道光五年刻本。
③ （清）沈恩华修，卢鼎峋纂：《南康县志》卷4《学校》，"社学附"条，清同治十一年刻本。
④ （清）吴宗焯等修，温仲和纂：《嘉应州志》卷16《学校》，"社学"条，清光绪三十二年刻本。

（四）义学

所谓义学，亦称"义塾"，是由私人集资或用地方公益金创办的免收学费的私塾。① 州县官学和书院的设立主要是为了应举和讲学，属于精英教育，与普通民众仅仅要求读书识字的关系并不密切；社学面向青少年，且其设立本意也是为了普及教育，使贫寒子弟也学有所教，适合普通家庭的经济状况，具有很强的大众性。然而其"五十家为一社"的刚性规定，在居民点十分分散的状况下，社会科学依然不能满足各个村落的教育要求；尤其是由于社学虽鼓励民间参与但大多仍属官办，这种官办教育存在一定弊端②，从而导致各地推行程度不一，实施效果并不理想，于是更加贴近民众生活的"义学"便兴盛起来。义学的组织者多为民间乡绅、耆老或宗族，办学经费主要来源于私人或民众的捐赠，所招收的教育对象主要为本族或本村子弟，所以义学属于一种真正意义上的民办教育，对于基础教育的广泛推广和普及，起了十分重要的作用，成为明清时期地方乡村最为重要的基础教育模式。③

赣闽粤边区兴办义学的现象也十分普遍，各地对于民办性质的义学的称呼并不一致，"或称家塾，或名书屋，或题山房别业，或署精舍草堂"。④ 这些学塾一般分蒙馆、经馆两种，也有蒙馆兼经馆的。蒙馆为七八岁蒙童"启蒙"之所，教材以《三字经》、《百家姓》、《千字文》等为主。经馆为十五岁以上文化程度较高的学童继续学习以及准备应试科举的生员而设，主要读《四书》、《五经》与古诗。明清时期赣闽粤边区兴办义学的状况，方志亦有所载：

赣南地区，如瑞金县，"清末，全县计有私塾48所，其中经馆8所，蒙馆兼经馆4所。当时较有名气的私塾有：城内的西关杨氏私塾，彭坊老坡蒙馆，下罗梧岗经馆，上缎和溪塾馆，富桥夫嘴坑蒙馆，九堡九龙山经馆，密溪经馆（清代县籍著名理学家罗台山幼年曾就读于此），壬田秋水

---

① 中国社学院语言研究所词典编辑室：《现代汉语词典》，商务印书馆2005年版，第1613页。
② 如《御制大诰》所云："社学之设，官吏以为营生，有愿读书者，无钱不许入学。有三丁四丁不愿读书者，受财卖放，纵其愚顽，不令读书。有父子二人，或农或商，本无读书之暇，却乃逼令入学。"（明）朱元璋：《御制大诰》卷6，上海古籍出版社1995影印本。
③ 毛礼锐、瞿菊农、邵鹤亭编：《中国古代教育史》，人民教育出版社1984年版，第359—373页。
④ （民国）丘复：《上杭县志》卷15《学校志》，民国二十七年刊本。

园经馆等"①。石城县,"据清光绪二十六年(1900年)统计,全县达60余所,至民国三十五年(1946年)发展至165所"②。

闽西地区,如长汀县:"私塾由来已久,清代较为普及,有村办、族办、家办或教师设馆招生等几种类型。私塾分'蒙馆'和'经馆'或两者兼备三种。……没有正规学制,学生不固定,三五名至几十名不等。私塾分布很广,源远流长,直至20世纪50年代初期,全县尚存200所左右。"③ 连城县,"建县前连城已有私塾,建县以后私塾有发展。明、清两代,私塾几乎遍及各乡、村,人口较集中的大乡村有十多所,偏僻村落也有一至两的(注:应为'所'字)……民国时期,国民党政府多次提出废止私塾,兴办现代学校。但由于私塾规模小,不需要宽敞教室,不讲求教学设备,适合山区、农村儿童就读,因此,至民国二十四年(1935年),全县仍有私塾56所,就读儿童1071人。新中国建立后一些山村仍有少数私塾,直至1953年后,私塾全部停办。"④

粤东北地区,如兴宁县,"清光绪三十三年(1907年)县劝学所调查,全县私塾约500所,有学生7500人。废科举、兴学校后,本县私塾虽已大量减少,但直至民国之后,私塾仍不下百所。民国十九年(1930年)县政府明令取缔私塾,但令不行、禁不止。民国二十五年全县仍有私塾99所,学生2019人。另据《广东年鉴》载,民国二十九年全县尚有私塾56所,学生1685人,塾师60人。……1949年至1951年,本县山区尚有少数私塾,1952年后已不复存在。"⑤ 镇平县:"据《石窟一征》载:'镇邑风气醇雅,男读女耕,每村俱有家塾,有一二百户者,即有塾六七处。应童子试者,曾1700余人'。为鼓励本族子弟读书出身,巨姓大族或小姓、小房,多设有祭田,又称尝田,有的设学田,'以赡贫生'。《石窟一征》记:'以课文试童子者,助以卷金。赴礼闱者,助以路费'。

---

① 瑞金县志编纂委员会编:《瑞金县志》,中央文献出版社1993年版,第646—647页。
② 江西省石城县县志编纂委员会编:《石城县志》,书目文献出版社1990年版,第403页。
③ 长汀县地方志编纂委员会编:《长汀县志》,生活．读书．新知三联书店1993年版,第684页。
④ 连城县地方志编纂委员会编:《连城县志》,群众出版社1993年版,第679页。
⑤ 兴宁县志编修委员会:《兴宁县志》,广东人民出版社1992年版,第635—636页。

清末兴办学堂后，私塾逐步改为学堂。"①

二 "养士"与"化民"：赣闽粤边区推行学校教育的旨趣

从上面的叙述可以知道，赣闽粤边区的办学热情，自宋以来，一直持续不断。无论政府官员、儒家士大夫，甚至民间社会，都十分热衷于兴办学校，提倡教育。尤其是地方官员和士大夫，更是把兴学、劝学作为自己的重要职责之一，他们兴修学校，撰文劝学，甚至亲自登上讲坛，开课宣讲。地方官员和士大夫热衷于倡学办学的原因，主要有两个目的：一是养士，即培养人才；二是"化民"，即教化民众。

学校的功能十分广泛，"古者建学，非特为占毕之地已也。凡乡射、养老、尊贤、使能、考艺、选言，皆于是焉。举而出兵受成，讯狱献俘，无不由之。"② 其中，"养士"是古代学校的重要功能之一。关于学校培养人才的功能，古人早有论述。《孟子》云："设为庠序学校以教之，庠者养也，校者教也，序者射也。"③ 汉代董仲舒云："夫不素养士而欲求贤，譬犹不琢玉而求文采也。""故养士之大者，莫大乎太学。太学者贤士之所关也，教化之本原也。""兴太学，置明师，以养天下之士。"④ 宋元以来，官方和民间在赣闽粤边区也设立了大量的学校、书院和私塾。这些机构的设立目的之一，也是在于"养士"：

> 小学大学，其来久矣。顾造士之区名学，士之所自造亦名学。《学记》七年论学取友，孔子十五就学，则士所以学也。⑤
>
> 予惟明兴胶序，鳞次郡国，秩祀严备，文教蔚然。士之有学，犹工之有肆，农之有畔，而女之有帷也。士而剪弃道德，跳

---

① 蕉岭县志编修委员会：《蕉岭县志》，广东人民出版社1992年版，第516页。蕉岭县的前身为镇平县，始于崇祯六年（1633年），民国三年（1914年）为别于河南省先已设置镇平县，乃改名蕉岭县。

② （清）管奏韺：《重修明伦堂记》，载（清）魏瀛修，钟音鸿纂《赣州府志》卷24《经政志》，"学校·雩都县"条，清同治十二年刊本。

③ （清）焦循：《十三经清人注疏·孟子正义》卷10《滕文公上》，中华书局1987点校本，第343页。

④ （汉）班固：《汉书》卷56《董仲舒传》，中华书局1962年版，第2503页。

⑤ （明）郭子章：《重建儒学记》，载（清）魏瀛修，钟音鸿纂《赣州府志》卷24《经政志》，"学校·会昌县"条，清同治十二年刊本。

越宫墙，是何异于工不居肆，农不服田，而女之帷薄不修乎？①

予谓学校庠序之设，自三代至于今，有民社者莫之敢后。诚以国之所图治者，系于人才，而人才之所自出者，系于士学也。②

学校的另一个重要功能则是"化民"。在政府官员和儒家士人看来，学校之设，还可以使人明伦理，重纲常，起到正人心，化风俗的重要作用：

立政之要，当先文治。古者天子建学，四海翕然从风。秦之废也，治道乃斁。历汉、晋、梁、隋，清谈诡异，非卑而溺申韩，即高而佞佛老，治几为天下裂，而学亦佽佽靡之。嗟乎！先师者教化之原，教化者士习之基，人心风俗，举由此出。本之不立，而徒沾沾一切治具，是务末矣。……今天子崇隆文教，三代莫逾，尚矣。因体作人至意，以修学为急，士子藉以习礼乐，官僚藉端风化，儒行吏治，胥沾圣泽。由是而纲纪法度次第修明，上则敷宣奏绩，下则风雨以从。③

乡学之设，三代有异名而无异实。自汉、唐、宋迄今，悉崇其制，皆所以明人伦也。人伦明，斯父子亲，君臣义，夫妇别，长幼序，朋友信，齐治平之效胥系乎此。故曰：学校者，王政之本也。④

夫人有血气而形生，有知觉而情生，有礼义而伦生。其形弗端，其情弗和，则其伦弗明。圣人所忧也而教生。教也者，所以明伦而正其形，达其情也。教必有师，于是乎有释奠之礼。释奠

---

① （明）周应秋：《重修明伦堂记》，载（清）魏瀛修，钟音鸿纂《赣州府志》卷24《经政志》，"学校·赣县"条，清同治十二年刊本。
② （元）古笃鲁丁：《建学记》，载（清）魏瀛修，钟音鸿纂《赣州府志》卷24《经政志》，"学校·信丰县"条，清同治十二年刊本。
③ （清）姚孔锌：《修建赣州府学记》，载（清）魏瀛修，钟音鸿纂《赣州府志》卷23《经政志》，"学校"条，清同治十二年刊本。
④ （清）王思轼：《重建儒学记》，载（清）魏瀛修，钟音鸿纂《赣州府志》卷24《经政志》，"学校·兴国县"，清同治十二年刊本。

必有所，于是乎有学校之设。……①

并且，在学校"养士"与"化民"两个功能之间，在儒家官员和士大夫的心目中，也更加倾向于"化民"。例如，对于学校所养之"士"，相对于他们所掌握的技艺和能力，儒家官员和士大夫则是更加看重他们所具备的道德水平。

夫学者，所以学圣贤也。士而圭璋特达也者，即以预栋梁；士而文采风流也者，即以资丹艧。②

官师者，士子之表，士子者，四民之望。官师深于学，则政教行而士无浮庞；士子深于学，则化导广而民有观感。③

很显然，在儒家官员和士大夫的看来，学校培养的"士"，应该就是出而为国家之栋梁，入则为乡里之仪表的人，他们无论在学识还是在道德方面，都应该成为人们的表率。在才学能力与道德人品之间，他们往往又是更加看重的是"士"的道德人品。"取士之道，当先德行，后文学。就文学言之，经术又当先于词采。"④

在赣闽粤边区这块特殊的地域，学校这种"化民"功能，又被地方官员和儒家士人所强调。赣闽粤边区蛮夷混杂，民风刚健，历来被认为是十分"难治"之区：

其俗性悍而急，丧或不中礼，尤好争讼，其气尚使然也。⑤
江西之俗……其细民险而健，以终讼为能。由是玉石俱焚，

---

① （明）薛甲：《新修学记》，载（清）魏瀛修，钟音鸿纂《赣州府志》卷24《经政志》，"学校·信丰县"条，清同治十二年刊本。
② （清）宋儒任：《县学记》，载（清）魏瀛修，钟音鸿纂《赣州府志》卷25《经政志》，"学校·长宁县"条，清同治十二年刊本。
③ （清）魏瀛：《重修赣州府学记》，载（清）魏瀛修，钟音鸿纂《赣州府志》卷23《经政志》，"学校"条，清同治十二年刊本。
④ （元）马端临：《文献通考》卷31《选举四》，华东师大古籍研究所点校，华东师范大学出版社1985年版。
⑤ （元）脱脱等撰：《宋史》卷88《地理志》，"江南东、西路"条，中华书局1977年版，第2186—2192页。

名曰'珥笔之民',虽有辩者,不能自解免也。①

虔于江南地最旷,大山长谷,荒翳险阻,交、广、闽、越铜盐之贩,道所出入,椎埋盗夺、鼓铸之奸,视天下为多。②

今天下号难治,惟江西为最,江西虽难治,惟虔与吉为最。③

在这样一个特定的区域里,官员和士大夫都意识到,只有设立学校,推行教化,移风易俗,稳定社会秩序,才能真正改变这里的"难治"。例如,明朝成化间,刑部主事洪钟奉命安辑江西、福建流民,他所提出的措施,就是应在当地广设学校,推广儒家教育:

洪钟,字宣之,钱塘人。成化十一年进士。为刑部主事,迁郎中,奉命安辑江西、福建流民。还言福建武平、上杭、清流、永定,江西安远、龙南,广东程乡皆流移错杂,习斗争,易乱,宜及平时令有司立乡社学,教之诗、书、礼让。④

赣闽粤边区儒学官员和士大夫把"化民"重于"养士"的办学旨趣,在杨时和王阳明身上表现得非常明显。

(一)杨时的人才培养观

杨时,字中立,南剑州将乐人,世居将乐县北郊龟山下,学者称龟山先生。他生于北宋仁宗皇祐五年(1053年),殁于南宋绍兴五年(1135年),享年83岁。杨时出身官宦之门,像祖辈们那样,杨时也走上了科举道路,并在仕途上走得比较通畅:神宗熙宁九年(1076年)进士。调汀州司户,不赴。往师程颢,颢死,复师于程颐。曾任徐州、虔州司法,荆州府教授,浏阳、余杭、萧山知县等。徽宗时,以荐召为秘书郎,迁著作郎、除迩英殿说书。钦宗时,除右谏议大夫兼侍讲,又兼国子监祭酒。

---

① (宋)黄庭坚:《豫章黄先生文集》卷1《赋十首·江西道院赋》,四部丛刊本。
② (宋)王安石:《临川文集》卷82《虔州学记》,四库全书本。
③ (宋)段缝:《建县记》,载(清)刘坤一主修《江西通志》卷68《艺文》,清光绪七年刊本。段缝为至和元年(1051年)永丰设县的第一任县令。
④ (清)张廷玉等:《明史》卷187《洪钟传》,中华书局1974年版,第4957页。

寻改给事中，除徽猷阁直学士。高宗时官至工部侍郎、除龙图阁直学士①。

杨时虽是一个在仕官员，但他也热衷于办学和讲学。杨时学成回东南后，第一件事就是创办书院，聚徒授课。位于江苏无锡的著名的东林书院，其最早的创办者便是杨时。②此外，常州的龟山书院，福建将乐的含云寺、南平书院、邵武和平书院、武夷山的武夷精舍等地也都是杨时聚徒谈经之所。由于杨时乃为二程高足，所以从学者甚众。如在萧山讲学时，"四方之士闻时名，不远千里来从游"。在东林书院讲学，"弟子千余人"。在其办学、讲学过程中，他培养了王苹、吕本中、关治、罗从彦、张九成、萧头、胡寅、刘勉之等一大批儒学名士。

然而，无论是创办书院，还是亲自在书院登坛讲学也好，杨时在人才培养方面的办学旨趣，则更加重视培养士子的"德"。他指责那些为应举而读书者，并不是真正的学道之人："应举得官而止耳，岂真学道之人！"③并且还猛烈抨击当时学校教育存在的弊端。他说："谓学校以分数多少校士人文章，使之胸中日夕只在利害上，如此作人，要何用？"④杨时心目中的人才，应当是一个广闻博见，通达古今，具有丰富知识，且又善于思考，学以致用的人。因此在学习内容上，他主张士子应该重点学习"明天道，正人伦"的先圣之经典。他认为，"志学之士，学知天下无不可为之理，无不可见之道"⑤，要做到这一点，就应当"稽诣前言往行，参以古今之变"⑥。为此，他十分推崇"六经"，曾说："六经，先圣所以明天道，正人伦，政治之成法也。其文自尧舜历夏、周之季，兴衰治乱成败之迹，捄敝通变因时损益之理，皆焕然可考。网罗天地之大，文理象器幽明之故，死生终始之变，莫不详谕，曲譬较然，如数一二，宜乎后世高

---

① （宋）杨时撰：《杨时集》附录二，吕本中《杨龟山先生行状》，林海权点校，福建人民出版社1993年版，第1030—1035页。
② 李云生：《明溪杨时与无锡东林书院》，《炎黄纵横》2008年第9期。
③ （宋）杨时：《杨时集》卷13《语录四》，林海权点校，福建人民出版社1993年版，第324页。
④ 同上书，第325页。
⑤ （宋）杨时：《杨时集》卷27《杂著·劝学》，林海权点校，福建人民出版社1993年版，第638页。
⑥ （宋）杨时：《杨时集》卷25《序·谢君咏史序》，林海权点校，福建人民出版社1993年版，第602页。

明超卓之士,一抚卷而尽得之也。"① 又说:"士之去圣远矣,舍《六经》何以求圣人哉?要当精思之,力行之。"②

由此可见,作为一个成功的儒家士人,杨时在学校人才培养方面确实非常重视对学生道德素质的培养。他强调士子要学习"六经",就是希望士子能够"明天道","正人伦",以达到将来正身自己,示范天下的作用。

(二)王阳明的办学实践

王阳明在任南赣巡抚期间,虽然平定了大帽山、三浰和崇义桶冈等处动乱,但亦深感"破山中贼易,破心中贼难",认为只有在这里大力推行教化,才能最终解决这里的动乱。作为一个学者,他当然知道学校的作用,更为可贵的是,他还看到了青少年正处于身心健康迅速发展的阶段,具有很强的可塑性,所以他特别强调在这里兴办社学,加强对青少年的教育。为此,他亲自撰写或颁布了诸如《颁行社学教条》、《兴举社学牌》、《训蒙大意示教读刘伯颂等》、《教约》等书令条文,对如何办理社学等作了十分细致的阐述。比如:

王阳明颁布《兴举社学牌》,要求府县官员慎重选用合格的社学教师,对社学教师要给予优待:

> 看得赣州社学乡馆,教读贤否,尚多淆杂;是以诗礼之教,久已施行;而淳厚之俗,未见兴起。为此牌仰岭北道督同府县官吏,即将各馆教读,通行访择;务学术明正,行止端方者,乃与兹选;官府仍籍记姓名,量行支给薪米,以资勤苦;优其礼待,以示崇劝。以各童生之家,亦各通行戒饬,务在隆师重道,教训子弟,毋得因仍旧染,习为偷薄,自取愆咎。③

> 先该本院据岭北道选送教读刘伯颂等,颇已得人;但多系客寓,日给为难,今欲望以开导训诲,亦须量资勤苦,已经案仰该

---

① (宋)杨时:《杨时集》卷25《序·送吴子正序》,林海权点校,福建人民出版社1993年版,第583页。
② (宋)杨时:《杨时集》卷25《序·与陈传道序》,林海权点校,福建人民出版社1993年版,第585页。
③ (明)王守仁:《兴举社学牌》,载(明)王守仁撰《王阳明全集》卷17《别录九·公移二》,吴光等编校,上海古籍出版社1992版,第604页。

道通加礼貌优待，给薪米纸笔之资。①

王阳明十分重视社学的伦理教化作用，他在《颁行社学教条》一文中要求：

> 各官仍要不时劝励敦勉，令各教读务遵本院原定教条尽心训导，视童蒙如己子，以启迪为家事，不但训饬其子弟，亦复化喻其父兄；不但勤劳于诗礼章句之间，尤在致力于德行心术之本；务使礼让日新，风俗日美，庶不负有司作兴之意，与士民趋向之心。②

为了加强学校对学生进行伦理教育，他还特地制定《教约》，以使州县社学能够有一套比较规范的伦理教育：

> 每日清晨，诸生参揖毕，教读以次。遍询诸生：在家所以爱亲敬长之心，得无懈忽，未能真切否？温凊定省之仪，得无亏缺，未能实践否？往来街衢，步趋礼节，得无放荡，未能谨饬否？一应言行心术，得无欺妄非僻，未能忠信笃敬否？诸童子务要名以实封，有则改之，无则加勉。教读复随时就事，曲加诲谕开发。然后各退就席肄业。
> 凡歌《诗》，须要整容定气，清朗其声音，均审其节调；毋躁而急，毋荡而嚣。毋馁而慑。久则精神宣畅，心气和平矣。每学量童生多寡，分为四班，每日轮一班歌《诗》；其余皆就席，敛容肃听。每五日则总四班递歌于本学。每朔望，集各学会歌于书院。
> 凡习礼，须要澄心肃虑，审其仪节，度其容止；毋忽而惰，毋沮而怍，毋径而野；从容而不失之迂缓，修谨不失之拘局。久则体貌习熟，德性坚定矣。童生班次，皆如歌诗。每间一日，则轮一班习礼。其余皆就席，敛容肃观。习礼之日，免其课仿。每

---

① （明）王守仁：《颁行社学教条》，载（明）王守仁撰《王阳明全集》卷17《别录九·公移二》，吴光等编校，上海古籍出版社1992版，第610页。

② 同上。

十日则总四班递习于本学。每朔望，则集各学会习于书院。

凡授书不在徒多，但贵精熟。量其资禀，能二百字者，止可授以一百字。常使精神力量有余，则无厌苦之患，而有自得之美。讽诵之际，务令专心一志，口诵心惟，字字句句绸绎反覆，抑扬其音节，宽虚其心意。久则义礼浃洽，聪明日开矣。

每日工夫，先考德，次背书诵书，次习礼，或作课仿，次复诵书讲书，次歌《诗》。凡习礼歌《诗》之数，皆所以常存童子之心，使其乐习不倦，而无暇及于邪僻。教者知此，则知所施矣。虽然，此其大略也；神而明之，则存乎其人。①

为了使社学教师理解社学的伦理教育功能，采取正确的教学方法，王阳明还撰写文章给教读刘伯颂等人，阐述启蒙教育的意义，批评了传统蒙学的弊端，希望他们能够根据儿童"乐嬉游而惮拘检"的心理特点，通过"诱之歌诗"、"导之习礼"、"讽之读书"的方法，努力培养学生伦理道德：

古之教者，教以人伦。后世记诵词章之习起，而先王之教亡。今教童子，惟当以孝悌忠信礼义廉耻为专务。其栽培涵养之方，则宜诱之歌诗以发其志意，导之习礼以肃其威仪，讽之读书以开其知觉。今人往往以歌诗习礼为不切时务，此皆末俗庸鄙之见，乌足以知古人立教之意哉！

大抵童子之情，乐嬉游而惮拘检，如草木之始萌芽，舒畅之则条达，摧挠之则衰痿。今教童子，必使其趋向鼓舞，中心喜悦，则其进自不能已。譬之时雨春风，霑被卉木，莫不萌动发越，自然日长月化；若冰霜剥落，则生意萧索，日就枯槁矣。故凡诱之歌诗者，非但发其志意而已，亦以泄其跳号呼啸于咏歌，宣其幽抑结滞于音节也；导之习礼者，非但肃其威仪而已，亦所以周旋揖让而动荡其血脉，拜起屈伸而固束其筋骸也；讽之读书者，非但开其知觉而已，亦所以沈潜反复而存其心，抑扬讽诵以

---

① （明）王守仁：《教约》，载（明）王守仁撰《王阳明全集》卷2《传习录中》，吴光等编校，上海古籍出版社1992版，第88—89页。

宣其志也。凡此皆所以顺导其志意；调理其性情，潜消其鄙吝，默化其粗顽，日使之渐于礼义而不苦其难，入于中和而不知其故。是盖先王立教之微意也。

若近世之训蒙稚者，日惟督以句读课仿，责其检束，而不知导之以礼，求其聪明，而不知养之以善；鞭挞绳缚，若持拘囚。彼视学舍如囹狱而不肯入，视师长如寇仇而不欲见，窥避掩覆以遂其嬉游，设诈饰诡以肆其顽鄙，偷薄庸劣，日趋下流。是盖驱之于恶而求其为善也，何可得乎？

凡吾所以教，其意实在于此。恐时俗不察，视以为迂，且吾亦将去，故特叮咛以告。尔诸教读，其务体吾意，永以为训；毋辄因时俗之言，改废其绳墨，庶成蒙以养正之功矣。念之念之！"①

由于王阳明在南赣巡抚任上为时不长②，这些主张和措施未必能够得到全面彻底的贯彻和实施，其效果也无具体文献可供稽查考证。但他这一举措，多为后来继任者所延续。在他之后，不少继任者亦有兴办社学之举。

陈察（嘉靖十二年至嘉靖十四年在任）要求："不拘城市山乡，但人烟相望约有百家上下，或七八十家者，可设社学二所。四五十家以下者，亦设一所。"③

嘉靖十九年，南赣巡抚李显在赣州城内修造社学，又新建书院，选师儒以教养童士。④

南赣巡抚江一麟：（万历二年至万历六年任南赣巡抚）曾下令长宁县民须送子弟入学。⑤

这些措施应该还是取得了很不错的成绩，据文献记载，在嘉靖十二年至十三年间，在南赣巡抚辖区之内，"立四省小学一千八百五十八处，每

---

① （明）王守仁：《训蒙大意示教读刘伯颂等》，载（明）王守仁撰《王阳明全集》卷2《传习录中》，吴光等编校，上海古籍出版社1992年版，第87—88页。
② 王阳明担任南赣巡抚的时间是在正德十一年至正德十六年（1516—1521年），共6年。
③ （明）谈恺：《虔台续志》卷4《纪事三》，明嘉靖三十四年刻本。
④ 同上。
⑤ （明）江一麟：《平黄乡疏》，载（清）沈涛等修，沈大中等纂《长宁县志》卷5《艺文志》，清乾隆三十一年刻本。

学教读一名，童生共一万五千七百名"①。当时南赣巡抚所辖州县约为70个，平均每个州县设有约26所，远远超过明朝时期每个州县设有13所社学的平均数。② 这些学校的创办对于构建赣闽粤边区的社会秩序，无疑具有十分重要的意义。

三 赣闽粤边区推行学校教育的意义

无论是官方办学还是民间办学，无论是为了"化俗"还是为了"求仕"，宋元以来赣闽粤边区轰轰烈烈的办学运动，大大推动了儒家思想在该地区的直接传播，同时也使该地区的社会习俗有了很大改变。

（一）学校教育对儒家思想的直接推广

在赣闽粤边区的办学风潮中，儒家思想在该地区得到了迅速而且也是直接的传播。我们可以从以下三方面进行说明。

1. 学校的祭祀礼仪

"礼"原是宗教祭祀仪式上的一种仪态，《说文解字》云："礼，履也，所以事福致福也。""礼"原来并没有等级制度的伦理道德方面意义，在阶级社会出现后，人类开始有等级之分，宗教祭祀也随之出现了身份的限制和区分，于是，作为宗教祭祀仪态的"礼"便开始具有社会身份区分的内容，并且逐渐转化为中国古代社会的典章制度和道德规范。儒家文化十分重视礼仪的作用。孔子说："不学礼，无以立。"荀子云："人道莫不有辨，辨莫大于分，分莫大于礼。"《礼记》云："礼者，所以定亲疏，决嫌疑，别同异，明是非也"；"凡治人之道，莫急于礼"。历代学校都十分重视通过礼仪活动来推行儒家礼教道德教育，赣闽粤边区亦不例外。

在赣闽粤边区的学校道德礼仪教育中，祭祀礼仪乃是最为经典的。州县学校的建筑规格和空间布局都有严格的规定，一般来说，州府文庙大致包括大成殿、名宦祠、乡贤祠、文昌阁、明伦堂、尊经阁等建筑。大成殿是最重要的建筑，是整个府学的结构核心，主要摆放孔子、曾子、孟子、董仲舒、周敦颐、朱熹、范仲淹等"先儒"和"先贤"，名宦祠、乡贤祠、土地祠等处也各摆放着相应的祭祀偶像。另外，文昌阁、明伦堂、尊经阁等重要建筑。明伦堂为讲学之所，文昌阁是朔望之日宣讲圣谕的地

---

① （明）谈恺：《虔台续志》卷4《纪事三》，明嘉靖三十四年刻本。
② 王兰荫：《明代之社学》，《师大月刊》1935年第21期。

方，尊经阁则是存放儒家经典的地方，它们都是府学建筑的重要组成部分。① 从这些建筑结构以及摆放的偶像来看，州府县学俨然成了一个秩序井然的祭祀空间。

为了礼敬往圣前贤，让观礼士子充分体会到儒家道德的尊贤尚德的内涵，他们还制定了一系列严格复杂的祭祀仪式。如祭拜至圣先师的仪式：

> 祭崇圣祠毕，文庙中鼓初严，殿上两庑诸执事者各燃灯焚香，丹墀及露台上皆明炬，各官俱朝服。鼓再严，歌生、乐舞生各序立丹墀两边。鼓三严，各执事者荐羹及启牲匣盖，以汤浇牲体使气上升。各引赞引各献官至戟门下北面立。通赞唱"乐舞生各就位"（乐生随司麾者入殿内，各就所执乐位；舞生各随司节者上露台，分东西班立，司节者就西立）。通赞唱"执事者各司其事"（司罍洗者各执罍洗，司瘗毛血者俟瘗毛血，凡有司者各司其事）。通赞唱"陪祭官各就位"（各照官衔品级拜位），"分献官各就位"、"正献官就位"（随引赞就拜位）。唱"瘗毛血"（执事者捧毛血，正祀由中门，四配东西哲由左右门出，两庑随之瘗于坎）。通赞唱"迎神"。麾生举麾唱"乐奏咸平之章"（乐作，舞生执籥未舞）。通赞唱"跪，叩首"，正献、分献、陪祭俱行三跪九叩礼，……文庙祭毕，乃祭名宦祠。帛一、羊一、豕一、簠一、簋一、笾四、豆四。次祭乡贤祠，品物俱同名宦祠。主祭官汀州府知府或委员，其盥、瘗、奠、献俱如仪，但迎神、送神只一跪三叩而已（各县礼同）。②

通过这些礼仪规定和仪式活动，使众多观礼的士子直观体会到儒家文化的庄严和精深，儒家文化也因此潜移默化地为士子接受并内化。

2. 学习内容

教材的选用是学习内容的最好体现，官府对于学校、书院所使用的教

---

① （清）魏瀛修，钟音鸿纂：《赣州府志》卷23《经政志》，"学校·赣州府·府学"条，清同治十二年刊本。
② （清）曾日瑛修，李绂纂：《汀州府志》卷11《典礼》，"祭至圣先师仪注"条，清乾隆十七年刻本。

材，一般都有明确的规定，甚至都由中央统一颁发。然在赣闽粤边区的方志中一般并不载录这些书籍名录，使我们难以确知当时学生所学的具体内容。所幸同治版《南安府志》记录了当时府学所存之书，使我们得以清楚知道当时官办学校所使用的教材。（参见表4-5）

表4-5　　　　　　　　南安府学所藏书籍统计

类别	书目名称	数量	版式	类别	书目名称	数量	版式
御制	《上谕》	3部	24本/部	颁发	《性理》	1部	5本/部
	《上谕》	1部	10本/部		《学政全书》	2本	
	《上谕缘由》	5本			《新增学政全书》	4本	
	《上谕满汉字书》	6本			《驳吕留良讲义》	8本	
	《上谕誊黄》	1张			《训饬州县规条》	1本	
	《平定金川碑文》	1道			《易经》	8本	
	《平定准噶尔碑文》	1道			《诗经》	8本	
	《诗初集》	1部			《春秋》	8本	
	《诗二集》	1部			《文武相见仪注》	1本	
	《诗文集》	1部			《廿一史》	1部	500本/部
御纂	《周易折中》	2部	12本/部		《纲鉴正史》	1部	16本/部
	《书经折中》	2部	12本/部		《大学衍义补》	1部	8本/部
	《诗经折中》	2部	18本/部		《吕子节略》	1部	4本/部
	《春秋折中》	2部	40本/部		《朱子全书》	3部	5本/部
	《性理》	2部	8本/部		《小学》	1部	4本/部
	《日讲解义四书》	1部	12本/部		《十三经》	1部	120本/部
	《通鉴纲目》	2部	8本/部		《四礼》	2本	
	《资治通鉴》	1部	80本/部		《明史》	112本	
	《明史》	1部	4本/部		《近思录》	1部	4本/部
钦定	《三礼》	182本			《教典》	1本	
	《四书文选》	22本			《孝经》	1本	
颁发	《诗经》	1部	24本/部		《四礼翼》	1本	
	《书经》	1部	24本/部		《科场贴例》	1本	
	《春秋》	1部	24本/部		《养正遗规》	1本	

资料来源：同治七年《南安府志》卷5《庙学·书籍》。

当然，这些书籍应该并不全都是用作学生的教材，如《教典》应该是教师用书，《十三经》（120本/部）、《廿一史》（500本/部）等也应该是教师参考用书或学生课外阅读资料。但从总体上讲，这些书籍都应该是当时学生所必须掌握或了解的内容。

对于以少年儿童为主要教育对象的社学和私塾，上述书籍自然太过深奥了，他们学习的内容，主要是各种儒家基本礼仪规范，以及《孝经》、《三字经》、《小学》等启蒙教材，当然，社学中也教《论》、《孟》、《学》、《庸》，但主要是以背诵为主。

> 每社设立学校一所，择通晓经书者为学师，于农隙时分，各令子弟入学。先读孝经、小学，次及大学、论、孟、经、史，务要各知孝悌忠臣，敦本抑末。依乡原例，出办束修，自愿立长学者听。若积久，学问有成者，申覆上司照验。①
>
> 私塾历史悠久，始于何时失考。私塾有蒙馆、经馆之分。蒙馆谓之"启蒙"，招收八九岁儿童入学，注重识字和写字。主要读本有：《三字经》、《四言杂字》、《百家姓》、《千字文》等，老师只教读，不讲解。②
>
> 每年腊月前，各乡父老集议，决定在何处办学，请几位教师。……教育内容为六行（孝、悌、谨、信、爱众、亲仁）、六事（洒、扫、应、对、进、退）和六艺。早学读书，根据学生年龄和资质教读一二句、几百字到千字，课本用《孝经》、《三字经》，然后读"四书"；午学习字，五天一次学作诗、歌唱或算数；晚学温书、习礼。五天一次教古人善行一章。教师注意考察学生能否将所学道理付诸行动，对不能力行都予以劝责。将冠、婚、丧、祭、射、乡饮酒、士相见、投壶礼等彩绘成图挂在壁上，供学生日常观摩。③

---

① 《元典章》卷23《户部九·农桑·劝农立社事理》，转引自欧阳周《百卷本中国全史14 中国元代教育史》，人民出版社1994版，第44页。

② 宁化县志编纂委员会编：《宁化县志》卷26《教育·学校教育·私塾》，福建人民出版社1992年版，第663页。

③ 福建省地方志编纂委员会编：《福建省志·教育志》，第一章《官学·社学》，方志出版社1998年版。

从上述事例可知，无论是官办学校还是民间私塾，他们教授的内容主要是儒家经典和儒家礼仪规范。正是通过这些内容的灌输，儒家思想才得以深深根植到赣闽粤边区的莘莘学子头脑之中。

3. 学规

为了保证学校教学的正常运转，学校一般都有学规和教约，这些规约或由官府制定，或由名儒撰写，一般都对士子的学习活动和日常行为作了明确的规定。如汀州府《龙山书院学规》规定：

> 一、端志向。士自束发受书，便当自期远大。我既为圣贤之徒，则盛德大业，非异人任，识见不可卑鄙，志气不可萎苶。一言一事不如古人，即深引以为耻。昔王沂公志不在温饱，范文正为诸生时便以天下为己任，遂皆卓然为一代伟人。若夫博弋声名，贪袭利禄，志斯下矣，又何取焉？
>
> 一、敦本务。子臣弟友，夫子谓之庸德。子贡问士，而子告以宗族称孝，乡党称弟。苟大本一失，其余皆无足观，生平所读何书？读书何事？伦常之地，岂可苟安；清夜扪心，最宜警省。
>
> 一、慎言行。士君子守口如瓶，守身如城，出话之间，跬步之顷，动关枢机之大。子曰："言寡尤，行寡悔。"又曰："言忠信，行笃敬。"有物有恒，夫而后坊表立、馨懿翔也。若以诙诞为工，以跅弛为异，甚且诡躁乡曲，苞苴公门，笔墨而兵戎，衣冠而讼狱，以视子衿城阙之讥，殆又过焉。不可玉成，甘自瓦裂，亟当鸣鼓，勿玷宫墙。
>
> 一、变气质。昔明道使人如坐春风，豫章不言而饮人以和。与人共立而使人化，粹然道德之容，斯为上矣。而高明柔克，沉潜刚克，惟在矫其阴阳之毗，以归于正。至于朋友一道，尤所宜笃。夫既与我晨夕相聚对矣，矢以车笠，盟之金石。其中学有浅深，才有高下，更当乐群敬业，以底于成。即臭味偶有差池，不妨过从落落，彼寥寥余子之言，卿当第一之语，非属标榜，即系轻狂，不特大雅所讥，亦非令终之器。……①

---

① （清）黄惠：《龙山书院学规》，载（清）曾日瑛修，李绂纂《汀州府志》卷43《艺文五》，清乾隆十七年刻本。

又如宁都直隶州梅江书院的《规条》：

一、每日清晨，山长齐诸生恭读《圣谕广训》一条。山长敬肃宣解义蕴，俾诸生知修、齐、治、平之本。读书经世，初非二道，庶学有本源，而皆将为有用矣。

一山长与生童讲习讨论，约有三种：一曰义理之学，一曰考据之学，一曰词章之学。三者皆所在不遗，总要归本于反身切己之学。学不反身切己，无论词章之学，易涉浮伪，即考据之学，义理之学，亦纸上陈言而已。山长与生童朝夕见面，须就身指点，俾知无时无地不可以自省。果能躬行不怠，自然心境日明，诗文日进矣。

书院肄业生童，衣冠虽布素补绽，必须整齐严肃。启馆日，生童既拜山长，山长敬率生童向各专祠行四拜礼。朔望则率生童向各专祠三揖。揖毕，山长西面立，诸生北面揖，山长答揖，然后退。每逢十八日，长官亲课或请教官代课，诸生伫立门外，候长官至，肃揖。升堂后，官长与山长东西对面揖。揖毕，诸生北面揖，恭候命题。俟官升舆，揖送，然后各归座次。……①

除了学院自己所制定的学规外，那些由中央政府或皇帝亲自制定和颁发的学校禁例和训饬碑文，如朱元璋的《学校禁例十二条》②、顺治帝的《训饬士子卧碑文》③也是各级各类学校必须严格执行的。从这些学规所反映出来的提倡和反对的内容，我们也可窥见当时学校教育所要构建的道德观念和价值体系。

总之，从上述学校祭祀仪式、学习内容和学规教约中，我们可以清楚看到在学校和书院教育中，时刻秉承了宋明理学中追求义理，专心修身养性的精神。通过对这些内容进行日复一日的学习和体验，儒家思想和道德文化逐渐融入这些士人的日常习惯中，然后再通过这些士人的日常行为和

---

① （清）黄永纶、杨锡龄：《宁都直隶州志》卷9《书院志》，"宁都州"条，道光四年刻本。
② 《明实录：太祖实录》卷147，"洪武十五年八月"条，中华书局1977年版。
③ （清）方履篯修，巫宜福纂：《永定县志》卷1《圣制》，"世祖章皇帝训饬士子卧碑文"条，清道光十年刻本。

身体表现，使得儒家文化在赣闽粤边区的社会生活得到广泛的传播。

（二）民心向化：赣闽粤边区崇文重教风气习俗的形成

由于官方和民间的共同努力，以"化民"和"求仕"为两大目标的办学实践也如火如荼地开展。这些办学实践也很成功，无论在科举方面，还是在人文风气的改进方面，都取得了十分丰硕的成果。

在科举考试方面，人们一心向学，积极应试。即使在以刻版售书为主要经营手段，商业气息十分浓郁的连城四堡，科举应试仍然是商人家族的首选教育目标，在他们看来，"卖书毕竟不如读书，从商毕竟不如从政。在四堡商人的价值体系中，士始终是四民之首，儒业才是义的体现。……在四堡邹氏和马氏宗族中，'弃儒经商'虽是相当普遍的现象，但并不表明他们鄙弃儒学、不求功名"①。永定县虽然在明朝成化十四年才建县，是闽西地区最迟立县的，但其科举之风十分炽热，中举登甲的人员众多。方志誉为"永虽地处简僻，文风朴茂，甲第巍科，得为数郡冠"②。据该志统计，从该县建县以来至1905年废除科举，永定县获得功名的有：膺荐者：十一人。科举登第者：进士：明五人，清二十四人；举人：明二十八人，清一百八十一人；武进士：七人，武举人一百二十五人。取得贡生资格者，明一百五十八名，清三百三十名。③ 在立县短短四百多年时间里，竟然有这么多人取得功名，可见当地科举之风之浓厚。另一个显著的事例是赣南大余县被誉为"两相四进士"的戴氏家族，创造出了兄弟、父子两代四人同登科甲并位极人臣的科举神话：戴衢亨，字荷之，号莲士，大余县人，乾隆四十三年，中戊戌科状元，官至侍读学士加三品卿衔兼军机大臣、体仁阁大学士（正一品）兼管工部，曾随乾隆帝南巡，辅佐嘉庆帝除去权臣和珅。衢亨之父戴第元，乾隆丁丑科进士。授编修。曾主江南、山东、湖北乡试。官至太仆少卿。叔父戴均元，乾隆乙未科进士，翰林院编修，五任江南等省主考，四任四川等省学政，三任会试总裁，二读殿试朝考卷，赏戴双眼花翎，受宫保衔，任军机大臣，拜文澜阁大学士。兄戴心亨，乾隆乙未科与叔父同登进士，翰林院编修，

---

① 陈支平、郑振满：《清代闽西四堡族商研究》，载于《中国经济史研究》1988年第2期。
② （民国）张超南：《民国县志》卷12《选举志》，民国三十年刊本。
③ 同上。

先后典试江南，视学湖北。① 此外，粤东大埔县百侯镇在清代也出现了杨之徐及其三个儿子在康熙、乾隆间先后进士及第的"父子四进士"科举奇观。②

为了使我们对赣闽粤边区的科举成就有一个直观的了解，笔者从《赣州府志》、《南安府志》、《宁都直隶州志》、《汀州府志》、《嘉应州志》的《选举志》中，将所载科举人物的名数制成表格（参见表4-6）：

表4-6　　　　　赣闽粤边区各县科举人物统计　　　　　单位：人

州府	时间	宋代		元代	明代				清代			
	县	进士		进士	进士		举人		进士		举人	
		文进士	特奏名	进士	文进士	武进士	文举人	武举人	文进士	武进士	文举人	武举人
赣南	赣县	65	5	1	15	2	56	12	15	6	105	64
	雩都	12	6	1	3	0	22	0	6	3	46	17
	信丰	6	1	0	7	0	21	1	7	1	42	11
	兴国	17	1	0	5	0	9	1	8	2	36	36
	会昌	4	0	0	1	0	3	2	6	1	21	31
	龙南	3	0	0	2	0	5	0	13	2	52	19
	安远	0	0	0	0	0	5	0	2	5	16	23
	长宁	0	0	0	0	0	0	0	2	3	10	47
	定南	0	0	0	0	0	0	0	3	3	13	9
	大庾	20	0	0	17	1	50	3	6	3	22	28
	南康	36	0	0	6	0	21	2	10	3	57	52
	上犹	17	0	0	2	0	11	0	3	0	17	29
	崇义	0	0	0	0		0	1	5	0	12	7
	小计	73	0	0	25	1	82	0	24	6	108	116
	宁都	39	45	0	15	0	57	6	17	3	94	54
	瑞金	3	0	0	2	0	10	3	3	1	34	33
	石城	12	0	0	0	0	10	0	5	0	41	19

---

① 参见（清）黄鸣珂修，石景芬等纂《南安府志》卷12《选举·进士表》、卷16《宦迹》，清同治七年刊本。

② （清）洪先涛纂修：《大埔县志》卷17《人物志》，清嘉庆九年刻本。

续表

州府	县	宋代 进士 文进士	宋代 进士 特奏名	元代 进士 进士	明代 进士 文进士	明代 进士 武进士	明代 举人 文举人	明代 举人 武举人	清代 进士 文进士	清代 进士 武进士	清代 举人 文举人	清代 举人 武举人
闽西	长汀	28	32	0	16	1	43	3	4	0	18	23
闽西	宁化	28	40	0	2	3	11	2	7	0	21	16
闽西	清流	2	13	2	9	0	38	0	0	1	6	4
闽西	归化	2	0	0	0	1	5	0	3	0	10	7
闽西	连城	0	2	0	2	0	22	0	1	4	15	30
闽西	上杭	0	0	1	9	0	32	0	5	6	25	55
闽西	武平	0	2	0	2	0	9	2	3	3	12	13
闽西	永定	0	0	0	4	0	18	0	7	1	27	37
粤东北	梅州	7	0	2	6	0	56	4	24	6	130	89
粤东北	兴宁	5	0	0	3	0	25	5	8	3	52	75
粤东北	长乐	5	0		2	0	23	4	0	0	17	33
粤东北	平远	0	0	0	1	0	8	0	2	0	12	12
粤东北	镇平	0	0	0	0	0	9		2	2	20	4
	总计	311	147	7	131	8	577	51	177	62	983	877

资料来源：同治十二年《赣州府志》卷46《选举志》；同治七年《南安府志》卷12—14《选举》；道光四年《宁都直隶州志》卷20《选举志》；乾隆十七年《汀州府志》卷21—23《选举志》、乾隆十四年《嘉应州志》卷5、9—12《选举部》。

从表4-6中可知，赣闽粤边区所辖的三府两州在宋元以来所取得科举成就确实斐然。从数量上讲，共产生了843人进士，其中文进士626名，武进士70名，特奏名147人；共产生举人2488名，其中文举人1560名，武举人928名，此外，还有更多的人员取得了监生、贡生等资格。从时间上来讲，宋代在科举场上获得功名的共有458名，其中文进士311名，特奏名147人；明代在科举场上获得功名的共有767名，其中进士139名，举人628名；清代在科举场上获得功名的共有2099名，其中进士239名，举人1860名。这些数据表明，从时间序列上，宋元以来赣闽粤边区获得功名的人员数量在快速递增，这也反映了该地区文教之风日益增盛。

科举兴学之风的兴起，对地方社会产生巨大影响。因为这些学校、书院的教育是以熟习儒家文化为主要内容，随着时间的推移，儒家文化深厚的思想内涵和积极的价值取向对地方社会的巨大影响力，便逐渐显现出来，它大大改造了赣闽粤边区原来那种"刚劲勇健"、"喜争好胜"、"尚武轻生"的风气，使之转到"尚学好文"、"读书知礼"上来。

例如，连城县曾被称为"蛮獠渊薮"，其地原属长汀县，"去县三百余里，弱者难于赴诉，强者恣其剽掠，居民商旅，皆无聊赖"。南宋绍兴三年从长汀县划出单独设县以后，文风逐渐兴盛起来，明清时期出现了"士知读书尚礼，俗重登科取名"，"士慕读书而重于仕进，民安稼穑而勤于陇亩"的良好风气。又如，明代成化六年（1470年）才设立的归化县至正德年间仍然是境内俊秀子弟者"率惮于为学，人既多粗鄙，亦率莫知重儒"[①]，通过官方和民间大力推行学校教育，到清代康熙年间，则出现了"士大夫家雅尚廉耻，敦诗书，骎骎有日趋于盛之势"的发展局面。[②] 明代嘉靖年间的方志也这样来描述长汀县崇文重教的景象："教子读书，比屋皆是，挟赀生殖间处有人。学校少高年之生徒，家庭多笃孝之嗣续。由贡徒居胄监者每精问学，选美官从科第列津要者恒持节操。安遗逸，婚姻渐遵乎古礼，疾病亦用乎名医。仆隶下人，彼此各安生理。深山穷谷，远近丕从王化。此汀人俗美之概，又与昔日不同也。"[③] 此外，粤东大埔县白堠乡也通过"延师教诲，劝学不辍"，使这个"僻远难治，赋役输纳维艰"的"贼巢"，转变成为远近闻名的"邹鲁乡"。[④]

上述几例并不是赣闽粤边区社会变迁的孤立现象。实际上，就整个赣闽粤边区而言，自宋元以来，该区整体上都经历了与这些县乡相似的变化，从原先的"喜争好讼"、"尚武轻生"，转变到"尚学好文"上来，崇文重教成为当地社会最为显著的风尚。

第三节 义举与旌奖：儒家道德价值观念在赣闽粤边区的构建

构建和谐稳定、团结互助的社会，既是普通大众的愿望，也是地方政

---

① （明）杨缙：《归化县志》卷1《风俗》，明正德十年刻本。
② （清）王国脉、周步新：《归化县志》卷1《风俗》，清康熙二十三年刻本。
③ （明）邵有道纂修：《汀州府志》卷1《风俗》，明嘉靖六年刻本。
④ 肖文评：《从"贼巢"到"邹鲁乡"：明末清初粤东大埔县白堠乡村社会变迁》，《中山大学学报》（社会科学版）2006年第2期。

府的义务。在道德规范体系建设过程中,树立良好的榜样和典范是十分重要的环节。中国伦理学会副会长刘启林先生在分析以儒家思想为核心的封建道德之所以能够成为整个社会普遍遵守的道德规范,对封建社会产生过长期、深刻的影响的原因时,就提到道德榜样的示范作用:"封建社会对忠臣、孝子、烈女、节妇的宣扬是不遗余力的。人们正是通过这些生动而具体的形象,了解了封建道德,接受了封建道德,它比任何道德说教都更深地影响了人们的行为,这些宣扬成了对多数人起作用的道德传播方式。"① 而榜样和典范的塑造,政府往往具有高度的统一性和权威性,历代政府都十分重视对个人先进行为进行表彰,力图使之成为人们学习的典范。本节主要阐述在地方政府如何运用旌表手段,通过对善行、义举等行为的嘉奖,达到构建儒家伦理道德秩序的目标。

一 我国古代旌奖制度的发展

旌表制度是我国古代统治者提倡封建德行的一种制度,是指中央朝廷或地方政府通过对忠勇、义夫、节妇、孝子、贤人、隐逸等人及其行为进行一定形式的表彰,以期达到美化风俗、教化民众之目的,是我国古代社会构建道德秩序的重要方式之一。这种表彰形式的历史十分久远,早在先秦时期就已出现,秦汉时期已经形成一种常举之制,唐宋以后又有进一步发展,至明清时期已达到完备状态。

"旌"的本义是旗帜,它最初是指西周时期礼官"司常"所掌九旗之中的一种,其形制为竿头缀有牦牛尾、下有五彩析羽作为装饰。② 因九旗的竿首都有析羽作为装饰,"旌"发展成为旗的通称。九旗之制已有明显的等级区分,且在先秦战争中,旌旗亦用来指挥开道,引领士卒,起到了标识、引人注目的功效,故而随着字义的发展,"旌"便逐渐有了显扬、表彰、令人效仿的含义。③

"表"本来是指皮革之衣的有毛的这一面。按照古人穿衣的习俗,他们通常把有毛的这一面裹露在外面。因此,"表"又被引申为表面,显露在外的意思。随着词义的发展,后来又产生了"仪表"、"表率"的含义。如"仁者,天下之表也。"(《礼记·表记》)

"旌"和"表"表达相同的意义且结合在一起使用,最早应该是在

---

① 刘启林:《重视道德榜样的作用》,《高校理论战线》2003 年第 10 期。
② 陈增弼:《释"干旄旌幢"》,《红楼梦学刊》1989 年第 3 期。
③ 张庆:《旌旗杂谈》,《中学语文》1987 年第 1 期。

《尚书》一书中。在该书的《毕命》篇中,有"康王命作册毕,分居里,成周郊……旌别淑慝,表厥宅里,彰善瘅恶,树之风声"的记载。唐代孔颖达为之注疏曰:"公往至彼,当识别善之与恶,表异其善者所居之里,彰明其为善,病其为恶。其为善之人,当立其善风,扬其善声。"(《尚书正义·衰毕命》)这说明早在西周时期就已经开始用一定方式对优秀人物或行为进行表彰了。到了春秋战国时期,这种表彰措施就更加频繁地实行了。

尽管在先秦时期统治者已经把"旌别淑慝,表厥宅里"成为一种彰显德善的重要措施,然而这种表彰制度仍然处于萌芽时期,尚未成为一种常制,旌表对象十分宽泛,带有很大的不确定性;虽然当时经常实行旌表,但当时引领社会风气和道德评价的主要形式还是带有浓厚古俗遗留的"风谣"、"风谏"、"风化"等民间舆论。这也说明旌表制度在当时尚未成为控制社会风气和维系社会道德的主要手段。①

汉代是我国古代旌表制度确立的重要时期。儒家思想取得了一体独尊的地位,成为指导方针,所以儒家文化中的忠义、节孝等价值观念也能够在国家行政中得到充分贯彻和落实,反映到旌表制度建设上,就是旌表措施得以规范化、制度化,并且逐渐成为引领社会风气,主导民众价值观念,构建国家道德体系的主要方式。当时,政府表彰行为已经不再是偶发性的行为,而是成为经常性甚至是定期性的行为。在《汉书》、《后汉书》等史籍中,不乏旌赐孝悌、力田、廉吏、贞妇的记载。为了使国家表彰行为深入民间,还设立专门职官主管表彰之事,如在乡村设立的"三老",其职责是"掌教化,凡有孝子顺孙,贞女义妇,让财救患,及学士为民法式者,皆扁表其门,以兴善行"②。此外,在旌表方式、标准和程序等方面,也有很大的创新之处。③

总之,汉代的表彰制度既有对先秦时期的继承,又有汉代时期的新创,基本确立了规范的制度体系,并且成为构建国家道德体系的主要方式

---

① 秦永洲、韩帅:《中国旌表制度溯源》,《山东师范大学学报》(人文社会科学版)2007年第6期。
② (南朝)范晔:《后汉书》志28《百官志》,中华书局1965年版,第3624页。
③ 参见郗文倩《汉代图画人物风尚与赞体的生成流变》,《文史哲》2007年第3期;刘太祥《汉代政治社会化的途径和形式》,《史学理论研究》2007年第4期;韩帅《论汉代的旌表方式》,《云南社会科学》2009年第2期。

之一，汉代在旌表制度建设方面的成就，也对后世产生了深远的影响。

唐宋以后，我国古代的表彰制度继续发展。诚如我们在前面所提到的，由于政治分裂，社会局势动荡，佛道两教的兴起，以及两汉时代儒学发展本身所存在的弱点，所以在魏晋南北朝时期，儒家思想失去了往日一体独尊的地位。隋唐时期，由于国家重归统一，寒门士族掌握政权，儒学重新崛起，宋元以后再次成为封建国家的指导思想。同时，儒学研究也从汉代时期的注重典章训诂注疏，逐渐转移到重视心性教育，发生了由"重治"到"重教"的重大转折，更加重视合乎人之性情的伦理教化和道德秩序的重建。在这种背景下，统治者也更加重视旌表制度的实施和完善，这就使得秦汉时期所确立的旌表制度在唐宋以后又获得了进一步的发展，并且在重建传统社会的道德体系和伦理秩序方面发挥着越来越大的作用。旌表制度在唐至明清时期的进一步发展和完善，主要体现在朝廷和官府的重视程度提高、旌奖范围扩大、旌奖标准更加明确和固定、旌奖的申报和审核程序更加严密几个方面。

1. 朝廷和官府的重视程度提高

隋唐以后，统治者对旌奖制度更加重视，史籍中关于皇帝和政府对表彰对象实行旌奖的记载也远比以前增多。唐代统治者对旌表的重视，在《册府元龟》、《全唐文》等史籍中就有较多的记载，举凡历代唐帝即位、改元、册封等重大事项，其颁布的诏书中无一例外均有"孝子顺孙，义夫节妇，旌表门闾，终身勿事"之内容。如天宝七年（748年）五月，玄宗下诏曰："忠臣、义士、孝妇、烈女德行弥高者，亦置祠宇致祭。"① 宋代朝廷也很重视对德行殊异、为众所推的优秀人物及其行为进行旌表。如英宗治平三年（1066年）诏："应天下义夫、节妇、孝子、顺孙，事状灼然，为众所推者，委逐处长吏按验闻奏，当与旌表门闾。"② 明清统治者也照例十分重视旌表制度的实施。在《明实录》、《明会典》、《清史稿》、《大清会典事例》等史籍中就有很多关于皇帝或官员旌奖、优待、蠲恤忠臣、孝子、节妇的记载。正统十四年英宗也下发了旌表节孝的诏书，其中还规定，如果有故意阻碍旌表的"稽迟刁蹬者"将进行严厉惩罚："旌表义夫节妇，孝子顺孙，今后不分贫富，如果是实，开申巡按御史即与保

---

① （后晋）刘昫：《旧唐书》卷9《玄宗纪下》，中华书局1975年版，第207页。
② （清）徐松：《宋会要辑稿》，不分卷，《礼八》第40册，中华书局1957年版，第1688页。

勘，奏闻就行旌表。敢有稽迟刁蹬者，罪之。"①

2. 旌奖范围扩大

与汉代的旌表制度相比较，唐宋以后在旌表对象（范围）方面也出现了新的特点，这突出对忠义节孝的高度强调。先秦时期旌奖的对象（范围）并不确定，在很大程度上是出于天子、诸侯的一时兴起或个人喜恶。汉代旌奖政策所关注和实施的对象，主要集中在"孝悌"、"力田"、"三老"、"廉吏"四种群体，尽管当时也已经把"贞女义妇，让财救患，及学士为民法式者"②纳入旌奖的范围，但在史籍中，关于这些人受到嘉奖的记录则是十分稀少。而到唐宋以后，随着宋明理学的兴起，儒家官员士大夫更加关注家庭伦理和乡村道德秩序的建设，于是对汉代政府在政策上虽已提倡但在实践中并不重视的"贞女义妇，让财救患，及学士为民法式者"，则是给予了前所未有的关注。如对妇女贞节的旌奖提到超乎寻常的高度。③此外，唐宋以后关于"让财救患，及学士为民法式者"的旌奖也大为增加，宋元以来地方文献关于忠勇、救济、办学、赡族等的记录很多，就是很好的例证。

3. 旌奖标准更加明确和固定

唐宋以后旌奖的标准更加明确和固定，也是旌奖制度更加完善的重要体现。隋唐以前，虽然应该已经制定了相关的旌表标准和审核措施，可惜时隔久远，材料缺失，所以我们无法了解其更多的详细内容。而在唐宋以后，关于旌奖标准方面的记载则在史籍中屡屡出现。如，"凡民人纳谷一千五百石，请敕奖为义民，仍免本户杂泛差役；三百石以上，立石题名，免本户杂泛差役二年。又令各处预备仓，凡民人自愿纳米麦细粮一千石之上，杂粮二千石之上，请敕奖谕。"④除了助赈之外，其他诸如忠义、死

---

① （明）李东阳撰，申时行重修：《大明会典》卷78《旌表》，中华书局1989年版。
② （南朝）范晔：《后汉书》志28《百官志》，中华书局1965年版，第3624页。
③ 参见蔡凌虹《明代节妇烈女旌表初探》，《福建论坛》（人文社会科学版）1990年第6期；郭松义《清代妇女的守节和再嫁》，《浙江社会科学》2001年第1期；郭培贵、董飞《简论明朝对节烈女性的奖励》，《吉林省教育学院学报》2007年第10期；王传满《明清节烈妇女问题研究综述》，《广播电视大学学报》（哲学社会科学版）2008年第3期；王传满《妇女节烈旌表制度的衍变》，《西华大学学报》（哲学社会科学版）2008年第5期；铁爱花《论宋代国家对女性的旌表》，《历史教学》（高校版）2008年第6期。
④ （明）李东阳撰，申时行重修：《大明会典》卷23《预备仓》，中华书局1989年版。

节、贞烈、孝义等方面也都制定了相应的标准。① 上述旌奖标准的广泛制定和比较固定，也反映了当时旌表制度的进一步成熟和完善。

4. 旌奖的申报和审核程序更加严密

在唐宋以后，政府对旌奖制度的申报、审核和实施等程序的规定也更加严密。如唐朝统治者为了维护旌奖制度的严肃性，防止虚假申报事件的发生，他们制定了严格的申报程序和审核办法。如对"孝子"的旌表，县令、州刺等相关官员必须亲自审核，如发现疑误，还须派人复查，经逐级审核后，方可给予旌表。②

我国古代旌表制度的不断发展和逐步完善，为构建儒家伦理道德秩序，起了巨大的作用，同时也为赣闽粤边区的旌奖实践提供了法律依据。

二 赣闽粤边区的旌奖实践

（一）赣闽粤边区的义举行为

所谓"义举"，是指为了公众利益从事显示崇高和大无畏精神的行动，有时也表示疏财仗义的行为。在古文献中，"义举"一词十分常见。但凡救灾、济贫、解救危机、助人成事等均为人们所称善的义举。

在赣闽粤边区的地方志书中，也不乏对"义举"行为的记载，其中最为常见的是对灾害救助行为的记载。赣闽粤相交界的客家大本营地区，大体都是地处山区，崇山峻岭，沟壑纵横，水旱疾疫之灾，交相频发。频繁的自然灾害，对"为壤既瘠且贫，无金锡之珍，鱼盐之阜，畜牧驹牛孳之饶，织文机巧工技之利"的客家社会，带来了巨大的灾难。面对剧烈的自然灾害，地方政府虽然采取了一系列救助措施，但这种由于程序烦琐且执行效率深受地方官员个人品质影响的官方救助体系，自然不能解决受灾地区的全部问题。③ 在严重的自然灾害面前，客家人没有坐等政府的救济，那些家庭殷实、道德高尚的地方精英率先开展了积极的救灾活动。

---

① 参见赵克生《义民旌表：明代荒政中的奖劝之法》，《史学月刊》2005年第3期；杨建宏《论宋代的民间旌表与国家权力的基层运作》，《中州学刊》2006年第3期；李莎《元代官方的救荒和抚恤政策》，《吉林省教育学院学报》2008年第8期；铁爱花《论宋代国家对女性的旌表》，《历史教学》（高校版）2008年第6期。

② "其义必须累代同居、一门邕穆、尊卑有序、财食无私、远近钦承、州闾推伏。州县亲加按验，知状迹殊，充使复问者，准令申奏。其得旌表者，孝门复，终孝子之身也。"参见（日）仁井田升《唐令拾遗》，长春出版社1989年版，第613页。

③ 陈桦、刘宗志：《救灾与济贫——中国封建时代社会救助活动（1750—1911）》，中国人民大学出版社2005年版，第26页。

如：开展赈饥活动，即向遭灾受饥的灾民提供食品。根据文献记载，客家地区的民间赈饥方式主要有向政府捐谷由政府进行赈济，或直接散发私粮、熬粥施食等："岁饥，（先君）则率族人有余粟者，计口以赡呹腹之待食，寇警则严戒备。"①"胡汝海，国学生，授州司马。公轻财重义，为族奉贤居多。……甲辰年（1664年）合邑饥荒，斗米千钱，饿死者无数。公为族中乏食者计家发谷，赡至新出，族众赖以安全。"②

有的也会向灾民分发药品。客家地区经常发生水灾、疫疠等，给客家人的生命和健康带来重大威胁，所以在病疫流行期间及时向灾民提供必要的药品，也是当时常见的救济措施。这在方志和族谱中也有较多的记载。如："光绪季年，时疫流行，先生施药疗病，锱铢不计，得活者众。"③"何顺意，南康人，职从九品。……岁饥，二次出米平粜，并蠲缓田租。尤精医理，时逢大疫，细为诊视，贫者更予以药，全活甚众。"④

还有的是布施棺椁，请人掩埋无人收葬的露骸。入土为安是我国古代社会及传统文化异常重视的事宜，出钱买棺并雇人收葬那些因灾死去或生老身故而又无力或无后人为之殓葬者，同样是为时人所称道的义善之举。如"陈太孺人生平温恭和爱，慈惠优容。……贫困求讨，慷慨以相供，邻里灾危，每匍匐而相救。苦尸骸曝露，施以棺木。"⑤ "衿母秉质慈良，性兼明慧，通文墨，善女工，四德俱全。……凡有毙于路，死于郊，而不能葬者，衿母一闻，提资就殡。"⑥

除了灾害救助的行为之外，堪称"义举"的行为还有很多：

1. 捐建义仓

明清时期建立了比较完备的包括官办性质的常平仓、官督民办的社仓和民间自办的义仓在内的粮食储备制度。在明清中后期，由于国家财政疲乏，以及社会局势动荡，官办仓储衰颓，而民间自办的义仓在地方社会中的救助效用也因此凸显。在客家社会中，亦不例外，也十分重视义仓的建

---

① 宁都县《宁都东龙十修族谱》卷1《敬述篇》，1995年刊本。
② 宁都县《宁都旸霁胡氏十四修族谱》卷1《汝海公传》，1995年刊本。
③ 宁都县《宁都东龙十修族谱》卷1《小桃先生传》，1995年刊本。
④ （清）杨锷：《南安府志补正》卷5《质行》，清光绪元年刊本。
⑤ 宁都县《宁都东龙十修族谱》卷1《岳父李香圃翁暨岳母陈太孺人传》，1995年刊本。
⑥ 宁都县《宁都东龙十修族谱》卷1《诰授奉直大夫加四级云崖翁正配李母姚太宜人传》，1995年刊本。

设。如，"钟廷灿，明赣县人。立社义仓借贫民不取息。知县为之立簿立碑。"①"乡党宗族间，（先生）接物以恭，交友以信，救灾恤难，宁损己以利人，见义必为，常争先恐后。捐义仓之谷，惠及贫民，输育婴之费，恩周贫女。"②

2. 捐建育婴堂

明清时期客家地区没有实行科学的节育手段，贫困之家无力抚养不断出生的婴儿，尤其是在重男轻女思想指导以及担心将来无力提供嫁妆的情况下，溺婴现象十分普遍。为了减缓和避免这种惨绝人道的现象，地方社会积极捐建育婴堂，以收养那些面临溺杀厄运的弃婴。除了上述东龙李素庵外，还有"江澜，兴国人。曾捐修东、西文场。殁。妻起多有助学事。又建育婴堂，设法以拯溺女，城乡全活甚众"③。

3. 建立宗族公产

为了集中众人之力，为宗族救助提供长期而又坚实的物质基础，客家族群还依托宗族组织建立了公共族产。宗族公产主要为分房时特意留下的公房祖产，也有后来族人捐添。那些殷实之家主动为公共族产捐资捐田，实际上也是一种疏财仗义，救助宗族大众的义举行为，同样受到族人的肯定和褒扬。在方志和族谱中，就有关于族人捐献族产的记载。如乾隆辛巳，培田吴氏宗族合族商议整修郭隆公祠，"君偕、燕臣、于宣、辉玉、天锡、庆云六公裔孙毅然倡举恢复前谟，将伊祖所分所买间房同心输出，而合族亦欢沂感慕，是能彼此交让而敦一本之仁也"④。黄金昂，"清朝赣县人，诸生。尝捐己产为族祀田"⑤。田地、房产是族产的主要形式，族产的租入，除了用以祭祖、奖学之外，主要也就用来救济族中贫困之人。罗勇、林晓平两先生就曾经分别对赣南上犹营前黄氏和赣县夏府谢氏两个宗族的公产的救济效能做过详细的田野调查。⑥

---

① （清）魏瀛修，钟音鸿纂：《赣州府志》卷56《人物志》，"善行"条，清同治十二年刊本。
② 宁都县《宁都东龙十修族谱》卷1《例授登仕郎素庵李先生文传》，1995年刊本。
③ （清）魏瀛修，钟音鸿纂：《赣州府志》卷56《人物志》，"善行"条，清同治十二年刊本。
④ 连城县《培田吴氏族谱》，《仁让匾额序》，清乾隆戊申刻本。
⑤ （清）魏瀛修，钟音鸿纂：《赣州府志》卷56《人物志》，"善行"条，清同治十二年刊本。
⑥ 罗勇、林晓平：《赣南的庙会与民俗》，国际客家学会、海外华人研究社、法国远东学院1998年版，第189、336页。

（二）赣闽粤边区的旌奖实践

构建良好的社会秩序是地方官员的重要职责，对于民间善举之尤为卓著者，中央朝廷或地方政府往往会进行表彰。在赣闽粤边区方志的记载中，常见的表彰活动主要有以下几种：

1. 立祠祭祀

为已经死去的坚持名节的忠孝节烈之人立祠祭祀，这是政府对节义行为的最高表彰，只有那些闻名卓著的才能够得到这样的殊荣。祠祭作为一种旌表方式，早在汉代就广泛实行。据说东汉光武帝就曾经旌表过深明大义的"云台二十八将"之一冯异的母亲："汉冯异欲从光武。其母嘱之曰：'汝今尽忠，莫思尽孝。我自为讦以绝子内顾之念。'遂缢而死。光武即位命建庙祀之，庙在饶阳县。"① 在赣闽粤边区也有立祠祭祀作为表彰的记载，从这些记载看，当时实行祠祀的有两种情况，一是建立专祠以供祭祀，另一种则是登奉乡贤祠、忠义祠等，进行合祠祭祀。前一种方式比较少见，只有少数仁人义士才能获得，后者才是比较普遍的旌奖形式。

陈继周，宁都人，"嘉熙举解试，司法廉州，历知衡阳郡，辟江东提点刑狱，未赴，因寓郡城。会诏勤王，文天祥守赣，造门问计。继周具言闾里豪杰，与起兵方略甚辨，于是留置幕中。……景炎端宗登极，以继周知南安军，赣（元兵）总管杨仔袭执继周父子，杀之。事闻，赠继周敷文阁待制，谥忠节，立庙赣州"②。

"练廷相，武平国学生，嘉靖丁巳以擒贼功授冠带。戊午，奉调漳、泉征倭，已献馘受赏，兵驻南安。倭蜂集，廷相率众力战，孤军无援，矢尽失道，赴水死。奉勅建祠立像，春秋祀焉。"③

程乡县陈舜文，"弱冠饩庠，力行孝悌。兄析产而贫，复延同居。兄死，以祖居让其子，已乃引出。兄之二子三女，咸使婚嫁得所。嘉靖间，以岁贡授澄迈训导，深得士心。致仕归，立社学以教育子弟。又注《乡约六训书》，朔望与乡人讲习，丧事不事浮屠，悉依文公家礼。嘉靖末，群寇横行，独不犯其乡。卒年八十有五。督学道王批允祀乡贤祠。"④

---

① （明）董斯张：《广博物志》卷23《闺壸》，岳麓书社1991年版，第488页。
② （清）黄永纶、杨锡龄：《宁都直隶州志》卷22《人物志》，"忠义"条，清道光四年刻本。
③ （清）曾日瑛修，李绂纂：《汀州府志》卷31《孝义》，清乾隆十七年刻本。
④ （清）刘广聪：《程乡县志》卷6《人物志》，"人物列传上"条，清康熙三十年刻本。

2. 题建坊匾

按照《说文解字》，匾与"扁"相通，意思是在门户上题字，作为居室的标记："扁，署也。从户册。户册者，署门户之文也。"① 因为这种题写方式有突出的标识作用，所以后来逐渐演变为旌表方式，通常是在牌匾上题写赞扬文字并挂在门户上。牌坊是为表彰功勋、科第、德政以及忠孝节义所立的建筑物。它由棂星门衍变而来，开始用于祭天、祀孔。棂星原作灵星，灵星即天田星，为祈求丰年，汉高祖规定祭天先祭灵星。宋代则用祭天的礼仪来尊重孔子。后来被极广泛地用于旌表功德标榜荣耀。② 从赣闽粤边区的方志中，我们也可知道当地很多孝子节妇都获得了题建坊匾的表彰。比如，

上杭县，"黄文理 上杭监生。四岁而孤，事母郑氏，婉承色养如成人，母泣亦泣，母食乃食。六岁诵《毛诗》，至'哀哀父母'，感而大恸，里有王裒之称。母性好施予，理先顺母意。甲寅闽变，出粟结乡勇为守御，里赖以安。他如瘗南泉寺遗骸及全人眷属，人多德之。乾隆三年，赐坊旌表。"③

永定县，"张氏，郑乃和妻，年十九夫卒，立嗣，嗣复夭。与媳共守，足不逾阃。乾隆辛未年旌表建坊。""吴氏，江三植妻，年二十四夫亡，无子，守节，以夫兄子天瑞为嗣，训教为名诸生。事九旬之姑，敬养周笃。乾隆十七年旌表建坊。祀节孝祠。"④

连城县，"李尔象，字君易，号垣蓭，天性孝友，立行端方，当贫窭时，负米负薪，事父母甘旨不缺，迨父殁沙阳，雪夜奔丧，葬祭尽礼。顺治戊子变乱，从积尸流血中，负耄母，携幼弟，备历艰险，逃难山村。甲寅耿变，伪镇罗、萧辈慕公奇伟，欲授以守备劄，托疾潜逃，不为所染。其忠而能智，人所难及如此。且生平怜贫恤孤，施棺焚券，敬士尊师，葺学宫，修桥梁，以及力黜浮屠，垂训义方，种种懿行，难以备述。所以积厚流光，于康熙四十四年署邑李公讳栻有'孝友'之旌。康熙五十二年，邑侯段公讳昕以孝子通详，督抚各宪表其门曰'仁孝维风'。又邑侯程公

---

① （东汉）许慎撰：《说文解字》，天津古籍出版社1991年版，第48页。
② 薛冰：《江南牌坊》，上海书店出版社2004年版，第2—8页。
③ （清）曾日瑛修，李绂纂：《汀州府志》卷31《孝义》，清乾隆十七年刻本。
④ （清）伍炜、王见川：《永定县志》卷7《人物志·列女》，清乾隆二十二年刻本。

讳禄旌以'德建名立'之匾"①。

瑞金县，"明人罗孟稳，富而好善。天顺中，豫章属邑皆大饥，孟稳载谷五百余石，至赣助赈。巡抚以闻，敕建坊旌之"②。

3. 刻碑写传

孔子撰写《春秋》，字里行间见褒贬，这种"春秋笔法"，开创了后来书写历史的传统，也赋予了史书昭恶彰善这个功能。"逮仲尼之修《春秋》也，就败以明罚，因兴以立功，……微婉其说，隐晦其文，为不刊之言，著将来之法。"每个人都希望留下好的名声，"人生自古谁无死，留取丹心照汗青"就是这种心态的重要反映。为优秀人物树碑立传，作为古代常用的旌奖方式之一，正是抓住了人们"留取丹心照汗青"的这种心态。

将优秀人物的嘉行刻写在质地致密，可以长久保留的石碑上，是"刻碑写传"的常用方式之一。这在方志中也有很多记载。如，李世熊所写的《古城阵亡士卒碑》，黎士弘所写的《林掌教纪政碑》，张钦题所写的《王文成公庙碑》③，都是为了表彰所述人物的感人事迹。此外，在宁都县梅江书院墙壁所镶嵌的石碑上，还列刻了一长串的人名及其为书院所捐的钱物数额④，其目的也是为了彰显这些人的义善行为。因为这种方法简单易行，且又经济实惠，明朝中后期在表彰妇女的贞孝节烈时，也改变过去修建牌坊的做法，转而采用建旌亭，厅内竖碑，碑上刻写众多节妇名迹，进行集体表彰这种方式了。⑤

地方志也是史书的一种，同样具有留传后世，昭恶彰善的功能。明清地方政府在修纂方志时，常常另列专目，收录善行义举卓著者，以昭咏当世及后人。例如，宁都直隶州为彰显收养弃婴之人，明确规定：

城乡绅耆，有肯给钱米存活十人以上者，报州给予匾额奖励。存活廿人以上者，除已给匾外，存记档册，俟下届修志，列

---

① 连城县地方志编纂委员会编：《连城县志》（康熙版点校本）卷7《人物志·乡贤》，方志出版社1997年版，第147—148页。
② （清）黄永纶、杨锡龄：《宁都直隶州志》卷22《人物志》，"质行"，清道光四年刻本。
③ （清）张钦：《王文成公庙碑》，载（清）曾日瑛修，李绂纂《汀州府志》卷42《艺文四》，清乾隆十七年刻本。
④ （清）黄永纶、杨锡龄：《宁都直隶州志》卷9《书院志》，"宁都州"条，清道光四年刻本。
⑤ 蔡凌虹：《明代节妇烈女旌表初探》，《福建论坛》（人文社会科学版）1990年第6期。

入"义行",永垂不朽。①

这种做法广为流行,在其他地区的方志中也经常可以看见。如,

> 盛公性端严,如百尺乔松,挺然特立;兴公则蔼然如春,接人浑身一团和气。二人秉性虽殊,然友爱之心始终无间。每遇相邻善举,盛公曰:"此事谊不容辞",兴公即欣然为之,不吝财并不惜力。或有以匮乏告者,盛公恤之,兴公又恤之,初不计其再三之渎。至于田产之互混,睚眦之夙怨,彼此负气不相下,盛公直言断之而人服,兴公婉言导之而人亦服,盖兄弟同心乐善而为人所敬服如此。……②

4. 其他方式

此外,还有给冠带、举为乡饮大宾、赐予爵位、封赠谥号以及免除徭役,荫子弟为官等。如

> 王钦爵 宁化人。为人恂恂有礼,勤于训课子弟,为族子广置学田,充束脩膏火资。遇岁荒,出粟赈饥,前明两举宾筵特奖之。③

明正德六年七月诏:

> 俟丰年官给银三十两付其家,令自树坊表。并复其二丁终身。④

> 邓誉,字晦之,连城人。皇祐间,从彭孙剿寇有功,擢皇城使。熙河久叛,画策收复之,就命为都统。誉有文武才,好读兵书,性忠勇,每战辄陷阵先登,竟死于王事。赠武功大夫。⑤

---

① (清)黄永纶、杨锡龄:《宁都直隶州志》卷8《公署志》,"推广育婴议"条,清道光四年刻本。
② (清)王骥:《胡公隆盛、隆兴兄弟善行传》,载(清)刘长景修,陈长栋纂《会昌县志》卷31《艺文志》,清同治十一年刻本。
③ (清)曾日瑛修,李绂纂:《汀州府志》卷32《乡行》,清乾隆十七年刻本。
④ 《明实录:武宗实录》卷77,"正德六年七月"条,中华书局1977年版。
⑤ (清)曾日瑛修,李绂纂:《汀州府志》卷30《人物》,清乾隆十七年刻本。

赖思智,上杭人。正德七年,挂坑寇乱,思智领兵捣巢,斩渠魁,余党逃遁。乘胜深入,伏发,被贼支解。事闻,赠武略将军,立祠以祀;荫其子楷,为本所世袭百户。孙世华领里兵往浙征倭,力战多功,中流矢死。赠秩立祠。①

沙县主簿刘纯者,建阳人,发家财募士,得千三百余人,亦号忠武军,与陈韦华合破潭飞磜。未几,建宁下瞿之寇猖獗,纯提兵直抵贼巢,兵败死之。事闻,诏赠朝散郎,加谥义壮,荫一子下州文学,庙赐额"忠烈"。②

江西赣州府兴国县民钟福堂:国家施仁养民为首,尔能出谷一千一百硕用助赈济,有司以闻,朕用嘉之,今特赐敕奖谕,劳以羊酒,旌为义民,仍免本户差役三年。尚允蹈忠厚,表励乡俗,用副朝廷褒嘉之意,钦哉,故敕。敬天勤,明正统六年十二月二十日 民之宝③。

以上所列旌表方式,有的单独使用,有的则合而并行。例如,明朝嘉靖年间,永安河背流寇袭击邢庄,遭到邢庄村民的强烈抵抗。在御寇过程中,有不少邢氏村民英勇献身。对于这种忠勇行为,政府官员进行了多种形式予以隆重表彰:

……事闻,代巡玉泉赵公、分守南溪丁公、分巡枫潭万公、太守少波沈公,各嗟悼不已,发帑金恤之。死者复其家,伤者复其身,仍各表其门曰"忠勇",且命有司立祠,祀志宏、宗善、仲卿、景清、必崇五子云。祠成,邢存嗣者介吾友李吕和、萧宜卿以记请。④

从上述文字中,我们可以看到,当时地方政府对殉难的忠勇之士的旌

---

① (清)曾日瑛修,李绂纂:《汀州府志》卷31《孝义》,清乾隆十七年刻本。
② (清)李世熊:《招捕祠记》,载(清)曾日瑛修,李绂纂《汀州府志》卷40《艺文志二》,清乾隆十七年刻本。
③ 兴国县《颍川堂钟氏兴国二修族谱——水背渡江正谊趋、文院均岭贤窗堂六修房谱》,不分卷,《旌义民敕》,1996年印本。
④ (明)林腾蛟:《忠勇祠记》,载(明)何守成修,李应选纂《永定县志》卷9《艺文志》,明万历三年刻本。

表，有"帑金恤之"（即发放抚恤金）、"死者复其家"（复其家：即减免整个家庭的各自杂役）、"伤者复其身"（复其身：减免个人所必须承担的各自杂役），"表其门曰'忠勇'"（即题写"忠勇"匾额），"有司立祠"（官方立庙祭祀）、"记请"（请人撰写纪念性文章）。

官员给这些优秀人物的表彰，必须依照相关的标准。实际上，为了使地方政府的表彰能够有章可循，是旌表制度更好发挥其激励作用，中央朝廷还制定了各种旌奖措施的具体标准。如对输粮助赈，宋代和明清都有十分详细的规定。

宋孝宗隆兴七年八月，"湖南、江西旱，立赏格以劝积粟之家。无官人：一千五百石补进义校尉，愿补不理选将仕郎者听；二千石补进武校尉，进士与免文解一次，四千石补承信郎，进士与补上州文学；五千石补承节郎，进士补迪功郎。文臣：一千石减二年磨勘，选人转一官；二千石减三年磨勘，选人循一资，各与占射差遣一次；三千石转一官，选人循两资，各与占射差遣一次。武臣：一千石减二年磨勘，选人转一资；二千石减三年磨勘，选人循一资，各与占射差遣一次；三千石转一官，选人循两资，各与占射差遣一次。五千石以上，文武臣并取旨优与推恩。"①

正统五年，"凡民人纳谷一千五百石，请敕奖为义民，仍免本户杂泛差役；三百石以上，立石题名，免本户杂泛差役二年。又令各处预备仓，凡民人自愿纳米麦细粮一千石之上，杂粮二千石之上，请敕奖谕。"②

清朝顺治时期，"士民捐输赈米50石或银100两者，地方官给匾旌奖；捐赈米100石或银200两者，给九品顶戴；俊秀捐米200石，准入监读书，生员捐米300石，准贡；现任官员捐输者，依所捐米钱数量递加官秩品级。"③

三 旌表制度与赣闽粤边区儒家伦理秩序的构建：以明清时期赣闽粤边区地方政府对"五世同堂"的旌奖为例

"孝"是中国文化中最悠久、最基本、最重要而且影响最深远的传统伦理观念，亦是儒家"仁"的学说产生的理论前提，也是我国古代社会

---

① （元）脱脱等撰：《宋史》卷178《食货上六》，"役法下·振恤"条，中华书局1977年版，第4335页。
② （明）李东阳撰，申时行重修：《大明会典》卷23《预备仓》，中华书局1989年版。
③ 光绪《大清会典事例》卷288，户部137，《蠲恤》。

伦理道德秩序建构的社会基础。① "孝"对构建和维护良好的社会秩序有十分重要的作用，"人能孝悌，则其心知顺，少好犯上，必不好作乱也"②。所以儒家学者历来把"孝悌"作为君子所务之本，"仁者，爱人"，"立爱自亲始"，然后推及别人，"老吾老，以及人之老；幼吾幼，以及人之幼"。③ 从而最终实现"以孝治天下"的目标。"五世同堂"现象的出现是宗族发展的结果，也是儒家"孝悌"精神在地方社会中的体现。官方通过对赣闽粤边区"五世同堂"家庭的旌奖，对于进一步推广儒家思想的"孝悌"观念，构建客家族群的家庭伦理秩序，有着十分重要的意义。

（一）"以孝治天下"：儒家思想的"孝悌"观念及其政治实践

"孝"字最早出现在商代甲骨文中，写作𡥉、𠤕、𡥞等。从造字方法来看，它是属于会意字：上部是个老人，弯腰弓背，下部是个小孩，身体前倾，伸出双手，表示敬重和服侍。"孝"的本义，《尔雅·释训》云："善父母为孝"；《说文》亦云："善事父母者。"④ "悌"的最初本义是友爱兄弟。贾谊《道术》云："弟爱兄谓之悌。"《说文》亦云："善兄弟也。"⑤

先秦儒家学者十分重视"孝悌"的实践意义。孔子不但要求做子女的应该尽心尽力地奉养、扶助父母，替父母做事。而且还要求这种奉养必须是出自内心的真诚敬肃："事父母，能竭其力"⑥，"今之孝者，是谓能养。至于犬马，皆能有养，不敬，何以别乎？"⑦继孔子之后的孟子也说："事孰为大，事亲为大。"⑧ 不仅如此，孔子还对"孝悌"实践作了更进一步的道德意义上的阐述："其为人也孝弟，而好犯上者，鲜矣；不好犯上，而好作乱者，未之有也。君子务本，本立而道生。孝弟也者，其为仁

---

① 伍晓明：《重读"孝悌为仁之本"》，《清华大学学报》（哲学社会科学版）2001年第5期。
② （清）刘宝楠：《十三经清人注疏·论语正义》卷1《学而》，中华书局1990点校本，第5页。
③ 朱熹：《四书集注》，岳麓书社1997年版，第253页。
④ （东汉）许慎撰：《说文解字》，天津古籍出版社1991年版，第173页。
⑤ 同上书，第217页。
⑥ 《论语·学而》，载朱熹《四书集注》，岳麓书社1987年版，第67页。
⑦ 《论语·为政》，载朱熹《四书集注》，岳麓书社1987年版，第75页。
⑧ 《孟子·离娄上》，载朱熹《四书集注》，岳麓书社1987年版，第408页。

之本与！"① 此外，先秦儒家学者还进一步把本来最初产生和存在于家庭中的孝悌观念，推广到整个社会，提出了著名的"君君、臣臣、父父、子子"②；"老吾老，以及人之老；幼吾幼，以及人之幼。"③ 从而使孝悌观念取得了社会道德意义。这样，就把原本属于家庭伦理秩序的"孝悌"，提升到与君臣上下相提并论的政治关系，获得了更为深远的社会意义，从而为构建以人伦道德为核心的社会秩序提供了深厚的理论依据。④ 先秦时期儒家"孝悌"观念的产生和泛化，对后来儒家思想发展和封建统治者实行"以孝治天下"的"礼治"政策产生了极大的影响。

汉代董仲舒为了适应封建王权建立中央集权的需要，提出并系统论证了"三纲"学说，确定了父尊子卑、君尊臣卑、夫尊妇卑的伦理关系。虽然孔子曾提出了"君君，臣臣，父父，子子"的观念，使原本属于血缘关系的家庭伦理上升到政治君臣秩序，但他的原意只是要求君臣父子能够各行其所道，而且这种要求是双向的，即"君使臣以礼，臣事君以忠"⑤；"父子有亲，君臣有义。"⑥ 甚至父母有错误，儿女还可劝谏，"事父母几谏，见志不从，又敬不违，劳而不怨"⑦。但是到了董仲舒这里，这种君臣父子关系却出现上尊下卑，变成了"君为臣纲，父为子纲，夫为妻纲"。这种三纲五常，到宋明时期发展成极致，被视为万古长存的天理，并由此从意识形态角度进一步强化了封建皇权的专制主义统治。除了在理论上将"孝悌"关系政治化之外，汉代还在政治实践上大力推行"以孝治天下"的政策，使"孝悌"观念开始直接服从于"父为子纲"、

---

① （清）刘宝楠：《十三经清人注疏·论语正义》卷1《学而》，中华书局1990点校本，第5页。
② （清）刘宝楠：《十三经清人注疏·论语正义》卷15《颜渊》，中华书局1990点校本，第499页。
③ 朱熹：《四书集注》，岳麓书社1997年版，第253页。
④ 参见王洁《孝悌：一种对儒家精神的有效诠释——兼论"诚"》，《江苏社会科学》2001年第2期。
⑤ （清）刘宝楠：《十三经清人注疏·论语正义》卷3《八佾》，中华书局1990点校本，第105页。
⑥ （清）焦循：《十三经清人注疏·孟子正义》卷11《滕文公上》，中华书局1987点校本，第386页。
⑦ （清）刘宝楠：《十三经清人注疏·论语正义》卷5《里仁》，中华书局1990点校本，第155页。

间接服务于"君为臣纲、夫为妻纲"的道德规范。①

唐宋以后,伴随着理学的兴起,先秦儒家的孝悌观又有了进一步的发展。宋明理学自称承接在汉魏时期早已失去的先秦原儒,更加强调了作为人性之本的心性情理。而在先秦儒家也将之视为人之本性的"孝悌"观念,在宋明理学家这里自然也将受到更多的重视。张载把孟子"老吾老,以及人之老;幼吾幼,以及人之幼"的推己及人的孝悌观念作了更深层次的引申,提出了"尊高年所以长其长,慈孤弱所以幼其幼,圣其合德,贤其秀也。凡天下疲癃残疾,茕独鳏寡,皆吾兄弟之颠连而无告者也。于时保之,子之翼也"②。与先秦儒家的"孝悌"观念的理论阐述相比,宋明以后的理学家更加重视"孝悌"观念的实践价值。二程在继承孔子的"孝弟也者,其为仁之本"的基础上,又对"仁"与"孝"的关系也提出了新见解,"认为'为仁之本'与'仁之本'是有区别的,仁是本,孝是用,不能混为一谈。人不仅要有孝悌观念,而且要有孝的行动"③。

宋明儒学对在理论和实践上对"孝悌"观念的进一步阐释和提倡,使封建统治者更加注重对"以孝治天下"的推行。如宋代继续实行起源于汉代的为表彰"举孝悌、力田"的做法,实行举孝廉的选官制度。"计口察孝廉如汉制","诸州官吏察民有孝悌彰闻,德行纯茂者,满五千户听举一人"④ 在学校招生方面,"诸小学,八岁以上听入,若在家在公有犯,若不孝不悌,不在入学之限"⑤。此外,还实行了推崇孝道教化、奉行尊老国策、旌表孝德孝行,以及通过制定缜密完备的法律条文遏止、打击各种不孝犯罪等政策和措施。⑥ 明太祖朱元璋也十分重视"孝治"政策。他说:"尊敬先世,人之至情。祖父有天下传之于子孙,子孙有天下者追尊于祖考,此古今之通义也。"⑦ 在荣登九五之位时,便率世子暨诸子奉神祖,诣太庙,追尊四代祖考妣。朱元璋也强调礼制建设的重要性,

---

① 参见孙景坛《汉代"以孝治天下"初探》,《中共南京市委党校南京市行政学院学报》2002年第1期;徐玲《汉代以孝治天下的措施论析》,《洛阳大学学报》2007年第3期;吴凡明《汉代的孝治及其社会秩序建构的德化机制》,《湖南大学学报》2009年第4期。
② 何本方:《文史英华》,湖南人民出版社1993年版,第180页。
③ 康宇:《论儒家孝道观的演变》,《兰州学刊》2006年第2期。
④ 《续资治通鉴》卷6。
⑤ (清)徐松:《宋会要辑稿》,不分卷,《崇儒二·郡县学》,中华书局1957年版,第54册,第2163页。
⑥ 黄修明:《宋代孝文化述论》,《四川大学学报》(哲学社会科学版)2002年第4期。
⑦ 《明实录:太祖实录》卷29,中华书局1977年版。

并把它作为实现"孝治"目标的重要手段。"夫制中莫如礼，修改莫如礼。故有礼则治，无礼则乱。居家有礼，则长幼序而宗族和。朝廷有礼，则尊卑定而等威辨。"① 为此，他还特地改革了丧葬礼制。此外，他还大力推行孝悌教育，实行尊养高年，把孝悌作为选官的标准之一，甚至还一度恢复了汉代的孝廉之举。②

（二）赣闽粤边区的"五世同堂"现象与官方的表彰

所谓"五世同堂"，就是在直系家庭中，高祖至玄孙五代人同时健在，共居一堂。中国历来有敬养高年的传统，数代同堂，是一个家庭和睦，家族兴旺发达的表现，备受人们尊崇。

在赣闽粤边区的方志中，记载了比较多的"五世同堂"现象。如在闽西地区，据光绪年间的《长汀县志》记载：

> 道光九年，清泰里翁氏王应祥妻一堂五代。
> 道光十九年举报，乡宦马履丰、宣河钟家珊、谢东宏、三洲黄作标俱五代同堂③。
> 城厢康又轼、贴长林则飞俱五代同堂。
> 陈吴氏，五代同堂，寿享百龄，赠武显将军陈应妻，碣石总镇陈元标母。奉旨建坊。④

在粤东北地区，据《嘉应州志》记载：

> 东街堡"黄润，年一百岁，钦旌五代同堂"。
> 大竹堡"邓达文，年一百岁，夫妇齐眉，钦旌五代同堂"。
> 水南堡"林遵生，年一百零三岁，钦旌五代同堂"。
> 柴黄堡"谢生莲，年九十二岁，妻叶氏，年一百岁，五代同堂"。

---

① 《明实录：太祖实录》卷73，中华书局1977年版。
② 参见周桂林《论朱元璋兴孝以行养老之政》，《河南大学学报》（社会科学版）1988年第4期；刘晓东《以"孝"促"悌"：朱元璋丧制改革述论》，《学习与探索》2008年第5期；王璋、高成新《明太祖孝治政策初探》，《中共山西省委党校学报》2008年第6期。
③ （清）王文正：《嘉应州志》卷6《人物部》，"懿行"条，清乾隆十五年刻本。
④ （清）刘国光：《长汀县志》卷32《祥异》，清光绪五年刻本。

雁洋堡"黎圣充，年九十五岁，五代同堂"①。

在赣南地区，据《石城县志》记载：

罗正瑶，乡宾，金钱坑人，五世同堂奉，赐"眉寿延年"额。

陈一峰，字腾光，邑庠生，白茅塘人，五世同堂奉。县宪李批准，未详。

刘朝梓之妻节妇温氏，霞湘人，现年八十七岁，五世同堂。②

为了直观表示赣闽粤边区的五世同堂现象及其官方的旌奖概况，笔者从道光年间修撰的《宁都直隶州志》和道光四年版《石城县志》中，对宁都直隶州境内五世同堂家庭的高龄耆寿的基本情况作了统计（见表4-7）。

表4-7　　明清宁都直隶州"五世同堂"家庭及其旌奖概况

籍贯	姓名	年龄	身份	备注
宁都县	曾镜		文庠生	乾隆五十七年，奉旨匾旌"眉寿延庆"
	龚德扬			乾隆五十八年，奉旨匾旌"眉寿延庆"
	邱达才		庠贡生	嘉庆十七年，奉旨匾旌"遐龄绵瓞"
	李氏		国学生廖文光妻	嘉庆二十年，奉旨匾旌"眉寿延庆"
	萧尔尚	85		其妻李氏八十四岁
	詹氏		苏云青妻	嘉庆二十四年，奉旨匾旌"眉寿延庆"
	彭翠乔			道光三年五世同堂
瑞金县	刘元香	96		乾隆四十九年，奉旨赐"黄繁衍"
	廖氏	102	李宏璧之妻	嘉庆十一年，建枋
	刘良洲		刘元香之子	嘉庆十三年，奉旨赐"眉寿延庆"
	邱可质	95		
	谢衍柏	93		其妻张氏九十三岁
	谢重旭	82		妻许氏八十三岁

---

① （清）王之正：《嘉应州志》卷6《人物部》，"懿行"系，清乾隆十五年刻本。
② （清）朱一慊：《石城县志》卷6《人物志》，"颐寿"条，清道光四年刻本。

续表

籍贯	姓名	年龄	身份	备注
瑞金县	陈文昔	91		
	吴上起	97		亲见六代，孙、曾一百七十余人
	廖氏	92	钟卞嘉之妻	
石城县	赖其轾		太学生	奉旨赐"眉寿延庆"
	何忠梧		贡生	奉旨赐"黄耆繁衍"
	罗正瑶		乡宾	奉旨赐"眉寿延庆"
	姜太傅		州同职	奉旨赐"遐龄绵祃"
	陈一峰		邑庠生	
	温氏	87	刘朝梓妻，节孝	

资料来源：道光四年《宁都直隶州志》卷27《人物志》，道光四年《石城县志》卷6《人物志·颐寿》。

明清时期政府把高龄颐寿者称为"人瑞"、"耆民"，并对他们进行旌奖。关于官府对"五世同堂"家庭的旌奖，一般认为是从乾隆时期开始的。① 这在方志中也有反映，如道光《石城县志》云："颐寿，人瑞也。乾隆间，诏天下有五世同堂者，由各州县申报。"② 从表4-7可知，当时官府对五世同堂家庭的旌奖方式，主要有题赐匾额、建立牌坊、赏赐钱、布等。

题赠旌匾是最常用的且又最经济的方式。从表4-7可知，这些匾额一般都是用赞扬高寿的词语，如"黄耆繁衍"、"眉寿延庆"、"遐龄绵祃"、"五桂联芳"等。

比如，永定县"黄氏，高头监生江缵考妻，逮事祖姑、公姑，享受

---

① 如据《御制诗五集》记载，乾隆四十九年（1784年）三月八日，当时已是七十四岁高龄的乾隆喜得元孙，十分高兴。后派人遍查历代帝王年寿情况，获悉自三代以下除自己外帝王年过七十者只有汉武帝刘彻、梁高祖萧衍、唐明皇李隆基、宋高宗赵构、元世祖忽必烈和明太祖朱元璋六人。而这六位帝王显然没能在有生之年见到元孙。又命彭元瑞、曹文埴等大臣查阅刚刚编成的《四库全书》，查明自唐代以来除他之外有生之年能见到元孙得以五世同堂的人也只有唐代的钱朗、宋代的张寿、元代的吴宗元和明代的罗欱、归璇、文征明六人，恰好与年过古稀的帝王之数相同，而这六人又无一人是帝王。乾隆因此更为欣喜，认为这是天恩之厚施于己。于是推恩于天下百姓，谕令各省督抚查访五世同堂之家，予以旌表。参见（清）爱新觉罗·弘历《御制诗五集》卷8，引《留京王大臣飞报得五代元孙之喜，诗以志意》和《命彭元瑞曹文埴检四库书古来见元孙者有几，据奏，自唐迄明凡六人，诗以志事》，四库全书本。

② （清）朱一慊：《石城县志》卷6《人物志》，"颐寿"条，清道光四年刻本。

期颐,四代一堂。本县学师王题赠匾额。"①

安远耆民唐骐,"年逾九旬,目睹五代。同治四年,请旨旌以'黄耇繁衍'"②。

建立牌坊则是更为荣耀的方式,建坊经费一般由官府拨给。如:

乾隆十九年,旌表永定耆寿张氏,"张氏,岁贡胡震生妻,乡宾逢亨之媳也。家本素封,氏勤约自持,乾隆十七年百岁,恩旌竖坊"③。

乾隆四十一年,旌表吴氏,"吴氏,赠文林郎赖履祥妻,闺帏严肃,礼教无怠。乾隆四十一年寿登百龄加一,五代同堂,经知县姚士湖申请旌表,钦赐帑缎,给金建坊"④。

此外,还有题匾、建坊和赐以财物并举的,这往往是朝廷针对那些影响较大的五世同堂家庭。如,

> 魏氏,高头监生江升妻,寿登百龄加一,五世同堂,七代亲见,子、孙、曾、元百人。嘉庆三年,旌表"贞寿之门",建坊,恩赏上用缎一匹,银十两。⑤
>
> 许氏,抚溪乡宾戴仰山妻,庠生峰阳之母。寿臻百岁,五代同堂。乾隆五十五年,旌表建坊,恭逢皇上万寿,加恩,赐上用大缎一匹,纹银十两。⑥

宁都耆民李伦宣之妻赖氏被核定为五世同堂后,"照例赏银七两,缎一匹,折二两"⑦。

因为官府对五世同堂家庭体现了朝廷对民众的关怀和恩典,是一件十分严肃的事情,所以必须严格履行一定的程序。从方志的记载来看,这些旌表是分等级,最低等级的乃是县府的旌表。如,

---

① (清)方履篯修,巫宜福纂:《永定县志》卷29《列女传》,"寿妇"条,清道光十年刻本。
② (清)黄瑞图修,丁佩纂:《安远县志》卷8《善士》,"附耆寿"条,清同治十二年刻本。
③ (清)伍炜、王见川:《永定县志》卷7《人物志·列女·寿妇》,清乾隆二十二年刻本。
④ (清)方履篯修,巫宜福纂:《永定县志》卷29《列女传》,"寿妇"条,清道光十年刻本。
⑤ 同上。
⑥ 同上。
⑦ 宁都《东龙李氏十修族谱》卷1《赖儒人五世同堂详文》,1995年印本。

第四章　文化实践与文化传播　·215·

张氏，湖坑故儒童李舒化妻，九十九岁，五代同堂，家本素封，氏尤能勤俭自持。道光九年，学使陈公奖匾曰"春晖久照"。

卢鸿鼎，字日都，尝率乡兵御寇卫城，给授守备职。以年老辞，不就。寿九十二。生十三子六女，邑侯吴梁举乡宾，匾曰"多寿多男子"。①

吴氏，卢合礼妻，年百岁，知县曾匾曰"熙朝人瑞"。百岁之祝，子二人，年皆近耄矣。②

但是，假如是向中央朝廷申报的旌表，程序就要复杂得多了。这从宁都赖儒人申报五世同堂的过程可以看出来：首先，身在宁都州府任职的宗族成员李廷权出面，将申请详文连同李廷权本人以及本村另两位具有监生身份的左右邻居的甘结花押，一起呈报给州府。其次，宁都知府在接到呈文后要派人核查这个家族的家谱世系，到别州去调查嫁入人员的真实年龄，查核无误后，再将"系图五纸，族邻某结五本，及实清册五本，异州印结五纸"，一并送呈江西承宣布政使司；江西布政司再度核实后又将这些申请及相关材料转呈中央礼部；礼部审核无误后，将批文返递江西布政司，江西布政司再返递宁都州，最后宁都州就按批文额定数量对赖氏家庭奖励。③可见其审批程序确实是比较严密的。

（三）旌奖"五世同堂"对于构建赣闽粤边区的家庭伦理秩序意义

官府所以要旌奖"五世同堂"的大家庭，笔者认为主要有两方面的原因：

一方面，继承了历代尊养高年的传统。我国是一个以土地耕种为基础的农业社会，老人具有十分丰富的生产经验和生活经历，这对于年轻人来说，无疑是一份十分宝贵的财产，所以我国在很早的时候，就有"尊老"、"敬老"和"养老"的传统，早在原始社会时期，在老人身老故去时，会把他生前所用过的，在当时来说是十分珍贵的生产工具和其他生活用具随同下葬，表达了十分朴素的尊老传统。此外，在处理氏族事务时部落首领经常要请教经验丰富的老者，也反映了当时的"尊老"之风。如

---

① （清）伍炜、王见川：《永定县志》卷7《人物志·忠义》，清乾隆二十二年刻本。
② （清）伍炜、王见川：《永定县志》卷7《人物志·列女·寿妇》，清乾隆二十二年刻本。
③ 宁都《东龙李氏十修族谱》卷1《赖儒人五世同堂详文》，1995年印本。

"神农师悉诸，黄帝师大挠，帝颛顼师伯夷父，帝喾师伯招，帝尧师子州支父，帝舜师许由，禹师大成贽，汤师小臣"（《吕氏春秋·尊师》）。舜遇事要请教于年长的"四岳"（《尚书·尧典》）。刘邦敬仰"商山四皓"（隐居于商山的四位智慧老叟）的故事，也体现了古代的尊老风气。[①] 因为尊老，当时也出现"养老"的风气。如"有虞氏养国老于上庠，养庶老于下庠"（《礼记·王制》）。秦汉以后，建立了封建的中央集权君主制度，封建王朝在敬老、养老问题上，直接继承了周代以来的传统。其主要的做法，就是设置三老、五更之官以养老；设立致仕制度，对年老及退休的官员在政治上生活上予以优待；优免老人租赋徭役，并定期进行赏赐活动等。[②] 这些国家政策和措施，率先在民众面前起到尊养老人的示范作用，这对于养老保障主要靠个体家庭的古代中国来说，提倡尊老和养老自然有着十分重要的现实意义。在一个五世同堂大家庭内，也往往意味着必然有老年人和小孩的存在，对这样的大家庭实行旌奖，对于提倡尊老爱幼，赡养老人，建立和巩固家庭养老保障制度，无疑起到了很好的激励作用。

另一方面，把五世同堂家庭看作"德政"的体现。《尚书·洪范》云，人有五福，"一曰寿，二曰富，三曰康宁，四曰好德，五曰考终命"，竟把长寿摆在五福之首，可见古人对长寿之亟望。过去，人们普遍认为，早婚、早育、多子女，是最幸福的事情，若能达到祖孙几代欢聚一堂，如四世同堂、五世同堂等，长者健康长寿，膝下子孙满堂，则更是乐享天伦了。但是，在贫穷落后的旧社会里，一般的家庭，只能达到三世同堂，四世同堂就已经不多了，五世同堂极为罕见，所以往往把五世同堂当作是一种吉祥和瑞的气象，是"升平化洽之应凝"的表现。如长汀县志的修纂者在《祥异志》中就清楚地表达了这层意思：

> 六经之纪祥异，独《春秋》为详，盖天人相与之际，甚可畏也。汀轶事父老所传闻，稗官所记载不一矣。录以备览，俾有司士庶随时修省，亦鉴古一助乎！至于一产数男，或五世同堂，或寿登百岁以上，皆为升平化洽之应凝，承有自更非可倖而致之也。[③]

[①] （汉）司马迁：《史记》卷55《留侯世家》，中华书局1959年版，第2045页。
[②] 沈善洪、王凤贤：《中国伦理思想史》（上），人民出版社2005年版，第32—78页。
[③] （清）刘国光：《长汀县志》卷32《详异》，清光绪五年刻本。

按照"天人感应"的思想,"上天"是有意志的,它会通过降临天灾或吉祥等征候,传达上天对民间统治者评价。所以民间统治者往往把一些难得一见的好的自然现象的出现,当作是自己实行"德政"的结果,因而对这种吉象进行嘉奖和表彰。因为"五世同堂"十分难得,且又象征着祥瑞迹象,所以明清时期政府把高龄颐寿者称为"人瑞",大肆进行旌奖。

对"五世同堂"家庭进行旌表,有着十分重要的意义,它有利于推行"孝悌"观念,实现"以孝治天下"的政治目标,并对赣闽粤边区客家族群的家庭伦理秩序的构建,有着十分重要的现实意义。

在儒家文化所提倡的"孝悌"观念中,实际上包含着家庭内部两种关系的处理:一种是儿女与父母之间的关系,这是最为直接的纵向关系;另一种是兄弟之间的横向关系。如果在核心家庭(家庭成员由夫妻两人及其未婚孩子组成)和主干家庭(由夫妻、夫妻的父母,或者直系长辈以及未成年子女组成)里面,家庭成员的关系主要属于纵向关系,于是如何"行孝"(即晚辈对长辈的赡养和尊重)成为处理"孝悌"问题上的主要方面。而在一个联合家庭(由核心家庭或主干家庭加上其他旁系亲属组成)里面,核心家庭与核心家庭之间的关系成为这个大家庭内部的主要问题,这时,如何"行悌"则成了实现"孝悌"的主要问题了。如果用现代社会学的话语进行表述,"五世同堂"无疑属于超大型的联合家庭。在这种家庭模式中,家庭关系变得十分复杂,虽然有着共同的血缘关系,但这种血缘关系却有了支系和旁系之分。在某种程度上,"五世同堂"家庭无疑是一个微型社会的缩影。在这种家庭模式中,不仅"行孝"仍然是必然要求,而且"行悌"也更加显得重要,甚至直接影响到这个家庭的存续。因此,对"五世同堂"家庭的表彰,也就更具有社会的意义,它对于践行儒家思想的"孝悌"观念,实现孟子所说的"老吾老以及人之老,幼吾幼以及人之幼",构建起团结和谐的社会秩序,从而最终达到"以孝治天下"的政治目标,有着十分重要的意义。

就赣闽粤边区的具体的情况来说,在该地区推行"孝悌"观念更是具有重要的现实意义。在统治者看来,这一地方是教化所未达及的"化外之地",民风刚健,"轻生尚争",往往因为一些芥末小事而大动干戈,甚至酿成宗族械斗,这种民风也是造成这一地区长期动乱的重要原因。在儒家官员和士大夫看来,要解决这一问题的良好的办法,就是在这里推行儒家教化。而"孝悌"观念作为儒家思想的重要组成部分，自然也将发挥很大的作用：通过对该地居民进行"孝悌"教育，使他们做到"出则悌，入则孝"，这样，不仅能够建立稳定、和谐的家庭关系，而且也有助于构建和谐的社会关系。而要达到这一目标，对"五世同堂"大家庭的旌奖，无疑是一个很好的教育范本。因此，儒家官员和士大夫不遗余力地对"五世同堂"家庭进行表彰和宣扬，正是由于他们看到了它对于促进该地区的教化，构建良好的社会秩序的重要意义。

政府对五世同堂家庭的嘉奖，极大地推动了儒家孝悌思想在赣闽粤边区的传播，并为当地族群所接受，同时也对客家族群的实际生活产生了极为深刻的影响。

儒家孝悌思想在赣闽粤边区被接受的情形，集中体现在明清时期的地方文献中，对践行孝悌思想的表率人物的记载大大增加。如，会昌县，"曾良桥，字景南，早丧父，事母孝。抚幼弟五人，既成立，不忍分居。知县梁宏建申闻巡抚旌奖"[①]。我们以清代赣南境内两府一州的方志记载为例（见表4-8），从中我们可以比较清楚地看出，在宋元以前，关于孝悌表率人物的记载很少，而明清以后，这方面的记载就呈几何级数增长。这种增长，固然有历史文献在表述上又详近略远的因素，但却也比较真实地反映了自宋代以来，随着孝悌思想在赣闽粤边区的逐步推广，孝悌人物也逐渐增多的历史事实。

表4-8　　　　　　　赣南地方志所载孝悌人物统计　　　　　单位：人

区域	唐以前	宋	元	明	清
赣州府	2	7	1	42	161
南安府		9	2	19	24
宁都州		2	1	21	58
合计	2	18	4	82	243

资料来源：清同治《赣州府志》卷53《人物志·孝友》；清同治《南安府志》卷17《质行》；清道光《宁都直隶州志》卷22，《人物志·孝友》。

[①] （清）刘长景修，陈长栋纂：《会昌县志》卷22《人物》，"孝友"条，清同治十一年刻本。

孝悌思想在赣闽粤边区族群所接受的情形，还体现在该地区的客家族谱中，对孝悌思想的普遍提倡。他们往往把正伦理、重孝悌放置在家规族训的首条，陈明家庭孝悌伦理之重要，并对那些不践孝悌，有辱家声的行为视为伤风败俗之举，更以逐出宗族或送官究治以示严惩。如：

赣南于都县寒信村《峡溪萧氏重修族谱》："敦孝弟　世俗日下，不无忤逆刻薄之子，不念父母，不恤弟兄者，此其行谊之薄，皆由宗教之未严也。凡我族中有蹈此者，务须质之族正、约长严加惩治。如恃凶强，不率家教，则众加排挤，鸣之公庭，以毙其身。语云：除良莠以长嘉禾。庶顽恶知警，孝友之俗成矣。"①

石城县《堂下雅儒堂温氏十三修族谱》："正伦理　伦理莫先孝弟。敢有不孝不弟，以卑逾尊者，轻者以家规惩之，重者送官究治。至于下蒸上淫，人伦几息，玷族为甚，不惟首官，加以家法，逐出祠外。如未经执获，臭声布闻，鸣此据公，不论已往今兹，富贵贫贱，断逐出祠外。若有徇情畏势，相互阿隐者，查出俱逐出祠外。庶家道肃而人伦正矣。"②

上犹县营前镇《钟氏族谱》规定："父子之亲，天性也。天下无不慈之亲，而患有不孝之子。……若有忤逆不肖，或以家贫而懈供养，或以亲老而生憎嫌，或因督责而生怒心，或因使令而生怨语，或因妻子之爱而疏定省，或因财货之私而忘本原，甚敢有于父母之前显然干犯者，若斯之类，万剐犹轻。族、房长即当鸣之于官，颁法重究。"③

兴宁《孙氏族谱》也规定："凡同宗之人，有忤逆父母，欺凌尊卑，奸盗淫乱，酗酒撒泼，不事生理，妄作非为，玷辱祖宗，恃一己之强，阴谋诡计，不顾同宗之宜。如此之人，小则合族攻之，大则鸣官惩治。"④

明清时期族谱中的家规族训是具有法律效力的公议条约，对宗族成员具有较大的约束力。客家族群十分重视族谱的修订和维护，族谱所制定的这些规训也成为客家人日常行为的指导和规范。他们在族谱中对孝悌如此重视，既说明儒家孝悌思想在赣闽粤边区的普遍接受，同时又表明孝悌文

---

①　于都寒信村《峡溪萧氏重修族谱》，不分卷，《族规》，"敦孝弟"条，清乾隆三年刻本。
②　石城县《堂下雅儒堂温氏十三修族谱》，不分卷，《老谱家训》，"正伦理"条，民国三十二年刻本。
③　上犹营前《钟氏四修族谱》，不分卷，《家规》，清光绪三十年刻本。
④　李晓静、李小燕：《从客家谱牒的家规家训看客家人的价值观念》，《龙岩学院学报》2005年第5期。

化已经对客家族群的社会生活产生了深刻的影响,并且也对客家宗族良好族性的培养,构建高尚的道德体系,具有重大的意义。

第四节 "以神道设教":"国家"对赣闽粤边区民间信仰的控制

本节集中分析宋元以来地方政府对赣闽粤边区民间信仰的控制及其原因,认为这种控制的实行,有其深层的历史背景。即伴随宋明儒学的复兴,社会秩序开始重建;由于经济重心南移以及大量移民迁入该地区,赣闽粤边区的经济地位迅速上升但却面临族群冲突日益严重,对赣闽粤边区民间信仰的控制其实正是封建国家在这个地区进行乡村秩序重建和维护地方稳定的一个组成部分。

一 儒家思想的神道观和赣闽粤边区的神灵祀典化

(一)儒家思想的神道观

"以神道设教"一词,最早出自《易·观卦·彖辞》:"观,盥而不荐,有孚颙若,下观而化也。观天之神道,而四时不忒,圣人以神道设教,而天下服矣。"观,是"卦名",下卦为坤,上卦为巽。"盥",古代祭祀宗庙神灵的时候,用香酒浇灌地面的降神之礼。"荐",就是敬献祭品。"有孚":就是心怀诚敬。"颙":诚敬、肃静之貌。"忒":差错之意。这段话的意思是说:在祭祀神灵活动中,当你观仰了祭祀开始时的以倾酒灌地的仪式,即使不看后面的奉献祭品的细节,你都会生起诚敬肃穆的情绪。在下面观礼的君子和民众会因此受到教化。天地自然之神,可以使四季运转丝毫不差。圣人就采用"神"的昭示来教化天下,天下万民非常顺伏。[①]

一直以来,人们对这段话的理解分歧很多,出现了种种不同的解释。[②]

[①] 高亨:《周易大传今注》,齐鲁出版社1979年版,第214页。

[②] 比如,有的把"以神道设教"之"神"理解成神妙莫测,无形无迹;有的把神道设教理解成一种无为之治;有的把神道设教理解成圣人通过礼乐刑政之手段,使天下归化;有的把神道设教与巫筮鬼神联系起来,认为设"神道之教"就是通过对巫筮占卜和对鬼神的祭祀来达到教化天下的目的。参见李定文《"神道设教"诸说考辨》《福建论坛》(人文社会科学版)2008年第7期。

实际上，我们认为，《易·象辞》"观天之神道"这句话中，"神道"本身应是指"天道"，即天地四时运行的自然法则。正由于这个自然法则是不以人的意志为转移的，能够使"四时不忒"，所以被人称为"神"，即"神妙"之义；"天之神道"实际上也就是神妙的"天之道"。① 虽然如此，尽管《易·象辞》"以神道设教"的提出目的是为了弘扬"天道"，但由于受"万物有灵"观念的支配，有神论的宗教信仰在古代中国一直存在，所以在"以神道设教"的施行过程中，自然会带上浓厚宗教色彩的鬼神崇拜。②

有学者认为，孔子是最早提出"以神道设教"思想的人。他所说的"敬鬼神而远之，可谓知矣"③ 的话，就十分明显反映了他的"以神道设教"思想。对待鬼神的态度，既要"敬"，又要"远之"，是因为孔子具有坚持无神论思想倾向，但又深知祭祀礼仪对于构建社会秩序的重要作用。④

儒家"以神道设教"的思想在西汉特殊的政治环境下，获得了巨大的发展。刘邦起自布衣，辅佐刘邦得天下者也多为布衣，刘邦建立政权后按功授爵封官，从而形成"布衣将相之局"，这种"布衣将相之局"打破了以往以血统为主的贵族专政局面，亟须建立为自己政权提供合法性依据的理论体系；同时汉武帝为了加强专制主义中央集权，也需要有强大的理论支持。在这样的政治氛围下，假命于天的"君权神授"理论便横空出世。在这一方面，西汉大儒董仲舒对"以神道设教"思想的阐述发挥得最为淋漓尽致。他把天的意志及其所支配的行为称为"天道"，认为"天道"是永恒的。"道之大原出于天，天不变，道亦不变。"⑤ 并且极力鼓吹"君权神授"；同时又把人间的人伦秩序说成是上天的安排，是符合"天道"的。"天子受命于天，诸侯受命于天子，子受命于父，臣妾受命于君，妻受命于夫。诸所受命者，其尊皆天也，则谓受命于天亦可。"（《春秋繁露·顺命》）"王者配天谓其道，天有四时，王有四政，四政若四时，

---

① 李申：《先秦天道观与自然科学》，《孔子研究》1987 年第 3 期。
② 唐端正：《儒家的天道鬼神观》，《孔子研究》1986 年第 2 期。
③ （清）刘宝楠：《十三经清人注疏·论语正义》卷7《雍也》，中华书局1990点校本，第236 页。
④ 沈海波：《论孔子的神道设教思想》，《同济大学学报》（社会科学版）1996 年第 1 期。
⑤ （汉）班固：《汉书》卷 56《董仲舒传》，中华书局1962 年版，第 2519 页。

通类也。天人所同有也，庆为春，赏为夏，罚为秋，刑为冬，庆赏罚刑之不可不具也，如春夏秋冬之不可不备也。"（《春秋繁露·四时之副》）这样，他一方面将"以神道设教"的教化对象扩大到整个社会，另一方面又为西汉政权披上了神圣的外衣。先秦以朴素的天人合一思想为内核的"以神道设教"，在秦汉时就发生了以"君权神授"为主旨的巨大转变。

宋元以来，儒学复兴且发生巨大转变，然而强调个性修养的宋明理学依然继承了汉唐以来的"以神道设教"思想。朱熹以鬼神之说载于六经，为圣人所言，所以没有否定鬼神的存在。他的"以神道设教"思想，也反映在"感格"（即人神之间的感应相通）上，认为祭祀者与受祭对象的身份和地位相符时，才能产生"感格"；此外，他多次表达对民间祭祀礼仪的改革意见；在治南康军时，曾奉命设坛祈雨；文集中也因此留有多篇祈雨、谢雨的祷词与祝文①，这些都反映了他对"以神道设教"的态度。王守仁虽然很少直接谈论鬼神之事，也不相信方士之流用"书符咒水"等祷神之术，但他却不反对官员为民祈祷，甚至自己也亲身参与求雨等祈神仪式，认为祈祷是否有验并不重要，重要的是祈祷活动本身能体现官员"忧勤为民之意"，弘扬幽远的天道。《答佟太守求雨》一书就很好地反映了他的"以神道设教"的思想。"夫以执事平日之所操存，苟诚无愧于神明，而又临事省惕，躬帅僚属致恳乞诚，虽天道亢旱，亦自有数；使人事良修，旬日之内，自宜有应。仆虽不肖，无以自别于凡民，使可以诚有致雨之术，亦安忍坐视民患而恬不知顾，乃劳执事之仆，仆岂无人之心者耶？一二日内，仆亦将祷于南镇，以助执事之诚。执事其但为民悉心以请，毋惑于邪说，毋急于近名，天道虽远，至诚而不动者，未之有也！"②

总之，通过儒家知识分子时期的努力，儒家所提倡的"以神道设教"思想终于成为传统社会的主流思想，并且由于在以后的历史发展中，儒家思想一直成为封建统治王朝的指导思想，所以"以神道设教"的原则也因此为历代王朝所坚持。

（二）神灵祀典化——"以神道设教"的政治实践

颛顼宗教改革是祀典化运动的萌芽。如果说古代实行"以神道设教"

---

① 参见张立文《朱熹思想研究》修订本，中国社会科学出版社2001年版；李华瑞、王海鹏《朱熹禳弭救荒思想述论》，《中国农史》2004年第3期。

② （明）《答佟太守求雨》，载（明）王守仁撰《王阳明全集》卷21《别集三·书》，吴光等编校，上海古籍出版社1992版，第800—801页。

的目的是把政权控制神权，使神权更好地为政权服务，那么，追溯历史，我们认为最早把"以神道设教"的思想付诸实践的，当为颛顼的"绝地天通"宗教改革。

所谓"绝地天通"，就是颛顼针对"民神杂糅"、"民神同位"、"民渎齐盟，无有严威"的状况，颛顼"乃命南正重司天以属神，命火正黎司地以属民，使复旧常，无相侵渎，是谓绝地天通"（《国语·楚语下》）。颛顼实行"绝地天通"，实际上既是一次宗教改革，又是一场整顿社会秩序的社会改革。因为当时祭祀缺乏威严的状况很混乱，可想而知，如果任何事物都可以成为神灵，任何人都可以与神灵相通，神还是神吗？祭神在当时社会是最重要的大事，战争、盟誓等重大事件无不与祭神密切相关，如果不规范礼仪范式，不使神变得神圣起来，这样的祭祀还有什么意义？颛顼实行"绝地天通"，不仅把与天地神灵相通的宗教祭祀大权牢牢地控制在自己手中，使神权更好地为政权服务，而且也使人们思想得到统一，社会秩序重新得到恢复。这次宗教改革的意义，就是使神灵祭祀的政治教化功能得到充分体现，为以后统治者实行"以神道设教"开了先河。

先秦时期是国家祀典原则和标准开始设立的时期。夏商周时，祭祀大权依然为王室、贵族所垄断，祭祀在国家政治生活中扮演着极其重要的角色，中央王朝也努力通过祭祀活动来加强统治。[1] 到春秋战国时期，随着各诸侯国的经济贸易往来、文化的交流，尤其是争霸兼并战争的进行，各地之间文化融合的趋势日益增强。尤其是战争带来的巨大灾难，更是人们渴望早日实现统一。当时"大一统"思想成为最主要的社会思潮。在这种背景下，儒家、道家、墨家、杂家等都围绕着"以神道设教"这一问题展开了讨论。这场讨论，实际是在探讨神灵祭祀如何更好地为政权统治服务。其中，儒家在这个问题上提出了远比其他学派更加系统的主张。例如，在《礼记》一书中，就对祭祀的意义，祭祀的对象、程序、供品、仪式等，作了充分阐述。这些阐述对秦汉以后的儒家祀典实践提供了系统的理论指导。[2]

秦始皇统一天下之后，就开始了合并、统一礼仪的举措。他统一神灵祭祀的举措，主要有天地之祭（如封禅）、祖先之祭（如建立园寝制度）、

---

[1] 岳红琴：《商王朝对方国的祭祀影响》，《殷都学刊》1998年第3期。
[2] 晁福林：《试论先秦时期的"神道设教"》，《江汉论坛》2006年第2期。

山川之祭，以及八神之祭等。通过这些措施，结束以往祭祀混乱的局面，实现国家对祭祀天地和名山大川的控制，也开辟了国家祭祀天地、山川五岳的传统，第一次实行了真正意义上的国家祭祀。但由于秦时儒家思想地位不高，迷信神仙思想十分盛行，加上秦始皇本人热衷长生不老之术，在祭祀礼仪制定过程中，有很多术士参与，所以秦朝统一后的国家祭祀礼仪十分庞杂，神灵秩序依然显得十分混乱，且充满了神仙迷信色彩。①

真正能够按照儒家"以神道设教"原则建立起比较完善的国家祭祀体系的，还应该是在汉代。由于汉代儒学在汉武帝之后获得独尊地位，儒家学说成为汉代统治者最为重要的指导思想，所以汉代真正能够按照儒家的"以神道设教"原则建立起比较完善的国家祭祀体系。据学者研究，在两汉时期，祭祀活动在国家事务中的地位空前提高；建立了包括有郊祀、封禅和名堂、六宗之祀、日月星辰之祭、社稷之祀、山川祭祀等为主要内容的国家祭祀体系；并且在祭祀活动的仪仗、舆服、舞乐、仪式等方面也按照儒家原则作了详细规定。②

宋明儒学的复兴，对这一时期的国家祀典产生了深远影响。这一时期的儒学已从重"治"转为重"教"，它的目的是要重建社会秩序。如果说唐代承六朝儒家消沉，释道勃兴之余烈，国家对宗教的态度采取兼容大怀的政策，以儒家思想为指导的国家祀典还没有完全建立，那么，到了宋代，儒家思想对国家的宗教政策的影响明显要比唐朝深刻得多。主要体现在：一是大规模推行神灵祀典化运动，大肆封赐民间神灵；二是严厉打击那些不符合国家祀典的"淫祀"。这两项措施，都是严格依照儒家的祭祀原则。③宋代封赐神灵和打击淫祀的这些做法，也为后来的明清统治者所继承。④

---

① 黄留珠：《试论秦始皇对祭祀制度的统一》，《人文杂志》1985 年第 2 期。
② 王柏中：《神灵世界：秩序的构建与仪式的象征：两汉国家祭祀制度研究》，民族出版社 2005 年版。
③ 参见 [美] 韩森《变迁之神》，包伟民译，浙江人民出版社 1999 年版；贾二强《唐宋民间信仰》，福建人民出版社 2002 年版；雷闻《郊庙之外：隋唐国家祭祀与宗教》，生活·读书·新知三联书店 2009 年版；皮庆生《宋代民众祠神信仰研究》，上海古籍出版社 2008 年版。
④ 参见王健《祀典、私祀与淫祀：明清以来苏州地区民间信仰考察》，《史林》2003 年第 1 期；赵克生《试论明代孔庙祀典的升降》，《江西社会科学》2004 年第 6 期；范正义《祀典抑或淫祀：正统标签的边陲解读——以明清闽台保生大帝信仰为例》，《史学月刊》2005 年第 1 期；刘方玲《国家祀典与民间信仰：祭厉及其社会意义》，《内蒙古社会科学》（汉文版）2007 年第 2 期；李媛《弘治初年祀典厘正论初探》，《东北师大学报》（哲学社会科学版）2008 年第 2 期；刘中平《论清代祭典制度》，《辽宁大学学报》（哲学社会科学版）2008 年第 6 期。

（三）宋元以来赣闽粤边区地方祀典的建设

唐宋时期赣闽粤边区地方祀典的建设情况，因资料极少，使我们至今难以知悉其详情。《临汀志》是难得的一部宋代地方志，它于宋开庆元年（1259 年）由胡太初修、赵与沐编纂，该书虽只是描述宋代汀州的情况，但为我们考察宋代赣闽粤边区地方祀典的建设情况提供了极为珍贵的资料，使我们得以窥其一貌。明清时期，政府十分重视地方志的修纂，所以有更多的地方文献保留了下来，使我们可以更清楚了解明清时期的地方祀典的建设情况。为了便于说明问题，我们根据《临汀志》和乾隆《汀州府志》的相关内容，分别对当时官府建立或承认的坛土遗祠庙进行了简单的列表统计（参见表4－9）。根据统计，我们可以看出汀州在宋代和清代两个时期地方祀典建设的大致情况。

表 4－9　　　　　　　南宋和清初汀州府地方祀典的建设概况

州府	时间	地方祀典的建设概况
汀州府	宋代	社稷坛、风雨雷师坛二先生祠、王朝奉祠、崇德祠、钟令公祠、张知郡祠、郑知郡祠、刘二录参祠、见思堂、六君子祠、三公祠、彭侯祠、三贤堂、陈革华寿祠、陈显伯寿祠、胡太初寿祠、城隍庙、灵应显庙、顺则王庙、普应庙、五通庙、东山五通庙、东西宫庙、灵蛇庙
汀州府	清代	社稷坛、风云雷雨山川坛、先农坛、郡厉坛、里社坛、乡厉坛（军牙大纛）、文庙、关帝庙、城隍庙、崇圣祠、忠义孝弟祠、名宦祠、节孝祠、乡贤祠长汀县城隍庙、灵龟庙、曾公庙、药王庙、东平王庙、白马庙（祀闽越王）、顺则王庙、五通庙、灵显庙、许真君庙、仁威庙、助威磐瑞二王庙、三将庙、马王庙、惠泽龙王庙、湘洪广济大王庙、洪统军庙、邹公庙、萧公庙、晏公庙、三闾庙、汉王庙、石湖庙（祀宋范成大）、涂赖二公庙、天后宫、七圣宫、元帝宫、望春宫；文丞相祠、道南祠、紫阳祠、崇德祠、王文成祠、陈尚书祠（祀宋县令）、笪公祠（祀郡丞）、忠爱祠、愍忠祠、仁爱祠、报德祠、徐公祠、青史万年祠、谢公祠、邱公祠（祀县令）、吴公祠（祀郡守吴文度）、董公祠（祀总兵董大用）、祠山行祠（祀宋郡守李华）、邵公去思祠（祀知府邵有道）、利涉祠（祀知府胥文相）、别驾祠（祀别驾王吉人、吴应午）、义士祠（祀庠生马乾）、潘公祠（祀巡道潘阳春）、郡伯祠（祀二郡守）、温公祠（祀县令）、沈公祠（祀郡守）、郡丞祠、郭公祠（祀县令）、两台祠（祀两巡抚）、郑知郡祠（祀宋郑疆）、张知郡祠（祀宋张昌）、召杜祠（祀二县令）、寇公祠（祀推官寇从化）、王朝奉祠（祀邑人王格）、陈公祠（祀郡丞）、朱公祠（祀总兵）、唐郡伯祠（祀郡守）、顾公祠（祀兵备道）、黄郡丞祠、唐司理祠、杨公祠（祀知府）、郑公祠（祀郑从吉）

续表

州府	时间	地方祀典的建设概况
宁化县	宋代	社稷坛、城隍庙、敕封显应通济昭惠公庙、显应庙、惠应庙、毗沙门天王庙、普应庙、东西宫庙、武德王庙、后土夫人庙、沙石庙、明山庙
宁化县	清代	社稷坛、风云雷雨山川坛、先农坛、郡厉坛、里社坛、乡厉坛、文庙、关帝庙、城隍庙、崇圣祠、忠义孝弟祠、名宦祠、节孝祠、乡贤祠连山庙（祀廖名忠）、普惠庙、惠应庙、东岳庙、东西宫庙、武德王庙、五通庙、李公庙（祀唐光禄大夫李文昌）、南山庙、天妃庙、白马庙、伊公庙、白水庙、大忠祠、招捕祠（祀宋招讨使）、唐知郡祠、张公祠（祀张姓祭酒）、仁爱祠（祀知县）、三教祠（祀林兆恩）、褚公祠（祀县令）、万公祠（祀邑通判）
清流县	宋代	社稷坛、城隍庙、渔仓庙、安济庙、感应惠利夫人庙、惠应庙、九龙王行祠、灵显行祠、白马将军行祠、东西二圣行祠、李田庙
清流县	清代	社稷坛、风云雷雨山川坛、先农坛、郡厉坛、里社坛、乡厉坛、文庙、关帝庙、城隍庙、崇圣祠、忠义孝弟祠、名宦祠、节孝祠、乡贤祠鱼沧庙（祀唐光禄大夫）、江公庙、安济庙、东岳庙、武侯庙、晏公庙、元坛庙、五通庙、白沙庙、闽王庙（祀王审知）、三皇庙、唐公祠（郡丞。正德七年，御流寇，战死）、惠烈祠（祀知县）、烈士祠、裴恭靖祠（祀尚书）、伍忠烈祠、报德祠（祀提学父子）、郡丞祠、黄公祠（祀同知）、郑公祠（祀通判）、桑公祠（祀知县）
连城县	宋代	社稷坛、城隍庙、东岳行宫、敕赐东平忠靖王行祠、灵显庙、龙王庙、仰山二圣祠、福善王行祠、东五显行祠、西五显行祠、祠山行祠、感应李将军庙
连城县	清代	社稷坛、风云雷雨山川坛、先农坛、郡厉坛、里社坛、乡厉坛、文庙、关帝庙、城隍庙、崇圣祠、忠义孝弟祠、名宦祠、节孝祠、乡贤祠东五显庙、西五显庙、灵显庙、感应李将军庙、祠山庙、灵晶侯庙、朱子祠、朱杨二先生祠、仰山二圣祠、彭侯祠（宋时建，祀邑人）、刘公祠（司理）、牛公祠（祀县令）、徐公祠（祀县令，有记）、李公祠（祀县令）、吴公祠（祀司理）、雷公祠（祀县令）、忠惠祠
上杭县	宋代	社稷坛、城隍庙、东岳行宫、五显庙、黄先师庙、灵显庙、岳灵庙、灵景庙
上杭县	清代	社稷坛、风云雷雨山川坛、先农坛、郡厉坛、里社坛、乡厉坛、文庙、城隍庙、关帝庙、崇圣祠、忠义孝弟祠、名宦祠、节孝祠、乡贤祠灵显庙、真君庙、大忠祠（祀张巡）、褒忠祠（祀明御史、都指挥二人）、五显祠、漳南道功德祠、武略将军祠、忠勇祠（祀百户）、义勇祠、怀德祠（祀王阳明）、王公祠（祀巡道）、惠德祠（祀推官）、三宪祠（祀巡道三人）、朱公祠（祀巡道）、吴公祠（祀知县）、熊公祠（祀巡抚）、义烈祠（祀把总）、赖百户祠（祀百户）、顾公祠（祀巡道）、陈公祠（祀知县）、冯公祠（祀巡道）、卢公祠（祀知县）、周方伯祠（祀布政使）、王公祠（祀总兵）、刘公祠（祀巡道）、封公祠（祀知县）、孟公祠（祀知府）、申公祠（祀巡道）、董公祠（祀总兵）、李公祠（祀知县）、熊公祠（祀知县）、寇公祠（祀知县）、倪公祠（祀知县）、报忠祠

续表

州府	时间	地方祀典的建设概况
武平县	宋代	社稷坛、城隍庙、东岳行宫、招仙庙、圣宫庙、灵显庙、东岳嘉应忠靖威显王庙、感应庙、巾山平埔王庙、梁山郑疆庙、东山五显王庙
武平县	清代	社稷坛、风云雷雨山川坛、先农坛、郡厉坛、里社坛、乡厉坛、文庙、关帝庙、城隍庙、崇圣祠、忠义孝弟祠、名宦祠、节孝祠、乡贤祠圣宫庙、仁圣庙、五贤庙、五显庙、龙源庙、三官祠、真武庙、赤沙王庙、天妃庙、洪山庙、赖公庙、东岱庙（祀张巡，有灵验）、紫阳祠、张公祠、世忠祠、忠烈祠、徐侯祠（祀邑令）、郑侯祠（祀邑令）、何侯祠（祀县令）、舒烈妇祠、三省金汤祠（祀巡道）
永定县	宋代	（尚未设县）
永定县	清代	社稷坛、风云雷雨山川坛、先农坛、郡厉坛、里社坛、乡厉坛、文庙、关帝庙、城隍庙、崇圣祠、忠义孝弟祠、名宦祠、节孝祠、乡贤祠邹公庙（祀太尉）、五显庙、七姑庙、麻公庙、文昌祠、王侯祠（祀县令）、何公祠（祀县令）、许侯祠、何侯祠（祀县令）、武惠祠（祀知县）、闵公祠（祀知县）、吴公祠（祀知县）、林公祠（祀知县）、伍公祠（祀知县）、赵公祠（祀知县）、二师祠（祀教谕、训导）、赵公祠（祀知县）
归化县	宋代	（尚未设县）
归化县	清代	社稷坛、风云雷雨山川坛、先农坛、郡厉坛、里社坛、乡厉坛、文庙、关帝庙、城隍庙、崇圣祠、忠义孝弟祠、名宦祠、节孝祠、乡贤祠显应庙、灵应庙、忠臣庙；西山祠（天顺间建，祀罗从彦）、龟山祠、三茅祠、杨公祠（祀正德县令）、章公祠（祀县令）、文兴祠（祀县令）、文昌祠、义勇祠（祀嘉靖巡检）

资料来源：南宋《临汀志》之《祠庙》、《坛墠》，乾隆《汀州府志》卷13《祠祀》。

根据表4-9的内容并结合具体文献的记载，宋代汀州府地方祀典的建设，大致可以从三方面来概述：

一是官府对地方祀典制度的建设十分重视。地方官员十分重视地方祀典的建设，他们或是亲自倡建庙宇，或是为民间神灵申请封赐、题写庙额。例如，设立于绍兴三年的莲城县（元至元十五年改莲城为连城县），是当时汀州府内最新设立的县治。《临汀志》中就记载了该县供政府官员进行官方祭祀的祠庙坛墠的建筑情况。当时莲城建有社稷坛一座，宫庙五座，祠六座，总共十二座祠庙坛墠。其中，城隍庙、东岳行宫、龙王庙、仰山二圣祠、福善王行祠、东五显行祠、感应李将军庙七座庙宇，志书中已明确记载是由当时的执政县令创建的。①　此外，社稷坛其实也是由官府主持修建。除了亲自倡建庙宇外，地方官员还积极为地方神灵申请封赐，或为民间庙宇题写庙额，使神灵获得合法身份。如，"濠口五通庙，在长汀县东崇善坊。……郡守周公晋书额。""敕封显应通济昭惠公庙在宁化县东黄连岗。……宝祐间，宰林公玉请于朝，增封昭惠，模刻诰祠于碑，仍跋之。"②

二是宋代汀州的地方祀典制度已经基本建立。根据《临汀志》的记载，当时的汀州，无论是州府还是府属各县，都已基本建有社稷坛、城隍庙和其他神灵庙宇，祭祀场所和空间已基本确定。同时，也确定了官方祭祀的对象。除了城隍庙、社稷坛等这些既定的祭祀对象外，官方还封赐了一些信众甚广，颇有灵验的神灵，使官方神灵系统得以基本确立。此外，官府祭祀礼仪也已确定，地方官员每年会定期到这些祠坛庙宇里进行祭拜。例如，对社稷风雨雷师坛的祭拜，"社稷风雨雷师坛，郡县为坛，以时致祭，令守所严也"③。从《临汀志》的记载来看，当时官员对这些坛祠庙宇一般都举行春秋两祭。例如，州府城内的普应庙，"乃福州南台闽越王庙二将左协威广惠灵应侯、右翊忠嘉泽显应侯之行祠也。旧因福成将馆于通远门城上，望奉香火而祠焉。……（绍兴间）贼残党李宝破宁化，侯复显灵却贼，于是筑新庙于州东横岗岭上，仍市民田，收米于州学，以备春秋奉祀之需"④。武平县社稷坛，"在县西五十步。今废，春秋寓祭于西庵净信堂"⑤。既建立了地方官府的祭祀对象，这些官员又能够定期前往祭拜，这就说明汀州的地方祀典已经基本建立起来了。

三是宋代地方祀典制度的建设尚未完善。我们之所以说宋代汀州的地方祀典是基本建立而非完全建立，主要是觉得当时的祀典建设还很不完善。宋代国家祀典的建立虽然已经制度化了，但在地方的执行上，还需要一个过程。反映在宋代汀州的地方祀典建设上，就是还不十分规范。例如，当时社稷风雨雷师坛是中央政府要求天下各州县都必须予以定期祭祀

---

① （宋）胡太初修，赵与沐纂：《临汀志》，不分卷，《祠庙》，长汀县地方志编纂委员会整理，福建人民出版社1990年版，第67—68页。
② 同上书，第63—64页。
③ 同上书，第83页。
④ 同上书，第62页。
⑤ 同上书，第83页。

的对象，朝廷还专门向天下郡县颁行了坛壝制式。"政和元年，诏立州县社稷风雨雷师坛之式。颁图于天下。"①但即使连这么重要的对象，地方官在其坛壝建设上却未尽全力。有的地方按制设立了，有的地方却仅建立社稷坛，有的却社稷坛都不立，把它寄放到其他庙宇中祭祀。连如汀州府按照规定分别为社稷、风、雨、雷师各建一坛，但到了县府，则是四坛合一了。有的县府甚至干脆不建一坛，而把它塞到其他庙宇中一并祭祀。"社稷风雨雷师坛，……州各有坛，县往往为一坛，皆于此行礼，或寓祭风雨雷师于他所焉。"长汀社稷坛，"在县西一里。旧志云：'在县南富民坊'，后移今地。庑废已久，嘉泰间，宰谢周卿重创"。武平社稷坛，"在县西一百二十步。今废，春秋寓祭于西庵净信堂"②。此外，宋代汀州祀典的不完善，还体现在祭祀对象比较杂乱。尽管《临汀志》的作者认为当时汀州官府祭祀的多数神灵合符祀典要求，"今郡所事多合于《礼》，未可谓闽俗机鬼云"③，而事实上却并不如此。例如，官府祭祀的庙宇中，很多神灵都"不知神灵姓氏"，"莫详创始之由"。如州府所在的顺则王庙，"在州东通远门内城埤之侧。莫详姓氏、封爵、创始之由。建炎间，瘴疠大作，郡倅许公端夫人梦金紫人来谒，曰：'无如扬州紫苏散。'问其官，自称城中废庙王。明日，如方施药，活者甚众，乃访旧址创庙，许自为之记"。对于这样一个"莫详姓氏、封爵、创始之由"的神灵，凭着一个神话故事，就得到了官府的大力支持。上杭县的黄先师庙所祭祀的神灵原来是一个装神弄鬼的巫师："黄先师庙，旧在钟寮场故治南石峡间。两山如束，中通一径仅半里许。旧传未县前，有妖怪虎狼为民害，觋者黄七翁父子三人往治之，因入石隐身，群怪遂息。风雨时，石中隐隐有金鼓声，民敬畏之，立祠香炉下，且家绘其像以奉之。迁县之初，更造行祠于今县之西。"④宋代汀州官方祀典的祠庙数量少，祭祀对象杂乱，坛制仪式尚未完善，说明当时汀州社会保留了浓厚的土著文化，官方文化还未能够完全占据主导地位，对当地原有民间信仰的影响力还是十分有限。

---

① （宋）梁克家：《三山志》卷8《公廨类二》，福州市地方志编纂委员会编，海风出版社2000版，第90页。
② （宋）胡太初修，赵与沐纂：《临汀志》，不分卷，《坛壝》，长汀县地方志编纂委员会整理，福建人民出版社1990年版，第83页。
③ （宋）胡太初修，赵与沐纂：《临汀志》，不分卷，《祠庙》，长汀县地方志编纂委员会整理，福建人民出版社1990年版，第60页。
④ 同上书，第65页。

到了明清时期，承前所述，统治者更加重视国家祀典的建设，明太祖尚在即位之前，就开始了国家祀典的建设；清承明制，亦是十分重视对祀典的大力建设。并且，值得一提的是，随着封建专制主义中央集权的进一步加强，中央政府的政策和措施在地方得到更加彻底的贯彻，所以中央关于祀典建设的诏令和决议，也得以在地方上得到推行。正是由于统治者对国家祀典的高度重视和行政体制的高度一致，所以与宋代相比，汀州在清代的祀典建设远远要比宋代时期更加完善。这种完善主要体现在以下几个方面：

首先，地方祀典所设立的坛壝祠庙更多。根据表4-8的内容，我们可以制成一个简单的数量统计表（见表4-10）。

表4-10　　　　　　　汀州府宋清两代官方祠庙数量统计

内容	州府	宁化	清流	连城	上杭	武平	永定	归化	合计
宋代	25	12	11	12	8	11			79
清代	85	35	35	31	48	35	31	25	325
总计数量	110	47	46	43	56	46	31	25	404
增长率（%）	340	290	320	258	600	320	3100	2500	411

从表4-10我们可以得知，汀州从宋代到清代，官方祀典所设立的坛庙数量增长很快，宋代整个汀州总共设立79座坛庙，而乾隆年间则设立了325座，增长了411%。其中州府所在的长汀县所拥有的官方祠庙的绝对数量最多，宋代有25座，乾隆间有85座，几乎都是同时代其他辖县的两倍。而坛庙数量涨幅最大的是上杭县，它从原来的8座增长到48座，涨幅高达600%，高居全州之首。清代汀州官方坛壝祠庙数量的迅速增长，既说明了政府对"以神道设教"的认识更加深刻，对祀典体系建设的重视程度和建设力度更大；又反映了官方文化在地方社会的影响更加明显。

其次，与宋代相比，清代汀州祀典的神灵体系更加整齐规范，更符合儒家经典的要求。前面我们已经提到过，宋代官方祭祀的神灵很杂乱，许多神灵都是"莫详姓氏、封爵、创始之由"。与宋代相比，清代汀州祀典的神灵体系更加整齐规范，更符合儒家经典的要求。关于这一点，我们可以通过对清流、连城、归化和永定四县在创县之时,其祀典体系建设的规范性进行对比后可略知一二。清流(北宋元符元年,即 1098 年)和莲城两县均在宋代创设,而归化和永定则是明代设立的两个县。① 在《临汀志》的记载中,进入清流县官方祀典的祠庙 11 座,这些祠庙所祭祀的神灵中,除了社稷坛、城隍庙和渔仓庙(祀唐末史君樊侯令)外,其他庙宇的神灵都是当地土神。如感应惠利夫人庙祭祀的是"七娘",惠应庙祭祀的是邵武光泽县大乾明应威信广佑福善王,至于其他庙宇的神灵,甚至连当时的修志者也"莫详创始之由"。连城县的情况也与清流县差不多。这说明宋代地方官方祀典的祭祀对象方面,还是比较随意的。但是在明朝设立的归化和永定两县就不一样了,两县共建有 56 座祠庙,其中除了永定县的五显庙、七姑庙、麻公庙和归化县的显应庙、灵应庙的神灵带有明显的土神色彩外,其他庙宇的神灵要么是全国通祀的神灵,要么是当地先贤,要么是曾在当地任职的政府名宦。诚如方志所云:"凡此者或报德,或祈年,或有功家国,或惠爱在人,义所当祀者也。或奉敕特建,或沿前代降敕护持,秩在有司分所得祀者也。"② 这么多的官员和乡贤进入祀典,这一方面固然是因为唐宋以来直到明清,曾在汀州担任地方官员的人数增多,符合入典标准的官员基数更大,所以进入祀典的官员自然更多。另一面也反映了随着儒家文化在赣闽粤边区的推广,越来越多的地方精英自愿接受儒家文化并自觉以儒家礼仪作为自己的行为规范。

最后,地方祀典的坛庙神主建置和祭祀礼仪都有严格的统一规定。从表 4-8 我们可以看出,清代汀州的州府各县都建立了完整的通祀体系,无论是州府还是各个县府,都按照中央政府的要求,建立了社稷坛、风云雷雨山川坛、先农坛、郡厉坛、里社坛、乡厉坛、文庙、关帝庙、城隍庙、崇圣祠、忠义孝悌祠、名宦祠、节孝祠、乡贤祠。而宋代时朝廷要求地方州县建立的通祀坛庙仅社稷、风师、雨师、雷师四坛,但汀州地方政府却并未完全依制执行。相比而言,明清时期汀州的祀典建设远比宋代完善。此外,这些坛壝祠庙以及所祀神像木主的设置规格和祭祀礼仪都严格按照朝廷颁布的统一规定。如,

---

① 清流设于北宋元符元年(1098 年),莲城设立于南宋绍兴三年(1133 年),归化设立于明朝成化六年(1470 年),永定设于成化十四年(1478 年)。
② (清)伍炜、王见川:《永定县志》卷 2《营建志·坛庙》,清乾隆二十二年刻本。

社稷坛　祀五土五谷之神，在铁坑。按颁定坛制，东西二丈五尺，南北二丈五尺，高三尺四寸，出陛各三级，坛下前十二丈，或九丈五尺，东西南各五丈，缭以周墙。四门红油，北门入其神主，用石，长二尺五寸，方一尺，埋于坛南正中，去坛二尺五寸，止露圆尖，余埋土中。又用木神牌二，朱漆青字。一曰县社之神，一曰县稷之神。身高二尺二寸，阔四寸五分，厚九分。座高四寸五分，阔八寸五分，厚四寸五分。临祭设于坛上，祭毕藏之坛外。神厨三间，库房三间，宰牲房三间。青秋仲月上戊日致祭，每位，帛一，用黑铏一，簠二，簋二，笾四，豆四，羊一，豕一。其祝文曰：惟神奠安九土，粒食万邦。分五色以表封圻，育三农而蕃稼穑。恭承守土，肃展明禋。时届仲春〔或秋〕，敬修祀典。庶九九松柏，巩磐石于无疆；翼翼黍苗，佐神仓于不匮。尚享。①

　　从这段文字中，我们可以看出，当时对社稷坛的坛位设置、附属房所的建设、祭祀日期、祭品、祭文等都作了详细的规定。这充分说明国家的礼仪制度在地方社会得到了广泛和深入的推行。
　　总之，宋元以来政府不遗余力地在赣闽粤边区进行地方祀典的建设，在建设过程中，始终秉承"以神道设教"的原则，严格按照儒家的礼制，从而大大促进了儒家文化在赣闽粤边区的推广。同时，政府也把一些当地土著的民间信仰纳入到祀典之中，这不仅有利于国家主流文化得到地方社会的认同，同时又促进了这些土著文化的儒家化。所以，我们可以这样说，国家在赣闽粤边区大力建设地方祀典的过程，其实也是把政府借助文化的力量，把国家权力渗透到地方社会，持续不断地把地方社会纳入主流社会的过程。

二　"国家"对赣闽粤边区民间神灵信仰的控制

（一）"抬头三尺有神灵"：客家族群的神灵信仰

　　信仰是具有社会性的人类普遍存在的心理现象，它以相信为基础，是对某一崇拜的思想、事物、偶像产生的价值信念。民间信仰是由物质生产决定的属于精神范畴的一种十分复杂的民俗现象。纵观客家族群的民间信

---

① （清）伍炜、王见川：《永定县志》卷2《营建志·坛庙》，清乾隆二十二年刻本。

仰，具有以下特点：

1. 庞杂的神灵体系

客家人的神灵崇拜，是多神崇拜，所崇拜的对象五花八门，林林总总，有社官、妈祖、定光古佛、三山国王、真君、仙娘、城隍、汉帝，等等。罗勇先生根据神灵来源和信仰圈的大小，把它们分为自然神、宗教神、祖宗神等七大类以及地域性神灵和宗族神灵等四个范畴。① 但如果按照神格来划分，大体可分为两大类：自然神和人格神。

自然神的崇拜：天地信仰是最古老、最根本的信仰。它实际上是一些自然神的综合，包括日月星辰、山川湖海、风雨雷电，这都是人类最初的神。在客家地区，最为常见的是对土地神的崇拜。对有着农耕历史十分悠久的中华民族来说，对土地的敬仰，早在殷商时期，就已成为国家祭祀的重要内容。② 客家传统社会也是典型的农耕社会，对土地神灵的崇拜自然也十分敬重，客家人沿用古老的称谓，把土地神称为社官。在客家农村中，社官庙宇无处不在，无处不有。庙宇大多十分简陋，有的甚至就在村外田坎边的大树下，用三块砖头垒成。正因为简陋却又无处不在，恰恰说明了社官在客家族群社会生活中的重要性。此外，人们还对古树、巨石等也同样崇敬。我们在做田野调查的时候，经常看到村边大树上贴着"天灵灵，地灵灵……"的祈禳术语，在屋顶或正对巷口风煞较大的墙上立着一块"泰山石敢当"，甚至有些小孩因生庚与家人冲突而把名字取为"石生"、"树生"，甚至流行把"八字"寄存在大树、巨石上的风俗。

人格神源于原始先民的灵魂不灭观念。在我国古代社会，生前有功于人，死后转升为神一直是创造神灵的重要规则，太上老君、姜太公、关公都是为人们所熟悉的人格神。客家地区也盛行人格神，其中最为普遍的信仰的是对祖先的崇拜，此外还有临水夫人、三山国王、许真君、水府老爷，等等。③ 这些信仰的存在基础，就是人们认为死者的灵魂不灭，将继续对人间社会生活施加影响，生者只有采取一定措施才能接受或消除鬼魂的有利或不利的影响。

---

① 罗勇：《论民间信仰对客家传统社会的调控功能》，《西南民族大学学报》2004 年第 7 期。
② 俞伟超：《铜山丘湾商代社祀遗址的推定》，《考古》1973 年第 5 期。
③ 汪毅夫：《客家民间信仰》，福建教育出版社 1995 年版，第 134—156 页。

2. 神灵功能齐全，神力范围大

所谓神力范围，是指神灵效能的作用范围，它既包括神灵本身的神力功能大小，同时也指神力效应的影响范围（也即体现在它的受众范围）。客家地区的神灵信仰与中国社会传统的民间信仰一样，给自己所崇拜的神灵赋予各种自己所需要的法力，使得这些神灵的功能十分齐全。例如，赣州七里镇的仙女娘娘原本只是一个专治天花的神灵[1]，但我们对前来朝拜的信众进行采访时，他们对该神灵这一最核心的功能几乎完全淡忘，而把它的功能泛化为祈福、求财、保平安等。同样的事例也发生在其他神灵身上。许真君信仰原来是专镇水妖的神灵，后来也成为江西人的具有综合神能的保护神。神灵功能的增加，也使它的受众范围不断扩大。根据熊佐、李晓文等人的调查，过去赣南地区较大的集市场所都有祭祀许真君的万寿宫。现在参加于都县黄屋乾真君庙会的信众已经远远超出了原来村镇的范围，而远涉瑞金、兴国、宁都、石城等县。[2]

3. 神灵庙宇多、祭祀仪式繁剧

庙宇和仪式是神灵信仰必不可少的组成要素。庙宇是民众为神灵所安排的栖身之处，也是信众对其进行定期或不定期朝拜的神圣场所。在客家地区，神灵庙宇往往是客家村落中最为壮观的人文景观。祖先祠堂往往位于村庄的中心，一般是村中最大、最引人注目的建筑，村落保护神则视其主要功能，散布在村落的不同位置。由于客家族群奉行多神信仰，而且有些宗族丁盛支繁，所以往往还同时供奉着不同的神灵庙宇和大小不同的总祠和分祠。例如，坐落在赣南宁都县城东南部的东龙村，面积仅 2.5 平方公里，就分布着永东古寺、太公庙、将军庙、玉皇宫、道堂、宝塔寺 6 座寺庙以及 48 座大小宗祠。[3] 不仅如此，客家族群民间神灵信仰的有些仪式也是十分隆重、烦琐、持续时间长。如据《长汀县志》记载：

---

[1] 张嗣介：《赣州仙娘古庙与太太生日》，载罗勇、林晓平主编《赣南庙会与民俗》，国际客家学会、海外华人研究社、法国远东学院 1998 联合出版，第 114—141 页。

[2] 熊佐：《黄屋乾真君庙庙会》，载罗勇、劳格文主编《赣南地区的庙会与宗族》，国际客家学会、海外华人研究社、法国远东学院 1997 年联合出版，第 72—93 页；李晓文：《赣南客家地区许真君信仰研究》，《客家》2007 年第 3 期。

[3] 值此再次感谢李良锦（1946 年出生，东龙小学教师）、李品珍（1935 年出生，农民）、李罗春（1938 年出生，农民）等为笔者于 2003 年 8 月、2004 年 11 月在该村作田野调查时所提供的帮助。

长汀民间把迎神赛会看作喜庆，比逢年过节更为隆重热闹，过去城乡如此……迎神活动一般有下列项目：打醮、请僧道念经、做法事、放焰火，群众纷纷到醮坛烧香祈祷，献物献钱。鼓乐，请鼓手乐师吹吹打打，唱曲子。比较大型的迎神均要请戏班子于神前演戏，短则三五天，长则一月半月，观众人山人海，比戏院更热闹。规模较小的则演木偶戏。游神是迎神活动最主要节目，一般前有鸣锣开道，中有鼓乐、执事、彩旗、花灯、船灯、龙灯，更隆重者有台阁、顶马、放铳，最后是神像。队伍沿街或沿乡村田间游行，围观群众甚多。家家户户在迎神期间，亲朋满座……①

此外，民间信仰在客家社会中的普遍盛行并产生深刻影响，还体现在客家族群中形成了许多生活禁忌。如扫帚不能指着天，以免触怒"天老爷"；正月初五是"五谷神"生日，这天家家不能煮生米；婴儿出生三天之内要保密，以防"阴生鬼"；身死异地的人尸体运回家乡时忌放屋内，要在屋外搭棚治丧，谓之"野死鬼不能进屋"，等等。这些禁忌范围很广，涉及岁时、婚姻、生养、饮食、社交、行业、丧葬等，几乎囊括了他们生活的所有方面。

总之，客家族群的神灵信仰是十分广泛而又虔诚的，民间信仰已经成为他们日常生活中的不可缺少的一部分。

(二) 官方对赣闽粤边区民间神灵信仰的控制

如前所述，我国古代政府对待民间信仰的态度，一直遵循着"以神道设教"的原则。在这一原则下，统治者对祭祀的对象及其礼仪予以规定并成为国家祀典制度。这一套制度源于商周时期的祭祀礼仪，春秋战国时期被理论化，秦汉时期正式成为封建国家的重要礼仪制度，并为后来王朝所遵奉。明清地方政府对赣闽粤边区民间信仰的控制，主要也是以这套礼仪制度作为参照。地方政府的控制方式主要有以下三种：

1. 承认并将之纳入官方祭祀体系

也即承认该信仰的合法性，将它纳入官方的祭祀体系，给予该神灵以

---

① 长汀县地方志编纂委员会编：《长汀县志》卷35《风俗·迎神赛会》，生活·读书·新知三联书店1993年版，第853—855页。

国家所承认的正神地位。例如，江西会昌的赖公信仰，原来祭祀的是一个法术高超的赖姓道士，因死后屡屡显灵，助军退寇，所以在明代被列入祀典。① 宁都县的金精山祠，祭祀的是为反抗权贵强聘为妾而致身亡的汉代民女张丽英。② 这些神灵原先都是广泛流行于民间的普通信仰，后来才被纳入到官方祭祀系统而写进了方志中的《祠庙志》。③

那么，什么样的神灵才可以进入官方祭祀体系呢？儒家礼仪的经典著作《礼记·祭法篇》对此有详细的规定：

> 夫圣王之制祭祀也、法施于民则祀之、以死勤事则祀之、以劳定国则祀之、能御大灾则祀之、能捍大患则祀之。……及夫日月星辰，民所瞻仰也，山林川谷丘陵，民所取材用也。非此族也，不在祀典。④

按照这一原则，明太祖在洪武元年下诏：

> 命中书省下郡县访求应祀神氏。名山大川、圣帝明王、忠臣烈士，凡有功于国家及惠爱在民者，具实以闻，著于祀典，令有司岁时致祭。⑤

从这些儒家经典及国家律令看来，这些能够进入国家祀典的民间神灵，通常要具备两个条件，一是有功于民，二是合乎国家法统。

有功于民是民间信仰进入官方祭祀体系的前提条件，是否合乎国家祭祀礼仪制度则是该信仰能否进入国家祀典的关键。在申述这些神灵进入祀

---

① （清）黄之晋：《代会昌绅士呈县请详奏封赖神禀》，载（清）刘长景修、陈长栋纂《会昌县志》卷31《艺文志》，清同治十一年刻本。

② 参见《宁都直隶州志》[（清）黄永纶、杨锡龄修纂，道光四年刻本] 卷25、卷28、卷31中的相关记述。

③ 综观明清时期赣闽粤边区地方志的纂写体例，对于地方神祠庙宇的记述主要有两种：《祠庙志》（有的称为《坛庙志》、《祭祀》）一般是记载政府认可并岁时致祀的正统神灵，而《寺观志》（或称《宫观志》、《寺庙志》）则是记载佛教、道教和普通民间神灵。并且在编排顺序上也是《祠庙志》在前，《寺观志》在后，以突出官方祀典的正统地位。

④ （清）孙希旦：《十三经清人注疏·礼记集解》卷45《祭法第二十三》，中华书局1989年版，第1204页。

⑤ 《明实录：太祖实录》卷35，中华书局1977年版。

典的理由时，往往须要对是否符合这些条件作出充分的阐述。如清代崇义县令董榕在陈述将该县"章源神"纳入官方祭祀体系的理由时写道：

> 江西十川皆汇彭蠡，而章水为大，源于（崇义）聂都山。……山灵斯水灵，人见其流之长，讵可忘其源之远哉？况天子怀柔百神，名山大川所在肃祀，其在江西，自龙神而外，湖滨江崖水神庙食几遍。而章源之祀，郡邑向未之请；民间祭祷，仅于岩洞泉池间瞻礼，不可谓非缺典也。榕谨按江淮以南，咸转漕天府。江西号产米乡，岁漕数百万石，巨航鳞次北发，惟章水是赖。又十三府、七十余州县咸宜粳稻，资水为命，水泉一不继，岁即不登。章水，为省南众派宗，夫四渎视诸侯即不敢拟。而河南卫源之神以济漕，则有祀；山西沁源之神以利民，则有祀。今章水有功于国与民显然如此，庙而祀焉，俾耕凿之俦，春祈秋报有所依，以仰赞天子肃祀之意，礼固宜之。爰奏记大府，以乾隆二十四年，卜地南山之麓……不匝岁而庙成。①

在上述记述中，董榕为章源神提出申请的理由有四个：一是祭祀名山大川是合乎祀典的（"天子怀柔百神，名山大川所在肃祀"），而章水作为江西最大的河流（"江西十川皆汇彭蠡，而章水为大"），理应进入祀典。二是江西其他水神都得到官祀，唯独章源之神没有（"其在江西，自龙神而外，湖滨江崖水神庙食几遍。而章源之祀，郡邑向未之请"）。三是章源之神在维护漕运方面立了大功（"江西号产米乡，岁漕数百万石，巨航鳞次北发，惟章水是赖"）。四是同样在漕运方面立了大功的河南卫源之神、山西沁源之神都进入了祀典（"河南卫源之神以济漕，则有祀；山西沁源之神以利民，则有祀"）。总之，在这段记文中，董榕一再强调章水对粮食漕运、农业灌溉的巨大贡献，合乎祀典中的山川之祭，且已有祭祀卫源、沁源之神的先例，足见其所依据主要就是有功于民和合乎法统这两个条件。

2. 毁禁"淫祠"、"淫祀"

能够纳入国家的祭祀体系当然是一件非常荣耀的事情，但官方对民间

---

① （清）董榕：《章源神庙记》，（清）黄鸣珂修，石景芬等纂《南安府志》卷23《艺文志》，清同治七年刊本。

信仰的承认和接纳本身就是一件基于价值判断并进行取舍的过程，所以在这一过程中，许多神灵和信仰由于不合礼制而被指称为"淫祠"、"淫祀"，而遭到严加毁禁。前引《礼记·祭法》和明太祖洪武元年诏令既是判别典祀的依据，其实同时也是甄别"淫祀"的基本准则。为了使各级官员在厘定过程中更加准确，又于洪武三年颁行"禁淫祠制"：

> 凡民庶祭先祖，岁除祭灶，乡村春秋祈土谷之神。凡有灾患，祷于祖先，若乡厉郡厉之祭则里社自为之。其僧道建斋设醮不许上表投拜青词，亦不许塑画天神、地祇；白莲社、明尊教、白云宗、扶鸾祷圣符咒诸术，并加禁止。①

在明朝的法律中，对不合乎祀典的"师巫邪术"的惩罚也有明确规定。如：

> "凡师巫假降邪神，书符咒水，扶鸾祷圣，自号端公、太保、师婆，及妄称弥勒佛、白莲社、明尊教、白云宗等会，一应左道乱正之术。或隐藏图像、烧香集众、夜聚晓散、佯修善事、扇惑人民，为首者绞，为从者各杖一百，流三千里。""若军民装扮神像，鸣锣击鼓，迎神赛会者杖一百，罪坐为首之人。""里长知而不首者，各笞四十。"②

按照这些条令，明清时期赣闽粤地区的一些民间信仰也遭到禁止和毁废。如，

> 黄世忠，"宏治初，由乡举知赣县事。以民俗尚鬼，毁淫祠百十，作诗遍谕百姓"；黄泗，"正德间，由乡举知兴国事。以民俗尚鬼，毁淫祠百十，作诗遍谕百姓"。③

---

① 《明实录：太祖实录》卷53，中华书局1977年版。
② （明）李东阳撰，申时行重修：《大明会典》卷164《刑部七·律例六·祭祀·禁止师巫邪术》，中华书局1989年版。
③ （清）魏瀛修，钟音鸿纂：《赣州府志》卷43《官师志》，"县名宦"条，清同治十二年刊本。

张弼,"成化中守郡。……兴文教,去淫祠,教民医药,勿惑师巫";林大佐,"万历间知崇义县事,戒奢侈,禁邪教,修学校,端风化"。①

刘昌祚,"万历九年任知县。禁龙舟、赛神等会,民间省费不可胜言"。②

吴德基,名履,"元年③为南康丞。邑有淫祠,每祀。有蛇出户,民指为神。履缚巫责之,沉神像于江"④。

这些毁禁淫祠、淫祀的力度是很大的,当时的成效也还显著。例如,张弼对在南安府的毁禁运动的描述中可以清楚体现:

南安鬼俗淫祠太盛,近乃毁之,凡六百所。土木偶人付诸水火。祠屋之小者,付诸无居之民,间为巡警铺舍;稍宽洁者为社学;宏富者拆除之,材瓦官用。……军民初甚不然,久之渐以为便。乃计岁省费牛四百余、猪千二百余、狗百余,小牲杂费弗论;酗斗之讼亦减。凡计之,岁省银岂止千两而已!⑤

从他的描述中,可知毁禁淫祠杂祀对于节省财物资源,端正地方风俗还是起到了明显的效果。

3. 允许其继续存在并加强监控

当然,在祀典和淫祠之间,则是分布更为广泛的普通民间信仰,这种信仰及其宫观祠庙,在地方文献和民间乡村中大量存在。有学者把这些民间信仰称为"私祀"。⑥ 对于这类民间信仰,官方采取了既不承认其正神地位,也不将它们贬为"淫祀",而任由其存在的态度。

---

① (清)黄鸣珂修,石景芬等纂:《南安府志》卷15《名宦》,清同治七年刊本。
② (清)王颖修,何戴仁纂:《雩都县志》卷7《名宦志》,清同治十三年刻本。
③ 查同治十一年《南康县志》卷6《职官志·文职》和同治七年《南安府志》卷9《秩官·南康秩官表》,当知应指洪武元年。
④ (清)沈恩华修,卢鼎峋纂:《南康县志》卷6《职官志》,"名宦"条,清同治十一年刻本。
⑤ (明)张弼:《复广东提学赵金宪书》,(清)黄鸣珂修,石景芬等纂《南安府志》卷25《艺文八》,清同治七年刊本。
⑥ 王健:《祀典、私祀与淫祀:明清以来苏州地区民间信仰考察》,载《史林》2003年第1期。

官方对"私祀"采取不干涉态度的原因，笔者认为主要有三点：第一，"私祀"数量很多，涉及社会层面非常广，已经深深融入当地民众的社会生活。如果一概加以禁止，则容易引起社会动荡。第二，这些民间"私祀"与主流意识形态不相违背，不会危及当朝的政治统治。第三，官方允许"私祀"的大量存在还与原始宗教对官员和士大夫具有深刻影响有关。前面两点原因我们好理解，在这里笔者着重解释一下第三点原因。

按照学者的观点，儒家基本上是否定灵魂、神灵和神性意义上的鬼神存在，显示出鲜明的无神论倾向和面对现实的定位。[①] 但是在万物有灵观念支配下而形成的原始宗教，是中国古代民众的普遍信仰，即使是掌握了较高文化知识的儒家知识分子也不例外。[②] 这些以儒家起身的官员和士大夫虽然熟读了儒家的无神论，但在现实生活中也常参与对鬼神的祭拜活动。受这种生活体验的影响，他们对于社区民众的神灵信仰所表现出来的虔诚和狂热自然就有了充满感性的"理解之同情"。这种体验和同情，在他们对待民间神灵问题上势必产生一定的影响。在前面我们叙述了董榕把原来只是"民间祭祷"的章水之神列入官方祭祀体系的事例。实际上，类似的例子很多。例如，清代同治年间雩都县将举行十年一次的雩山神行田仪式，因而需向乡民筹集大量经费，并且在游神过程中必将出现乡民狂欢的现象，而这些都是极有可能遭到官府的禁止。为了帮助筹集经费和避免被官府禁止，该县乡绅李睿专门写了一篇文章，希望得到官府的理解和支持：

> 古者田事之祭，春祈秋赛，迓田祖而祀蜡神，民得以吹豳击鼓其间。而出云为云，以长我禾黍者，其权操之山川。山川之祭，乃主于诸侯，自大夫旅之已为僭，而民可知。然自先王之礼废，后世民间以其意为祀，其神至不可稽。而山川之神，则实有功德于民者，分非得祀，而情有可致。盖山川之祭，以诸侯主则尊，可以诸侯，拟诸侯非民所得享。而古诸侯之有益于民者，跻堂称觥，民亦得以伸一日之情，则合一方之民。而有事于山川，亦跻堂称觥之意，与主其祭者自异，与礼非僭，而于义可起也。

---

① 陈咏明：《儒家与中国宗教传统》，宗教文化出版社 2003 年版，第 1 页。
② 杨庆堃：《中国社会中的宗教——宗教的现代社会功能与其历史因素之研究》，上海人民出版社 2007 年版，第 12—35 页。

吾邑北四十里，有山峤起而干霄者，以祷雨有验，名之曰雩，不知始于何时。而山以县名，则山之神异，所以从来远矣。庙于山之麓，地名金溪，自宋淳熙守周公必正始，自是岁为祈报，下逮民间，沿以成俗。而每逢十年必新其舆盖、旗帜，歌舞燕乐奉以行田。南方之俗崇尚巫祝，子贡所谓一国若狂者，往往不免，而是神之奉，不可一例论。夫孕奇毓秀，使人民之有俊杰，神之德隐于无形；出云降雨，使禾黍之有丰穰，神之功显于象，皆不可以不报，为其义之可起行，其情之难已。自其有象者言之，积十年之久而举事焉，所以崇神者知其不可俭。明岁壬申为神行田之期，直其事者为上罗村，里人忧其俭不伸情也，将诣有田之家题金裹事，欲予一言为劝，因为引于简端。①

李睿作为一个儒家知识分子，当然知道当地雩山神之祭不在祀典之内，大张旗鼓地为之筹集资金，很有可能遭到官府的禁止，因此他在这篇文章的第一部分，就极力从事理上为雩山神的祭祀进行辩解。他认为，山川之祭是儒家经典和先王之制。虽然在先王礼制中，主持祭祀山川之神时的人在身份等级上有严格的规定，但因为都是为民所情，有益于民，其目的和意义都是一致的，因此即使现在主持祭祀的人不一定就是诸侯身份的人，这种祭祀在礼制上并没有僭越，而且从道义上来讲也完全可以这样做的（"与礼非僭，而于义可起也"）。在第二部分中，他强调尽管雩山神虽未列入国家祀典，"分非得祀"，但是因为它"以祷雨有验"，却也符合儒家思想中"有功德于民"的原则，所以民众集资祭祀并进行狂欢，完全是合情合理的（"其义之可起行，其情之难已"）。在他的陈述中，我们可以清晰感觉到这位儒家知识分子在字里行间所流露出来的对该神灵崇拜的理解和同情。

再如，安远县教谕丁佩在清朝同治年间主修县志时，也把原来属于民间私祀的真君、郭公、七姑等，列入专载国家祀典的《坛庙志》中：

先王建国，必立坛壝。诚以治人事神，皆守土者所有事也。

---

① （清）李睿：《雩山神行田引》，载（清）王颖修，何戴仁纂《雩都县志》卷13《艺文》，清同治十三年刻本。

> 我朝创制显庸，天下州县皆颁祀典。社稷神祇，与山川风云雷雨之神并尊，典至巨也。文昌、关帝、文武之制昭然，忠义、节孝、名宦、乡贤，为纲常名教之所系。降而至于邑厉，亦皇仁所不遗。外此，则祠曰昭忠，所谓以死勤事也。非此族也，不在祀典，似亦可以不载。然真君，为豫章之神灵；郭公，为濂江之保障，且为列代所加封。七姑、三仙、康公、赖公，虽说无稽，而屡有显应，邑人祀之，习以为常，究非旧志而录之，亦有"其举之莫敢废也"之云尔。①

在这篇按语中，丁佩清楚知道真君、郭公、七姑、三仙、康公、赖公等神灵，乃是当地土神，其神灵来源和致祭缘由根本无从稽考，原本不在祀典之列。但在修撰县志时，他还是把这些神灵列入专载国家祀典的《坛庙志》。其理由是这些神灵"屡有显应，邑人祀之，习以为常"，其次是出于"其举之莫敢废也"的原因。"其举之莫敢废也"一语出自《礼记·曲礼下》，其原文是"凡祭，有其废之莫敢举也，有其举之莫敢废也"②，意思是在祭祀的时候，那些已经废除禁止的神灵，则坚决不祭祀；而那些已经有过祭祀的，则不能废弃不祀。丁佩在这里引用儒家经典中的这句话，是要表明真君、郭公等神灵虽属"无稽"，在以前修志时并没有把它们录入志书中，但因为它们"屡有显应，邑人祀之，习以为常"，符合《礼记》中"其举之莫敢废也"的祭祀原则，因而这次修志就把它列入了县志的《坛庙志》。丁佩在修志时对安远县的民间信仰巧妙地作出合乎儒家逻辑的解释，这一事例既显示了他作为一名儒家士大夫，自觉承担起了维护儒家礼教的责任；同时也表达了他作为一个基层官员，对民间信仰有着深刻的同情和理解。

正因为上述几点原因，所以那些量大面广的民间信仰，除了很少的一部分可以获得正神资格或遭到打击外，大多数神灵还是会因此而继续存在。当然，允许民间信仰的存在并不意味着放任其自流，官方经常提醒民众要遵守法令，勿与邪教相勾连，并且时刻关注它们的发展。例如，赣州知府杨豫成撰写《劝诫词》，要人们警惕被白莲、天地会等组织欺骗和

---

① （清）黄瑞图修，丁佩纂：《安远县志》卷2《坛庙》，清同治十二年刻本。
② （清）孙希旦：《十三经清人注疏．礼记集解》卷6《曲礼下第二之二》，中华书局1989年版，第152页。

利用：

> 青莲、白莲、天地诸名目，嘻嘻出出几如鬼。鲐者唱其先，祷张为幻仔敛钱。愚者堕其术，匍匐皈依思求福。亦有良懦迫于势，孤立无助动遭忌，屈从苟为自安计。……破钱而得匪名，尔又何所乐而随之！①

身在京师的雩都人黄宏纲也利用自己身为刑部主事的身份，把最新得到的消息，告诉家乡雩都的县令，要求他采取必要措施，防备"前劫龙山丘宅之贼"乘本邑举行神会之际又来作乱：

> 目下城中将举行天符圣帝神会……素知父母留心地方，是竭愚昧，备陈隐忧。如不以病言为迂，幸密遣明敏之人，细访各方会首姓名，就中摘数人重惩之；仍责令十三总地方日夜巡缉，尽法严禁……②

三 儒家文化传播对赣闽粤边区民间信仰的影响：以南康刘氏女由人入神的事迹为例

贤女信仰原先只是流传在赣江上游南安府一带的土神，后来经过地方官员和儒家士大夫的推动，它被纳入地方祀典。通过官员、士大夫对该贤女娘娘故事的表述，我们可清楚看到宋明理学对民间神灵存在和发展的巨大影响。正是因为官员和士大夫对贤女故事进行了合乎儒家思想的意义阐述，才使一个含愤而死的柔弱女子，死后获得殊荣，登入官方的祭祀殿堂。

（一）由人而神：贤女娘娘信仰的产生和祀典化

"贤女娘娘"信仰的发生地，在位于赣江支流——章江河畔，江西南康县城南偏西11公里处的浮石乡贤女埠，这里自古是中原南下，溯赣江而上进入南粤的必经之地。

---

① （清）杨豫成：《劝诫词》，载（清）魏瀛修，钟音鸿纂《赣州府志》卷78《艺文》，清同治十二年刊本。

② （明）黄宏纲：《简方邑侯论神会书》，载（清）魏瀛修，钟音鸿纂《赣州府志》卷67《艺文》，清同治十二年刊本。

关于贤女祠的故事，方志中有明确记载：

> 刘氏，吴村居胜里田家女也。及笄，父母许以适高洲蔡氏，已而悔之，更许吴氏。吴氏卒，又欲复归于蔡。女曰："先使我弃蔡从吴，是负蔡矣；今又从蔡，是负吴也。"因悲愤沉潭水而死。①

在民间，这个故事描述得更为精彩，更具有叙事性：

> 古代乌竹排（今浮石乡贤女埠墟附近的迳坝）刘姓将其女许配给某家，还没等到婚嫁归门，该家家道中落，刘父后悔，转而将女儿许配给另一家，没想到不久后这一人家家道也破落了，而原先那家的家道回转，所以刘父又将女儿许配给原先那家，并接受了聘金，但后来这家不肯退婚。没有办法，只好约定某日两家同时行船来娶，看女儿自己愿意上谁家的船就许配给那家。是日，两家的船都来了，刘女见如此吵吵嚷嚷，觉得父亲这样做丢尽了面子，便趁人不备，跳河自尽（又有人说是因为刘女看到父亲接受了两家的彩礼而进退维艰，为了帮助父亲，甘愿一死了之来替父亲解围，所以上船时故意脚踏两船。两船都以为是上了自己的船，故同时奋力撑开，刘女因此落水而死）。由于该渡口下有深潭，水流湍急，所以抢救不及，溺死了。刘女死后，过了两三天，尸体漂到落水处的上游，被打渔的船夫捕到，船夫很恐惧，赶忙把尸体扔回水里，往上游划去，但落网时又捕到尸体，如此三次，船夫十分惊讶说："如果你是神灵，想落葬在这里，那么你先香七天然后臭七天。"然后把尸体拖放到岸上，果然女尸在沙滩上香了七天又臭了七天。这个故事很快就传开了，大家认为这是天意，所以才埋葬了尸体。并且建了一座庙在潭边，取名叫贤女娘娘庙。②

---

① （清）申疏来修，宋玉朗纂：《南康县志》卷12《乡贤志》，"节烈"条，清康熙四十九年刊本。

② 这是笔者在2004年与《赣南日报》副主编龚文瑞一起到南康作田野调查时，由赖雅淮先生（1949年出生，时任贤女墟下街村村民小组组长）向我们讲述的，于此再次表示感谢。

由于浮石乡地处赣江——大庾岭通道上，贤女娘娘的故事很早就流传开来。北宋乾道年间（1165—1174年）的进士，曾任鄂州知州的罗愿是歙县人，耳闻此事后写下了咏贤女祠的诗句。北宋时期的汪革，临川人，虽未到过南康，但也听到过此事并留下了相关的诗句；南宋时期有名的文学家吴曾，江西抚州人，也在其读书笔记中留下了相关记载，以后历经元、明、清，都有文人骚客的诗文存留下来。（详见下文）

当然，在流传过程中，由于道听途说，难免会产生一些讹说，在一些细节问题上也出现分歧。如《大明一统志》把刘氏女误作是石城人，并认为故事发生时间无从考证①；清朝褚人获在《坚瓠集》中把刘氏女及其先后所许配的男家姓氏分别错写成蔡氏、萧氏和陈氏；吴曾在《能改斋漫录》中只字不提刘父毁约反复的细节，只说："夫死，誓不再嫁，父兄强之，因自沉于江浦。"②

刘氏女在对婚姻感到极度失望之后，采取了跳河自杀的极端方式来解决问题。她虽抑郁而死，但没想到死后竟获得巨大同情和赞叹，以至跻身于地方祀典之列。她所经历的由人变鬼，再由鬼变神的过程，在地方文献中有明确记载：

> 贤女祠，在县西二十五里，宋端拱间建，祀刘氏女。崇观间，陈廷杰摄邑，始书其事于石。嘉靖三十三年，知县曾迪重建祠。天启间，知县陈瑾立石碑，大书"贤女自沉处"。今祠毁，碑亦沉水，居民立土庙祀之。③

此外，笔者在田野调查中还得知，直至"文化大革命"前，该贤女祠还存在，祠庙临江而建，有前后两栋，从旧址上所残存的巨大石础，仍然可以窥见当时庙宇的辉煌。现在庙宇已毁，村民就在原址用一些砖块，垒砌了一座高不过三尺的矮庙。每月的初一和十五，都有一些虔诚的信众前来祭祀。

作为一个普通的女子，刘氏女为什么能够由人变神，最后忝列祀典之列，我们认为儒家文化的因素在其中起了非常重要的作用。

---

① （清）黄鸣珂修，石景芬等纂：《南安府志》卷17《列女》，清同治七年刊本。
② （清）杨锛：《南安府志补正》卷10《杂志》，清光绪元年刊本。
③ （清）黄鸣珂修，石景芬等纂：《南安府志》卷6《典祀》，清同治七年刊本。

刘氏女死后变神其实有一个过程，这个过程分为两个步骤，第一个步骤应该是"由人到鬼"，第二个步骤是"由鬼变神"。先来看看第一个步骤即由人到鬼。刘氏女死后得祀，应该与我国古代存在的"鬼有所归，乃不为厉"观念密切相关。在古人看来，人死为鬼，"众生必死，死必归土，此之谓鬼"（《礼记·祭义篇》）。然而鬼分好坏，其中有一种魂魄无所归依者，乃谓之"厉鬼"，这种鬼如不加以善待，则将贻害于人。"鬼乏祭享而无所归，则必为害"[1]。要使厉鬼不作恶为害，得使其魂魄有所依，"鬼有所归，乃不为厉"。（《左传·昭公七年》）因此，早在先秦时期，儒家礼法便规定，要对厉鬼进行祭祀，《礼记·祭法》就明确规定，王立"泰厉"，以祭祀古帝王之无后者；诸侯立"公厉"，以祭古诸侯之无后者；大夫立"族厉"，以祭古大夫之无后者。[2] 对于"鬼有所归，乃不为厉"思想，无论在理论上，还是在实践上都进行了更加明确诠释的，乃是明朝开国皇帝朱元璋。明太祖朱元璋在明初就下令有司对"无祀神鬼"依时致祭，在他的敕令里，哪些是"无祀神鬼"，为什么要祭祀并且如何祭祀这些"无祀神鬼"，都作了十分详细的说明：

> 天子祭天地神祇及天下山川，王国各府州县祭境内山川、及祀典神祇。庶民祭其祖先、及里社土谷之神。上下之礼、各有等第。此事神之道如此。尚念冥冥之中无祀鬼神，昔为生民，未知何故而殁。其间有遭兵刃而横伤者，有死于水火盗贼者，有被人取财而逼死者，有被人强夺妻妾而死者，有遭刑祸而屈死者，有天灾流行而疫死者，有为猛兽毒虫所害者，有为饥饿冻死者，有因战而殒身者，有因危急而自缢者，有因墙屋倾颓而压死者，有死后无子孙者，此等鬼魂，或终于前代，或没于近世，或兵戈扰攘，流移于他乡；或人烟断绝，久缺其祭祀，姓名泯没于一时，祀典无闻而不载。此等孤魂，死无所依，精魄未散，结为阴灵。或倚草附木，或作为妖怪，悲号于星月之下，呻吟于风雨之时。凡遇人间节令，心思阳世，魂杳杳以无归，身堕沉沦，意悬悬而望祭，兴言及此，怜其惨凄。故敕天下有司，依时享祭。在京都

---

[1] 《明实录：太祖实录》卷59，"洪武三年十二月戊辰"条，中华书局1977年版。
[2] （元）马端临：《文献通考》卷86《郊社考十九》，华东师大古籍研究所点校，华东师范大学出版社1985版。

有泰厉之祭，在王国有国厉之祭，在各府州有郡厉之祭，在各县有邑厉之祭，在一里又各有乡厉之祭，期于神依人而血食，人敬神而知礼。①

"凶死为厉"的说法，在民间早就流行。对于那些意外死亡的，民众一直非常忌讳，须对这些亡魂进行祭祀，以防它们作恶为害。在赣闽粤边区也是如此。例如，赣南地区在丧葬仪式中，在抬棺前往墓地的过程中，要沿路撒纸钱，据说是给拦在各路口的野鬼撒买路钱；在农历七月十五"鬼节"这天，在给祖先的烧送冥礼时，还得特别烧一些冥币给孤魂野鬼，免得它们哄抢烧给祖先的冥礼。

正因为在赣闽粤边区存在祭祀厉鬼的习俗，在笔者看来，刘氏女死后之所以能获得乡人的祭祀，当与此习俗密切相关。民众自发建祠祭祀死去的刘氏女，虽然可能是因为乡民出于怜悯和同情，但也更有可能是出于对"凶死为厉"说法的恐惧。刘氏女的自杀，属于意外死亡，死后将成为"无祀鬼神"，必将为害一方。乡民对刘氏女之死的恐惧，在流传至今的刘氏女尸体逆流而上，并能先香后臭各七天的传说中体现出来。基于"鬼有所归，乃不为厉"的说法，乡民因此对其立祠祭祀。

乡人立祠祭祀只是使刘氏女完成了由人变神的第一步，此时她的身份，在乡民的思想观念中，其实只是一个"厉鬼"。而真正让刘氏女进入国家祀典体系，变成一个受人尊敬，享受官方庙食的神灵，还在于官员和儒家士人的推动。

刘氏女投河自尽的时间，根据宋代吴曾的描述，当在祥符年间。"南康有贤女浦，盖祥符间女子，姓刘氏，夫死誓不再嫁，父兄强之，因自沉于江。"②"祥符"当是"大中祥符"的简称，它是宋真宗的第三个年号，北宋在1008—1016年使用这个年号，共9年时间。明朝嘉靖三十四年修纂的《南康县志》是我们目前所能找到有关贤女祠记载的地方志中最早的一部。然而，根据这部地方志的记载，贤女祠的建祠年间则是在北宋端拱年间："贤女祠，在县西二十五里，宋端拱间建，即祀刘氏女也。"③

---

① （明）李东阳撰，申时行重修：《大明会典》卷94《群祀四·有司祀典下》，中华书局1989年版。
② （宋）吴曾：《能改斋漫录》卷11《记诗·贤女浦》，中华书局1985年版，第312页。
③ （明）刘昭文纂修：《南康县志》卷4《礼制》，"祠"条，明嘉靖三十四年刻本。

"端拱"是宋太宗的第三个年号，北宋在988—989年使用这个年号，共两年。这说明，刘氏女投河自尽，以及乡人为她建祠的时间，当在988—1016年之间，即北宋初年。

根据地方志的记载，刘氏女居住的地方叫"吴村居胜里"，她沉潭自尽的地方没有详细记载，但应该就在"居胜里"辖区内。后来由于刘氏女故事的流传，该地的名称改为"贞女浦"，后又改为"贤女浦"。"南康有贤女浦，盖祥符间女子，姓刘氏，夫死誓不再嫁，父兄强之，因自沉于江，浦因以取名。初号贞女，后避昭陵讳，改为贤女。"① 根据笔者所能找到的资料，最早提到"贤女浦"这一地名的文人，当是北宋的苏东坡。他在《叠辱书教帖》一文中提到了位于南康的"贤女浦"，根据孔凡礼先生的考证，此帖是苏东坡于北宋绍圣元年（1094年）贬谪至惠州，在路过南康途中所作。② 然而，根据对苏东坡诗词的检索，他在途经南康途中虽留下了《舟次浮石》这首七律诗，但诗中并没有提及贤女祠以及刘氏女的故事。③ 说明当时"刘氏女"的影响还不大，但后来在文人、官员的推动下，该信仰的影响就越来越大了。现在所能查到的吟唱贤女祠的诗文是北宋后期的汪革（1071—1117年），他留下了两首评价刘氏女的七言绝句。后来，南宋时期的罗愿、戴翼，以及元代的鲁一原、明代的刘节、清代的申毓来等，都分别写下了关于贤女祠的诗句。（所著诗文详见下文）此外，北宋崇观间，县令陈廷杰将刘氏女的故事刻写在石碑上；大观三年，县令谢举廉撰写记文；正和六年，县令亦为之撰写记文；明朝嘉靖三十三年，知县曾迪重建贤女祠；明朝天启间，知县陈瑾亦在贤女祠树立一块书有"贤女自沉处"亲笔题词的石碑；康熙四十九年，知县申毓来纪诗勒石于祠。④ 可以这么说，刘氏女在死后的将近100年左右时间里，虽有乡人建祠祭祀，但基本还是默默无闻。后来由于这些官员和文人的推动，其感人故事才逐渐流传开来，并使其从享受乡间野祭的厉鬼，转变为进入官方祀典的正神。

---

① （宋）吴曾：《能改斋漫录》卷11《记诗·贤女浦》，中华书局1985年版，第312—313页。

② 孔凡礼：《三苏年谱》卷49，北京古籍出版社2004年版，第2601页。

③ 《舟次浮石》一诗的全文为：渺渺疏林集晚鸦，孤村烟火梵王家。幽人自种千头橘，远客来寻百结花。浮石已干霜后水，焦坑闲试雨前茶。只疑归梦西南去，翠竹江村绕白沙。

④ （清）邓兰等修，陈之兰纂：《南康县志》卷6《礼典制》，清乾隆十八年刻本。

（二）文化的立场：儒家文化在贤女娘娘信仰变迁过程中的作用和影响

贤女娘娘信仰作为一个普通的民间信仰，竟然会引起历代文人的反复吟唱，和地方政府官员高度重视，或刻石记事，或作诗纪念，或重建庙宇，或列入方志，使之走上地方性的国家正统典祀，享受正神待遇，接受民间和官方的祭祀香火。那么，在刘氏女走上国家祀典的过程中，这些士子文人和地方官员如何站在儒家文化的立场去演绎刘氏女故事中的儒家精神内核？这个精神内核与国家祭祀思想具有哪些一致性，值得我们去探讨。对此，我们可以从历代遗留下来的文人诗词中进行考察。从这些诗词中，我们可以发现，历代诗文对这么一个婚姻悲剧都予以高度称赞，而受称赞的焦点，就在于刘氏女的故事与儒家道德十分相合。

最早对贤女故事进行吟唱的，是北宋的汪革（1071—1110 年），他路过贤女埠有感而写诗二首。其一，"贤女标名几度秋，行人抚事至今愁。湘弦楚雨知何处，月冷风悲江自流"。其二，"女子能留身后名，包羞忍耻漫公卿。可怜呜咽滩头水，浑似曹娥江上声"[1]。汪革在这首诗中，引用东汉孝女曹娥的故事来看，其意主要在于表赞刘女对父亲的孝道。曹娥是东汉时会稽上虞人。父亲曹盱是个巫祝，有一次他在江中举行迎神仪式时不幸失足溺死，连尸骸都打捞不到。当时曹娥年仅十四岁，日夜在江边恸哭。后来听说凡淹死而找不到尸体的，可以把衣服（或说瓜）投到河中，如果衣服会沉下去，那么尸体就在下面，曹娥照着做了。衣服漂流水中她沿着江边追逐了 17 天，衣服忽然沉下去，她便纵身跳入江中捞取父亲尸体，结果也淹死了。人们为她的孝道所感动，便立碑纪念她。范晔在《后汉书》中直接称呼她为"孝女"[2]。汪革把刘氏女与曹娥相提并论，说明他也欣赏刘氏女的孝道。

南宋时期的罗愿（1136—1184 年）和戴翼（他于南宋绍定年间（1228—1231 年）任南康县令期间，分别为贤女祠题诗一首。罗愿的诗是这样写的："许嫁女始字，昔人良所钦。此身有所属，安得强委禽？嗟哉乃翁愚，弃盟欲重寻。死生还复合，无谓遂初心。谁知彼寒女，义烈动芳

---

[1] 政协南康县委员会：《南康文史资料》第三辑，文史资料工作委员会 1990 年编印，第 7 页。

[2] （南朝）范晔：《后汉书》卷 84《列女传》，"孝女曹娥"条，中华书局 1965 年版，第 2795 页。

襟。顷来已一惭，厚愧方在今。正性不负物，临流殒千金。我来吊丛祠，目眩寒潭深。凄凉一川上，行客闻知音。"① 戴翼的诗则是："士有败风节，惭愧埋九京。幽闺持大谊，千载著嘉名。父不重然诺，女能轻死生。寒潭簟秋月，心迹两分明。"② 很明显，罗愿、戴翼主要赞赏刘氏女的忠信。罗愿用"嗟哉乃翁愚，弃盟欲重寻"来反衬刘女的"义烈"；戴翼也用"父不重然诺，女能轻死生"来进行对比，反衬其女的讲求忠信。

此外，元代鲁一原、明朝刘节、清代申毓来也都题有诗文。鲁一原在其诗《贤女祠》中写道："翻手作云覆手雨，刘翁乃尔女如许。飘飘上下随东风，妾身肯似章台絮？前门一水洁更深，沉沉此水明妾心。后来志士为感慨，过此往往成悲吟。嗟嗟许蔡复许吴，女吴绝蔡成二夫。此时哀泪若几谏，翁意或可还其初。吴家箱币罗堂前，女兮默默胡不言？后来吴郎倘不死，清庙未必隆江边。女今贤明照天宇，翁也反复闻千古。许吴之日回此天，女贤翁否俱无传。"③ 明代弘治进士刘节写道："投江合在许吴时，此义分明女不迷。直待吴亡方觅死，令人认作蔡郎妻。吴郎不死女何归，女志难将父命违。挨到接缡终是死，死魂还向蔡郎飞。"④ 清代申毓来也题有《贤女祠》诗一首："蓉江之水清且洌，湍激涛奔流不竭。中有列女万古魂，沧桑虽改难磨灭。父先许蔡复许吴，翻云覆雨心恨切。人谓此时女不谏，谏而不从恩义绝。自揣此生命不长，慷慨一死志清洁。羞煞人前说二夫，终身不事有完节。至今立祠在江边，千载庙食义犹热。寒潭弄影碧沉沉，杜鹃啼彻三更血。丹衷一片想谁明，江心夜夜对孤月。"⑤ 从上述三人的诗文来看，虽然他们也赞扬了刘女的忠信，但几乎都为刘女没有在最初背叛蔡家时进行反抗而感到惋惜，甚至认为刘氏女早在其父把她改许给吴家时就应该自尽。在这里，这些士大夫并不从人性的角度为一个弱女子的悲惨结局感到任何怜悯，反而要求该女子应该毫无瑕疵地做到绝对的从一而终。

对于同一则故事，不同时代的知识分子却产生了不同的看法。我们认为，士大夫们认知态度的这些转变，应该与中国传统儒家思想的转变密切

---

① （清）黄鸣珂修，石景芬等纂：《南安府志》卷26《艺文》，清同治七年刊本。
② 同上。
③ （清）申疏来修，宋玉朗纂：《南康县志》卷16《艺文三》，清康熙四十九年刊本。
④ （清）黄鸣珂修，石景芬等纂：《南安府志》卷26《艺文》，清同治七年刊本。
⑤ （清）申疏来修，宋玉朗纂：《南康县志》卷16《艺文三》，清康熙四十九年刊本。

相关。前文我们曾经提及，儒家自创立以来，在西汉时期曾达到独尊的地位。但由于儒生谨守师法又热衷于细枝末节的烦琐笺注，使儒家经学呈现出颓废之势，在魏晋以来佛道之学的冲击下，宋初儒学出现严重的理论危机。在王安石等人的推动下，儒学逐渐得到初步复兴。宋至元明，在周敦颐、程颐、程颢、朱熹以及王阳明等人的努力下，儒家思想得到进一步的发展，它以儒家思想为内核，吸收了佛道思想，最终建立和完善了庞大而又周密的理学体系。① 在这一过程中，儒家思想对伦理道德的要求也发生了很大的改变，从先秦时期的"己所不欲，勿施于人"②、"老吾老以及人之老，幼吾幼以及人之幼"③ 的讲求宽容重视人性阶段，逐渐过渡到宋明时期的"学者须革尽人欲，复尽天理"④ 的注重培养气节操守、讲求以理统性、自我节制的阶段。⑤

儒家文化在不同时代的发展变化，自然对当时的文人士大夫产生一定的影响。在不同时代儒家士人对刘氏女故事的阐释中，其情感态度和认知要旨都有一定变化，应该与当时儒家文化的学术变迁有关。在汪革生活的时代，宋明理学还未确立，当时士大夫受秦汉儒学的影响，且赣南当时教化尚未开，所以对贤女故事中的刘氏父亲比较宽容，诗词中丝毫看不到对刘氏父亲的责备，主要凸显的是刘氏女讲求家庭孝道的传统的人伦纲常；而在罗愿、戴翼生活的时代，通过周敦颐等人在赣南的宣儒活动，赣南教化大开，所以对贤女故事的认识，已经突破了家庭人伦纲常的格局，把它提高到宋初理学所要求的忠义、忠信的社会层面。而到明代，随着理学的逐渐完善和在赣南的深入传播，对忠信的要求也大大提高了，所以对刘氏女没有做到绝对的从一而终表示了深深的遗憾。虽然如此，我们也必须清楚地看到，尽管不同时代士者文人在解读刘氏女故事时，其情感态度

---

① 张岂之主编：《中国历史》（隋唐宋卷），高等教育出版社2001年版，第307—326页。
② （清）刘宝楠：《十三经清人注疏·论语正义》卷15《颜渊第十二》，中华书局1990点校本，第485页。
③ （清）焦循：《十三经清人注疏·孟子正义》卷2《梁惠王上》，中华书局1987点校本，第86页。
④ （宋）朱熹著，黎靖德编：《朱子语类》卷13，王星贤点校，中华书局1986年版，第224页。
⑤ 参见张岱年、方克立《中国文化概论》，北京师范大学出版社2004年版，第245—261页；张应杭、蔡海蓉《中国传统文化概论》，上海人民出版社2000年版，第117—149页；陈延庆《从先秦儒学到宋明理学——中国古代人性论的发展历程》，《山东科技大学学报》（社会科学版）2001年第1期。

和认知要旨有一定差异，但他们都从儒家道德的角度对该故事进行诠释，力求证明刘氏女的自杀行为符合儒家道德规范，反映了这些士者文人坚定的儒家立场。

　　总之，贤女信仰原先只是民间的自发性信仰，后来政府官员和士大夫不仅承认了贤女信仰的合法性，而且还赋予她一种符合儒家道德规范的内容而进入了官方祀典，从而大大提高了贤女娘娘的神圣地位。在这一过程中，政府官员和士大夫利用儒家思想对贤女故事进行了大力改造，使之与国家正统思想相一致。这样，通过历代士者文人的长期不懈努力，终于使赋予在贤女娘娘身上的儒家正统思想逐渐被普通百姓所接受。

# 第五章　文化传播与族群整合

——赣闽粤边区的社会变迁与客家民系的形成

上述各章着重介绍了唐末以来中原汉族王朝政府采取军事、政治和文化等方面的措施，以及中央政府对赣闽粤边区的控制和治理逐步深化的过程。这一过程，也是以儒家文化为核心的中原汉族文化在赣闽粤边区广泛传播和逐渐被普遍接受的过程。那么，这些措施对赣闽粤边区地域社会产生了什么样的影响，又对地域文化的产生起着什么样的作用呢？作为对以上各章的总结，本章集中阐述在王权政治不断深化以及儒家文化广泛传播的影响下，赣闽粤边区所发生的巨大社会变迁，以及客家族群文化的形成。

唐宋至明清时期，赣闽粤边区发生了巨大变化：一是社会经济得到极大的开发。由于古代经济重心南移，赣江—大庾岭通道的开凿，尤其是大批外来移民的迁入，使赣闽粤边区逐步得到开发，经济迅速发展，在国民经济中的地位显著提高。二是中原王朝统治在赣闽粤边区不断深化。随着赣闽粤边区经济开发，以及在全国的经济和交通地位的提高，中原王朝对这一地区的控制也日益加强，一改原先依靠当地酋豪进行间接统治的方式，通过战争和行政的手段，逐步建立了直接统治。三是赣闽粤边区社会风气产生由"野"到"文"的转变。随着中原王朝统治在赣闽粤边区的深化，尤其是各自旨在加强地方控制的文化措施的实施，推动了儒家文化在赣闽粤边区的广泛传播，改变了赣闽粤边区的社会风气。唐宋以来赣闽粤边区发生的上述这些巨大变化，不仅使赣闽粤边区从一个"化外之地"转为"化内之地"，而且也促进了该区域多元族群的整合，推动了客家民系的形成和发展。

第一节 从"化外"到"化内":唐宋以来赣闽粤边区的社会变迁和中原王朝统治在赣闽粤边区的深化

一 唐宋以来赣闽粤边区社会经济的变迁

我们在本书第一章中曾提到,隋唐以前,中原地区先进的铁制农具和牛耕技术已经在华南地区得到一定的推广,使这一地区的农业生产得到一定程度的开发。然而,我们对这一时期农业生产的发展不能估计过高,与中原地区相比起来,赣闽粤边区地区的农业生产水平和开发程度依然十分低下,尤其是在山高林深的山地和丘陵地带,几乎仍然处于尚未开发的状态。甚至到南朝刘宋孝武帝时,在北部与赣州府毗邻、开发程度远远高得多的庐陵郡,在它郡府治所不远之处,也依然是"郡后荒芜,颇有野兽"。① 尽管赣南等地设立了政府机构,但这里的开发还是极其低下,他们感兴趣的,只是这里丰富的森林资源。就总体而言,赣闽粤边区依然还是处于"深林丛竹,水道上下击石,林中多蝮蛇猛兽。夏月暑时,欧泄霍乱之病相随属也"② 的尚未开发状态。

唐宋时期由于经济重心南迁和赣江—大庾岭通道的开凿,江南地区成为当时全国最重要的经济发展区,加上唐末五代直至两宋时期,北方长期战乱,大批有先进生产经验的中原汉人纷纷外逃,江南地区的经济蓬勃发展,对这些难民自然有巨大的吸引力,因此涌入了大量的北方汉人。作为江南腹地的赣闽粤边区,也因此接纳了不少战争难民,使这一地区在唐宋时期获得了很大的发展。赣闽粤边区人口的大量增长,直接促进了该地区的开发。我们在前面已经讲述过,尽管从三国、南朝以来,赣、闽、粤三省所在的华南地区获得了巨大的发展,但具体到赣南、闽西和粤东北这一三省交界地带,其开发程度是很低的,并且其所开垦的,也往往都是滨江平原,或山间盆地。但随着唐宋以后人口的大量增长,许多原来深山密林,人迹罕至的地方,亦被开发出来了。如北宋李纲所云:"今闽中深山

---

① (梁)沈约:《宋书》卷82《周朗传》,中华书局1974年点校本,第2101页。
② (汉)班固:《汉书》卷64《严助传》,中华书局1962年版,第2781页。

穷谷，人迹所不到，往往有民居、田园水竹，鸡犬之音相闻。"①《宋史·地理志》亦云福建路："土地迫狭，生籍繁夥，虽硗确之地，耕耨殆尽。"② 赣闽粤边区的发展，可以从以下几方面体现：

在人口增长方面。人口既是消费者，又是生产者，人口的增长既是生产发展的动力，又是生产发展的结果，所以古代历来十分重视人口的增长。关于唐宋时期赣闽粤边区的人口增长情况，我们以赣州和汀州两地为例。从《元和郡县志》、《太平寰宇记》等文献材料中，赣州（当时叫虔州）从唐元和年间的26260户，增长到宋初太平兴国年间的85086户，增长了2.24倍。这个涨幅是很大的，不但比同期全国的人口增长率高出两倍多，也比江南西道的人口增长率高出许多。汀州在元和年间的编户不过2618户，到北宋太平兴国年间为24011户，一百多年间户口也猛增到9.17倍。北宋太宗时期到神宗元丰时期，历时一百年左右，汀州的户口又从24007户增至81454户，增加了两倍多，是汀州户口的第二次大幅度增长。从北宋神宗时至南宋中叶的宁宗庆元时期，又历时一百年左右，汀州户数从81454户增至218570户，净增137116户，增加幅度也相当可观。③赣州和汀州人口的大幅度增长，是赣闽粤边区人口增长的一个缩影。

在经济农业发展方面。水利的兴修是当时农业发展的重要表现之一。我们以汀州为例，汀州居万山中，很多田地是山坡上的梯田，对水利的依赖性较大，水利建设的好坏成为衡量本地开发程度的标志。宋代修了不少水利工程，仅《临汀志》所载，长汀县有郑家陂、西田陂、南拔桥陂、官陂、中陂、张家陂、何田大陂；宁化县有大陂、吴陂；上杭县有梁陂、高陂；武平县有圣公泉、龙泉井、黄田陂；莲城县有南团陂三、北团陂六、席湖围陂三、姑田团陂五、河源下里陂七。④ 都是工程巨大，建造坚固，长期发挥了灌溉之利，是宋代汀州水利建设的标志性成果。

此外，在制茶业、矿冶业、制瓷业等方面，也取得了长足的进步。

然而，这种发展也是相对于六朝以前的状况而言的，其发展程度还是

---

① （宋）李纲：《梁溪集》卷12《桃源行并序》，四库全书本。
② （元）脱脱等撰：《宋史》卷89《地理志五》，"福建路"条，中华书局1977年版，第2207页。
③ 参见谢重光《客家源流新探》第二章第一节，第50—51页"表五"及相关分析。
④ 以上引文俱出自（宋）胡太初修，赵与沐纂《临汀志》，不分卷，《山川》，福建人民出版社1990年版，第37—58页。

很有限的。例如，赣南境内江水不时出现"清涨"现象，就表明当时这一地区的山林植被良好，没有遭到很大的破坏。所谓"清涨"，就是指在没有下雨的情况下江河之水自然上涨的现象。"无雨而涨，土人谓之清涨。"① 关于赣南河水"清涨"现象，北宋苏东坡最早予以记录。他在哲宗绍圣初年被贬岭南，徽宗即位后获赦免，因此北归，路过赣州，遇见赣江"清涨"，其在"自笑余生消底物，半篙清涨百滩空"就记载了此事，并在该诗的序文中对此作了进一步的解释："予与刘器之同发虔州，江水忽清涨丈余，赣石三百里无一见者。"② 对于苏轼遇见赣江"清涨"之事，宋人方勺和庄绰都进行了记载。③ 关于赣州江水清涨现象的发生原因，许怀林先生认为是章水、贡水以及桃江等赣江上游地区山林茂密，涵蓄的水分多，巧遇在同一时间泄放，汇合至虔州江段，便使江水骤然上涨，因无雨而涨，其水仍然清澈如故。④ 这种因森林植被良好而使赣江出现"清涨"现象，恰恰说明在北宋时期赣闽粤边区虽然接受了不少外来族群，但因时间不长，对当地的开发也是极其有限的。

除了"清涨"现象之外，唐宋时期赣闽粤边区蛮荒落后，开发十分有限的状况，在时人的文学笔记中也有所体现。中晚唐诗人白居易在友人贬官虔州后，作诗诉说远离之感伤："南迁更何处，此地已天涯。"⑤ 北宋王安石也说："虔于江南地最旷，大山长谷，荒翳险阻。"⑥ 对于闽西地区的汀州，南宋福建人刘克庄认为它虽是设立了郡治，但却更接近瑶畲蛮民："临汀虽闽支郡，而接瑶畲。"⑦ 朱熹也提到南宋汀州因为地处僻远，盗贼横行，且仍是烟瘴之地，许多官员不愿到此为官："汀州远且多盗，

---

① （宋）方勺撰：《泊宅编》，许沛藻、杨立扬点校，中华书局1983年版，第17页。
② （宋）苏轼：《东坡全集》卷25《诗八十六首》，四库全书本。全诗为：(永和清都观谢道士童颜鬒发，问其年，生于丙子，盖与予同，求此诗) 镜湖敕赐老江东，未似西归玉局翁。羁枕未容春梦断，清都宛在默existence中。每逢佳境携儿去，试问流年与我同。自笑余生消底物，半篙清涨百滩空。予与刘器之同发虔州，江水忽清涨丈余，赣石三百里无一见者。至永和，器之解舟先去，予独游清都，作此诗。
③ 参见（宋）庄绰《鸡肋篇》下卷，中华书局1983年版，第105页；（宋）方勺撰《泊宅编》，许沛藻、杨立扬点校，中华书局1983年版，第17页。
④ 许怀林：《江西史稿》，江西高校出版社1998年版，第291页。
⑤ （唐）白居易：《清明送韦侍郎贬虔州》，《白氏长庆集》卷17，四库全书本。
⑥ （宋）王安石：《临川文集》卷82《记·虔州学记》，四库全书本。
⑦ （宋）刘克庄：《后村先生大全集》卷133《回刘汀州书》，四部丛刊本。

又名瘴乡，常时使者按行多避不往。"① 朱熹这种看法，深为福建转运判官认同："漳、泉从来富庶，未见其病，独临汀凋瘵，受病最深。"② 南宋后期参政知事吴潜亦云："汀为八郡之最贫，往昔朝家，时或补其郡计。"③ 粤东地区的情况似乎更加糟糕，时人这样描述宋元时期的梅州："境幽草旷野，极目无居人，寇盗之所出没。"④ 南宋初闽人林安宅到潮州后，得知去番禺的路有两条："直北而西，由梅及循，谓之上路；南至潮阳，历惠之海丰，谓之下路。绵亘俱八百余里。上路重冈复岭，峻险难登，林木蓊翳，瘴疠袭人，行者惮焉。下路坦夷，烟岚稀远，行人多喜由之。"⑤ 可见，当时潮、梅一带仍是山高林深，人迹罕至的地方。所有这些描述都表明，在唐宋时期，赣闽粤边区虽然比起以前有了一定的发展，但其发展程度还是十分有限的。

赣闽粤边区真正得到大规模的经济开发，是在明清时期。有两个比较显著的事例足以证明：

一是出现了"人多地少"。在唐宋以前，赣闽粤边区还是"极目无居人"、"人迹罕至"之境，但到元明以后，由于持续接受大量外来移民，并且随着境内人口的繁衍，这一地区开始出现"人多地少"的境况。赣闽粤边区地区在元明以后仍然继续接受了外来移民，文献有所记载。如粤东镇平县："历元而明，中原衣冠世族始稍稍迁至。"⑥ 兴宁县："渐实以汀、吉、抚州之民，城中皆客廛，土人喜村居，曰宜田也。"⑦ 陈支平教授在谈到明清时期闽西人口变迁时亦说："明清时期入迁到这里的汉民占有一定的比例。"⑧ 因为本身人口基数本来就不小，加上外来人口的继续迁入，所以到明清时期，赣闽粤边区的人口出现了比较严重的"民人稠密"、"人浮于事"的现象。如闽西地区的上杭县，"杭邑田少山多，民人

---

① （宋）朱熹：《晦庵集》卷93《运判宋公墓志铭》，四库全书本。
② （宋）胡太初修、赵与沐纂：《临汀志》，不分卷，《丛录》，长汀县地方志编纂委员会整理，福建人民出版社1990年版，第176页。
③ （宋）吴潜：《许国公奏议》卷1《应诏上封事条陈国家大体治道要务凡九条》，四库全书本。
④ （元）刘将孙：《养吾斋集》卷28《定光圆应普慈通圣大师事状》，四库全书本。
⑤ （宋）林安宅：《潮惠下路修驿植木记》，载《永乐大典》卷5345，转引自司徒尚纪、李海东《从历史文献论徐霞客游广东》，《热带地理》2004年第1期。
⑥ （清）黄钊：《石窟一征》卷1《征抚》，清光绪六年刻本。
⑦ （明）黄国奎、盛继：《兴宁县志》卷3《风俗》，明嘉靖三十一年刻本。
⑧ 陈支平：《福建六大民系》，福建人民出版社2000年版，第71页。

稠密。"① 粤东北地区的河源县："粤东人稠地窄，米谷不敷。"② 龙川县："窃见龙川和平地方，山水环抱，土地坦平，人烟辏集，千有余家。"③ 赣南地区也出现"户口日稠"、"游食日益"的现象。如长宁县"今户口日稠，无地不垦，无山不种"④；南安府"无广谷平原，生谷之土，多崎岖幽僻，而灌以陂池，佐以薯芋，虽有旱潦，菜色者寡。然而客户猥多，土不加扩，游食日益，籴且日增，势不能无待于振赡"。⑤ 这种"人多地少"的矛盾，充分反映了明清时期赣闽粤边区的区域开发情况。

二是"瘴疠"的消失。清代文人对赣闽粤边区"瘴疠"问题的论述，也能很好地反映赣闽粤边区的地域开发情况。学者认为，两千年来中国南方的土地开发史和瘴域变迁史之间存在着明显的因果关系。⑥ 所谓瘴疠，乃是指在亚热带山林中由有毒的湿热空气所导致的一种恶性疟疾。华南地区历来多瘴疠。汉初吕后临朝，赵佗反，吕后派军进击南越，后因"会暑湿，士卒大疫，兵不能逾岭"⑦ 而罢兵，现代学者认为引起"士卒大疫"就是瘴疠。⑧ 唐宋时期，赣闽粤边区因开发有限，瘴疠仍盛。如唐时汀州府治曾因瘴疠而迁移："州初置在杂罗，以其地瘴，居民多死，大历十四年移理长汀白石村。"⑨ 粤东之梅溪，亦以瘴疠而被称为"恶溪"："梅溪又称恶溪……窃疑此水自唐以来即有二名……考恶溪之恶有三：瘴雾毒恶一也；滩石险恶二也；鳄鱼狞恶三也。"⑩ 宋代虔州境内也因其地多瘴而使官员不愿到此为官："龙南、安远二县有瘴，朝廷为立赏添俸甚优，而邑官常缺不补。他官以职事至者，率不敢留，甚则至界上移文索案牍行遣而已。"⑪ "赣有十二邑，安远滨岭，地恶瘴深，谚曰：'龙南、安

---

① （清）赵成、赵宁静：《上杭县志》卷12《杂志》，清乾隆十八年刻本。
② （清）陈张翼：《河源县志》卷11《风俗》，"农功"条，清乾隆十年刻本。
③ （明）王守仁：《添设和平县治疏》，载（明）王守仁撰《王阳明全集》卷11《别录三·奏疏三》，吴光等编校，上海古籍出版社1992年版，第366—370页。
④ （清）沈镕经修，刘德桃纂：《长宁县志》卷2《风俗》，清光绪二年刻本。
⑤ （清）黄鸣珂修，石景芬等纂：《南安府志》卷4《仓庾》，清同治七年刊本。
⑥ 龚胜生：《2000年来中国瘴病分布变迁的初步研究》，《地理学报》1993年第4期。
⑦ （西汉）司马迁：《史记》卷113《南越列传》，中华书局1959年版，第2969页。
⑧ 王子今：《汉晋时代的"瘴气之害"》，《中国历史地理论丛》2006年第3期。
⑨ （宋）乐史：《宋本太平寰宇记》卷102《江南东道十四》，"汀州"条，中华书局2000年版，第129页。
⑩ （清）吴宗焯等修，温仲和纂：《嘉应州志》卷4《山川》，清光绪三十二年刻本。
⑪ （宋）方勺撰：《泊宅编》，许沛藻、杨立扬点校，中华书局1983年版，第82页。

远，一去不转。'言必死也。"① 这些史料表明，在唐宋时期，赣闽粤边区大多数地方仍然处于尚未开发的状态。到了明清时期，由于人口稠密，山区开发不断深入，瘴疠也变得十分罕见了。《宁都直隶州志》中的这些史料很能说明这个问题：

> 赣郡《谢志》云：瘴气多在山谷，信丰、安远、龙南、石城时有之。窃谓石城与盱之广昌接壤。《盱志》言：风和气平，无瘴气毒疠之虞。不应石城遽有山瘴。询之父老，皆言古昔相传，并无瘴气之说。《张志》亦坦言定南、龙南、安远、长宁多有山瘴，而不及石城，足知《谢志》误载。瑞金则前后《府志》俱不言有瘴气，而《邑志》谓山谷时有之，乍至者必慎节饮食，庶保无虞。要与《府志》所谓人遇之，则毒入心脾，至不可药者，迥然不同。大抵城郭中人，乍至深山穷谷，水土不服，自足致病。目为瘴气，乃《邑志》言之太过耳。②

文中《谢志》是指天启辛酉年间由谢诏纂修的《赣州府志》③，《张志》是指康熙五十二年（1713 年）张尚瑗所纂《赣州府志》，《邑志》当指康熙二十二年所纂修的《瑞金县志》。④ 由此可见，康熙年间（1662—1722 年）仍可见之府县志书的瘴疠，到道光年间（1821—1850 年）就已成为"古昔相传"的神话了。可见，直到清代中期，赣闽粤边区的地区开发才算真正完成。

二 唐宋以来中原王朝统治在赣闽粤边区的深化

赣闽粤边区的经济开发，尤其它在国民经济中的重要地位，使中原王朝对这一块区域更加关注。所以，唐宋以来，"国家"一步步介入赣闽粤边区，在这里的影响一步步深化。中原王朝向赣闽粤边区的推进，与这里

---

① （元）脱脱等撰：《宋史》卷 473《秦桧传》，中华书局 1977 年版，第 13747 页。
② （清）黄永纶、杨锡龄：《宁都直隶州志》卷 1《气候》，清道光四年刻本。
③ 该志在卷 1《舆地志·气候》中载有："若夫瘴气，则郡郭为少，而信丰、安远、龙南、石城诸处时有之。二三月者为清草瘴，五六月者为黄茅瘴，八九月者为新禾瘴，然亦多山谷间，而近郭俱少。至冬月之交，寒气严肃，其瘴自息。"（明）谢诏：《赣州府志》卷 1《舆地志·气候》，明天启元年刻本。
④ 该志云："乍至者饮食不节，往往难调，盖其居山之中岚烟易侵也。"（清）朱维高修，杨长世纂：《瑞金县志》卷 1《天文志》，"气候附"条，清康熙二十二年刻本。

的长期动乱密切相关。我们知道，中央政府虽然在秦汉时期就开始把赣闽粤边区纳入了行政版图，但在隋唐以前，国家在这里的统治一直都采用宽松自由的"羁縻"统治，把持地方统治大权的，其实是当地的酋帅、豪强，国家在这里的影响力不大。而唐宋以后，随着东南地区经济地位的日益上升，国家开始对整个华南地区的控制也逐渐加强，在这个宏大背景下，国家对赣闽粤边区的开发和控制也日益提上议事日程，中央王朝开始积极向这个地区推进。宋元以来赣闽粤边区"盐寇"、"峒寇"和"佃变"的发生，恰恰为"国家"大规模介入这一区域的公共管理事务提供了机会。

学者把赣闽粤边区长期动乱的发生，归因于该地区的两大矛盾，即"人地矛盾"和"土客矛盾"。例如，有学者运用生态环境史的有关理论，认为是从宋代到明末清初赣南"频繁发生动乱，都是由生态的因素所引发的。……生态的变迁始终是引致动乱发生的根本原因，无论是贩卖私盐、人口增加，还是盆地与山地的开发，每一个因素都会导致动乱产生"。① 另外，也有学者提出，近代史上赣南土地革命的爆发，与明清以来该地区长期积累的生态矛盾、族群矛盾和阶级矛盾有关，其中，主要出现在移民与土著之间的"族群矛盾"，影响尤为突出。该地区族群矛盾的表现多样，但总而观之，突出表现为"土客冲突"。"如明代作为'无籍之徒'或具有'蛮夷'身份背景的闽粤流民与当地土著里甲户之间的矛盾冲突（即'寇盗'与'良民'之间的对立）；清代前期处在寄籍地位的闽粤移民与拥有当地正式民图户籍的土著居民之间的矛盾冲突（即土客之间的对立）。"②

上述观点强调把社会动乱的发生放置到区域生态变迁的背景之下，认为赣闽粤边区的长期动乱主要是由于"人地矛盾"和"土客矛盾"，使我们对区域社会变迁有了更加深刻的理解，这一点是值得我们肯定的。然而，他们在论述过程中，都没有把动乱与"国家"在赣闽粤边区的活动联系起来，忽略了赣闽粤边区的地方性动乱中发生所包含的"国家"逻辑：

首先，赣闽粤边区的不少动乱，是"国家"行为的直接后果，而与

---

① 黄志繁：《"贼""民"之间——12—18世纪赣南地域社会》，生活·读书·新知三联书店2006年版，第266页。
② 饶伟新：《生态、族群与阶级——赣南土地革命的历史背景分析》，博士学位论文，厦门大学，2002年，第194—195页。

生态环境的变化并不相关。

赣闽粤边区并不是所有的动乱都是由"人地矛盾"和"土客矛盾"所引发的，其中宋代发生的涉及面广，持续时间长的"盐寇之乱"和"峒寇之乱"是与国家在这里实行的错误政策有关。前面已经介绍过，所谓"盐寇之乱"，就是因为每年秋冬的农闲季节，赣南之民常成群结队到广东惠州一带买回食盐，因为这一行为违反了当时政府规定的赣南须吃淮盐的政策，因此遭到政府镇压。而所谓的"峒寇之乱"，则是因为居处在山涧溪峒的土著居民因不满政府强行向他们征收的各种赋税而掀起的各种形式的反抗斗争。实际上，在这两种动乱中，都表现为"国家"与"民众"之间的严重对立。

宋代赣闽粤边区盐寇和峒寇之乱的持续爆发，与当时中原王朝失去大片北方领土，把加强对华南地区的控制作为事关国家存续的"安邦大计"有关。宋代是中原王朝政权正式大规模开发赣闽粤边区的开始，然而这种开发，是在极端糟糕的政治气候下开始的。当时宋朝为了支付战争、议和的巨额费用，不得不加强对财政赋税的搜刮和征敛。当时政府并没去考虑赣闽粤边区开发程度极低，土地贫瘠百姓穷困的现状，却对这里征收与其他地区同样的税收。这对于赣闽粤边区来说，无疑是一种沉重的负担。正如《临汀志》所云："汀，山多田少，土瘠民贫，二税视他郡为重。"[1]这种沉重的赋税负担最终激起了当地"省民"的强烈反抗。尤其对于那些居处在山涧溪峒的土著居民来说，尽管政府已经实行了相对较轻的优惠政策[2]，但这对于"初不纳赋"的土著居民来说也是难以接受的。因此，当地"峒民"之所以会与"省民"一起，联合起来反对政府，原因即在于此。宋代"盐寇"的发生，实际上也是与赋税政策分不开的。因为食盐是百姓生活中不可或缺的日用品，我国古代历来实行食盐专卖以获得巨大的财税收入。然而，因为在盐区划分上的不合理以及盐政管理上的混

---

[1] （宋）胡太初修，赵与沐纂：《临汀志》，不分卷，《税赋》，长汀县地方志编纂委员会整理，福建人民出版社1990年版，第24页。

[2] 根据日本学者冈田宏二的研究，宋代对归附的华南少数民族的赋税政策为：对边远地区者基本不征收赋税；对临近内地的溪峒民，仅每丁收税三斗，比汉人的税额低，并免其徭役。所以内地的汉人有将自己的田产隐匿到溪峒蛮人家中，以逃避赋税的现象发生。但从宋代所修的《淳熙三山志》和《临汀志》等宋代地方志来看，汀州等地似乎并没有对溪峒山民实行特殊的政策。参见［日］本学者冈田宏二《中国华南民族社会史研究》，赵令志、李德龙译，民族出版社2002年版，第21页。

乱，导致食盐走私严重。国家的食盐专卖政策与当地民众的实际需求发生严重冲突：在国家看来，走私食盐无疑是与国家争利的对抗行为；而在赣闽粤边区民众看来，强令他们购食价高质低的"淮盐"，完全是对他们的掠夺。矛盾和冲突的积累，就导致了地方暴力反抗。在这场王朝政府与地方"省民"的矛盾与冲突中，原来与中央王朝相隔十分遥远的溪峒蛮族，同样也深受食盐专卖之累，所以也被卷入这场官府与民间之间的冲突，在冲突中，他们自然也就坚决站在"省民"一边。

其次，"人地矛盾"虽然是引发赣闽粤边区长期动乱的主要因素，但实际上"人地矛盾"背后所牵扯的利益关系非常复杂，绝不仅仅是"人多地少"的问题。

对于"人地矛盾"，学者基本上都把人地矛盾的内涵理解为是土地数量的多寡问题，即常说的人多地少。我们承认，在明清时期，随着人口的大量增长，土地资源原本匮乏的赣闽粤边区地区确实出现了"人多地少"的现象。然而，这些人多地少的矛盾与明清时期该地区的动乱存在直接的联系吗？换句话说，明清时期在赣闽粤边区人多地少的矛盾真的到了不可调和地步吗？这时所发生的一系列的动乱，都是由于土地争夺而展开的吗？要分析这些问题，我们且先看这几条被经常引用的文献材料：

（1）信丰名士曾任浙江副使的黄大节，因为家乡在嘉靖年间了发生外籍流人冒充本邑之民参加科举考试的事件，因此上书赣州府知府杨钙之，要求政府严禁冒籍，其中谈到当时信丰县的人地关系问题："敝邑四封，大不过如股掌，其在赣属，最称凋瘵之乡。往者民不谋生，安坐而食。故田土财赋，蚕食与吉之万、泰者七八，即今比屋列廛而市，多属异乡之人，几于中分信邑矣。所仅仅保全学宫一片地，守之甚严，而悍（捍）为之甚力，自开国以来二百数十年，未尝容一外籍者搀入其间。盖不如是，则藐尔信邑，名隶于虔，而实入于吉（州）矣。……至于冒籍一节，所关敝邑利害者甚大。"[1]

（2）明隆庆二年，时任赣州府判的廖宪也曾谈到信丰的人地关系："余署篆信丰，览观风俗，考求利弊，最病者，田归异郡，役累土著，其

---

[1] （清）黄大节：《为阻冒籍与杨太守书》，载（清）魏瀛修，钟音鸿纂《赣州府志》卷69《艺文》，清同治十二年刊本。

为乡人所有者,殆四分之一耳。"①

(3)康熙四十三年,时任瑞金知县的朱三锡云:"瑞邑山陬僻壤,田少山多,价值倍于他乡,仍亩田一石,除完正供之外,余剩无几。兼之界连闽、粤,土著十之二三,流寓十之六七,主弱佃强。每时平则结党称雄,岁歉则乘风鼓浪,竖旗抗租。"②

上述引文分别出自明中后期和清朝初年,大体能够反映明清时期赣闽粤边区所谓的人地矛盾问题。事实上,认真阅读上引材料我们就会发现,明清赣闽粤边区虽然出现了人地矛盾,但这种矛盾并不是通常所说的人多地少的问题,而是表现了土地所有权和经营权在土著与外郡人之间转移的问题。所以在矛盾性质上,其实应该是"土客矛盾"的问题。然而,这种以土地资源为核心的土客矛盾,由于国家政权的介入,也逐渐转变为"国家"与"民众"之间的矛盾与冲突。赣闽粤边区的"贼寇"发动一系列"抗租"、"抗佃"的暴乱,表面上看起来是佃农(以流寓客籍人为主)与地主(以土著居民为主)之间族群矛盾激化的结果,但实际上,这种暴乱也损害了"国家"在地方社会的利益。"国家"认为这种地方动乱损害了自己在地方上的利益,从当时官方文献对"寇乱"破坏了赋税制度的表述有清晰的体现:

> (武平县)南抵循梅,西连章贡,篁竹之乡,烟岚之地,往往为江广界上逋逃者之所据,或曰长甲,或曰某寨,或曰畲洞。稍不如意,则弱肉强食,相挺而起,税之田产,为所占据而不输官,乡民妻孥,莫敢赴(疑原文漏脱一字),土著之民,日见逃亡,游聚之徒,益见盗横。③
>
> 吉安府龙泉、万安、泰和三县,并南安府所属大庾等二县居民无籍者,往往携带妻女,入峯为盗。④

---

① (明)廖宪:《警俗论》,载(清)魏瀛修,钟音鸿纂《赣州府志》卷68《艺文》,清同治十二年刊本。
② (清)朱三锡:《严禁退脚科敛名色示》,载(清)张国英《瑞金县志》卷16《谕附》,清光绪元年刻本。
③ 《永乐大典》卷7890,"风俗形势"条引《元一统志》,转引自谢重光《也论客家称谓正式出现的时间、地域和背景》,载《福建社会主义学院学报》2007年第3期。
④ (明)王守仁:《咨报湖广巡抚右副都御史秦夹攻事宜》,载(明)王守仁撰《王阳明全集》卷16《别录八》,吴光等编校,上海古籍出版社1992年版,第547页。

在上述材料中，官方眼中的"盗贼"，往往就是那些"逋赋"、"脱籍"之民。所谓"逋赋"，就是拖欠国家赋税；所谓"脱籍"，就是脱离国家的户籍控制。也就是说，他们之所以被定义为"盗贼"，就是因为他们与现行"国家"现行制度存在严重的对抗和冲突，并且这种对抗和冲突还对"国家"利益造成严重损害。这种话语在官方文献中的频频出现，至少表达了这么一个信息：对于赣闽粤边区的"寇乱"，官府所关心的只是国家赋税能否正常上交和省民对国家控制的态度。在封建王朝看来，这些动乱都对官府在地方社会所建立起来的统治秩序造成了严重破坏，或是使国家的财税收入遭到了重大的损失。这样，才把"佃民"推到"国家"的对立面。关于这一点，青年学者刘永华有着十分深刻的论述：

> 在一些主佃关系相对和缓的地区，地主可以在乡村设立粮仓。……他们在乡间还有代理人，帮助他们催收租谷。但是，在主佃关系相对紧张的时候，在城地主只好依赖国家了。……在收租方面，国家与地主的立场是一致的，因为只有在地主收到租谷以后才有可能完成国家的税收任务。因此，主佃关系尖锐化的一个重要结果就是导致了国家的介入，而国家的介入，使抗租（主佃关系）有可能转化为叛乱（乡民与国家的关系），导致国家的干涉、镇压。正是在这些抗租的"顽佃"冲击了与田主站在同一边的政府官员后，"顽佃"才变成了"匪徒"、"匪党"。因此，由于地主的大量出现，不仅将佃农置于地主的剥削之下，置于商品经济的侵蚀与价格的波动之下，而且由于田主与国家的结盟，将之置于国家的对立面。①

由此可见，赣闽粤边区的"动乱"、"寇乱"，表面上虽然是人多地少，但其实又涉及本地人与外乡人之间的矛盾冲突，而这种冲突，其实又影响到了中央政府在这里的切身利益，正因为"国家"的介入，支持了矛盾双方中的一方，所以又使这种矛盾更加剧烈。赣闽粤边区的长期动

---

① 刘永华：《17 至 18 世纪闽西佃农的抗租——农村社会与乡民文化》，《中国经济史研究》1998 年第 3 期。

乱，正是由于各种利益关系长期博弈的结果。

基于这种认识，我们就可以对唐宋以来王朝政权积极向赣闽粤边区推进的行为，提出比较合理的解释了。由于官府把赣闽粤边区的"寇乱"看作是对"国家"制度的挑战，并且宋元以来赣闽粤边区在整个国家经济和交通方面具有重要地位，所以，这种挑战又在客观上严重损害了国家在这一区域的实际利益，因此，宋元以来中央王朝才一改隋唐以前的"羁縻"态度，变为积极把国家权力建构向这个地区深度推进。国家对这些由"逋赋"、"脱籍"之民引发的各种"寇乱"进行征剿，是为了重建区域社会的统治秩序，或使国家的财税制度得以恢复。而在军事征剿和重建区域社会的统治秩序过程中，"国家"向地域社会的渗透也就更加深入了。

当然，这种推进做得也很成功。一方面通过"征剿"的手段，把地方上那些颇具影响力而又不服王朝教化的家族或个人毫不留情地剪除，解决了隋唐以前"酋豪"执掌地方政权的根源，使官府树立起了绝对权威的形象，也增加了地方社会对中央王朝坚决"保乡护民"的信心；同时又通过"招抚"的手段，把那些"逋赋"、"脱籍"省民重新入籍，或原来处于"化外之民"的溪峒蛮夷转为编户齐民，这便实现了地方秩序的重建和国家赋税制度的恢复。

另一方面，又通过在赣闽粤边区增设大量的县治，推行严格的保甲制度和文教制度，把"国家"的意识和文化直接灌输到民众的头脑中。大量县治的增设，既把更多的民众纳入"国家"的统治框架之内，又使"国家"的权力更加深入到赣闽粤边区这一地广林深之地的每一个角落。推行严格的保甲制度，既是为了维护地方社会秩序，同时又是为了维护乡村里甲组织。该行政组织对国家户籍制度和赋税制度都有重要意义。大力推行学校教育、旌表模范人物、控制民间神灵信仰等一系列文教措施，则是在灌输"国家"的意识形态，使他们在接受这些"正统"文化时，逐渐也接受"国家"的统治。

"国家"在赣闽粤边区所推行的上述措施，对于赣闽粤边区从"化外"走向"化内"具有十分重要的意义。刘志伟教授指出，在明代广东地区，"无籍之徒"大概包括两种人：一种是原为里甲编户，后因赋役繁重而避役脱籍的"逋赋之徒"；另一种是一开始就未归附于里甲体制的

"化外之民"，即居住在山林河海之间的"蛮夷"。① 黄志繁博士也认为，在宋代文献中，关于蛮獠畲獠的记载十分混杂，很难区分"汉"与"非汉"；"溪峒"如果和"蛮"联系在一起，指的是"畲、瑶"等"不纳王粮"的化外之徒；"峒民"与"省民"的区别，最为关键的是在于是否如省民那样承担同样的赋税。②

由此看来，是否纳入"户籍"，是否承担国家的赋税，则是"汉"与"蛮夷"的区别，也是"化内"与"化外"的区别。而唐宋以来中原王朝在赣闽粤边区所采取的征剿、招抚、增设县治、推行保甲和教化等措施，实际上也都是紧紧围绕着户籍制度和赋税制度的建设和"国家"直接统治的建立与巩固。也正是因为这些措施的推行并取得良好的效果，所以我们才说，从唐宋以来到明清时期，中原王朝在赣闽粤边区的直接统治才得到逐步建立和深化，"国家"的概念也逐渐为这一地区民众所普遍接受，赣闽粤边区也逐渐从一个"化外之地"转变为"化内之地"。

第二节 宋元以来儒家文化在赣闽粤边区的传播与接受

宋元以来，伴随着中原王朝向赣闽粤边区积极推进的同时，宋明儒学也广泛在赣闽粤边区传播开来。宋明理学在赣闽粤边区的广泛传播，对这里的人才培养、民情风俗和社会风气的转变产生了巨大的影响，使这里变为"海滨邹鲁"。

承前所述，赣闽粤边区虽然早在秦汉时期就已被纳入中原王朝政权的势力版图之内，但当时中央政权对这里实行的间接统治，真正的治理大权，还掌握在当地的土著酋豪手中。这种局面，从秦汉一直延续到隋唐时期，从一定意义上来说，中原王朝势力在这里一直还是非常薄弱的，赣闽粤边区实际上还是由土族酋豪所控制。

隋唐以来，随着中国古代经济重心的南迁，尤其是东晋南朝时期，中

---

① 刘志伟：《在国家与社会之间——明清广东里甲赋役制度研究》，中山大学出版社1997年版，第64、98—109页。

② 黄志繁、胡琼：《宋代南方山区的"峒寇"——以江西赣南为例》，《南昌大学学报》（人文社会科学版）2002年第3期。

原汉族政权的政治中心也从黄河中下游地区迁移到长江流域，从而促进了江南地区的开发，地处江南腹地的赣闽粤边区也因此成为新兴经济开发区，从而吸引了大批移民前来进行开发。隋朝时候，南北大运河的开凿，使得南北交通更加便利，进一步加快了东部地区的开发，尤其是唐朝开元年间张九龄开凿赣江—大庾岭通道，更是把中原地区与岭南地区连接起来，这条通道的开通，大大推动了江南地区的开发，而赣闽粤边区正坐落在这条通道上，所以吸引了更多的移民到这里进行开发。由于经济重心南移、政权中心的南迁，以及交通线路的开辟这几个方面的因素，使赣闽粤边区成为一个新兴的经济区，加上这里远离战火，从而吸引了外来移民涌入这一地区。

外来移民涌入赣闽粤边区的时序，与赣闽粤边区经济地位和交通地位的改变基本上是一致的。从前面的阐述中我们知道，赣闽粤边区最早迎来的一批外来移民，应该是秦始皇派遣攻打"百越"的军队，这批军队有一部分驻扎在赣闽粤边区的梅岭上，但这批军队是因为军事行动，所以数量并不多，对后来客家族群形成的影响不大。第二批是魏晋南北朝时期，是由于当时中原受到周边少数民族的入侵，所以大批中原汉人纷纷南逃，其中有一部分开始进入赣闽粤边区。这一部分人人数不是太多，与后来的客家族群虽无直接联系，但至少使赣闽粤边区与北方中原汉人有了直接的接触，为后来的文化传播打下了基础。真正大规模的外来移民进入赣闽粤边区，还是在唐宋以后。这时中国古代经济重心南移的迹象已经非常明显，江南地区的经济张力十分显著，所以吸引了大批移民。等到明清时期，赣闽粤边区的经济开发基本完成，经济吸附力减弱，这时对劳动力的吸引力不仅减弱，而且因为以前过分吸收的生产人口，这时也显得剩余了，于是一改自唐宋以来一直处于人口吸纳容器的状态，改为大量剩余劳动力纷纷外迁。他们外迁的方向，多是向四川、台湾地区以及东南亚等地。这些都是生产劳动力不足，经济开发潜能大的地方。

人口的迁徙也带动了文化的传播。例如，我们在前面说过，关于赣闽粤边区三都、木客的记载，大量出现的时期是在东晋南朝时期，如"庐陵大山之间有山都，似人，常裸身，见人便走，自有男女，可长四五尺，能啸相呼，常在幽昧之间，亦鬼物也"，这条关于"山都"的记载最早来自《庐陵异物志》。据考证，《异物志》是汉唐时期一类特殊的典籍，主要记载当时的物产和风俗。《庐陵异物志》是其中的一种，作者曹叔雅，应当是生活在唐以前的人。①《南康记》中关于"山都"和"木客"的记载,也是后来史家所经常引用的,该书作者邓德明估计也是东晋南朝人。此外,据《隋书·经籍志》介绍,记载有"山都"和"木客"的文献还有《舆地志》和《述异记》,前者作者为南朝时陈朝的顾野王,后者为南朝的祖冲之。②除了这一时期外,在赵宋初年,赣闽粤边区有"山都"和"木客"之事又一次被大肆炒作。如《太平寰宇记》、《太平御览》等大型类书,以及在唐朝韩愈、徐坚、刘禹锡和南宋洪迈等人的作品中,都有不少关于赣闽粤边区"山都"、"木客"的内容。为什么这些内容会在这两个时期为当时的文人所关注?我们认为,这应当与移民运动所引发的文化传播有关。我们知道,东晋南朝时期,是北方人口第一次大举南迁时期,这些中原汉人初到南方,对这里迥异的自然环境和人文特质极感兴趣。尤其是生活习俗特异的山都、木客,自然也就被中原汉族文人所关注。所以东晋南朝时期有大量文献记载了关于山都、木客的情况。唐宋时期,随着北方人口大量涌入赣闽粤边区,大大促进了这片山区的开发,在开发过程中,当地土著族群的情况也屡屡被人们发现,山都、木客再次引起文人的兴趣和关注。不过,到明清以后,由于赣闽粤边区经过长期开发,生态环境发生了巨大变化,山都、木客也逐渐被其他族群所同化,因此,赣闽粤边区山都、木客的传闻也逐渐淡出人们的视野。山都、木客传奇故事流传时段,恰恰与赣闽粤边区移民潮契合,说明这里的族群文化与移民运动之间还是有密切的逻辑关系。

中原王朝在赣闽粤边区的军事和行政治理活动也促进中原与南方地区的文化交流。例如,军事行动把中原地区先进的军事文化带到赣闽粤边区,同时也把外来文化带到这里。例如,我们在前面提到的赣南、闽西和粤东北地区存在一个个方言岛,其实就是那些军队士兵把外来语言带到这里,形成一个个"军家话"方言岛,为赣闽粤边区的语言文化增添了多元因素。此外,还有流传在闽、粤、赣、浙一带的"杨家将"的故事,也是关于军事活动对赣闽粤边区文化形成具有重要影响的很好的例子。杨家将的故事在赣闽粤边区流传甚广,在赣南的会昌县,就流传着"杨文广兄妹打鳗精"的故事,福建上杭县流传着"杨文广上杭紫金山征蛮"

---

① 王晶波:《汉唐间已佚〈异物志〉考述》,《北京大学学报》(哲学社会科学版)2000年专刊。

② (唐)魏征等:《隋书》卷33《经籍志二》,中华书局1973年点校本,第983页。

的传说,这两个故事的内容和情结几乎完全一致,"鳗精"应该就是"蛮精"的谐音。此外,在广东揭阳流传有"杨文广埋金岐山"的传说,海丰和陆丰地区也有"杨文广征南蛮十八峒盟主金龙公主"的传说,粤西罗定县则有"杨文广涟滩征蛮"传说。这些传说都与杨家将的故事有关。杨家将故事在赣闽粤边区流传的程度,还可从地名文化中看出来。地名的形成往往隐藏了当地丰富的地域历史文化,在闽西地区,许多地名都与杨家将故事有关,如在长汀县的"八宝山",其名称的来由,据说是因为当年杨文广出征闽地时在此山发现了八件宝物;长汀县城附近的"曾下坝",是"簪喉坝"的谐音,之所以叫"簪喉坝",也是因为杨文广的姑姑杨八妹用簪刺中了蛮王的喉咙。① 实际上,杨文广在历史上虽确有其人,但他并没有真正来到赣闽粤边区进行平蛮,而杨文广故事的产生和流传,乃是借杨家将的故事,演述陈元光开辟漳州的历史。② 而后来杨家将故事在闽西北的流传,则是与宋元至明清时期,中原王朝政权在这里对畲蛮土族进行了大规模的军事征剿有关。

儒学文化在赣闽粤边区的传播与接受,从学校设立、人才辈出和崇文重教社会风气的形成中可以看出。学校既是儒家文化传播的重要场所,也是文教兴盛的表现。一个区域学校兴建的情况,大体可以反映出这一地区对文教的重视情况。赣闽粤边区兴建学校的情况,从一些文献记载中可以看出来。法国神父赖里查斯在《客法词典》自序中描写道:在嘉应州,"我们可以看到随处都是学校。一个不到三万人的城市,便有十余间中学和数十间小学,学校人数几乎超过城内居民的一半。在乡下每一个村落,尽管那里只有三五百人,至多也不过三五千人,便有一个以上的学校,因为客家人每一个村落都有祠堂,而那个祠堂也就是学校。全境有六七百个村落,都有祠堂,也就是六七百个学校,这真是一个骇人听闻的事实"。梅州地区兴办学校的热潮,一直持续到民国年间。"民国期间,梅州的教

---

① 相关传说故事和学术研究,请参看林语堂《平闽十八洞所载古迹》,《厦门大学国学研究院周刊》1926年第2期;叶国庆《平闽十八洞研究》,《厦门大学学报》1935年第1期;李亦园《章回小说〈平闽十八洞〉的民族学研究》,《台湾与福建社会文化研究论文集》,"中央研究院"民族学研究所1994年版;张泽兴《杨文广兄妹打鳗精》,《客家古镇筠门岭》(会昌文史资料第十辑),政协会昌县委员会文史资料委员会2006年编印;王文径《小说〈杨文广平闽十八洞〉所涉史迹研究》,《畲族文化研究论文集》,民族出版社2007年版;邹文清《杨文广征南蛮考》,《客家纵横》2007年第1期。

② 林语堂:《平闽十八洞所载古迹》,《厦门大学国学研究院周刊》1926年第2期。

育规模和教育成效处于全国领先地位。1935年，广东省教育厅考察全省国民教育，梅县列居第一。20世纪40年代，梅县每5人中就有1人是在学学生，在全国首屈一指。1945年，国民政府教育部报告全国普及教育情况，梅县位居第二。"[1] 1958年，著名女诗人冼玉清访问梅县时，曾赋诗"学舍最多文教盛，满城儿女挟书囊"，真实地反映了家乡文教之鼎盛。

兴办教育的直接效果就是大量科举人才的涌现。以梅州地区为例，据统计，梅州在历史上共出现各类进士283名，其中会试殿试产生的正榜进士247名，钦赐进士15名，明通进士21名。[2] 又如，在赣南的石城县，北宋时期开始兴办私人书院，温革开办的柏林学堂是该县最早的私人设立的学堂。据统计，在该学堂开办之前，石城县只考中过两名进士，而开办之后及至南宋时期，该县共培养出了12名学子取得了进士及第，甚至还创造了连续三科同是该县两名学子同登进士榜的奇迹。此后，石城县的教育事业继续发展。明清时期产生了9名进士，94个文、武举人。民国期间，有62名学子大学毕业，5人在国外留学。[3] 我们根据相关资料，对明清时期赣闽粤边区所培养的进士和举人等科举人才作了粗略统计，见表5-1。

表5-1　　　　　明清时期赣闽粤边区科举人才数量一览

区域 \ 人才类别时间	进士 明代	进士 清代	举人 明代	举人 清代
赣南地区	49	135	273	670
闽西地区	50	88	259	660
梅州地区	9	81	104	606

资料来源：1. 光绪《江西通志》、民国《福建通志》、光绪《嘉应州志》；2.《明清历科进士题名碑录》，（台北）华文书局1969年版；3.《明清历科进士题名碑录索引》，上海古籍出版社1980年版。

从表5-1可知，明清时期赣闽粤边区的科举人才纷纷涌现，说明该地区在人才培养方面确实取得了巨大成效。尽管这一地区的科举人才的总量与所属省份的其他地区相比起来，并不是最多的，但从该区域纵向发展

---

[1] 肖文评：《崇文重教是客家重要的文化特征》，《人文岭南》2011年第11期。
[2] 梅州市政协文化和文史资料委员会：《梅州进士录》，2012年编印。
[3] 温涌泉：《客家民系的发祥地——石城》，作家出版社2006年版，第39页。

来看，其科举事业的发展无疑是蒸蒸日上的。

儒学文化在赣闽粤边区的广泛传播和接受，还体现在该区域形成十分浓厚的崇文尚学的社会风气。在地方志中，有许多关于当地"文风日盛"、"士多向学"等的记载。如：

雩都县和宁都县："力本右文，士多向学"；"士知务学，无浮靡习"。①

汀州府，"汀郡风俗淳庞，英才蔚起。萃龙山之秀气，居然文献名邦；收鄞水之精英，允矣菁莪胜地。成人有德，咸被服于诗书；句履员冠，皆能汲古；小子有造，亦率循于诵读"。②

兴宁县："大抵士夫之家，敦礼让，重廉隅，以干谒为耻。稍足自给，益淳谨俭朴，必谋一书房，延师教子弟，故文风日益盛。"③

镇平县："镇邑风气醇雅，男读女耕，每村俱有家塾，有一二百户者，即有塾六七处。"④

程乡县："诗礼之家，延师教子，膳铺虽薄，岁必举焉。以故都人士之秀者，彬彬若邹鲁矣。吉凶宾嘉，礼不逾节。"⑤

赣闽粤边区崇文尚学风气的浓厚，还体现在当地宗族采取各种措施鼓励和支持宗族子弟投身科举的实际行动上。

首先，他们在族谱上殷切希望宗族子弟要积极投身科举读书，认为这是光宗耀祖，巩固宗族发展的根本大业。例如：

兴国《龙兴祠刘氏联修族谱》："家门之隆替，视人才之盛衰；人才之盛衰，视父兄之培植。每见世家大族箕裘克绍，簪缨不替，端自读书始。凡我族中子弟，姿禀英敏者固宜督之肄业，赋性钝者亦须教之识字。"⑥

《南康严氏族谱》立族规十条，其中第一条就是《勉读书》，要求"族中子弟无论贫富皆当使之就学，严其教令，陶其性情"。

其次，宗族采取积极行动，自设私塾，延请塾师教授宗族子弟。例如

---

① （明）康河修，董天锡纂：《赣州府志》卷1《地理志》，明嘉靖十五年刻本。
② （清）王廷抡：《临汀考言》卷2《龙山书院学规》，四库未收书辑刊本。
③ （清）王之正：《嘉应州志》卷9《兴宁县》，"风俗"条，清乾隆十五年刻本。
④ （清）黄钊：《石窟一征》卷2《教养一》，清光绪六年刻本。蕉岭县的前身为镇平县，始于崇祯六年（1633年），民国三年（1914年）为别于河南省先已设置镇平县，乃改名蕉岭县。
⑤ （清）刘广聪：《程乡县志》卷1《舆地志·风俗》，清康熙三十年刻本。
⑥ 兴国《龙兴祠刘氏联修族谱》卷1《族规》，民国三十六年刻本。

连城《新泉张氏族谱》记载:"古者家有塾,堂有庠,春秋教以礼乐,冬夏教以诗书,作养多方,所以人才彬彬辈出。今议设义学二所,经师一所在东山楼;蒙馆一所,即在祠内。"

温革,字廷斌,江西石城人,生于宋真宗显德三年(1006年),殁于宋神宗熙宁九年(1076年)。他自己年轻时多次参加科举考试,然一直未能考取功名,于是转而把希望寄托在子孙后代上,捐尽家产,购买国子监书,建立学堂,教授宗族子弟和邻近乡民"(元春公)后三世曰俱朝,生子讳革,字廷斌,幼嗜诗书,陶熔典籍,经纬文章,乡贡登名,屡举进士不第。乃曰:'不求诸外,盍求诸内?不在吾身,宜在吾子孙。'于是捐家资,尽市监书,建楼藏之,廪给四方学者,连郡英俊,咸荷其造就之化。时于盱江李泰伯友善,赠其堂曰'雅儒',颜其馆曰'青钱'。若公之生荣于时,卒祀乡贤"。[①]

最后,宗族采取各种形式对宗族子弟的科举实践进行物质奖励或资助。例如,上犹营前上湾黄氏宗族设有"众"这一经济组织形式。"众"即支脉分家时留作公用的资产,主要是土地。每个公头都有一个"众"。"众"有众谷(收租所得),用以做公益事业,年节祭祖扫墓,资助子弟读书等。如,有子弟考上学校,就从"众"里拨给一定数量的田给其家无偿耕种,毕业后收回归"众"。宁都黄陂廖氏也设有"文昌众",专门用以奖励本族士子:凡族中考取各种功名的,分等级予以奖励;在校就读学生则按照学校等级以及本房众产的多少分别享受"学租"。赣县夏府戚氏宗族:考上秀才奖励24担谷,中了举人的,奖给50担谷,参加县考录取入学的,一年给予12担谷作为奖励和资助,考上大学的,一次性奖给100担稻谷。《宁化池氏族谱·族规》也规定,"自后凡入泮者,众公太及本房公太贺银三两;出贡拨贡者,各贺银八两;中举者,各贺银二十两;中进士者,各贺银三十两;中鼎甲者,各贺银五十两。永为定例"。

此外,对于那些顺利通过科举考试,取得功名的,宗族则予以旌表。或记载于族谱,或列功名柱、旗杆石于宗祠之前。旗杆上凿上获得功名者的姓名、科次、功名、业绩、生平、官衔、品位、年代等,并刻上龙凤呈祥或狮虎相争等吉祥物装饰图案。到了清代,有的客家宗族又立有族规,

---

[①] 《石城客家温氏考略》,政协石城县文史委员会、石城客家温氏考略编撰委员会2006年编印,第15页。

凡考上秀才、举人者，祠堂也可竖立"石旗杆"。为了表示区别，主要依功名高下、品位大小及文武科名之分，来决定石旗杆的长短，以长者为上。另外，旗杆的底座式样和雕饰图案亦有一定的区别，底座一般有四角、六角、八角形之分，以角多为尊。

儒家文化在赣闽粤边区的接受，还体现在祖先崇拜习俗的形成。慎终追远，敬宗重祖，是儒家文化的重要内容。这一文化也被赣闽粤边区普遍接受。具体表现在修建祠堂，重塑坟墓，修订族谱等现象十分普遍。

"慎终追远"一语最早出自《论语·学而篇》："曾子曰：'慎终追远，民德归厚矣。'"尽管现代有学者对此有不同解释①，但我们比较一致赞同宋儒的解释，即认为慎终追远是指慎重地办理父母丧事，虔诚地祭祀远代祖先。随着儒家文化在赣闽粤边区的广泛传播，当地人们崇宗重祖的风气十分浓厚。具体表现在以下几个方面：

一是重视修建姓氏祠堂。赣闽粤边区遵循着"慎终追远"的中原文化传统，十分重视对祖先的崇拜。宗祠是祖先灵魂的栖息之地，也是子孙后代敬仰祖先的重要场所，所以生活在赣闽粤边区的人们十分重视宗族，重修宗祠是海内外客家人寻根热的重要表现之一。在闽粤赣地区的地方文献中，关于宗祠的记载比比皆是，如"诸邑大姓，聚族而居，族有祠，祠有祭"；"俗重宗支，凡大小姓莫不有祠。一村之中，聚族而居，必有家庙"。体现在村落建筑中，在一个村落中，最宽敞高大的一般都是宗祠，子孙发财了，他们最先想到的，就是建祖宗祠堂。

在民居建筑的内部布局中，也能清楚体现出赣闽粤边区人们的敬祖意识，首先，安放祖宗牌位的祖堂处于民居建筑的中轴线上，其位置往往是整个建筑的最中心甚至是最高点，凸显了祖堂在整个建筑的崇高地位。其次，以祖堂为核心，各家住屋依次分列四周，形成一个以祖堂为中心的向心式建筑，凸显了祖堂在整个建筑的中心地位。最后，祖堂是整个客家民居建筑的最大空间，也是屋内最大的公共活动场所，重大的宗族或家族事务都是在这里完成，体现了宗族观念对人们日常活动的重要影响。

---

① 南怀瑾《论语别裁》中说，过去在大陆，人家大厅里的祖宗牌位上面，总是"慎终追远"四个字，这就是因为古人解释"慎终追远"只对孝道而言。在他看来，"慎终追远"的意思，是说与其要好的结果，不如有好的开始。西方文化中有一句俗语："好的开始是成功的一半"，也是这个道理。大家认识了这个道理，则"民德归厚矣"。南怀瑾：《论语别裁》，复旦大学出版社2002年版，第35—36页。

宗祠的修建反映的是赣闽粤边区人们对共同祖先和族源地的认同。如果说赣闽粤边区对宗祠的修建还只是同姓宗亲对一宗一姓的追寻的认同，那么从赣闽粤边区迁移出去的海外客家人扩大或重修宗祠就是作为一个民系群体对祖源的追寻了。

其次，重视编纂姓氏族谱。赣闽粤边区因为有比较多的中原汉族移民，他们普遍十分重视谱牒，所谓"崇正报本，启裕后昆"，皆以谱牒为寄托依据。在海外客家人的"寻根热"中，许多姓氏的裔孙纷纷组团前来中国大陆地区，要求在大陆的宗亲提供氏族流源、世系等资料。有的甚至出资或亲自组建家谱编修局，续修族谱。海外客家人热心修谱，既不是封建家族观念的复古，也不仅仅是对血缘关系的追溯，而是一种对自身历史文化的挚爱和追寻。透过这些族谱，我们可以清楚地看出客家人对族源中州的认同，对中原文化的认同。正是由于这种文化上的认同，海外客家人才会不远万里回到祖国，查询氏族源流，拜谒祖墓，重修族谱，追寻自己的生命之根、文化之根。

再次，恪守祖宗语言。在赣闽粤边区的客家人中，一直流传着这样的俗语，"宁卖祖宗田，不忘祖宗言；宁卖祖宗坑，不忘祖宗声"，这句话有两层含义，第一层含义是客家人十分敬重祖训，把祖宗的谆谆教导牢记于心；第二层含义牢记祖上流传下来的带有浓厚乡音的"客家话"，并把它作为不忘本背主的表现。语言是历史和文化的载体。赣闽粤边区的多元族群在交融过程中，逐渐形成了一种新的语言——"客家话"。该方言因为保留了大量宋元时期的中原古音，所以被语言学家誉称为是汉语方言的"活化石"。生活在赣闽粤边区的客家人非常珍视这一历史语言，不管迁徙到哪里，他们总是把自己的方言带到那里。恪守"客家话"是客家族群的一个特色。所有离乡外出的客家人，不论在什么地方相聚，几乎不问场合，都用客家话交谈。甚至在1978年美国旧金山举行的第四届世界客属恳亲大会上还明确规定，"为保持客属传统固有语言口音，今后凡客属人士集会，均应采用客家话发言"，在以后每届召开的世客会上，这一传统至今还保留在部分参会人员的语言习惯中。漂泊海外的客家人，更是乡情不断，乡音未改。虽然面临侨居国语言的巨大影响，但他们却极力保存着客家方言，在客属社团中用客家话交流，在家庭中用客家话和客家精神教育后代。成都市郊的洛带镇是一个以客家人为主的古镇，至今不仅保持原始的建筑风貌，而且固守着传统的客家习俗，尤其是族群语言，如出嫁了的女子回到娘家，不说族语则被斥责为"出卖了祖宗"，受到家族的鄙视；外地女子嫁客家人做媳，在一年内都要学会客家话。

最后，保留了强烈的寻根意识。从赣闽粤边区迁移出去的客家人，分布在全球各个角落，作为一支秉承了儒家敬祖传统的汉民族支系，他们有很强的寻根意识，虽然远隔重洋，在海外繁衍了十几二十代，生息了二三百年，却念念不忘祖国，不忘曾经孕育客家民系的故乡，体现出浓烈的"根"的情结，客家人如此强烈的寻根意识在世界其他民族、民系中都是极为罕见的。客家人在客家人的"寻根热"中，有一种极为奇特的现象，即除了个体对一宗一姓的追寻外，还对客家民系群体的祖源进行追寻，建立了属于客家民系群体的宗祠，如宁化石壁的"客家公祠"，印度万隆的"百家宗祠"，等等。这里还要特别一提的是，迁移在外的客家人不仅对赣闽粤边区这块客家发源地充满了浓浓的乡情，并且对于遥远的中原地区也寄以"根"的情结。他们在族谱中都宣称自己是来自北方中原汉民的后裔，并把自己姓族的发源地一直追溯到中原地区。在这种浓烈的寻根意识驱使下，客家人对闽西的汀江作为客家母亲河，每年举行隆重的祭祀母亲河活动；在宁化石壁村建立客家公祠，每年举行盛大的祭祖意识；甚至还积极参与具有中华民族象征意义的黄帝陵、炎帝陵的公祭活动，把这种原来仅局限于姓氏族群范围的感情，上升为对中华民族的大爱。

儒家文化在赣闽粤边区的广泛传播与接受，对这里社会风气的转变产生了极大的影响。唐宋以来赣闽粤边区社会风气的转变是经济发展和推行文教的综合结果，也是区域社会变迁最为深刻的表现。在唐宋时期，时人谈及赣闽粤边区的社会风气，往往以"盗窟"、"赋性犷悍"等词语来描述：

李纲云："虔民赋性犷悍，喜于为盗，易为结集，动以千百为群，凌逼州县，不畏刑法，不顾死亡，循习成风，异于诸路盗贼。"①

李觏云："南川自豫章右上，其大州曰吉，又其大曰虔。二州之赋贡与其治讼，世以为剧，则其民甿众夥可识已。虽然吉多君子，执瑞玉，登降帝所者接迹，虔无有也。疑其俦南越，袭瘴蛊余气，去京师愈远，风化之及者愈疏，乘其丰富以放于逸欲，宜矣。"②

---

① （宋）李纲：《论虔州盗贼札子》，载（宋）李纲《梁溪集》卷82《表札奏议四十四》，四库全书本。

② （宋）李觏：《虔州柏林温氏书楼记》，《李觏集》卷23，四库全书本。

真德秀："（江西）其南则赣、吉、南安，林峒邃密，跨越之路，奸人亡命之所出没。"①

上述"盗窟"、"赋性犷悍"的社会风气和人文特质，经过儒家文化的长期熏陶濡化，得到很大的转变。到了明清时期，文人对赣闽粤边区的社会风气则有了巨大的变化：

赣州府："昔人于赣州学记②，往往谓赣之地负险薮奸，赣之人为盗好讼。今以予观之，则大有不然者。何哉？盖其渐被于国家玉帛鼓钟之化，熏陶于圣贤诗书礼乐之林，有以化其武健之风，而涵夫文明之教，故文物衣冠后先蔚起，清淑之气磅礴郁积，焕乎与中州比隆；而风俗之质朴，民情之刚直，反甲于他郡焉。"③

长汀县，"教子读书，比屋皆是，挟赀生殖间处有人。学校少高年之生徒，家庭多笃孝之嗣续。由贡徒居胄监者每精问学，选美官从科第列津要者恒持节操。安遗逸，婚姻渐遵乎古礼，疾病亦用乎名医。仆隶下人，彼此各安生理。深山穷谷，远近丕从王化。此汀人俗美之概，又与昔日不同也。"④

从上面的引文中可以知道，经过数百年的地域开发和文化教化，唐宋时期那种"为盗好讼"、"赋性犷悍"的习俗和气质已经发生了巨大的改变，取而代之的则是"风俗淳庞"、"丕从王化"、"彬彬若邹鲁"了。

第三节　宋元以来赣闽粤边区客家民系的形成

赣闽粤边区是一个多元族群混合的地区，这些族群既有本地土著，又有外来的移民，他们经过长期的交流和融合，大体到了明末清初，形成一个新的族群共同体——客家民系。客家民系的形成是一个漫长的过程，它是在族群融合和文化融合的基础上形成的。

---

① （宋）真德秀：《真文忠公全集》卷9《江西奏便民五事》，四库全书本。
② 此指王安石的《虔州学记》："虔于江南地最旷，大山长谷，荒翳险阻，交、广、闽、越铜盐之贩，道所出入，椎埋、盗夺、鼓铸之奸，视天下为多。"载（宋）王安石《临川文集》卷82《记·虔州学记》，四库全书本。
③ （清）魏瀛：《重修赣州府学记》，（清）魏瀛修，钟音鸿纂《赣州府志》卷23《经政志》，"学校"条，清同治十二年刊本。
④ （明）邵有道纂修：《汀州府志》卷1《风俗》，明嘉靖六年刻本。

一　赣闽粤边区多元族群之间的人群融合

客家民系是一个多元族群结构的共同体，对赣闽边区客家族群文化形成有密切联系的族群，主要有古越族、溪峒畲蛮和中原南迁汉人。

古越族是生活在东南地区的最为古老的民族。早在旧石器时代，赣闽粤边区就有古越族的祖先在这里生存繁衍。在商周以前，由于族群交流少，古越族一直按照自己的发展轨迹缓慢地发展着。商周以后，随着北方华夏族的日渐强大，它的势力开始向南方进行渗透，古越族的发展开始受到中原民族的影响。汉族政权对闽越的征剿杀戮、强制外迁、建立县治，东晋以后大批汉族人口的入迁，对古越族的发展影响十分巨大，它们或融入汉族，或演化为其他族群①，大致到唐朝时期，作为一个完整的民族，越族便逐渐退出了历史的舞台。② 山都、木客是生活在赣闽粤边区的十分特殊的一支族群。尽管关于他们的文献材料多有传闻和神话色彩，但学者大多还是基本上肯定了它们的真实存在，认为它们是人类，而不是动物。文献对山都、木客问题的讨论最为集中的是在东晋至唐宋之间，这一现象应当与北方汉人涌入赣闽粤边区进行地区开发的时序是一致的，反映了外来族群与当地土著族群之间的一定关系。尽管山都和木客的数量不多，与其他族群的交流似乎也很少，但学者还是认为客家族群的形成跟它有一定联系，是客家族群来源的一个组成部分。③ 虽然闽越土著作为一个完整的族群在隋唐以后完全退出了历史舞台，但作为文化的遗留，古越族的文化还是被大量保留下来。如在民间信仰中，福建等地还有浓厚的崇蛇习俗④，在顺昌等地的方言底层中，也保留了古越族的文化。⑤ 这些文化残

---

① 如据罗香林先生的考证，有一些闽越人由于世代滨海而居，熟谙水性，善事渔业，南移后便成为广东沿海和闽江口、珠江口的"疍民"的一部分。参见罗香林《中夏系统中之百越》，独立出版社 1943 年版，第 128—163 页。

② 如林惠祥先生认为："这一（古越）族人自汉以后和北方来的汉人混合同化，到了唐代便没有纯粹的越族，已经完全合于汉族里面，为汉族的一个重要成分了。"参见林惠祥《福建长汀县河田区新石器时代遗址》，《厦门大学学报》1957 年第 1 期。

③ 例如，谢重光先生认为，明清文献对山都木客的记载很少，就是因为他们当中的一些汉化为客家，另一些则与南迁的武陵蛮同化为畲族；罗勇先生也认为，山都和木客是"客家先民"的一部分；此外，林蔚文先生也认为，流行于闽西地区的民间神灵"七姑子"，与山都木客的联系十分密切。分别参见谢重光《畲族与客家福佬关系史略》，福建人民出版社 2002 年版，第 54—55 页；罗勇《"客家先民"之先民—赣南远古土著居民析》，《赣南师范学院学报》2004 年第 5 期；林蔚文《福建民间动物神灵信仰》，方志出版社 2003 年版，第 139—150 页。

④ 林蔚文：《福建民间动物神灵信仰》，方志出版社 2003 年版，第 25—41 页。

⑤ 陆招英：《闽顺昌方言古越语底层词初探》，《双语学习》2007 年第 11 期。

留也对客家族群文化的形成有一定影响,至今在客家文化中亦包含了一些古越文化因子。

南方蛮族与客家民系的关系也十分紧密。不过,这支族群虽然生活在南方,但严格说来,它并不是赣闽粤边区的土著族群。蛮族支系很多,与赣闽粤边区关系比较紧密的当数盘瓠蛮。盘瓠蛮的一支又称"武陵蛮",主要分布在古代的武陵地区(其地理范围大约包括今天的湘中、湘南和黔东、鄂西南一带),武陵蛮从东汉时就开始向外迁移,但直到宋代"开梅山"事件后,才大量涌进赣闽粤边区。在外迁过程中,他们逐步演化成了畲族和瑶族,并对后来的客家族群的形成,产生了巨大影响。

南迁中原汉人应该是客家族群来源中最重要的一支。北方汉人最早进入赣闽粤边区的时间,至少可以上溯到秦汉时期,但真正对客家族群的形成产生巨大影响的,主要还是在唐宋时期南迁而来的这部分中原汉人。拥有先进生产经验的中原汉人大量涌入赣闽粤边区,不仅大大促进了该地区的开发,而且对赣闽粤边区的中原汉族文化传播和客家族群的形成具有重要意义。

赣闽粤边区的上述多元族群,自宋元以后,经过长达数百年的交流和融合,逐渐形成一个有着共同文化认同的新族群——客家,他们本身所携带的族群文化,也成为客家族群文化的重要因子。客家的形成经过了一个复杂而又漫长的过程,既包括不同族群的人群融合,又包括不同族群的文化融合。

首先谈谈赣闽粤边区的族群整合。赣闽粤边区的族群整合可以分为两种,一是赣闽粤边区内部不同地域之间的族群融合,二是溪峒蛮族与汉人族群的融合。

赣闽粤边区内部不同地域之间的族群融合。因经济开发、战乱引发的人口流动,使得赣南、闽西、粤北这三个区域的族群交流十分频繁,从而促进了三地之间的族群融合。例如在宋代,由于政府不当的食盐专卖政策,虔州府(后改为赣州)、汀州府被划入"淮盐区"。因为淮盐质劣价高,这两地的人们跑到惠州、潮州、漳州等地走私食盐,当时这种食盐走私非常猖獗,据南宋名臣蔡襄所记当时仅在漳浦一县的虔州盐贩,就多达400人:"江、湖运盐既杂恶,官估复高,故百姓利食私盐……虔盐弗善,汀故不产盐,二州民多盗贩广南盐以射利。每岁秋冬,田事才毕,恒数十百为群，持甲兵旗鼓，往来虔、汀、漳、潮、循、梅、惠、广八州之地。"① "漳州漳浦有虔州民四百人，入县买官所卖盐，令捕之，民因斗拒。"② 这种大规模的食盐走私活动，导致大量的人口在赣南、闽西和粤东北内部之间的流动。

后来，这种不当的食盐政策得到调整，因食盐走私而引发的人口流动得到遏止，但到了明清时期，又出现了另一种形式的大规模的人口流动，即大量的闽西、粤北之人跑到赣南进行佃耕。当时这种流动佃耕的人口规模是很大的。据康熙四十三年时任瑞金知县的朱三锡的表述，当时瑞金境内的耕田之人，百分之六七十的生产人口都是来自闽西和粤东北的："瑞邑山陬僻壤，田少山多，价值倍于他乡，仍亩田一石，除完正供之外，余剩无几。兼之界连闽、粤，土著十之二三，流寓十之六七，主弱佃强。每时平则结党称雄，岁歉则乘风鼓浪，竖旗抗租。"③ 这种日长月久且大规模的食盐走私和佃耕活动，无疑对于三地之间的族群交流和融合产生极大的影响。

除了经济因素之外，战争也促进了赣闽粤边区内部人口的流动。我们前面已经讲述过，唐宋以来，由于大量外来人口的涌入，以及不当的食盐、赋税政策，引发了延绵不绝的各种"寇乱"，使赣闽粤边区大部分时间都处于长期动荡之中。当时这些"寇乱"利用赣闽粤边区地处三省交界，政府力量薄弱，地形复杂的特点，来回在赣南、闽西和粤东北之间进行辗转流动作案。"（绍兴间）虔寇窃发，多缘群入闽、广贩盐以致作乱。"④ 这种跨地域、大规模的联合军事行动，也促进了赣闽粤边区内部的人口交流和融合。主要体现在以下两个方面：

一方面，"寇乱"直接把不同区域的人卷入到共同的军事行动之中。例如，顺治二年，赣州府石城县吴万乾"倡永佃，起田兵"，就主动联合当时在石城佃耕的外来民户："邑大户土著为多，万乾恐不能胜，又要联客纲头目郑长春、李诚吾、连远候，结党惑众，名纲义约。"同为石城县人的王振在举兵起事时，也主动联合周边的宁都、瑞金和福建省的宁化县

---

① （元）脱脱等撰：《宋史》卷182《食货志下四》，中华书局1977年版，第4433页。
② （宋）蔡襄：《端明集》卷37《尚书屯田员外郎通判润州刘君墓碣》，四库全书本。
③ （清）朱三锡：《严禁退脚科敛名色示》，载（清）张国英《瑞金县志》卷16《谕附》，清光绪元年刻本。
④ （宋）熊克：《中兴小纪》卷15，"绍兴三年十月戊戌"条，四库全书本。

等地进行作乱。"纠宁都、瑞金、宁化等处客户，一岁围城六次。"① 这种不同地域的族群联合行动，不仅直接把不同地域的人群汇合在一起，有利于他们的交流和融合；而且还在通过战时的"寇民互助"，加强了不同区域的人群整合。例如，在"贼寇"遭到官兵围剿时，往往出现当地民众为之通风报信和供送粮食的情形。如上杭名贤邱嘉穗在谈到境内来苏等三乡的峒寇之乱时说："其三界村氓畏贼势炽，又多与之接济，来若为迎，去若为护，前后皆彼奸细，声息动相应援。"② 这种贼民相互交通的情况在赣闽粤边区的"寇乱"中十分普遍，以至王阳明甚至把它当作是盗贼难以靖除的根本原因："访得所属军民之家，多有规图小利，寄住来历不明之人，同为狡伪欺窃之事；甚者私通畲贼，而与之传递消息；窝藏奸宄，而为之盘踞夤缘；盗贼不靖，职此其由。"③ "贼"与"民"之间的这种密切联系，尤其是在那些连县跨省的寇乱，无疑也促进了族群之间的联系和交流。

另一方面，"寇乱"也引起了部分人口流动。例如，动乱引发了大量难民在赣闽粤边区内部之间逃亡。一旦寇乱发生，当地之民出于求生的本能，都纷纷向周边奔逃，往往是赣南发生战乱，则难民就逃向闽西或粤北，闽西发生战乱，难民就逃往粤北或赣南。如宋末元初，"梅州人民抗元的壮烈，地为之墟。闽之邻粤者，相率迁移来梅，大约以宁化为最多。所有戚友询其先世，皆来自宁化石壁人"④。至元年间，闽北黄华军变，"福建归附之民户几百万，黄华一变，十去四五"⑤。这些难民往往并不远徙，一般都在赣闽粤边区内部辗转来回，所以也在客观上促进了赣闽粤边区内部不同地域之间的族群交流和融合。此外，"寇乱"被官兵镇压后，又有大量"贼寇"被安置到异地州郡。如正德六年，"（广东）程乡贼钟仕锦攻劫附近乡邑，都御史周南招降贼首何积玉及余党千余人，擒仕锦，戮之，安插朱贵等三百余人于羊角水。后积玉复叛，知县蔡蘷督民兵格杀

---

① （清）朱一慊：《石城县志》卷7《武事》，清道光四年刻本。
② （清）邱嘉穗：《与翁明府、蒋参戎论峒寇书》，载（清）曾日瑛修、李绂纂《汀州府志》卷42《艺文志四》，清乾隆十七年刻本。
③ （明）王守仁：《案行各分巡道督编十家牌》，载（明）王守仁撰《王阳明全集》，吴光等编校，上海古籍出版社1992年版，第531页。
④ （清）吴宗焯等修，温仲和纂：《嘉应州志》卷32《丛谈》，"谈梅"条，清光绪三十二年刻本。
⑤ （明）宋濂等撰：《元史》卷167《王恽传》，中华书局1976年版，第3932页。

之,安插余党叶芳等于(安远)黄乡堡为新民。"① 这种异地安插的政策,无疑对两地族群的融合具有十分重要的促进作用。

再来谈谈溪峒蛮族与汉人族群的融合。赣闽粤边区的族群整合,除了内部不同区域之间的人群整合之外,还存在大量以溪峒蛮族为代表的土著族群与汉人族群之间的交流与融合。

苗蛮之族居处于赣闽粤边区地区,地处万山之中,本身就是"性质梗直","好为争斗",又因中原汉人的大量迁入,原来的生活状态被打破,甚至可能因为山林资源、势力范围的争夺,所以出现族群之间的冲突和斗争。如,"江西之南、赣,福建之汀、漳,广东之韶州,湖广之郴桂,其间深山大谷,绵亘数千里,瑶、僮居焉,时出剥杀,民被残害。"②

尽管土著与外来族群之间存在争夺领地的冲突,但他们也在反抗封建租赋的斗争中存在联合。诚如前文所述,这些畲瑶峒蛮因为原本"不纳租税",而流窜到赣闽粤边区的也多有"逋赋"之民,所以,除了族群之间的冲突和斗争之外,他们往往也因为共同的"阶级"立场,而相互联合在一起,共同反对"国家"的剥削。这种基于"反剥削"的阶级斗争,在文献也有明确的反映。如,"其南安郡财计,只靠南康一邑所有,只由大庾人户无几,若郡计更有不给,必然波及山峒之民,利害甚大。"③ 南康和大庾岭为南安郡的属县,因为纳税人口的不平衡而出现财税不均,为了缴纳赋税,必然要"波及山峒之民"。可是,因为吴潜知道对这些原本不纳租税的"山峒之民"开征赋税,后果是非常严重的,所以他以"利害甚大"之词,表达了自己对征税于峒民的深切担忧。

实际上,宋元以来,随着中央王朝政权向赣闽粤边区的步步推进,官府"往往差人入山,逼取猺獞皮张、黄蜡、生漆、蜂蜜等项"。④ 尽管官府所取"皮张、黄蜡、生漆、蜂蜜等项",与其他省民相比,或许已是减轻了许多的赋税,但对于这些原本"不纳赋税"的溪峒之民来说,也是他们所无法接受的,他们往往与"逋赋"汉人一道,不断掀起了各种军

---

① (清)魏瀛修,钟音鸿纂:《赣州府志》卷32《武事》,清同治十二年刊本。
② (明)王琼:《南赣类序》,载陈子龙等《明经世文编》卷110《王晋溪本兵敷奏二》,第二册,中华书局1962年版,第1016页。
③ (宋)吴潜:《许国公奏议》卷1《应诏上封事条陈国家大体治道要务凡九事》,四库全书本。
④ (明)姚镆:《东泉文集》卷8《督抚事宜》,四库存目本。

事叛乱。"地方"与"国家"之间的冲突也日益超过"土著"与"移民"之间的摩擦，而逐渐成为赣闽粤边区的主要动乱之源。也正因为有着外在共同的反对目标，所以畲瑶蛮族与汉人能够紧密联合在一起，共同反抗"国家"的压迫和统治。这些军事行动有的持续时间长达十余年，有的仅有几个月，但都在当时引起了强烈的轰动，在赣闽粤边区族群发展史上留下了深刻的记忆。尽管如此，这些起义要么被剿灭，要么被招抚，而使这些轰动一时的社会动乱终归平静。在平定这些起义的过程中，官府采取各种手段，或招抚"贼首"到政府担任军队的将领职务，或安插起事之人到附近州郡，或在"贼巢"之地设立县治和学校等，都使赣闽粤边区的溪峒畲瑶诸族与汉人族群之间有了更加充分的交流和融合。

总之，从唐末宋元以来，由于经济、政治、军事等原因，赣闽粤边区不同族群、不同地域之间，发生了频繁的接触和交流。正是在这种多元族群交流中，客家民系才得以逐渐形成和发展。

二 赣闽粤边区多元族群之间的文化融合

赣闽粤边区多种族群之间的交流和互动，必然发生文化的融合。人群是文化的重要载体，赣闽粤边区多元文化的交流和互动的表现，主要也体现在这一区域新的人群整合体——"客家"的生产和生活的各个方面。关于客家文化中多元文化的融合，学者已有较多的论述，笔者撮其要者，列述如下：

在生产方式和生活方式上，清代学者屈大均在论述当时广东土著民族的生产方式时，用"刀耕火种"来概括，即"耕无犁锄，率以刀治土，种五谷，曰刀耕。燔林木，使灰入土，土煖而蛇虫死，以为肥，曰火耨"。① 客家人至今仍在使用的耕作方式中就有"烧土肥田"，即铲好草皮，晒干，然后呈圆锥形堆垒起来，中间填干稻草作为火引，让其闷燃，燃尽，连土带灰，一起挑至田里用作肥料。很显然，这种生产方式就保留了刀耕火种的痕迹。又如，客家人也学会了南方地区用石碾榨汁，先猛后温进行熬煮的提炼蔗糖的方法。此外，客家人还普遍引种畲禾（又称百日禾、棱禾，过去赣闽粤边区普遍种植的高产速生粮食作物）、学做土纸、用石灰撒田、伐木烧炭、养蜂酿蜜以及种茶、狩猎等。学者认为，客

---

① （清）屈大均：《广东新语》卷7《人语》，"辇人"条，中华书局1985年版，第243—244页。

家地区的这些生产方式,与畲瑶之族的传统经济模式有着十分密切的渊源因袭关系。① 物态文化是物质文化另一个重要内容。在客家文化的物态方面,也保留了浓厚的当地土著民族特色。如在民居建筑上,"走马楼"是当今广东、福建、江西等客家地区常见的建筑形式。它多依山而建,主要为上下层,一层用作厨房、农具杂物间、牛栏猪圈和厕所,二层多为卧室、仓库。在二楼外部,用木料架设一条外伸悬空的骑楼式走廊。"这种房屋结构和居住习惯,与古代南方百越人,以及今天西南地区一些兄弟民族的'干栏式'住房相似。显然,这是客家人南迁后吸收了南方土著民居的优点,以适应岭南地区多山、潮湿和多虫蛇兽害等自然环境"。② 在着装打扮方面,古代中原汉人一般是"束发冠带",唐末五代以来,汉族大户女子往往还有缠足的习俗。而客家男子则是"不冠不履",客家女子不仅保留"天足",而且往往还习惯于"椎髻跣足"。衣服样式也多是在衫襟边和袖口、裤脚管边缀以数条不同颜色的花边。这与南方少数民族更为相似。此外,在农业、手工业以及日常生活中也都保留了大量畲瑶等土著民族的习俗。③

在习俗信仰方面,客家族群文化中也保留了大量的土著文化。例如,巫术是一种广泛存在于世界各地区和各个历史阶段的文化现象,也是各种文化现象中最具神秘色彩之所在。由于这种历史原因,南方地区一直保留了比较浓烈的巫风。赣闽粤边区地处南方腹地,亦盛行尚鬼信巫的风俗。这种风俗,对客家人的生产生活产生很大影响,举凡疾病、死亡、祈禳、追荐、求雨等,多有"不问医药只问巫"的现象。如,

> (赣南)俗颇信巫,凡疾病、死亡、祈禳、追荐,更有于父母年六七十进,设坛请僧道虔诵经藏,往各祠行香祈祷。④
> 清代上犹县:"荆楚风俗多信鬼,虔南壤尤连楚尾。法演茅山病不药,巫妖神道相比匪。"⑤

---

① 吴永章:《客家文化与畲瑶文化研究》,载罗勇主编《"赣州与客家世界"国际学术研讨会论文集》,人民日报出版社2004年版,第18—19页。
② 丘桓兴:《客家人和客家文化》,商务印书馆1998年版,第44页。
③ 蒋炳钊:《客家与畲族的关系》,《客家研究辑刊》1994年第1期。
④ (清)杨锛:《南安府志补正》卷1《风俗》,清光绪元年刊本。
⑤ (清)贾文召修,蔡泰均纂:《上犹县志》卷11,引游绍安《七姬庙》,清乾隆五十五年刻本。

安远县："如遇病虫害严重成灾，村民即组织打'香火龙'活动，大肆进行谒神拜社公活动，巡回到山野田间转悠，驱逐瘟疫，以求神灵消除这场灾祸保佑禾苗正常生长。"①

长汀县张地村，在野猪危害猖獗的年份，会打"野猪醮"，认为这样就能驱除野猪危害，保护稻谷、地瓜等庄稼以及山上的竹子能有好的收成。②

在民间信仰方面，客家族群也保留了大量土著神灵。如闽西地区对蛇的崇拜。③ 粤东地区对三山国王的崇拜。④ 又如，在南靖和永定客家社区，小孩子有拜神为父的习俗，"拜溪中或溪边石头为其子者甚多，拜古树也不少，个别的拜太阳为其子。拜民主公王等神为其子的比拜石、树为其子的少。"在永定县湖坑李姓客家人社区，"每个村子至少有一个不到半米高的伯公庙（土地公），有的伯公居所只是一块岩石或一棵树，放个香炉或插上香就是。一半以上的村子有个'射猎先师'。'射猎先师'的象征或是溪水急流边石壁，或筑一小石坛，坛后立一石"。⑤ 此外，在客家民间信仰中，也保留了大量树崇拜和鸟崇拜等闽越族的古俗。⑥

当然，除了南迁汉人受赣闽粤边区特殊的地理和人文环境的影响，主动接受当地的生产方式和生活习俗之外，也把北方汉人的一些生产方式、风俗习惯和民间信仰也带到赣闽粤边区地区，从而使外来文化与土著文化出现较好的互动局面。

如在客家文化的物质层次中，我们可以找到中原农耕文化对客家族群生产生活的影响。如蜿蜒曲折的大小水利工程的兴建，从山脚层垒到山顶的排排梯田，在客家大本营随处可见的牛耕犁锄，都保留了北方灌溉、垦耕的农业文明的痕迹，而与"刀耕火种"的游移农业大相其异。⑦ 那些被

---

① 刘兆升、田惠裕：《安远民俗浅说》，中国人民政治协商会议江西省安远县委员会文史资料研究委员会编《安远县文史资料》第5辑，1991年，第121—123页。

② 杨彦杰：《长汀县的宗族、经济与民俗》上册，（香港）国际客家学会、海外华人资料研究中心、法国远东学院2002年联合出版。

③ 林蔚文：《福建动物民间神灵信仰》，方志出版社2003年版，第35—40页。

④ 谢重光：《三山国王信仰考略》，《世界宗教研究》1996年第2期。

⑤ 郭志超：《闽客社区民俗、宗教比较的调查报告》，《客家》1996年第2期。

⑥ 谢重光：《闽越文化与客家文化》，《福建论坛》（人文社会科学版）2000年第6期。

⑦ 张佑周：《论客家地区传统生产方式的形成及其对客家文化的影响》，《龙岩师专学报》2004年第4期。

誉称为独具客家族群标志的围屋建筑,也被认为是与古代中原的坞堡有关。① 赣闽粤边区因为瘴疠盛行,人们把茶叶与草药混合,做成"擂茶",既方便,又实用,体现了中原文化在赣闽粤边区流传过程中出现的在地化情形。

为了更好地说明不同文化在赣闽粤边区的融合,下面我们特举在客家文化中十分彰显的风水信仰和客家话这两个事例进行阐述。风水信仰则比较明显地体现了中原文化与赣闽粤边区本土文化之间的互动。风水又称"堪舆"、"青乌"、"地理",它起源很早,从考古发掘的情况来看,早在仰韶文化时期,当时人们在聚落位置的选择方面就已经有了很明显的"环境选择"倾向;在甲骨文、《诗经》等先秦时期的文献中,也有"卜地"、"相宅"等主动选择环境方面的大量记载,说明我国在很早的时候就有风水的实践。在隋唐以前,风水术主要在黄河流域,唐末以后,由于中原战乱,大量中原汉人南迁,中原风水亦逐渐南传,且在后来的发展中,逐渐形成了以重在察看山形水势为主的"形势派"和以寻验"阴阳气理"为主的"理气派"两大派别。② 赣闽粤边区风水信仰的传播,主要也与唐宋时期北方汉人的大举南迁有关。尤其是曾在唐朝中央政府"掌管灵台地理事"的杨筠松因避乱南迁,对客家地区风水传播影响最为深远。③ 唐宋以后赣闽粤边区风水信仰之俗的兴盛,在官方纂修的地方志中有诸多记载。在田野调查中,我们也常常听到许多关于风水的故事。如笔者在于都县段屋乡寒信村调查时得知,萧姓开基祖寿六公是个擅长看风水的地理先生,他在元代时从赣县信江营迁到这里开基,就是因为这里风水很好。寿六公生前又在村子隔河对岸看好一块风水宝地,但仅适于埋葬其子。而寿六公生有四个儿子,为了不发生争论,所以寿六公规定以后儿子四人谁先去世,谁就落葬该地。后来,第二个儿子玉新公的身体不好,眼看可能入葬该地,三儿子玉恭公竟然饮药自杀,所以顺利葬入该宝地。该房后来果然人丁兴旺,超过了玉新公房。④

---

① 参见黎虎《客家聚族而居与魏晋北朝中原大家族制度——客家居处方式探源之一》,《北京师范大学学报》1995年第5期。
② 刘沛林:《中国风水的起源与传播》,《寻根》1996年第4期。
③ 罗勇:《客家赣州》,江西人民出版社2004年版,第106—116页。
④ 这是笔者在2009年7月12日在该村作田野调查时,萧翰注先生向笔者讲述的故事。萧翰注,男,1953年生,曾参与该村萧氏第十修族谱的纂修工作。

客家方言的产生也是北方语言文化在移民运动的推动下，在赣闽粤边区传播并与当地语言文化融合的结果。客家话是客家族群最重要的外显性特征，也是客家族群的重要标识之一。"客家人的方言富有特点，笔者认为，这种客家方言才是界定客家的最基本要素。"[①] "在客家这个族属的一切文化特质中，只有客家方言才是该群属所特有的。正因为如此，最能代表客家这个群属本质特征的，应该是客家方言。"[②] 但在客家方言的形成时间上，学者却存在较大分歧。罗香林先生认为大体是在五代至两宋时期[③]，罗美珍女士认为是在两宋时期[④]，著名的古汉语专家李新魁教授认为当在南宋末年到元代这一时期。[⑤] 但不管怎样，这些学者提到的客家方言形成的时间段，恰恰都与大量中原汉人进入赣闽粤边区的时间基本一致。唐宋以来的移民运动与客家方言之间存在什么样的联系呢？在人类集团相互接触中，某一集团的语言被另一集团的语言所替换或融合，其主要因素，除了"强大的政治压力"和"先进的文化优势"外，还应该重视人口数量这一因素，"人口数量少的集团，长期处在人口众多的集团包围中，他们的语言也会很自然地被人口多的集团语言所取代。"[⑥] 而人口数量又与移民运动的规模直接相关。"方言与生活习俗的移植与消融与否，取决于移民人数与当地人的力量对比。如果移民人数较多，当地人的力量较为薄弱，则移民的方言和生活习俗就有可能在新移民区生根扩展，这就是通常所说的'反客为主'。"[⑦] 由此可见，人口数量在客家方言形成过程中，起着十分重要的作用。唐末五代至元朝时期大量北方人口迁入赣闽粤边区，使该地区操中原口音的人数大为增加，这些数量众多的外来人口涌进这一狭小地域，自然对当地的语言格局产生重大影响。诚如王东先生在谈及南宋初年江西中、北部一带的移民迁入赣南、闽西地区对当地语言格

---

　　① 陈支平：《客家源流新论》，广西教育出版社1997年版，第126页。
　　② 王东：《那方山水那方人：客家源流新说》，华东师范大学出版社2007年版，第35页。
　　③ 罗香林在谈到客家的界定时曾说过："客家先民其南徙虽肇自东晋，然而形成特殊之系统，则在五代以后。宋、明人著述，颇言汀虔南韶居民语言之近于汉音者，而与南方其他华人及土著不相符合。……可知是时华南诸汉族，各自演化，而客家方言，亦已渐成独立之系统。"参见罗香林《客家研究导论》，（台北）南天书局1992年版，第17页。
　　④ 罗美珍、邓晓华：《客家方言》，福建教育出版社1995年版，第28—33页。
　　⑤ 转引自吴松弟《中国移民史》第四卷（辽宋金元时期），福建人民出版社1997年版，第356页。
　　⑥ 罗美珍、邓晓华：《客家方言》，福建教育出版社1995年版，第29页。
　　⑦ 陈支平：《客家源流新论》，广西教育出版社1997年版，第128页。

局的影响时所云："大量移民的进入，不仅壮大了赣南和闽西境内的人口规模，而且保证了赣语人口对苗瑶语族人口的绝对优势，从而巩固了早期赣语作为赣南和闽西境内通用语言的地位。"① 尽管我们目前仍然无法确证唐末五代至元朝时期迁入赣闽粤边区的移民在人数上是否超过了当地土著，但可以肯定的是，其入迁的人口规模绝对是不小的，这对客家方言的产生，其作用是不言而喻的。当然，客家方言中除了中原语言文化的要素之外，也包含了不少土著语言文化的因素。例如在词汇方面，据语言学者研究，客家话中表示女性长辈称谓的词尾"娓"等十四个土俗字。在汉文辞书中或查不到这样的词，或虽有其字而词义不同，它们倒与侗—傣语族语言的读音和词义相近。因此这些词都有可能是客家向土著借用的。在语法方面，客家话中的语序与普通话颠倒，又有"来""去"并用只表"去"的意思，这些都与一般汉语不同，而与泰语、苗语等某些南方少数民族语言相近。侗族、傣族都是古百越族的分支。因此，客家方言在词汇和语音方面的这些现象，可断定部分是受古百越语或闽越语影响所致。②此外，学者在江西贵溪等地的调查中，也发现客家方言与畲族"山客话"有密切联系。③

总之，正因为客家族群文化这种多元一体的特性，在一个文化载体内承载了具有显著的赣闽粤边区地域特色的种种文化事象，所以客家族群才具有独特魅力，成为一个卓尔不群的文化群体。

三　赣闽粤边区客家民系形成的时间

从上面的论述中，我们可以知道，"客家"作为赣闽粤边区新的人群整合体，乃是在该地多元族群经过漫长的人群整合和文化融合的基础之上形成的。然而，"客家"这一族群究竟什么时候形成的，学术界却一直存在激烈的争论。罗香林作为客家学的奠基者，他最早提出"北宋初年说"，认为客家应该形成于北宋初年。④ 这一观点虽曾独领风骚近半个世

---

① 王东：《那方山水那方人：客家源流新论》，华东师范大学出版社2007年版，第176页。
② 罗美珍：《谈谈客家方言的形成》，《乡音传真情——首届客家方言学术研讨会专集》，闽西客家研究会《客家纵横》1994年增刊。
③ 参见刘纶鑫《贵溪漳坪畲话的语音特点与客家方言的关系》，载罗勇主编《"赣州与客家世界"国际学术研讨会论文集》，人民日报出版社2004年版，第102—106页。
④ 罗香林在其著《客家研究导论》中云："客家先民的移民运动，在五代至宋初是一种极其显著的事象，'客家'一词亦必起于是时。""……观此种种，可知客家的形成年代，确在赵宋初年。"参见罗香林《客家研究导论》，（台北）南天书局1992年版，第18—19页。

纪，但在后来却遭到学者们的普遍质疑，逐渐形成了"南宋说"、"元代中后期说"和"晚清说"等影响较大的观点。

以谢重光先生为代表的学者提出"南宋说"，认为客家民系在南宋初步形成以后，元明两代又有重大发展，约略至明末清初，其分布格局才基本稳定下来，其独特方言、独特风俗、独特社会心理及族群性格才充分发展成熟。①

以曹树基和王东为代表的学者则提出"元代中后期说"。曹树基先生从移民史的角度，认为赣闽粤边区汉族人口的迁入，最大量和最集中的迁入当在南宋初年，但宋末元初，这一地区的汉族人口80%死于战争和瘟疫，畲人的比例则相应得到增加。"在元代特定的条件下，闽西、粤东的汉人与畲人开始了广泛的接触与融合，并由此而形成汉民族中一个独特的民系——客家人。"②王东先生则从客家方言入手，认为："客家方言，其正式形成的时间当不会早于元代。根据方言与方言群的对应关系，则客家方言群的正式形成也不会早于元代"；"最晚到元代中后期，生活在赣闽粤边区的汉族和畲族，在经过长期的互动与共变之后，已经在日常的生产方式和语言文化诸方面开始趋于一致，从而逐渐形成为一个'你中有我，我中有你'的新的语言文化群体。这个新的语言文化群体，就是方言群意义上的客家。"③

以刘佐泉、万幼楠和黄志繁等人为代表的学者则提出"晚清说"。刘佐泉先生认为："客家高度的种族集团（民系）自觉性的形成，乃至客家民系最后形成的标志，是清嘉庆十三年（1808年）徐旭曾先生的《丰湖杂记》。"④万幼楠则认为："在'四共'（注：即共同地域、共同经济生活、共同语言、共同心理意识）基础上，若以成熟的客家形成时间，必须以客家人有'自我认同意识'为前提的话，那客家形成时间应在清中

---

① 谢重光先生最早在1995年提出这个观点，最近又在新著一书中对此作了更进一步的论证。参见《客家源流新探》（福建教育出版社1995年版）和《客家文化述论》（中国社会科学出版社2008年版）两书。

② 曹树基：《赣闽粤三省毗邻地区的社会变动和客家形成》，《历史地理》第14辑，上海人民出版社1997年版，第135页。

③ 王东：《那方山水那方人：客家源流新说》，华东师范大学出版社2007年版，第204、243页。

④ 刘佐泉：《客家历史与传统文化》，河南大学出版社1991年版，第98页。

叶以后。"① 黄志繁博士虽没有直接提出客家族群是晚清时期才形成,但他也十分强调晚清时期特殊的历史情境对客家族群意识形成的影响:"随着山区开发和流民运动的进展,明清赣闽粤边界山区普遍经过了一轮国家认同逐步推广的过程。在这个过程中,许多'化外'的'畲''瑶'人群逐步被纳入'化内'的官方统治体系,成为编户齐民。同时,许多进入山区的流民开始以各种方式融入当地社会,也重新获得户籍。在这个过程中,赣闽粤边界社会文化表现出'国家认同'强化与'士绅化'倾向。'国家认同'强化与'士绅化'倾向使明清时期赣闽粤边界的人们强调自己的'正统'身份,从而不可避免地带来对祖先历史的重新'建构',弘扬其祖先的辉煌历史,在这个逻辑上,祖先来自'中原正统汉人'的观念很容易产生。正是这一事实,构成晚清时期'客家人'自我书写族群历史的历史基础。"②

上述这些观点分别从族群迁移、客家方言和习俗的形成、客家族群的自我意识等角度,阐述了对客家族群形成时间的观点。这些观点和论述对于我们认识和了解"客家"这一族群的文化特性具有重要的启发作用。

不过,笔者认为,我们在探讨客家族群形成时间的时候,必须高度重视客家族群共同的文化认同这一问题。诚如学者所云,客家是一个文化的概念,区别客家族群与其他族群的关键因素是文化而不是血统。并且赣闽粤边区又是一个多种族群混杂的地区,那么,那些把不同族群连接沟通起来的因素,才是最为核心的东西。根据人类学的观点,所谓族群,是一种构建在认同基础上的人们共同体。③ 因此,"文化认同"应该就是维持这个多元种群结合体的最为核心的东西。认同的内容十分丰富,包括祖先认同、地域认同、价值观认同等。那么,在"客家"这个多元文化共同体中,不同族群所一致共有的核心认同又是什么呢?要回答这个问题,我们首先看看文化学的相关理论。

文化学理论认为,一种文化通常包括物质文化层、理论制度层和心理

---

① 万幼楠:《客家形成晚清说》,载陕西客家联谊会编《世界客属第22届恳亲大会国际客家学术研讨会论文集》,太白文艺出版社2008年版,第33页。
② 黄志繁、周伟华:《生态变迁、族群关系与国家认同——"客家"族群认同建构的历史背景》,载罗勇主编《客家学刊》(创刊号),中国社会科学出版社2009年版,第92—93页。
③ 关于族群的定义,国内外学术界存在很大争议。现据我国著名人类学学者庄孔韶先生的观点。参见庄孔韶《人类学通论》,山西教育出版社2005年版,第342页。

文化层这三个层次，不同的文化层次在整个文化结构的作用并不相同，其中心理文化层次的作用最大，尤其是心理文化层中的价值观，更是具有核心的作用。"因为文化的核心是价值观，所以价值观的变革才是文化变迁的最终实现。"① "文化的特殊性和差异性主要是由价值观决定的，世界各国各民族的不同的文化在很大程度上取决于价值观。"② 那么，心理文化层次通常包括哪些内容呢？"文化的心理层面包括人们的价值观念、思维方式、审美趣味、道德情操、宗教情绪、民族性格等，它是整个文化结构中最为稳定的部分，是整个文化的灵魂。如果要用本末来分解文化，说物质技术是末、制度理论是本的话，那么文化心理则是本中之本，是大本。"③ 依照文化学的这个理论，我们再来考察客家文化的价值观层面。

价值观是指人们在认识各种具体事物的价值的基础上，形成的对事物价值的总的看法和根本观点。一方面表现为价值取向、价值追求，凝结为一定的价值目标；另一方面表现为价值尺度和准则，成为人们判断价值事物有无价值及价值大小的评价标准。客家人的价值观，可以从客家人在科举读书、婚姻追求和伦理道德等方面来体现。

客家人十分热衷于科举读书。在客家社会，"且耕且读"成了客家人家庭的传统追求。石城县岩岭乡上柏熊氏古村，保留着一处明代遗迹，石门斗上赫然刻着"耕读处"三字，其两边对联曰："力耕可以无饥，开篇自然有益"，正是客家人这种历史心态的真实写照。在兴国刘氏族规中也明确要求族中子弟务必好读书识字："家门之隆替，视人才之盛衰；人才之盛衰，视父兄之培植。每见世家大族箕裘克绍，簪缨不替，端自读书始。凡我族中子弟，资禀英敏者固宜督之肄业，赋性愚钝者亦须教之识字。"④《南康严氏族谱》立族规十条，其中第一条就是《勉读书》，也要求"族中子弟无论贫富皆当使之就学，严其教令，陶其性情"⑤。可见，客家人对读书向学，科举功名是何等热衷！

客家人崇宗重祖，重视家族文化，也是客家文化认同的重要体现。宗

---

① 刘云德：《文化论纲——一个社会学的视野》，中国展望出版社1988年版，第132页。
② 曾小华：《文化·制度与社会变革》，中国经济出版社2004年版，第34页。
③ 庞朴：《近代以来中国人的文化认识历程——兼论文化的时代性与民族性》，《教学与研究》1988年第1期。
④ 兴国《龙兴祠刘氏联修族谱》，"族规"条，民国三十六年刻本。
⑤ 南康《严氏族谱》，不分卷，《族规》，"勉读书"条。

族制度是汉族文化的重要内容，客家人也十分重视宗族文化，建立了严密的宗族结构。客家地区以姓划村，聚族而居，建祠堂、修族谱、购族产的现象十分常见。并且，客家人，尤其是海外客家人，还有十分浓厚的寻根意识。海外客家人在东南亚、美洲、欧洲世界各地建立了大约 300 个客属宗亲团体。[1] 20 世纪 80 年代以来，随着大陆政策的不断开放，海外客家人掀起了回大陆寻宗谒祖的寻根热潮。他们纷纷回到宁化石壁、赣州、长汀等地，参观客家祖地，拜谒客家宗祠，祭祀客家母亲河，甚至还直接到中原地区，寻找姓氏的源流。我们以台湾客家人为例，自 1987 年 11 月台湾省当局允许台胞回大陆探亲以后，台胞回乡形成一股"寻根探亲热"。据不完全统计，截至 1999 年，仅蕉岭台胞回乡寻根探亲者，累计达 1.4 万余人（次），先后有徐、彭、何、涂、丘、赖等 30 多个姓氏的回乡台胞找到了祖居地、祖公厅或先祖墓地。[2]

此外，在客家人的婚姻习俗，以及崇尚忠义、爱国爱乡等道德观念和人格品质中，我们也可看出客家人的道德追求和价值观念。因此，从总体上来说，客家族群在行为规范和价值观念等方面，主要还是与儒家思想相一致，中原文化明显起着主导的作用。这也就意味着儒家文化就是赣闽粤边区不同族群的共同的文化认同。要考察客家族群文化的形成时间，就首先必须认真探讨这个共同的文化认同是在什么时候形成的。我们认为，赣闽粤边区共同文化认同的形成，是儒家文化广泛传播与接受的结果，儒家文化在赣闽粤边区的广泛推广和接受的时间，其实也就是赣闽粤边区不同种群产生共同的"文化认同"的时间。我们认为，这个时间至少应该在明清时期。

唐宋以来，韩愈、周敦颐、朱熹、温革等地方官员和士大夫通过兴办学校、个人讲学等方式，在赣闽粤边区传播儒家文化。在这个传播过程中，我们更应该重视明清时期南赣巡抚的作用。该机构设于弘治八年（1495 年），治所在赣州，统辖汀、赣、潮、桂等八府地方。该机构从弘治八年成立，到康熙三年撤销，大大促进了赣南、闽西和粤东北之间的政治、军事的协作，而且也加强了各地区间的文化交流。尤其是以王阳明为代表的儒家官员，为了永远消除这一地区的动乱，他们大力兴办学校，授

---

[1] 冯秀珍：《客家文化大观》上册，经济日报出版社 2003 年版，第 82—84 页。
[2] 罗勇：《文化与认同——兼论海外客家人的寻根意识》，《西南民族大学学报》2006 年第 2 期。

徒讲学，推广乡约等，对儒家文化在赣闽粤边区的广泛、深入、直接的传播，起了十分重要的作用。① 同时，赣闽粤边区科举事业达到最辉煌的时间，也是在明清时期。在这一时期，赣闽粤边区兴办了大量各种类型学校，涌现出了大批儒家学者和科举人才，形成了崇文重教的浓厚习俗，出现了大量的忠勇、孝子、节妇、烈女……所有这些，都表明明清时期儒家文化已被赣闽粤边区的人们普遍接受，并对他们的生活产生了深刻的影响。此外，赣闽粤边区对儒家文化的接受，也可以从社会动乱的平息看出来。唐宋以来，由于大量外来族群的迁入，王朝政权的推进，赣闽粤边区一直处于动荡不安，各种寇乱频频发生，尤其是在明清时期达到高潮，动乱大约到了乾隆、嘉庆时期才逐渐平息下了。动乱平息的表现，主要体现在一是方志中关于动乱的记载很少了②，二是专门为了镇压动乱的"南赣巡抚"这一机构于康熙三年撤销，三是为预防动乱进行的增设县治运动也停止了。如前所述，唐宋以来，赣闽粤边区陷入长期动乱之中。这种动乱，既包括族群之间基于争夺生产生活资源的竞争和冲突，又包括地方社会与国家政权之间基于赋税问题的冲突。前面这种冲突自不待言，我们主要看看后者。宋代以来，伴随着中原王朝势力在赣闽粤边区的推进，"国家"与"地方"之间的冲突也日益增多。这些冲突的产生，与其说是关于"食盐走私"、"逋赋"的经济冲突，不如说是中原汉族文化与土著文化的冲突。因为无论是"食盐走私"，还是"逋赋"，都是对中原汉族的政治文化的否定。通过长期军事镇压，加上积极文化教育，终于使这些动乱在乾嘉时期逐渐平息下去。明清时期大规模动乱的结束，至少表明两方面的意义：一是各族群之间的摩擦和冲突减少，族群之间已经较好地融合在一起；二是土著族群认同了汉族文化，接受汉族政权的统治。

　　文化认同的出现是客家族群形成的一个重要条件，但光有这个条件还是不够的，他们还得有共同的族群意识。客家学界之所以会出现"北宋

---

① 参见唐立宗《在"盗区"与"政区"之间——明代闽粤赣湘交界的秩序变动与地方行政演化》，台湾大学出版委员会2002年版，第471—476页；黄志繁《乡约与保甲：以明代赣南为中心的分析》，《中国社会经济史研究》2002年第2期。谢重光《新民向化——王阳明巡抚南赣对畲民汉化的推动》，《赣南师范学院学报》2004年第1期。

② 根据饶伟新博士的统计，顺治年间赣南发生动乱52次，康熙年间30次，雍正年间2次，乾隆年间2次，嘉庆年间2次。饶伟新：《生态、族群与阶级——赣南土地革命的历史背景分析》，附录二：《明清时期赣南地区社会动乱年表（1368—1850）》，博士学位论文，厦门大学，2002年，第199—211页。

初年说"、"南宋说"、"元代中后期说"和"晚清说"等不同的观点,就是与人类学界对"族群身份"的界定存在争议有一定关系。关于族群身份界定的作用,人类学界一直存在着"客观特征论"与"主观认同论"之间的激烈争论:前者主张从客观存在的族群体质与文化特征(如肤色、身高、语言、习俗)进行判断,后者则主张从族群边界和自我族群意识来区分。① 事实上,学术界所出现的关于客家形成时间的分歧,也是因为对判别"客家族群"的标准问题出现分歧:"北宋初年说"、"南宋说"、"元代中后期说"等主张以客家族群的客观文化特征,如族源、方言、习俗等来判断,而"晚清说"则是从族群边界和族群冲突的角度,主张客家人自我意识的出现作为客家族群最后形成的标志。在笔者看来,其实这两者不仅不相互矛盾,反而是具有十分密切的内在联系:客观文化特征是客家民系形成的前提,客家之所以称为"客家",是因为它具有各种与众不同的外显性的客观文化特征,这是他者辨识"客家"的主要依据;客家人的自我族群意识则不仅是族群成熟的表现,而且也是维系客家族群存在和发展的重要保障。

结合族群形成的主客观条件,我们也许可以对客家民系的形成时间作一个粗糙的判断。以往学者之所以会有"北宋初年说"、"南宋说"、"元代中后期说"等主张,主要是因为他们看到了客家民系的某个或一些客观文化特征的出现。但单纯一两个文化特征的出现,还不足以说明这个族群就完全成熟了。而客家民系的完全成熟,还应该等到客家人的自我族群意识形成并且在自己的行为活动中非常明显地表现出来。那么,客家人强烈的自我族群意识是什么,并且是在什么时候形成和出现的呢?笔者认为,客家人的自我族群意识应该是指客家人作为一个集体,强烈意识到了自己是什么,来自哪里,又与其他族群有哪些不同。客家人这种强烈的集体意识是在什么时候出现呢?应该是在民国时期。其突出的标志性事件是20世纪初期的三次著名的文化抗争事件。这三次事件分别是:

(1)《广东乡土历史》教科书事件。清光绪三十一年(1905年),广东顺德人黄节编撰的《广东乡土历史》教科书,在介绍"客家"时,把客家说成"非粤种",也非"汉种"。客家人认为,该书这段话的言下之

---

① 王明珂:《华夏边缘:历史记忆与族群认同》,社会科学文献出版社2006年版,第10—20页。

意，就是说客家人是杂种、野种，这无疑是对客家人莫大的侮辱。由此引起客家各界人士的愤慨和抗争。最后迫使广东提学使（相当于现在的教育厅长）出面道歉，才算平息风波。

（2）《世界地理》出版事件。1920年，上海商务印书馆出版了一本《世界地理》，说到广东人种时写道："其山地多野蛮的部落，退化的人民，如客家等等便是。"广东的落后民族虽多，但像该书这样的单独举例，无疑又是对客家人的莫大侮辱，又一次引起了客家人的强烈愤慨。香港、上海、北京各地客家人联合行动，组织"大同会"，出版学术著述，声讨商务印书馆。最后，上海商务印书馆声明认错，停发旧课本，重新出版新课本。在新编课本中，改为"客家是中国进步民族"。

（3）《建设周报》事件。1930年7月，广东省政府建设厅主办的《建设周报》发表一篇关于客家风俗的短文，说"吾粤客人，各属皆有……分大种小种二类，大种语言喢啾，不甚开化；小种则语言文化，取法本地人"。这实际上还是在贬低客家人是野蛮族类，因而又一次引起客家人的抗争。他们在广州召开大会，推选代表与当局交涉。最后，由广东省政府主席陈铭枢亲自出面，宴集双方人商议，最后省建设厅对该杂志主编处以降职调离的处分，并公开道歉，方告平息。

这三次文化抗争事件至少说明了这些方面的问题：一是客家人已经作为一个整体，即"族群"的面貌而出现。当时，其他族群对客家人的攻击和污蔑，是族群之间的歧视和攻击，而非个体的或区域性的，面对侮辱，不仅广东，还有全国的客家人都联合起来，集体对此表示强烈愤慨，都表明这一时候的抗争，与以前的个体性的和区域性的矛盾斗争大不一样，而是族群之间全面斗争。所有这些都说明客家人已经作为一个人群集合体，即族群，登上了历史舞台。二是显示了客家人强烈的自我族群意识。从哪里来，祖先是谁，自己又属于什么人等，这些都是族群意识中最核心也最敏感的族群身份认同问题。这三次抗争的核心内容都是为了"去污名化"，维护自己纯洁的族源问题。客家人自认为是中原移民的后代，这种族源认同，是客家人对中原文化高度认同的最深沉的表现。而这三次抗争的爆发以及客家人最后取得成功，都表明客家人作为一个整体，对自己族属来源都有了清晰的思考和强烈的认同，是族群自我意识形成的重要表现。这也充分说明，客家民系作为一个族群，到这一时间就已完全发展成熟了。

当然，在这里我们把民国时期的三次文化抗争事件当作客家族群完全形成的标志，是为了研究说明的需要。实际上，客家民系分布格局的定型，独特的方言、风俗、社会心理及族群性格的形成，则是在这三次文化抗争事件之前就已出现。但也不能估算得太早。诚如前面所述，因为客家人共同的文化认同形成，而儒家文化在赣闽粤边区的广泛传播和接受，是在明清时期随着区域内部不同族群之间经过充分的族群整合和文化融合之后才最终完成的。从客家方言的基本形成，南赣巡抚整合作用的发挥，以及地方志书关于赣闽粤边区大量科举人才的涌现，社会风气的重大转变等等这些方面来看，客家人的客观文化特征基本上在清代就形成了。正因为有了这些客观文化特征的形成，才可能有民国初期三次文化抗争事件的发生。因此，综合这些情况来看，我们把客家民系的完全形成时间大致确定在晚清—民国时期，应该还是说得过去的。

结　语

　　以上各章主要从军事行动、行政治理和文化实践三个方面，论述了从唐末五代到清初这一历史长时段内，中原王朝政权如何在赣闽粤边区逐步深化，并把这一地区变为"化内之地"的"王化"过程；这一过程也是以儒家文化为内核的中原汉族文化如何在赣闽粤边区广泛传播，并成为这一地区多元族群共同的文化认同的"儒化"过程。这两个同时进行的过程最后的结果是整合了赣闽粤边区的不同族群，使他们在共同文化认同的基础上形成一个新的共同体——"客家"。作为本书的结语，笔者想对以下两点作一集中阐述，以呼应在绪论部分所提出的本书研究目标。

一　地域·移民·国家：赣闽粤边区儒学文化传播和客家民系形成的内在逻辑

　　这一部分旨在分别说明地域、移民和"国家"等因素在儒学文化在赣闽粤边区的传播，以及对客家民系形成的作用。赣闽粤边区客家民系的形成与以儒学为核心的中原汉族文化在这里的广泛传播和接受是密切相关的，而无论是儒学文化的传播，还是客家民系的形成，其实都离不开赣闽粤边区特殊的地域环境、历史上曾经发生过并且对赣闽粤边区社会变迁有着切实影响的移民运动，以及自秦汉以来就已进入赣闽粤边区但直到宋元以后才真正在这里建立直接统治的中原汉族王朝的国家权力这三者的共同作用。

　　（一）地域环境为赣闽粤边区儒学传播与客家民系形成提供了时空基础

　　客家文化是客家族群形成的重要标志，客家人既是客家文化的生产者，又是客家文化的体现者。客家文化作为一种特殊的地域文化和族群文化，它的产生和发展，离不开其特定的时空背景。

文化的产生与地域环境有着密切的关系。"作为人类物质文明和精神文明创造总和的文化，因时间向度的演进而具有时代性，又因空间向度的展开而具有地域性。……时代性与地域性当然也是文化的两种相互依存的属性，我们只有全面观照这两种属性，并考察其互动关系，方能实在地把握人类创造的文化的纵深度和广阔度。"[①] 文化的产生离不开具体的区域环境，某一地域人们创造的物质财富、知识体系、生活方式、行为规范和思想道德模式等，经过漫长的历史时期，最终积淀在该地区的文化里，这样就形成了这个区域的地域文化。从这个意义上来讲，每一种文化都必然打上深深的地域烙印，地域性成为与其他文化相互区别的最为显著的标志之一。"文化的完成是地区性的，而和种种集团之间的已知的关系并不甚关联。"[②] 客家文化是在赣闽粤边区产生和发展起来的一种族群文化，也具有十分浓厚的地域性色彩。它的诞生以及它所表现出来的种种文化特征，无不反映了它所经处的特定的历史场域。

　　对于客家族群的这种地域性特征，学者也予以了高度关注。如房学嘉先生云："粤闽赣边山区是客家人的主要聚居地，特殊的生态环境使客家人在风俗、习惯等方面深深地打上了山区的烙印。"[③] 刘劲峰亦云："客家文化是特定历史条件下形成的，以移民为代表的地域性文化。我们说它是一种地域性文化，是因为这种文化的产生有非常明确的地域范围。它只产生于赣、闽、粤三角地区，而不产生于其他地方。"[④]

　　那么，赣、闽、粤边区的地域性因素有哪些，它们又对客家族群文化的形成和发展起了什么样的影响和作用呢？毫无疑问，赣闽粤边区原有的土著文化对客家文化的形成有着重大影响。从人类文化发展的通则来看，不同民族间文化的影响和融合是双向式的。赣闽粤边区所包含的古越族、武陵蛮、溪峒蛮族等南方土著民族及其文化，自然也对客家族群文化产生巨大影响，从客家族群文化当中含有大量的土著文化因子，就可清楚看到这种影响。除此之外，我们还要特别谈谈当地的地理环境和特定的历史发

[①] 冯天瑜：《中国文化的地域性展开》，《江汉论坛》2002年第1期。
[②] ［美］露斯·本尼迪科特：《文化模式》，王炜等译，生活·读书·新知三联书店1988年版，第216页。
[③] 房学嘉：《客家民俗》，华南理工大学出版社2006年版，第1页。
[④] 刘劲峰：《略论客家文化的基本特征及赣南在客家文化形成中的作用》，《南方文物》2001年第4期。

展进程对赣闽粤边区儒家文化传播与客家民系形成的影响。

先来看看赣闽粤边区特殊的地理环境对于文化传播与族群形成的关系。文化对地理环境有着强烈的依赖,从文化学的角度来看,"人类对特定地理环境的依赖,越在远古的时代,越在生产力发展水平低下的地区,就越多些。……一个被地理环境紧紧束缚的民族和群体,他们的文化必定是同质的;生产力水平的低下使他们无法克服自然的障碍,无法与外界进行广泛的文化交流,从而加快自身的演变。另一方面,也正是某些自然的屏障,使得某些部族避开了许多重大的历史事变,从而较牢靠地保持了自己的文化传统。"[1] 作为一种特殊的地域文化,赣、闽、粤边区的地理环境无疑对儒家文化在这里的传播以及客家文化的产生有着巨大的影响作用。从山水形势上看,赣闽粤边区都属于崇山峻岭,山水相隔,内部分裂成许多以小盆地、小平原为中心的独立单元,但三个地区之间又有许多河流、山路相沟通。这种山水形势特征,使赣闽粤边区具有十分相似的外在整体性和内部差异性。赣闽粤边区这种独特的地理环境为儒家文化的传播造成巨大的阻碍,使它在这里的无法单靠移民运动,在人际族群之间自由地广泛传播,唯有依靠国家政权的介入,才能大力推广。同时,赣闽粤边区这种独特的地理环境也为客家文化的形成创造了条件:一方面,客家先民从北方迁到南方,从平原地带入居山区丘陵,不得不调整原来的并接受当地的生产生活方式,以便能够在新的环境下获得生存和发展,从而形成新的风俗习惯,使客家文化出现与北方原居地不同的文化特点。另一方面,客家大本营地区四面环山,交通不便成为一个相对独立的地理单元,也使客家文化在形成之后能够不易流失,而很好地保存下来。例如,客家方言中保留着较多唐宋时期的中原古音和古汉语词汇,客家人的婚丧节庆等民俗文化中,就保留了许多比较久远的中原或当地习俗,这与当地这种相对闭塞的地理环境是分不开的。

如果我们从文化地理的视野来看,赣闽粤边区的文化地理环境也为中原文化在这里的推广和客家文化形成提供了文化"势能"。因赣闽粤边区地处南方,文化相对落后,而中原地区则地处古代中国文明中心,两地因地理区位的不同却形成了巨大的文化区位差别,产生了巨大的文化势能差异,从而促成了中原文明向赣闽粤边区传播。从文化区位来看,中原地区

---

[1] 杨善民、韩锋:《文化哲学》,山东大学出版社2002年版,第93—94页。

和赣闽粤边区分别处于华夏文化区的中心和边缘的地位,这种区位差异,也必然导致汉族文化要从中原文化中心向边缘区域传播。

广义的"中原地区",是指以黄河中下游地区为中心的淮水以北长城以南的广大北方地区。黄河流域是华夏文化的发源地,在很早以前就成为古代中国的文化中心。在文化学理论中,文化有中心和边缘的区别。所谓文化中心,是指一个文化区特有的文化特质最集中、处于主导地位且具有向周边辐射功能的部分;所谓文化边缘,主要是指一个文化中心区的边缘地区,它处于次要的、受容的地位。一般情况下,文化中心由于处于文化的密集区,其政治、经济、制度等方面信息流量大,而且对周边地区的文化必然产生直接或间接的影响,带动文化向前发展,而文化边缘总是受到文化中心的控制和影响。[①] 文化中心所具有的这种强烈的文化辐射作用,是推动中原汉族文化向赣闽粤边区的传播的文化本身的动力,它对客家文化的形成也起到了十分重要的作用。唐宋以前,中原地区所已取得的文化成就自不待言,而同一时期赣闽粤边区又是处在什么样的发展水平呢?据史籍记载,当时居住在这个区域的主体居民是"僮"、"越"、"畲"、"峒"等土著民族,在隋代,这些土人还处于"俱无君长,随山洞而居"[②] 的原始公社氏族民主制时代。在这三个区域中,赣南由于地近中原,且有当时连接岭南与中原主要大动脉的赣江—大庾岭通道贯穿其中,所以开发程度要远远高于其他两个地区。即便如此,甚至到了宋代,赣南仍然是"驿路荒远,室庐稀疏,往来无所庇"。[③] 这种状况,与当时辉煌的中原文明相比,简直不可相提并论。文化本身具有流动性,在这两种文明发展程度差距悬殊的情况下,以中原地区为主的北方强势文化必然要向客家大本营地区扩展渗透。我们认为,中原汉族文化和儒家文化之所以能够在赣闽粤边区广泛传播并且成为客家文化的主体和核心,应当与这种文化区位有关。

地理环境即包括自然环境,又包括历史人文环境。赣闽粤边区所具有的特定的历史发展进程,也是儒学传播和客家族群文化形成的重要因素之一。我们认为,唐宋以来中国古代经济重心的南迁和儒家文化的复兴并且发生由"重治"到"重教"的巨大转变的宏观历史背景,以及赣江—大

---

① 陈华文:《文化学概论》,上海文艺出版社2001年版,第211—216页。
② (唐)魏征等:《隋书》卷82《南蛮传》,中华书局1973年点校本,第1831页。
③ (元)脱脱等撰:《宋史》卷328《蔡挺传》,中华书局1977年版,第10575页。

庾岭通道的开凿这一赣闽粤边区的微观历史背景,对客家族群的形成起了十分重要的作用。诚如前文所述,中国古代经济重心的南迁使东南区域在国家财政收入中的地位变得十分重要,而地处东南经济区域腹地的赣闽粤边区的经济地位也开始引起中原中央政府的关注,而作为沟通南北经济甚至海外贸易的大动脉,对整个国民经济有着重要意义的大庾岭—赣江—大运河商道在赣闽粤边区境内贯穿而过,使得该区域的重要交通地位也凸显出来。这两点因素不仅促使了中央政府改变原来这里"酋豪持政"的政治局面,不断加强对这里的控制,努力把它纳入到自己的直接统治之下;而且也使在六朝以前依然处于蛮荒之境的赣闽粤边区,突然成为当时新兴的经济开发热点地区。这样,赣闽粤边区辉煌的开发前景,加上其相对安宁的政治环境,自然对身处战乱之地的北方汉人有着无限的诱惑力。[①] 实际上,这些北方汉人即使在北方战乱平息之后,也不愿返迁回原住地,也恰恰说明了这些非战争因素对于吸引外来移民的巨大作用。而猛然增加的大量外来移民也严重破坏了当地的生态平衡,引发了严重的冲突和斗争,导致赣闽粤边区长期的社会动荡。这种冲突和斗争,虽然大大促进了不同族群之间的交流和融合,推进了客家族群文化的形成,但它也给当地人们带来了深重的灾难,而且也严重影响到中央政府在这里的利益。因此,中央政府采用军事征剿、增加县治、推行保甲等手段,努力加强对这里的控制;同时,儒家思想的复兴并发生从"重治"到"重教"的转变,也重新被封建统治者所重视,为了消除永患,统治者也在这里大力推行儒学教化。这些军事、政治和文化方面的措施,不仅使中央政府在赣闽粤边区建立和巩固了直接统治,而且又极大地促进了汉族文化尤其是儒家思想在这里广泛传播,并不断整合其他不同的族群文化,从而最终形成了以汉族文化为主体,又融合了多元族群文化的多元一体的客家文化。

[①] 梁肇庭先生认为,区域经济的发展与移民运动之间存在密切联系:"伴随着地区性的商业繁荣和衰落,出现人口流动。这是一种核心和边缘的根互作用,核心的经济发展吸引外缘的移民寻找新的机会,经济萧条造成相反方向的移动。"按照梁先生的这个观点,我们不妨可以这样理解唐宋以来直至清朝中叶的移民潮:唐宋时期,因为经济重心南迁,东南区域成为新的发展区域,所以,对边缘地区如江淮一带的北方汉人自然有很大的吸引力。所以吸引了大量的北方汉人。而清代中期以后,随着人口繁殖,"生齿日繁",人地矛盾尖锐,赣闽粤边区经济大大衰退,所以又引发了"填四川"、"下南洋"的人口外迁高潮。梁肇庭先生关于区域经济的发展与移民运动关系的研究,参见(澳)梁肇庭《客家历史新探》,《中国社会经济史研究》1982 年第 1 期, Sow - Theng Leong, *Migration and Ethnicity in Chinese History*: *Hakkas*, *Pengmin and Their Neighbors*, SMC Publishing Inc., Taipei, 1998, pp. 21 - 26。

（二）移民运动为赣闽粤边区儒学传播与客家民系的形成提供了历史契机

首先需要指出的是，关于移民运动在客家文化形成过程中的作用，以往学术界曾过分拔高。在探讨客家文化多元一体文化结构的成因，尤其是中原汉族文化何以能够在客家赣闽粤边区广泛传播并且并在客家文化结构中起到主导甚至是核心的作用时，以往学者绝大多数都是从移民运动的角度来解释：一是构建一幅比较完整的历代中原汉人南迁的宏伟图景。图景的起点，说法不一，有的说是在唐末五代，有的说是在东晋的"永嘉之乱"，有的更是上溯到秦始皇攻打南越。二是强调南迁汉人的身份之高贵。这种解释体系的目的，主要是要解决客家族群及其文化是如何形成的这一重大问题。其逻辑的起点，就是针对客家族群的"中原情结"。众所周知，在很大部分的文本中，客家人是一支知书达理、崇文重教的文化素养很高的族群，并且他们的文化特征与中原地区有着十分密切的关系。体现在实际生活中，客家人许多习俗如方言、祭祀、崇文重教等，都与中原文化高度一致。并且在精神层面中，也体现了客家人对中原地区的高度向心性。例如，在客家人视为比生命还更珍贵的族谱中，就有大量关于自己祖先来自中原或与中原有着千丝万缕联系的描述。为了解释客家族群的"中原情结"，所以他们就设置了中原移民这一主题，并高度强调是"衣冠南渡"。这样的做法，就把客家族谱中关于祖先与中原地区有着密切关系的泼墨渲染，说成是移民及其后裔对故乡的无比眷恋和向往之情；把客家人为何知书达理、崇文重教，说成是客家子孙秉承了原本就有高度文化素养的祖先的禀赋。这种以移民运动为中心的解释体系后来曾在很长一段时期内被奉为是客家学的经典，许多关于客家问题的研究都是在这理论框架下进行。

坦诚言之，这种解释体系确实对客家中原情结的成因有了一个比较通顺的解释，并且这些解释也并不是毫无根据的。因为在中国历史上，确实有一长时段的移民运动，同时，在客家人的族谱中也确实有大量关于自己祖先来自中原的记载；中原地区的文化水平确实远远高于周边地区。作为南迁汉民后裔的客家人，其崇文重教、知书达理的族群秉性之形成，似乎也能够从中得到合理的解释。

尽管如此，我们认为，"移民运动论"还是存在比较多的疑点。例如，以族谱资料来断定客家先民来自中原的做法值得怀疑。客家族谱大多数都是在明清时期纂修的,这些族谱所记载的祖先南迁的事情,多是发生在唐末或两宋时期,距离客家人大规模修谱的时间已有五六百年了。根据学者的研究,族谱中所记载的事迹,一般是五代之内的才比较可信。[1] 并且已有学者对客家族谱中所出现的种种谬误,作了客观而又周密的考证。[2] 所以用族谱资料来判断客家先民皆来自中原的说法是缺乏科学依据的。又如,南迁中原汉人的贵族身份值得怀疑。尽管不少文献中都提到"永嘉之乱"时"衣冠南渡"的情况,客家族谱也多有祖先来自中原贵胄之后的记载。但有不少学者已经明确指出中国族谱记载中硬把自己宗族与历史上名人扯上关系的"攀龙附凤"现象比比皆是,非唯客家人才这样做。所以把客家族群崇文重教的习俗说成是继承了祖先贵族素养的说法很难站住脚。

虽然以往学者过分拔高了移民运动对客家族群形成的影响,但我们也不能因此完全否定它对赣闽粤边区所产生的巨大影响。客观言之,移民运动对赣闽粤边区的影响,主要体现在以下三个方面:

一是改变了赣闽粤边区的族群结构。如前所述,赣闽粤边区的土著族群主要是古越族,后来随着移民运动的发生,逐渐迁来了南方蛮族和北方汉族。北方汉人大规模向赣闽粤边区迁徙的时间主要集中在唐中后期至宋元之交。他们迁入赣闽粤边区的人口数量十分庞大。几乎与北方汉人同时迁来的还有南方蛮族。蛮族是先秦时期对我国南方地区古老少数民族的泛称,它的支系很多,其中盘瓠支系中的武陵蛮与客家族群的形成关系最为紧密。这些数量巨大,族属性质各异的外来族群涌入赣闽粤边区,使这里的族群结构发生巨大变化。

二是使赣闽粤边区与中原地区建立了血脉联系。在以宗法结构为主的传统社会中,血脉联系是人与人之间最为亲密的关系,也是一种非常珍贵的社会资源。客家人十分注重血缘联系,把家谱、族谱看得比生命还更珍贵。几乎在所有的客家人族谱中,都明确记载自己祖先与中原的联系,是南迁汉人的后裔。当然,不可否认,客家族谱也存在大量攀龙附凤的现象,把原本属于南方土著的祖先附会到中原的某一贵族。尽管这样,但从另一个角度来看,无论是祖地确实在中原;还是族谱中故意攀附,其实也

---

[1] [日]濑川昌久:《族谱:华南汉族的宗教·风水·移居》,钱杭译,上海书店出版社1999年版,第4—12页。

[2] 谢重光:《客家源流新探》,福建教育出版社1995年版,第14—21页。

都使整个客家族群与中原地区建立了密切的血脉联系。在我们看来，这种血脉联系之所以能够建立，历史上的移民运动起了重要作用。由于在历史上确实有过大规模的中原汉人涌入赣闽粤毗邻区，客家人当中的一部分确实是中原汉人的后裔，所以在客家族谱中许多姓氏宣称自己的祖先来自中原，其实并非妄言，他们与中原地区确实存在真实的血缘关系。同时，这些客观的移民历史，也给那些攀龙附凤的非汉族群找到了便捷的附汉途径，使他们十分方便地与中原汉族搭上血脉联系。试想，如果没有大批中原汉人迁入赣闽粤边区的移民历史，这些南方土著要与中原建立血脉联系，自然没有那么方便。

三是使大量中原文化传播到客家地区。如前文所述，赣闽粤边区生成的客家文化与中原文化有很多一致性。客家文化尤其是其中的物质文化为什么会有那么多的东西与中原文化相似？我们认为移民运动起了很大作用。著名的德国人类地理学家弗里德里希·拉策尔（Friedrich Razal）说过，文化要素是伴随着民族迁徙而扩散开去的，物质文化只有通过人，同人并与人的精神文化一起才能够传播。[①] 唐宋以前，赣闽粤边区的文化水平与中原地区相差悬殊，而最先把中原地区的先进技术和文化带到赣闽粤边区，并让当地土著族群认识和接受，恰恰是那些南迁的中原移民。这些人数众多的中原移民进入赣闽粤边区之后，按照原先在中原地区的习惯，重新组织生产和生活，在这一实践过程中，他们充分展示中原文化的先进性，从而使土著居民欣然接受了这种先进的中原文化。正是这些移民的身体力行，才使中原文化在赣闽粤边区有了初步的传播。

（三）"国家"干预是赣闽粤边区儒学传播和客家民系形成的重要推手

我们在探讨赣闽粤边区儒学传播和客家民系形成的问题时，或许都会产生这样的疑问：在巫风盛行、蛮俗浓厚的赣闽粤边区，儒家文化为什么能够在这里广泛传播并成为客家文化的核心？有着多元族群文化的客家族群为什么高度认同中原汉族文化，并最终融入汉民族之中？

学者在解释这些问题的时候，往往强调南迁汉人数量众多和中原文化的先进性，认为正是由于南迁汉人在数量上占优势，并且中原文化是当时最先进的文化，落后的赣闽粤边区没有理由不认同它，因此，进入

[①] 夏建中：《文化人类学理论学派》，中国人民大学出版社1997年版，第198页。

赣闽粤边区的北方汉人不仅没有被当地土著同化，反而同化了当地的土著族群。① 然而，关于南迁汉人在人数上占优势，根据已有的人口统计资料，学者无法拿出让人信服的确凿证据。至于先进的中原文化对当地土著族群的影响，也有较大的探讨空间。因为：一方面，中原文化因为代表了更高级的生产力，自然对土著族群有很大的吸引力。但这应该主要是在生产工具、生产经验和生产方式方面，而中原文化制度和文化心理层面的内容，未必对南方土著有吸引力。因为价值观的不同，加上在文化惰性的作用下，他们往往更习惯于维持原来的习惯和风俗。② 另一方面，受地理环境因素的影响，赣闽粤边区是一个"复嶂重峦"、"众山壁立"、"崎岖幽辟"、"路如鸟道"的地方，造成居民点十分分散，加上大多采取聚族而居的生活模式，使得不同族群之间的交流充满困难。上述两点充分说明，从移民史的角度，强调移民数量和文化先进性，企图解释汉族文化何以能够成为客家文化的主导，以及客家族群为什么认同中原汉族文化并最终融入汉民族这两个现象，显然是无法给出令人满意的答案，我们还得从其他方面寻找问题的答案。

当代历史学家陈春声先生曾经说过，在传统中国的区域社会研究中，"国家"的存在是研究者无法回避的核心问题之一：

> 对于中国这样一个保存有数千年历史文献，关于历代王朝的典章制度记载相当完备，国家的权力和使用文字的传统深入民间

---

① 如著名的移民史专家吴松弟先生认为："客家先民迁入汀赣地区以后，虽然人数不很多，但他们附载的北方文化比迁入地的土著文化先进，当地的居民（其中少数人可能是早期零散迁入的北方移民的后裔）受影响并接受了这种文化，从而成为南方汉族内部具有北方语言和风俗特点的民系（这一时间大致在宋末）。"（吴松弟：《中国移民史》第四卷"辽宋金元时期"，福建人民出版社1997年版，第364页）著名的客家研究专家谢重光先生起初也认为："自北方南移的大量汉人固然是形成客家的一个因素，但单有南移的汉人还不能形成'客家'，还有待这批南迁汉人在某一特定的历史时期，迁入某一特定地区，以其人数的优势和经济、文化的优势，同化了当地原住居民，又吸收了原住居民固有文化中的有益成分，形成了一种新的文化……客家民系才得以诞生。"（谢重光：《客家源流新探》，福建教育出版社1995年版，绪论，第12页。需要说明的是，谢氏关于人数优势的这一观点，在他后来的著述中已得到纠正。）

② 所谓文化惰性，就是人们遵守既定的文化规范的倾向。每一种既定的文化都是一个民族或群体长期历史发展中的创造物的积淀，而且旧的文化价值观往往已内化于社会成员的深层意识之中，有些文化特征甚至已经成为人们的文化本能。文化惰性既是旧文化得以继承和保留的重要因素，也是新文化向前发展的重要阻力。参见刘云德《文化论纲——一个社会学的视野》，中国展望出版社1988年版，第102—103页。

社会，具有极大差异的"地方社会"长期拥有共同的"文化"的国度来说，地方社会的各种活动和组织方式，差不多都可以在儒学的文献中找到其文化上的"根源"，或者在朝廷的典章制度中发现其"合理性"的解释。①

陈先生这段话的本意是批评一些学者用众所周知的历史知识来归纳"地方特性"的做法，然而这段话却也揭示了我国传统社会的一个重要特征：即国家权力对地方秩序的构建和地方性知识的产生，有着巨大的影响。陈先生这段话同时也给了我们这样的启示：同样作为"地方性知识"的客家文化，它的形成和发展，也无法脱离"国家"的影响。我们认为，"国家"在儒家文化在赣闽粤边区的传播以及客家民系的形成和发展中的作用，主要体现在以下几个方面：

一是政治强权促进了赣闽粤边区的族群整合。赣闽粤边区的自然环境特征是"崇岗复岭"、"山谷斗绝"、"岩谷阻岖"，这种地理环境使这里的村落规模很小，且十非常分散。在把散居在这里的不同族群整合起来，形成一种新族群的过程中，政治强权发挥了巨大的作用。"国家"是政治强权的体现者和实施者，它整合这些散居的不同族群的方式主要有军事的和行政的两种。据我们前面上研究，12—18世纪，赣闽粤边区的族群结构异常复杂，既有世居在这里的"峒民"，又有从外面迁来的畲人、汉人，更有大量定期迁徙的流民，他们因为走私食盐、偷采矿产、抗租抗佃、争夺风水等，与国争利，与民抢食，并引发了赣南地域社会长期动荡不安。政府为了加强对这一地区的控制，采用军事方式，对暴民进行围剿，围剿的行动是长期、断续的，有乱则行，乱平则止，甚至连历史上鼎鼎有名的李纲、岳飞、王阳明等名人亦参与了围剿行动。军事围剿自然惨烈，但军事围剿却加强了不同族群的交流：在强大的军事围剿面前，无论是峒民、汉民、畲人，都空前地团结起来，军来则退，军退则进，相互支援，共同进退，使政府在这里的围剿行动受到极大的阻碍。正是在这种共同的抗敌行动中，赣闽粤边区的不同族群获得了前所未有的交流和融合。

在赣闽粤边区"国家"整合族群的另一个手段是行政手段。为了对

---

① 陈春声：《走向历史现场》，载"历史·田野"丛书《总序》，转引自温春来《从"异域"到"旧疆"：宋至清贵州西北部地区的制度、开发和认同》，生活·读书·新知三联书店2008年版，第5页。

生活在这里的众多族群进行有效统治,中央政府不断在这里增设行政区划。据统计,从唐至明末间,赣闽粤边区共新增县治27个,其中唐朝和五代时期共增设新县8个,宋代增设新县7个,明代增设新县亦12个。大量县治的增设,把原来游离在国家统治之外的散民(这里既包括原先不纳租赋的峒民,又包括逃避租赋的流民)重新整合起来,接受中央政府的共同管理,正式被纳入了共同的行政管辖体系之中。这样就使赣闽粤边区原本互不统属的族群得以在同一的行政管辖下,得到高度的整合。

二是国家政权促进了赣闽粤边区多元文化的整合。移民运动只是给赣闽粤边区带来更多的异质文化,增加了这里文化的多元性。而把这些文化整合起来,形成以中原汉族文化为主导,又包含了不同族群文化的多元一体的客家文化结构,单靠移民运动是无法达到的。因为,北方移民自身所携带的汉族文化毕竟十分有限,靠他们在赣闽粤边区的身体力行这一传播方式,其效果也可想而知。更为重要的是,由于这一地区山重水隔,人们分散居住,相互交往十分有限,单靠人群交往来传播中原文化自然也十分有限。基于这些因素,把博大精深的中原汉族文化,尤其是儒家思想在赣闽粤边区散居状态下的众多族群进行广泛传播的重任,只能由"国家"来完成。

"国家"在安顿"贼寇"的过程中,运用了一系列文化政策,促进了文化的传播。例如王阳明在镇压以赣南为中心,波及赣闽粤湘广大地区的以谢志珊为首的畲民大起义后,奏割赣南的上犹、南康、大庾三县的部分土地新建崇义县,并且为了"破心中贼",还在这里订立乡规民约,兴办书院、社学,刻印儒学经典,甚至亲自授徒讲学,不遗余力地推行儒家文化。在闽西,元朝末年黄华、陈吊眼、李志甫等畲民相继领导了一系列大规模起义,元朝政府在镇压这些起义后,强令畲民与汉人杂居,发遣畲军出山屯田,并采取以蛮治蛮的策略,将畲蛮酋长授以官职,代理中央政府治理当地,强令他们熟悉官府律令,遵行汉族礼仪,学习儒家纲常,接受汉族的生产方式和文化礼仪,促使他们迅速汉化。这些由于战争所引发的种种文化传播现象,对于中原文化进入客家大本营地区,成为客家文化的主体,起了重要作用。

"国家"在赣闽粤边区建设政权的过程中,也通过强制推行主流文化的措施,来推动儒家文化在赣闽粤边区的传播。中原王朝为什么十分热衷于在赣闽粤边区推行"儒化"政策?"一种政权为了维护其利益或是为了达到这种政权的政治目标,往往要维持一种认同。这种认同的维持可以使政权获得稳定并具有凝聚力。因为一种政权所要维持及倡导的认同与其政治内涵及需要是一致的,因而当人们认同了一种政权所倡导的认同后,那么也就有可能顺从这一政权。"① 因为儒家文化所倡导的"君君,臣臣,父父,子子"和"忠、义、礼、智、信"符合王朝统治的需要,尤其是唐宋以来,儒家学术发生"重治"到"重教"的转变,对于构建乡村社会秩序十分有用,所以得到中央政府的大力推广。为了推广儒家思想,政府官员和士大夫大力兴办学校,表彰在忠勇、孝悌、贞烈和义善等方面的卓著行为,大力推行"祀典制度"等措施,使儒家文化迅速在赣闽粤边区迅速广泛传播开来。我们以祀典制度为例。民间信仰是最能体现族群性的文化事象,不同的族群往往在信仰对象、信仰仪式和文化内涵等方面都有巨大差别。为了加强对赣闽粤边区民间信仰的管理,"国家"在这里推行严厉的祀典制度,通过承认并将之纳入官方祭祀体系、打击和毁禁"淫祀""淫祠"、允许其存在但加强监控等方式,对赣闽粤边区的民间信仰进行严格管理。在这种管理中,许多地方神灵被赋予了主流意识形态而得以进入官方祀典体系,而与主流意识形态格格不入的地方神灵则被斥为"淫祠"、"淫祀"而遭到毁灭性的打击。祀典制度的推行对儒家思想成为客家文化的道德价值内核十分重要。在"祀典化"过程中,官员对客家地区民间神灵崇拜进行合法化整顿,其裁撤取舍的标准,就是依照儒家"以神道设教"的原则,所以国家祀典制度的推行对于赣闽粤边区多元族群文化的"一体化"起了十分重要的作用。儒家思想文化之所以能够在山重水隔,居民点分散的赣闽粤边区广泛传播,并得到客家族群的普遍认同,政权的推动应该是最为重要的因素。

二 文化认同:客家民系族属性质的判断依据

关于客家族群的研究意义,王东先生在《客家学导论》一书中说:

几十年来,中国民族学界所取得的成就是有目共睹的。但

---

① 郑晓云:《文化认同与文化变迁》,中国社会科学出版社1992年版,第174页。

是，也毋庸置疑，由于我们长期以来把民族学的研究对象局限在少数民族，而忽视了作为中华民族大家庭的主体民族——汉族的研究，从而直到今天，我们对汉民族的认识在总体上还是比较模糊的。对其产生和发展的具体过程及其规律性，依然缺乏系统的论证。甚至就连汉民族形成这一事关全局的问题，至今依然是众说纷纭，莫衷一是。……要打破汉民族长期以来停滞不前的格局，揭示汉民族文化根深叶茂、支脉纵横的博大气派，对包括客家民系在内的汉民族众多民系的系统研究，可能正是其重要的突破口。……在对汉民族各大民系的个案研究中，对客家民系的研究，意义尤为重要。这首先是因为，客家民系在汉民族的各大民系中具有典型性。……其二，客家民系这种强烈的个性与典型性，是由于其特殊的历史背景造成的。而这种特殊的历史背景，从某种意义上来讲，正是汉民族发展史的一个缩影。①

　　王东先生这段话深刻揭示了客家研究对于我们研究汉民族本身的重大意义。学术界中历史学、民族学、人类学、社会学、民俗学等不同学科的众多学者纷纷加入到客家研究之中，正在于客家族群形成的"特殊的历史背景"，以及它对于揭示汉族发展史所具有的特殊意义。

　　"客家是汉民族的一个支系"这一命题，是罗香林先生在20世纪30年代最先提出来的，为证明自己这一命题的成立，他从移民史的角度，运用历史文献和族谱资料，阐述了中原汉人南迁的历史，说明客家族群与中原汉族存在着直接的血统关系。罗香林率先对这一命题的学术论证，奠定了他在客家研究中的崇高地位，在长达近半个世纪的时间内，他的学术观点和研究范式几乎从没遭到过质疑。然而，自20世纪90年代以来，学术界开始进行学术反思，把研究的视野扩大到赣闽粤边区，并且随着研究的不断深入，学者从历史文献、田野调查资料、遗传学研究中获得了大量资料，证明客家族群在体质、语言、民俗等方面，都有南方土著文化因子的存在。这些成果的出现，说明罗香林先生从血统方面论证客家族群的民族属性的研究方法不科学。

　　谢重光先生针对罗香林先生的失误，提出"客家民系是一个文化的

---

① 王东：《客家学导论》，上海人民出版社1996年版，第16—18页。

概念，而不是种族的概念。使客家人与其他民系或其他族群相区别的完全是文化的因素，而非种族的因素"。① 这个观点富有启发性，引导着我们在思考客家族群的族属性质时，不要纠缠于血统问题，而应该从"文化"方面去考察。可惜他对客家文化的文化属性是什么，客家的文化属性与客家族群的族属性质有何联系等问题，并没有展开详细的论述，从而没有对罗香林先生提出的"客家是汉民族的一个支系"这一命题作出充分的理论探讨。

此外，新中国成立初期在民族识别的实践中，依据斯大林关于民族形成条件的理论，采用"共同语言、共同地域、共同经济生活以及表现于共同的民族文化特点上的共同心理素质"（简称"四个共同"）这一标准来确定不同族群的民族成分。受此影响，一些学者也提出沿用这"四个共同"的标准来界定客家族群的族属性质②，但往往缺乏系统阐述和严格论证，因此也没有很好解决客家人的族属性质问题。

不过，尽管谢重光先生没有对客家族群的族属性质展开深入的讨论，但他提出要从"文化"的角度来审视客家文化的主张，却深深启发了笔者。笔者认为，要从"文化"上判断客家族群的族属性质，关键要抓住"文化认同"这个因素，同时还要弄清楚以下两个问题，（1）文化的结构对文化认同有何影响？（2）文化认同对民族认同有何意义。只有这样，才能够对客家族群的族属性质作出比较合理的解释。

文化学认为，文化认同是人类对于文化的倾向性共识与认可。这种共识与认可是人类对自然认知的升华，并形成支配人类行为的思维准则与价值取向。因为不同的文化会产生不同的文化认同，而文化的不同又与其内

---

① 谢重光:《客家文化述论》，中国社会科学出版社2008年版，第23页。该观点最早在《客家源流新探》（福建教育出版社1995年版）一书中提出。

② 比如，吴泽:"诚然，民系与民族有一定的差别，但它和民族一样，也是以共同的地域、共同的语言、共同的经济生活和共同的心理素质为其基本要素的。"（吴泽:《建立客家学刍议》，《客家学研究》第2辑，上海人民出版社1990年版，第6页）谢重光:"用以界定'客家'的典型文化特征，如同界定民族一样，应包括如下四种因素，即：共同的地域，共同语言，共同的经济生活，共同的社会心理素质。"（谢重光:《客家源流新探》，第12—13页）万陆:"客家既然是汉民族一个巩固、稳定的民系，它的形成也就应当如民族的形成一样，有着相同的必不可少的条件。斯大林关于民族的……（即'四个共同'）应视作判定客家族属的标尺。"（万陆:《客家学概论》，江西高校出版社1995年版，第32—33页）冯秀珍:"我们借用民族形成的四大要素（即'四个共同'）来界定客家民系，从而论述客家民系的形成。"（冯秀珍:《客家文化大观》上册，经济日报出版社2003年版，第60页）

在的结构有关,所以我们还必须先了解文化的结构。

> 文化的结构是指文化体系内部各要素及其组成的子体系相互联系、相互作用的方式和秩序。它是文化体系能够在发展过程中保持整体性并发挥巨大功能的内在依据。文化结构决定着文化体系的类型、性质、特征和功能。[1]

在文化结构的具体划分上,因为划分的标准不同,可以划分成不同的结构。其中,文化结构的"三层次说"是我国文化理论界的主流观点。这种观点把广义的文化分为物质文化层、理论制度层和心理文化层。[2] 不同的文化层次在整个文化结构的作用并不相同。庞朴先生十分重视心理文化层次的作用:

> 文化的心理层面包括人们的价值观念、思维方式、审美趣味、道德情操、宗教情绪、民族性格等,它是整个文化结构中最为稳定的部分,是整个文化的灵魂。如果要用本末来分解文化,说物质技术是末、制度理论是本的话,那么文化心理则是本中之本,是大本。[3]

而文化心理层面中的价值观,对文化的性质和文化的存在都有非同寻常的意义:

---

[1] 吴克礼主编:《文化学教程》,上海外语教育出版社2002年版,第65页。
[2] 文化结构的"三层次说"最先由庞朴先生提出,他从物质和心理以及两者相结合的角度,把文化分为三层结构,包括显露在外面的是劳动化了的自然物,即马克思所说的"第二自然";中间层是心、物结合所形成的"理论制度文化",包括隐藏在外层物质里的人的感情意识和精神产品,如风俗和习惯,以及各种制度和政治组织等;心理层面居于文化结构的深层,包括价值观念、思维方式、审美趣味、道德情操、宗教情绪、民族性格等。(参见庞朴《文化的民族性和时代性》,中国和平出版社1988年版)后来,不少学者都主张把被庞朴划入文化中层结构的思想意识部分和精神产品划归到心理文化层,中层文化只保留制度和政治组织。这样就形成了文化结构分为物质、制度、精神三层次的通行说法。他的理论经过其他学者的不断修正,逐渐为我国文化理论界所普遍接受。参见邵汉明《中国文化研究二十年》,人民出版社2003年版,第434页。
[3] 庞朴:《近代以来中国人的文化认识历程——兼论文化的时代性与民族性》,《教学与研究》1988年第1期。

价值观是内在化于人们意识之中的一般行为判断标准，它决定着一切具体的、外在行为准则之间逻辑上的一致性，并且在具体的文化规定发生矛盾和对立时帮助人们做出"正确"的选择。它把握的不是一时一事的因果关系，而是事物得失的总的倾向，所以我们说价值观是文化的核心。①

因为文化的核心是价值观，所以价值观的变革才是文化变迁的最终实现。②

文化的特殊性和差异性主要是由价值观决定的，世界各国各民族的不同的文化在很大程度上取决于价值观。③

因为价值观是心理文化层中最关键的因素，决定了文化的不同性质，所以它也深刻影响着人们对文化的认同：

由于人类存在于不同的文化体系中，因而文化认同也因文化的不同而各异。不同的文化有不同的文化认同，文化认同也因此而表现为对其文化的归属意识。④

两种不同的文化发生接触时，一方对另一方都不会乐于很快接受，产生双向融合，相反的是易于产生抵触，甚至是冲突。这其中的根本原因就在于文化接触的双方都站在自己所认同的文化的立场上去对待异文化。如果双方认同的两种文化价值之间不发生冲突，那么两种文化就易于融合；如果事实相反，那么融合即使最终达到，也要经历冲突的过程。⑤

由此可见，我们在考察"文化结构"和"文化认同"时，应该十分重视对价值观的考察。

那么，文化认同与民族认同又存在什么样的关系呢？

在文化学中，族群是一种构建在认同基础上的人们共同体，"族群意

---

① 刘云德：《文化论纲——一个社会学的视野》，中国展望出版社1988年版，第39页。
② 同上书，第132页。
③ 曾小华：《文化·制度与社会变革》，中国经济出版社2004年版，第34页。
④ 郑晓云：《文化认同与文化变迁》，中国社会科学出版社1992年版，第4页。
⑤ 同上书，第180页。

识"是最基本的族群构成要素。① 民族与族群的关系密不可分，学者在探讨民族认同时，通常是用族群认同来表述。② 关于族群认同的基础，学者十分强调"文化"的作用：

挪威人类学家弗雷德里克·巴斯（Fredrik Barth）在归纳族群的特征时认为，"（族群）具有共同的基本价值观念，在文化形式的外在统一性上也是可以认辨的"。③

苏联科学院院士、民族学研究所所长勃罗姆列伊也认为："族群之间的根本差别是文化的差别，共同的文化特点是族群认同的客观现实基础。"④

美国社会学家戈登（Milton Gordon）认为："族群之间的冲突和矛盾主要是由于他们之间文化差异造成的，族群问题的解决有赖于这些差异的消失，即文化的同化的发生。"⑤

上述学者对文化在族群认同中所起作用的强调，表明文化认同是族群认同的基础，族群认同实际上主要就是文化上的认同。由于民族与族群的关系密不可分，所以这些文化认同与族群认同关系的表述，同样也适合于文化认同与民族认同之间的关系。

除文化认同是民族认同的基础之外，它还是民族形成和发展的最重要的因素。

> 一般意义上的民族都依托于一种文化，换句话说，每一个民族都有自己的民族文化，也有自己的民族认同。民族是在不断融合发展中形成的，除了血缘上的联系外，文化认同即是一个民族

---

① 关于族群的定义，国内外学术界存在很大争议。现据我国著名人类学者庄孔韶先生的观点。参见庄孔韶《人类学通论》，山西教育出版社 2005 年版，第 342 页。

② "族群"（ethnic group）与民族（nation 或 nationality）既有联系又有区别：民族一般是指被制度化了的族群人们共同体，从而它不具有像族群那样富有"场景的"和"可拆合的"之性质。族群通常可以用来概称、囊括"民族"，也可以用它来区分民族内部的不同"支系"，但却很难用"民族"来概称或区分族群。参见庄孔韶《人类学通论》，山西教育出版社 2005 年版，第 339—342 页。

③ Raoul Naroll, *On Ethnic Unit Classification*, *Current Anthropology*, 1964, 5：4：4, pp. 238 - 291, 306 - 312. 转引自庄孔韶《人类学通论》，山西教育出版社 2005 年版，第 342 页。

④ 潘蛟：《勃罗姆列伊的民族分类及其关联》，《民族研究》1995 年第 3 期。

⑤ [美] 戈登：《同化的性质》，载马戎主编《西方民族社会学的理论与方法》，天津人民出版社 1997 年版，第 92—93 页。

形成与发展的最重要的内聚力。①

很多大的族体的形成,并不是因为民族起源时的血统关系,而是相互认同的结果。认同了一个民族,也同时认同了这一民族的文化,从而形成了民族的融合。②

文化学界对文化认同与文化结构和族群认同的关系的上述论述,对我们探讨客家族群的民族属性具有很强的指导意义:我们应该从文化认同的角度而不是血缘的角度来探讨,要认真分析客家族群文化的文化结构,紧紧抓住客家族群文化的心理层面,尤其是道德价值观念进行探讨。

根据文化学理论的指导,我们先来分析客家族群文化的文化结构。按照文化结构"三层论"的观点,物质文化以满足人类最基本的生存需要(如衣、食、住、行)为目标,既包括人们的生产方式,又包括由人类加工自然物所创造的各种器物,是人的物质生产活动及其产品的总和。③ 正如我们在前文所述,在物质文化层面中,保留了较多的南方土著文化的遗留。如在赣闽粤边区的客家族群中,保留着诸如"烧土肥田"、引种畬禾、用石灰撒田、伐木烧炭、养蜂酿蜜、种茶狩猎、"不冠不履"、"椎髻跣足"等生产和生活方式,这些与土著民族的生产方式存在着十分密切的渊源因袭关系。但在制度和精神层次中,虽然也保留了诸如"买水浴尸"、"二次葬"、"女劳男逸"等习俗,但更多的是中原汉族文化。如对国家政治法律制度有着高度的认同,把遵守国家法令、皇帝圣谕及时完纳国家税粮等,作为族规,写进了族谱。④ 家族制度是汉文化的重要内容,它在商周时期就已确立。客家社会不仅保留了十分严密的宗族结构,而且宗族制度对客家社会生活有着十分重要的影响。客家地区以姓划村,聚族而居,建祠堂、修族谱、购族产的现象十分常见。他们还修订了严紧的家族法规,要求族人严格遵守,如果有人恣意任为,将会按照家法族规受到严厉处置。此外,在婚姻制度中同样也可以看出客家文化与中原汉文化的

---

① 郑晓云:《文化认同与文化变迁》,中国社会科学出版社1992年版,第25页。
② 同上书,第189页。
③ 张岱年、方克立:《中国文化理论概论》,北京师范大学出版社2004年版,第4页。
④ 如(1997年)赣南上犹崇义南康联修《沛国堂朱氏族谱》在《族规》中规定:"国家法令森严,稍不自检即罹于法而不知。究守法之方,只在守分。为父兄者诚以守分之事朝夕训诲。如所编家规一一遵行,遇官府告示更牢记在心,自不误投法网。至若钱粮租税,尤应早完,庶免拖累。"

一致性。例如客家婚嫁礼仪中不仅比较完全地保留了古代中原地区的"六礼",而且还严格遵循着"同姓不藩"的遗训。"凡子姓不得与同姓为婚。如有不肖子孙违犯,通族告官离异。"① 这与畲瑶等族实行族内"自相嫁娶"不与外族通婚的婚姻制度有着天壤之别。② 至于在文化心理和精神特质方面,更是与汉族文化高度一致。如客家族群的道德观念和人格品质,学者通常概括为勤劳、洁净、俭朴、质直、坚忍刻苦等,实际上与汉族的民族禀性并没有什么差别。更能体现客家族群与中原汉族相一致的,乃是客家人尊文重教和严格按儒家伦理道德来规范、要求自己。正如本书所揭示的那样,客家人崇文重教,热衷科举,重视伦理孝悌,讲求忠义节烈等,都表明他们对儒家伦理道德价值观念的高度认同。

所有这些都说明,尽管在客家族群文化中,保留了一定数量的南方土著文化,但在制度和精神层次,尤其是伦理道德价值观念方面,中原汉族文化已经成为这个文化的主体,这些充分反映了客家族群对中原汉族文化的高度认同。按照上述文化学的理论,文化认同是民族认同的基础,民族的融合主要就是文化上的融合,既然客家族群对汉民族有着如此高度的文化认同,表明他们已经深深地融入汉民族这个大家庭,完全成为这个大家庭的一个成员。

---

① 弘农郡"四知堂"杨族史编纂委员会瑞金市分会编印:《瑞金杨氏族史》卷首《杨氏祖传族规族训》。
② 朱洪、李筱文:《广东畲族古籍资料汇编——图腾文化及其他》,中山大学出版社2001年版,第1、3、5、168页。

参考文献

一 历史典籍类

[1]（唐）孔颖达撰，（三国魏）王弼注：《十三经注疏：周易正义》，中华书局1957年版。

[2]（汉）孔安国传，（唐）孔颖达疏：《十三经注疏：尚书正义》，中华书局1957年版。

[3]（唐）孔颖达撰：《十三经注疏：礼记正义》，中华书局1957年版。

[4]（清）孙希旦：《十三经清人注疏·礼记集解》，中华书局1989年版。

[5]（宋）朱熹集注：《四书集注》，陈戍国标点，岳麓书社2004年版。

[6]（春秋）孔丘著：《论语》，张燕婴译注，中华书局2006年版。

[7]（汉）司马迁：《史记》，中华书局1975年版。

[8]（汉）班固撰，（唐）颜师古注：《汉书》，中华书局1975年版。

[9]（南朝）范晔撰，（唐）李贤等注：《后汉书》，中华书局1965年版。

[10]（晋）陈寿撰，（宋）裴松之注：《三国志》，中华书局1982年版。

[11]（唐）房玄龄等撰：《晋书》，中华书局1974年版。

[12]（梁）沈约撰：《宋书》，中华书局1974年版。

[13]（梁）萧子显撰：《南齐书》，中华书局1972年版。

[14]（唐）姚思廉撰：《陈书》，中华书局1972年版。

[15]（唐）魏征等撰：《隋书》，中华书局1973年版。

[16]（后晋）刘昫等撰：《旧唐书》，中华书局1975年版。

[17]（宋）欧阳修、宋祁撰：《新唐书》，中华书局1975年版。

[18]（宋）欧阳修撰，（宋）徐无党注：《新五代史》，中华书局1974年版。

[19]（清）吴任臣撰：《十国春秋》，中华书局2010年版。

[20]（清）梁廷楠：《南汉书》，林梓宗校点，广东人民出版社1981年版。

[21]（元）脱脱等撰：《宋史》，中华书局1977年版。

[22]（明）宋濂等撰：《元史》，中华书局1976年版。

[23]（清）张廷玉等撰：《明史》，中华书局1974年版。

[24]（清）赵尔巽等撰：《清史稿》，中华书局1976年版。

[25]（清）赵翼：《二十二史札记》，中华书局1963年版。

[26] 中研院历史语言研究所编：《明实录：太祖实录》，中研院历史语言研究所1982年版。

[27] 中研院历史语言研究所编：《明实录：孝宗实录》，中研院历史语言研究所1982年版。

[28] 中研院历史语言研究所编：《明实录：武宗实录》，中研院历史语言研究所1982年版。

[29]（宋）司马光编著，（元）胡三省音注：《资治通鉴》，中华书局1956年版。

[30]（宋）李焘撰：《续资治通鉴长编》，中华书局1995年版。

[31]（宋）袁枢撰：《通鉴纪事本末》，中华书局1964年版。

[32]（宋）李心传撰：《建炎以来系年要录》，中华书局1956年版。

[33]（宋）徐梦莘撰：《三朝北盟会编》，上海古籍出版社1987年版。

[34]（汉）许慎撰，（宋）徐铉校订：《说文解字》，中华书局1963年版。

[35]（元）马端临撰：《文献通考》，中华书局1986年版。

[36]（唐）杜佑撰：《通典》，中华书局1984年版。

[37]（宋）王溥撰：《唐会要》，中华书局1955年版。

[38]（宋）李昉：《太平御览》，中华书局1985年版。

[39]（清）徐松辑：《宋会要辑稿》，中华书局1957年版。

[40]（明）李东阳撰，申时行重修：《大明会典》，中华书局1989年版。

[41]（明）解缙等编：《永乐大典》，北京图书馆出版社2003年版。

二 古人文集类

[1]（晋）郭璞著，（清）毕沅校：《山海经》，上海古籍出版社1995年版。

[2]（北魏）郦道元撰，陈桥驿点校：《水经注》，上海古籍出版社1990年版。

[3]（西汉）刘安、（东汉）高诱注：《淮南子》，上海古籍出版社1989年版。

[4]（唐）韩愈：《韩昌黎集》，商务印书馆1958年版。

[5]（唐）张九龄：《曲江集》，刘斯奋校注，广东人民出版社1986年版。
[6]（唐）柳宗元著：《柳宗元集》，中华书局1979年版。
[7]（唐）李吉甫：《元和郡县志》，贺次君点校，中华书局1983年版。
[8]（唐）杜牧撰：《樊川文集校注》，何锡光校注，巴蜀书社2007年版。
[9]（宋）王安石：《临川文集》，（清）纪昀等总纂：《景印文渊阁四库全书》第1105册，（台北）台湾商务印书馆1983年版。
[10]（宋）刘克庄：《后村先生大全集》，《四部丛刊》初编集部，上海书店1989年版。
[11]（宋）杨时：《杨时集》，福建人民出版社1993年版。
[12]（宋）欧阳修：《欧阳修全集》，中华书局2001年版。
[13]（宋）包拯：《包拯集》，黄山书社1999年版。
[14]（宋）方勺：《泊宅编》，许沛藻、杨立扬点校，中华书局1983年版。
[15]（宋）真德秀撰：《大学衍义》，山东友谊出版社1991版。
[16]（宋）周密：《癸辛杂志》，唐宋史料笔记丛刊，中华书局1988年版。
[17]（宋）余靖：《武溪集》，（清）纪昀等总纂《景印文渊阁四库全书》第1089册，（台北）商务印书馆1983年版。
[18]（宋）庄绰：《鸡肋编》，上海书店出版社1990年版。
[19]（宋）李纲：《梁溪集》，（清）纪昀等总纂《景印文渊阁四库全书》第1126册，（台北）商务印书馆1983年版。
[20]（宋）王安礼：《王魏公集》，（清）纪昀等总纂《景印文渊阁四库全书》第1100册，（台北）商务印书馆1983年版。
[21]（宋）朱熹：《晦庵集》，（清）纪昀等总纂《景印文渊阁四库全书》第1143—1146册，（台北）商务印书馆1983年版。
[22]（宋）陈元晋撰：《渔墅类稿》，（清）纪昀等总纂《景印文渊阁四库全书》第1176册，（台北）商务印书馆1983年版。
[23]（宋）李纲撰：《梁溪集》，（清）纪昀等总纂《景印文渊阁四库全书》第1125册，（台北）商务印书馆1983年版。
[24]（宋）张载撰，朱熹注：《张子全书》，（清）纪昀等总纂《景印文渊阁四库全书》第697册，（台北）商务印书馆1983年版。
[25]（南宋）许应龙：《东涧集》，（清）纪昀等总纂《景印文渊阁四库全书》第1176册，（台北）商务印书馆1983年版。
[26]（宋）郭茂倩编撰：《乐府诗集》，中华书局1979年版。

[27]（宋）程颢、程颐：《河南程氏遗书》，王星贤点校，中华再造善本，北京图书馆出版社。

[28]（宋）黎靖德编：《朱子语类》，中华书局1986年版。

[29]（宋）苏颂撰：《苏魏公文集》，王同策等点校，中华书局1988年版。

[30]（宋）苏轼：《苏东坡集》，商务印书馆1958年版。

[31]（宋）李心传撰：《建炎以来朝野杂记》，徐规点校，中华书局2000年版。

[32]（宋）方大琮：《铁庵集》，（清）纪昀等总纂《景印文渊阁四库全书》第1178册，（台北）商务印书馆1983年版。

[33]（宋）曾巩撰：《曾巩集》，陈杏珍、晁继周点校，中华书局1984年版。

[34]（宋）张载：《张载集》，中华书局1978年版。

[35]（宋）李觏：《李觏集》，中华书局1981年版。

[36]（宋）洪迈撰：《夷坚志》，何卓点校，中国图书馆学会1981年编印。

[37]（元）苏天爵编：《元文类》，商务印书馆1958年版。

[38]（元）吴澄：《吴文正集》，（清）纪昀等总纂《景印文渊阁四库全书》第1197册，（台北）商务印书馆1983年版。

[39]（明）杜范：《清献集》，（清）纪昀等总纂《景印文渊阁四库全书》第1094册，（台北）商务印书馆1983年版。

[40]（明）丘浚：《大学衍义补》，（清）纪昀等总纂《景印文渊阁四库全书》第713册，（台北）商务印书馆1983年版。

[41]（明）董斯张：《广博物志》，岳麓书社1991年版。

[42]（明）方孝孺：《逊志斋集》，徐光大校点，宁波出版社1996年版。

[43]（明）张卤辑：《皇明制书》，上海古籍出版社1995年版。

[44]（明）顾炎武：《亭林文集》，中华书局1980年版。

[45]（明）顾炎武：《天下郡国利病书》，上海书店1979年版。

[46]（明）邝露：《赤雅》，（清）纪昀等总纂《景印文渊阁四库全书》第594册，（台北）商务印书馆1983年版。

[47]（明）陈子龙等选辑：《明经世文编》，中华书局1962年版。

[48]（明）王守仁撰，吴光等编校：《王阳明全集》，上海古籍出版社1992年版。

[49]（明）黄淮、杨士奇等编纂：《历代名臣奏议》，（清）纪昀等总纂

《景印文渊阁四库全书》第433—442册，（台北）商务印书馆1983年版。

[50]（明）海瑞著：《海瑞集》，陈义钟编校，中华书局1962年版。

[51]（明）郑若曾撰：《筹海图编》，李致忠点校，中华书局2007年版。

[52]（清）贺长龄：《皇朝经世文编》，《近代中国史料丛刊》，（台北）文海出版社1966年版。

[53]（清）李清馥撰：《闽中理学渊源考》，徐公喜、管正平、周明华点校，凤凰出版社2011年版。

[54]（清）彭定球等编：《全唐诗》，上海古籍出版社1986年版。

[55]（清）董浩等编：《全唐文》，上海古籍出版社1990年版。

[56]（清）黄宗羲：《宋元学案》，缪天绶选注，商务印书馆1947年版。

[57]（清）徐栋辑：《保甲书》，张霞云校点，安徽师范大学出版社2012年版。

[58]（清）杨澜：《临汀汇考》，光绪四年刊本，福建师范大学图书馆藏。

[59]（清）屈大均：《广东新语》，中华书局1985年版。

[60]（清）王廷抡：《临汀考言》，《四库未收书辑刊》第八辑第21册，北京图书出版社2000年版。

[61]（清）李清馥：《闽中理学渊源考》，（清）纪昀等总纂《景印文渊阁四库全书》第460册，（台北）商务印书馆1983年版。

[62] 张昇编：《家礼》，《四库全书提要稿辑存》，《经部四：礼类六》，北京图书馆出版社2006年版。

[63]（清）吴泳：《鹤林集》，（清）纪昀等总纂《景印文渊阁四库全书》第1176册，（台北）商务印书馆1983年版。

三 方志、族谱类

地方志类

[1]（宋）乐史：《太平寰宇记》，中华书局2000年版。

[2]（宋）王存：《元丰九域志》，中华书局1984年版。

[3]（宋）王象之：《舆地纪胜》，中华书局2003年版。

[4]（宋）胡太初、赵与沐：《临汀志》，福建人民出版社1990年版。

[5]（宋）梁克家：《三山志》，福州市地方志编纂委员会编，海风出版社2000年版。

[6]（元）孛兰盼等撰：《元一统志》，赵万里据《永乐大典》辑本，中华书局1996年版。

[7]（明）黄仲昭修纂：《八闽通志》，福建人民出版社1989年版。

[8]（明）何乔远编纂：《闽书》，福建人民出版社1994年版。

[9]（明）邵有道纂修：《汀州府志》，嘉靖六年刻本，天一阁藏明代地方志选刊续编，上海书店1990年版。

[10]（明）陈桂芳：《清流县志》，嘉靖二十四年刻本，天一阁藏明代地方志选刊续编，上海书店1990年版。

[11]（明）谭大初：《南雄府志》，嘉靖二十一年刻本，天一阁藏明代地方志选刊续编，上海书店1990年版。

[12]（明）朱召修，曾汝檀纂：《漳平县志》第38册，明嘉靖二十八年刻本，天一阁藏明代地方志选刊续编，上海书店1990年版。

[13]（明）李贤、彭时等撰：《明一统志》，（清）纪昀等总纂《景印文渊阁四库全书》第473册，（台北）商务印书馆1983年版。

[14]（明）谈恺修纂：《虔台续志》，嘉靖乙卯（1555年）刻本，台北图书馆汉学研究中心影印本。

[15]（明）唐世济修纂：《重修虔台志》，天启三年刻本，台北图书馆汉学研究中心影印本。

[16]（明）王廷耀修，郑乔纂：《崇义县志》，嘉靖三十二年刻本，崇义县志办校注线装本，崇义县志办1987年编印。

[17]（明）赵勋修，林有年纂：《瑞金县志》，嘉靖二十二年刻本，天一阁藏明代地方志选刊，上海古籍书店1982年重印本。

[18]（明）康河修，董天锡纂：《赣州府志》，嘉靖十五年刻本，天一阁藏明代地方志选刊，上海古籍书店1982年重印本。

[19]（明）黄国奎、盛继：《兴宁县志》，嘉靖三十一年刻本，天一阁藏明代地方志选刊续编，上海书店出版社1990年版。

[20]（明）刘熙祚修，李永茂纂：《兴宁县志》，崇祯十年刻本，稀见中国地方志汇刊，中国书店1992年版。

[21]（明）姚良弼修，杨宗甫纂：《惠州府志》，嘉靖三十五年刻本，天一阁藏明代地方志选刊，上海古籍书店1982年重刊本。

[22]（明）李孔明纂：《翁源县志》，嘉靖三十六年刻本，天一阁藏明代地方志选刊，上海古籍书店1982年重刊本。

[23]（明）吴思立、陈尧道：《大埔县志》，嘉靖三十六年刻本，大埔县地方志办公室 2000 年编印。

[24]（明）王应山著：《闽都记》，林家钟、刘大治校注，福建省地方志编纂委员会整理，方志出版社 2002 版。

[25]（明）余文龙修，谢诏纂：《赣州府志》，明天启二年刻本，江西省图书馆藏。

[26]（明）商文昭修，卢洪夏纂：《重修南安府志》，明万历三十七年刻本，江西省图书馆藏。

[27]（明）杨载鸣：《惠志略》，嘉靖三十九年刻本，天一阁藏明代地方志选刊，上海古籍书店 1961 年版。

[28]（明）郭棐：《粤大记》，日本罕见方志丛刊，书目文献出版社 1990 年版。

[29]（明）周宪章纂修：《归化县志》，万历四十二年刻本，日本稀见中国地方志汇刊，中国书店 1992 年版。

[30]（明）杨缙：《归化县志》，明正德十一年刻本，福建师范大学图书馆藏稀见方志丛刊，北京图书馆出版社 2008 年版。

[31]（清）申疏来修，宋玉朗纂：《南康县志》，清康熙四十九年刻本。

[32]（清）曾日瑛修，李绂纂：《汀州府志》，乾隆十七年刻本，方志出版社 2004 年版。

[33]（清）陈朝羲修，许春晖纂：《长汀县志》，乾隆四十七年刻本，福建师范大学图书馆藏稀见方志丛刊，北京图书馆出版社 2008 年版。

[34]（清）刘国光：《长汀县志》，光绪五年刻本，中国方志丛书，（台北）成文出版社 1967 年版。

[35]（清）祝文郁修，李世熊纂：《宁化县志》，康熙二十三年刻本，福建人民出版社 1989 年版。

[36]（清）王士俊修，王霖纂：《康熙清流县志》，康熙四十一年刻本，福建师范大学图书馆藏。

[37]（清）乔有豫修，雷可升纂：《清流县志》，道光九年刻本，福建师范大学图书馆藏稀见方志丛刊，北京图书馆出版社 2008 年版。

[38]（清）蒋廷铨修纂：《上杭县志》，康熙二十六年刻本，福建师范大学图书馆藏。

[39]（清）赵成修，赵宁静纂：《上杭县志》，乾隆十八年刻本，福建师

范大学图书馆藏。

[40]（清）顾人骥修，潘廷仪纂：《上杭县志》，乾隆二十一年刻本，同治三年增刻本，福建师范大学图书馆藏。

[41]（清）杜士晋修纂：《连城县志》，康熙五年刻本，方志出版社1997年版。

[42]（清）徐向忠修，李龙官纂：《连城县志》，乾隆十六年刻本，福建师范大学图书馆藏。

[43]（清）刘胪修，赵良生纂：《武平县志》，康熙十一年刻本，福建省武平县志编纂委员会1986年重印本。

[44]（清）汤传榘修纂：《归化县志》，康熙三十七年刻本，福建师范大学图书馆藏。

[45]（清）潘翊清初修，陈钧奏初纂，赵良生增修：《永定县志》，康熙三十六年增刻本，福建师范大学图书馆藏稀见方志丛刊，北京图书馆出版社2008年版。

[46]（清）方履篯修纂：《永定县志》，道光十年刊本，福建师范大学图书馆藏。

[47]（清）王之正修纂：《嘉应州志》，乾隆十五年刻本，程志远等整理，广东省中山图书馆古籍部1991年校刊本。

[48]（清）吴宗焯修，温仲和纂：《嘉应州志》，光绪三十二年刻本，中国方志丛书，（台北）成文出版社1968年版。

[49]（清）周硕勋纂修：《潮州府志》，乾隆二十七年刻本，中国方志丛书，（台北）成文出版社1967年版。

[50]（清）刘桂年修，张联修纂：《惠州府志》，光绪三年刻本，中国方志丛书，（台北）成文出版社1966年版。

[51]（清）刘广聪修纂：《程乡县志》，康熙三十年刻本，程志远等整理，广东省中山图书馆1993年校刊本。

[52]（清）王纶部修，劳清纂：《兴宁县志》，康熙三十年刻本，稀见中国地方志汇刊，中国书店1992年版。

[53]（清）仲振履修，张鹤龄纂：《兴宁县志》，咸丰六年刻本，中国方志丛书，（台北）成文出版社1996年版。

[54]（清）孙胤光修，李逢祥纂：《长乐县志》，康熙三十六年刻本，中国地方志集成，上海书店2000年版。

[55]（清）侯坤元修，温训纂：《长乐县志》，道光二十五年刻本，五华县志办公室，1986年。

[56]（清）卢兆鳌修，余鹏举纂：《平远县志》，清嘉庆二十五年刻本，中国方志丛书，（台北）成文出版社1974年版。

[57]（清）黄钊修纂：《石窟一征》，光绪六年刻本，（台北）学生书局1970年版。

[58]（清）朱宸等修，林有席纂：《赣州府志》，清乾隆四十七年刻本，江西省图书馆藏。

[59]（清）卢振先修，管奏赜等纂：《雩都县志》，康熙四十七年刻本，江西省图书馆藏。

[60]（清）阎士杰、蒋国桢修，王之骥等纂：《龙南县志》，清康熙四十八年刻本，江西省图书馆藏。

[61]（清）于作霖修，欧阳时纂：《安远县志》，清康熙二十三年刻本，江西省图书馆藏。

[62]（清）宋嗣京：《埔阳志》，清康熙二十五年刻本，《中国地方志集成》，上海书店出版社2003年版。

[63]（清）崔国榜修，钟音鸿等纂：《兴国县志》，清同治十一年刻本，江西省图书馆藏。

[64]（清）黄惟桂修，王鼎相纂：《兴国县志》，清康熙二十三年刻本，江西省图书馆藏。

[65]（清）张景祁、徐承禧修：《福安县志》，清光绪十年刻本，福安县志编委会1986年重印本。

[66]（清）张廷球主修，徐铣主纂：《龙岩州志》，清乾隆三年刻本，福建省地图出版社1987年版。

[67]（清）祝天寿修，张映云纂：《定南县志》，清顺治十四年刻本，江西省图书馆藏。

[68]（清）郝玉麟：《广东通志》，清雍正九年刻本，四库全书本，上海古籍出版社1987年版。

[69]（清）王国脉、周步新：《归化县志》，清康熙二十三年刻本，《清代孤本方志选》第一辑，线装书局出版社2001年版。

[70]（清）沈涛修，沈大中纂：《长宁县志》，清乾隆三十一年刻本，故宫珍本丛刊第211册，海南出版社2001年版。

[71]（清）张瀚：《信丰县志》，清康熙五十八年刊本，《清代孤本方志选》第一辑，线装书局出版社2001年版。

[72]（清）沈定均续修，吴联薰增纂：《漳州府志》，清光绪四年刻本，中华书局2011年版。

[73]（明）罗青霄：《漳州府志》，明万历元年刻本，厦门大学出版社2012年版。

[74]（清）黄其勤纂：《直隶南雄州志》，清道光四年刻本，上海古籍出版社2010年版。

[75]（清）赵良生修，李基益纂：《永定县志》，清康熙三十六年刻本，厦门大学出版社2012年版。

[76]（清）宋嗣京修，蓝应裕纂：《埔阳志》，清康熙二十五年刻本，中国地方志集成，上海书店2000年版。

[77]（清）蔺涛修纂：《乾隆大埔县志》，清乾隆九年刻本，广州中山大学图书馆藏。

[78]（清）葛曙修，吴鹏纂：《丰顺县志》，清光绪十年刻本，中国方志丛书，（台北）成文出版社1967年版。

[79]（清）刘坤一主修：《江西通志》，清光绪七年刊本，江西省图书馆藏。

[80]（清）魏瀛修，钟音鸿纂：《赣州府志》，清同治十二年刊本，赣州地区志编纂委员会办公室1987年重印本。

[81]（清）黄鸣珂修，石景芬纂：《南安府志》，清同治七年刊本，赣州地区志编纂委员会办公室1987年重印本。

[82]（清）杨锌纂修：《南安府志补正》，清光绪元年刊本，赣州地区志编纂委员会办公室1987重印本。

[83]（清）黄永纶修，杨锡龄纂：《宁都直隶州志》，清道光四年刻本，赣州地区志编纂委员会办公室1987年重印本。

[84]（清）高泽叙修，段彩纂：《雩都县志》，清乾隆二十二年刻本，故宫珍本丛刊，海南出版社2001年版。

[85]（清）颜寿芝修，何戴仁纂：《雩都县志》，清同治十三年刻本，于都县志编纂委员会1986年重印本。

[86]（清）黄瑞图修，欧阳铎纂：《安远县志》，清同治十一年刻本，赣州地区志编纂委员会办公室1987年重印本。

[87]（清）刘长景修，陈长栋纂：《会昌县志》，清同治十一年刻本，会昌县文史资料室2005年重印本。

[88]（清）沈镕经修，刘德桃纂：《长宁县志》，清光绪二年刻本，中国方志丛书，（台北）成文出版社1967年版。

[89]（清）赖勋修，黄锡光纂：《定南厅志》，清道光五年刻本，中国方志丛书，成文出版社1967年版。

[90]（清）李兴元修，欧阳主生纂：《吉安府志》，清顺治十七年刻本，中国方志丛书，（台北）成文出版社1967年版。

[91]（清）黄德溥修，褚景昕纂：《赣县志》，清同治十一年刻本，民国二十年重印本，中国方志丛书，（台北）成文出版社1967年版。

[92]（清）朱维高修，杨长世纂：《瑞金县志》，清康熙二十二年刻本，日本藏中国罕见地方志丛刊本，书目文献出版社1992年版。

[93]（清）郭一豪修，朱雪映纂：《续修瑞金县志》，清康熙四十九年刻本，日本藏中国罕见地方志丛刊本，书目文献出版社1992年版。

[94]（清）郭灿修，黄天策纂：《瑞金县志》，清乾隆十八年刻本，故宫珍本丛刊，海南出版社2001年版。

[95]（清）杨柏年修，黄鹤雯纂：《石城县志》，清乾隆四十六年刻本，故宫珍本丛刊，海南出版社2001年版。

[96]（清）朱一慊：《石城县志》，清道光四年刻本，石城县地方志办公室1982年重印本。

[97]（清）蒋大纶修，王廷纂：《龙南县志》，清乾隆十七年刻本，故宫珍本丛刊，海南出版社2001年版。

[98]（清）康熙三十六年：《上犹县志》，日本藏中国罕见地方志丛刊本，书目文献出版社1992年版。

[99]（清）叶滋澜等修，李临驯纂：《上犹县志》，清光绪七年修十九年重订本，中国方志丛书，（台北）成文出版社1967年版。

[100]（清）定祥修，刘绎纂：《吉安府志》，清光绪元年刻本，中国方志丛书，（台北）成文出版社1967年版。

[101]（清）许应鑅修，谢煌纂：《抚州府志》，清光绪二年刻本，中国方志丛书，（台北）成文出版社1967年版。

[102]（清）张尚瑗修纂：《潋水志林》，清康熙五十年刻本，兴国县地方志办2001年校注重刊本。

[103]（民国）李士梅纂修：《吉安县纪事》，民国十年刻本，中国方志丛书，（台北）成文出版社1967年版。

[104]（民国）吴宝炬修，刘人俊纂：《大余县志》，大余县编史修志领导小组1984年校注重刊本。

[105]（民国）黄恺元修，邓光瀛、丘复纂：《长汀县志》，民国三十年铅印本，福建师范大学图书馆藏。

[106]（民国）黎彩彰、黎景曾：《宁化县志》，民国十五年铅印本，《中国地方志集成》，上海书店2000年版。

[107]（民国）刘织超、温廷敬：《新修大埔县志》，民国三十二年铅印本，福建师范大学图书馆藏。

[108]（民国）刘禹轮、李唐：《新修丰顺县志》，民国三十二年铅印本，广州中山大学图书馆藏。

[109]（民国）张汉修，丘复纂：《上杭县志》，民国二十八年铅印本，上杭县地方志编纂委员会2004年重印本。

[110]（民国）林善庆、王琼：《清流县志》，民国三十六年铅印本，《中国地方志集成》，上海书店出版社2000年版。

[111]（民国）王集吾修，邓光瀛纂：《连城县志》，民国二十八年石印本，《中国地方志集成》，上海书店1992年版。

[112]（民国）丘复：《武平县志》，民国三十年铅印本，福建省武平县志编纂委员会1986年编印。

[113]（民国）廖立元：《明溪县志》，民国三十二年，《中国地方志集成》，上海书店出版社2000年版。

[114]（民国）张超南：《永定县志》，民国三十年印本，《中国地方志集成》，上海书店出版社2000年版。

[115]赣州市地方志编纂委员会编：《赣州市志》（上下），中国文史出版社1999年版。

[116]江西省赣县志编纂委员会编：《赣县志》，新华出版社1991年版。

[117]宁都县志编辑委员会编：《宁都县志》，宁都县志编辑委员会1986年编印。

[118]于都县志编纂委员会编：《于都县志》，新华出版社1991年版。

[119]江西省寻乌县志编纂委员会编：《寻乌县志》，新华出版社1996年版。

［120］瑞金县志编纂委员会编：《瑞金县志》，中央文献出版社1993年版。

［121］江西省崇义县编史修志委员会编：《崇义县志》，海南人民出版社1989年版。

［122］江西省安远县志编纂委员会办公室编：《安远县志》，新华出版社1993年版。

［123］会昌县志编纂委编：《会昌县志》，江西省地方志丛书，新华出版社1993年版。

［124］江西省兴国县志编纂委员会编：《兴国县志》，兴国县志编纂委员会2001年编印。

［125］江西省兴国县志编纂委员会：《兴国县志》（上下册），兴国县志编纂委员会1988年编印。

［126］大余县志编纂委编：《大余县志》，江西省地方志丛书，三环出版社1990年版。

［127］江西省石城县志编委会编：《石城县志》，中华人民共和国地方志丛书，书目文献出版社1989年版。

［128］南康县志编纂委员会编：《南康县志》，江西省地方志丛书，新华出版社1993年版。

［129］江西省上犹县志编纂委编：《上犹县志》，中华人民共和国地方志丛书，上犹县志编纂委1992年编印。

［130］江西省信丰县志编纂委编：《信丰县志》，江西省地方志丛书，南昌：江西人民出版社1990年版。

［131］江西省全南县志编纂委编：《全南县志》，江西省地方志丛书，南昌：江西人民出版社1995年版。

［132］江西省定南县志编纂委编：《定南县志》，江西省地方志丛书，定南县县志编纂委1990年编印。

［133］江西省龙南县志编修工作委员会办公室编纂：《龙南县志》，江西省地方志丛书，中共中央党校出版社1994年版。

［134］长汀县地方志编纂委员会：《长汀县志》，生活·读书·新知三联书店1993年版。

［135］上杭县地方志编纂委员会：《上杭县志》，福建人民出版社1993年版。

[136] 宁化县地方志编纂委员会：《宁化县志》，中华书局1994年版。
[137] 明溪县地方志编纂委员会：《明溪县志》，方志出版社1997年版。
[138] 连城县地方志编纂委员会：《连城县志》，群众出版社1993年版。
[139] 梅州市地方志编纂委员会：《梅州市志》，广东人民出版社1999年版。
[140] 梅县地方志编纂委员会：《梅县志》，广东人民出版社1994年版。
[141] 平远县地方志编纂委员会：《平远县志》，广东人民出版社1993年版。
[142] 蕉岭县地方志编纂委员会：《蕉岭县志》，广东人民出版社1992年版。

族谱类

[1] 于都寒信村《雩邑峡溪萧氏重修族谱》，清乾隆三年刻本。
[2] 上犹营前《营溪陈氏重修支谱》，清乾隆甲辰刻本。
[3] 梅州《松源梁氏族谱》，清乾隆十五年。
[4] 河源漳溪《蓝氏族谱》，清乾隆四十一年。
[5] 兴国龙潭口《雷氏四修族谱》，咸丰二年。
[6] 上杭兴国《钟氏三修族谱》，清道光十年。
[7] 聂都竹洞《蓝姓族谱》，民国八年。
[8] 瑞金《密溪罗氏六修族谱》，清光绪三十四年。
[9] 丰顺凤坪村《汝南堂长房（蓝氏）族谱》，清光绪戊申刻本。
[10] 兴国贺堂源头山《雷氏族谱》，清光绪丙午年。
[11] 会昌县筠门岭龙头村《蓝氏族谱》，清光绪乙酉年三修。
[12] 上杭《昭萍蓝氏续修族谱》，清光绪二十六年。
[13] 崇义上堡乡赤水村鹅嵊村组《陈氏族谱》，清光绪三十四年。
[14] 筠门岭镇上增村《雷氏族谱》，民国丙辰年。
[15] 于都县《宝溪钟氏八修族谱》，民国八年刻本。
[16] 兴国《龙兴祠刘氏联修族谱》，民国三十年刻本。
[17] 于都寒信村《雩邑峡溪萧氏七修族谱》，民国七年刻本。
[18] 于都寒信村《心传堂初次联修（萧氏）族谱》，民国三十七年刻本。
[19] 赣州《雷氏四修族谱》，民国三十八年刻本。
[20] 梅州《松源蔡氏开基始祖福粤公总族谱》，1983年修撰。

[21] 上杭庐丰《蓝氏家谱》，1989 年修撰。
[22] 安远《蓝氏族谱》，1989 年修撰。
[23] 宁都旸霁《胡氏十四修族谱》，1995 年修撰。
[24] 宁都《东龙李氏十修族谱》，1995 年修撰。
[25] 梅州《梅县刘氏族谱》，1995 年修撰。
[26] 安远县《颍川堂陈氏族谱》，1995 年印本。
[27] 河源漳溪《蓝氏族谱》，1996 年新修。
[28] 兴国《颍川堂钟氏二修族谱——水背渡江正谊趋、文院均岭贤窗堂六修房谱》，1996 年修撰。
[29] 赣南、闽西、印尼、新加坡《雷氏联修族谱》，1996 年修撰。
[30] 犹崇康联修《沛国堂朱氏族谱》，1997 年修撰。
[31] 上杭紫金《蓝氏族谱》，1999 年修撰。
[32] 龙南《桃川赖氏八修族谱》，桃川赖氏族谱编辑文员会 2005 年编印。

四　近人著论

专著类

[1] 邵培仁主编：《政治传播学》，江苏人民出版社 1991 年版。
[2] 朱增朴：《文化传播论》，中国广播电视出版社 1993 年版。
[3] 深圳大学中国文化与传播系主编：《文化与传播》，上海文化出版社 1993 年版。
[4] 谢建明：《文化传播及其整合》，江苏人民出版社 1994 年版。
[5] 周月亮：《中国古代文化传播史》，中国广播电视出版社 2000 年版。
[6] 马陵：《传播文化与社会学》，内蒙古教育出版社 2002 年版。
[7] 吴格言：《文化传播学》，中国市场出版社 2004 年版。
[8] 周鸿铎主编：《文化传播学通论》，中国纺织出版社 2005 年版。
[9] 单波、石义彬主编：《跨文化传播新论》，武汉大学出版社 2005 年版。
[10] 郝朴宁：《民族文化传播理论描述》，云南大学出版社 2007 年版。
[11] 毛家武：《文化传播的多维比较与对话》，西南交通大学出版社 2013 年版。
[12] ［英］斯密司等：《文化的传播》，周骏章译，上海文艺出版社 1991 年版。

[13]［美］萨莫瓦:《跨文化传播》第 6 版,中国人民大学出版社 2013 年版。
[14] 罗香林:《客家研究导论》,(台北)南天书局 1992 年版。
[15] 罗香林:《客家源流考》,中国华侨出版公司 1989 年版。
[16] 陈运栋:《客家人》,(台北)联亚出版社 1981 年版。
[17] 邓迅之:《客家源流研究》,(台北)天明出版社 1982 年版。
[18] 刘佐泉:《客家历史与传统文化》,河南大学出版社 1991 年版。
[19] 房学嘉:《客家源流探奥》,广东高等教育出版社 1994 年版。
[20] 谢重光:《客家源流新探》,福建教育出版社 1995 年版。
[21] 谢重光:《畲族与客家福佬关系史略》,福建人民出版社 2002 年版。
[22] 谢重光:《客家文化述论》,中国社会科学出版社 2008 年版。
[23] 陈支平:《客家源流新论》,广西教育出版社 1997 年版。
[24] 王东:《客家学导论》,上海人民出版社 1996 年版。
[25] 王东:《社会结构与客家人教育》,湖北教育出版社 2003 年版。
[26] 王东:《那方山水那方人:客家源流新说》,华东师范大学出版社 2007 年版。
[27] 罗勇:《客家赣州》,江西人民出版社 2004 年版。
[28] 罗勇、龚文瑞:《客家故园》,江西人民出版社 2009 年版。
[29] 罗勇:《客家文化特质与客家精神研究》,黑龙江人民出版社 2006 年版。
[30] 罗勇:《客家学刊》(创刊号),中国社会科学出版社 2009 年版。
[31] 林晓平:《客家祠堂与文化》,黑龙江人民出版社 2006 年版。
[32] 周建新:《动荡的围龙屋:一个客家宗教的城市化遭遇与文化抗争》,中国社会科学出版社 2006 年版。
[33] 钟俊昆:《客家文化与文学》,南方出版社 2004 年版。
[34] 钟俊昆:《客家山歌文化研究》,黑龙江人民出版社 2009 年版。
[35] 万幼楠:《赣南传统建筑与文化》,江西人民出版社 2013 年版。
[36] 周雪香:《明清闽粤边客家地区的社会经济变迁》,福建人民出版社 2007 年版。
[37] 余兆廷:《宁化客家姓氏源流》,中国华侨出版社 2000 年版。
[38] 蓝小玲:《闽西客家方言》,厦门大学出版社 1999 年版。
[39] 李如龙:《粤西客家方言调查报告》,暨南大学出版社 1999 年版。

[40] 刘纶鑫：《江西客家方言概况》，江西人民出版社2001年版。
[41] 谢留文：《客家方言语音研究》，中国社会科学出版社2003年版。
[42] 邓晓华、罗美珍：《客家方言》，福建教育出版社2005年版。
[43] 李如龙、邓晓华：《客家方言研究》，福建人民出版社2009年版。
[44] 许怀林：《江西史稿》，江西高校出版社1998年版。
[45] 陈文华、陈荣华主编：《江西通史》，江西人民出版社1999年版。
[46] 朱维幹：《福建史稿》，福建教育出版社1985年版。
[47] 汪征鲁主编：《福建史纲》，福建人民出版社2003年版。
[48] 徐晓望主编：《福建通史》（1—5卷），福建人民出版社2006年版。
[49] 蒋祖缘、方志钦：《简明广东史》，广东人民出版社1993年版。
[50] 黄挺、陈占山：《潮汕史》，广东人民出版社2001年版。
[51] 潘光旦：《中国民族史料汇编》，天津古籍出版社2005年版。
[52] 罗香林：《中夏系统中之百越》，独立出版社1943年版。
[53] 郭志超：《闽台民族史辨》，厦门大学出版社2006年版。
[54] 林惠祥：《中国民族史》，上海书店1984年版。
[55] 江应梁：《中国民族史》，民族出版社1990年版。
[56] 王钟翰：《中国民族史》，中国社会科学出版社1994年版。
[57] 广东省民族研究所编：《广东省畲族社会历史调查资料汇编》，广东省民族研究所编印，1983年。
[58] 福建省编辑组编：《中国少数民族社会历史调查资料丛刊》，福建省编辑组编，福建人民出版社1986年版。
[59] 施联朱等：《畲族简史》，福建人民出版社1980年版。
[60] 蒋炳钊：《畲族史稿》，厦门大学出版社1988年版。
[61] 朱洪、姜永兴：《广东畲族研究》，广东人民出版社1991年版。
[62] 谢滨：《福建畲族档案资料选编》，海峡文艺出版社2003年版。
[63] 吴永章：《畲族与瑶苗比较研究》，福建人民出版社2003年版。
[64] 邱国珍：《盘瓠族民间文化》，商务印书馆2006年版。
[65] 福建省炎黄文化研究会：《畲族文化研究》，民族出版社2007年版。
[66] 文物编辑委员会：《文物考古工作十年》，文物出版社1990年版。
[67] 陈柏泉编著：《江西出土墓志选编》，江西教育出版社1991年版。
[68] 吴松弟：《中国移民史》（第四卷），福建人民出版社1997年版。
[69] 曹树基：《中国移民史》（第五、六卷），福建人民出版社1997

[70] 陈孔立：《清代台湾移民社会研究》，厦门大学出版社1990年版。
[71] 齐涛主编：《中国古代经济史》，山东大学出版社1999年版。
[72] 郑学檬：《中国古代经济重心南移和唐宋江南经济研究》，岳麓书社2003年版。
[73] 郭振忠：《宋代盐业经济史》，人民出版社1990年版。
[74] 漆侠：《宋代经济史》，上海人民出版社1987年版。
[75] 黄志繁、廖声丰：《清代赣南商品经济研究》，学苑出版社2005年版。
[76] 蓝勇：《中国历史地理》，高等教育出版社2000年版。
[77] 陈代光：《中国历史地理》，广东高等教育出版社1998年版。
[78] 黄留珠：《秦汉历史文化论稿》，三秦出版社2002年版。
[79] 范中义、仝晰纲：《明代倭寇史略》，中华书局2004年版。
[80] 黄志繁：《"贼""民"之间——12—18世纪赣南地域社会》，生活·读书·新知三联书店2006年版。
[81] 黄国信：《区与界：清代湘粤赣界邻地区食盐专卖研究》，生活·读书·新知三联书店2006年版。
[82] 肖文评：《白堠乡的故事——地域史脉络下的乡村社会建构》，生活·读书·新知三联书店2011年版。
[83] 中国人民大学清史研究所编：《康雍乾时期城乡人民反抗斗争资料》，中华书局1979年版。
[84] [法]谢和耐：《中国社会史》，耿昇译，江苏人民出版社1997年版。
[85] 中国史研究编辑部编：《中国封建社会经济结构研究》，中国社会科学出版社1985年版。
[86] 傅衣凌、杨国桢：《明清福建社会与乡村经济》，厦门大学出版社1987年版。
[87] 傅衣凌：《明清社会经济变迁论》，人民出版社1989年版。
[88] 陈支平：《近五百年来福建的家族社会与文化》，三联书店1991年版。
[89] 陈春声：《市场机制和社会变迁——18世纪广东米价的分析》，中山大学出版社1992年版。
[90] 郑振满：《明清福建家族组织与社会变迁》，湖南教育出版社1992

年版。
- [91] 叶显思主编：《清代区域社会经济研究》，中华书局1992年版。
- [92] 冯尔康主编：《中国社会结构的演变》，河南人民出版社1994年版。
- [93] 钱杭、谢维扬：《传统与转型：江西泰和农村宗族形态——一项社会人类学的研究》，中国社会科学出版社1995年版。
- [94] 刘志伟：《在国家与社会之间——明清广东里甲赋役制度研究》，中山大学出版社1997年版。
- [95] 王铭铭、王斯福主编：《乡土社会的秩序、公正与权威》，中国政法大学出版社1997年版。
- [96] 唐力行：《明清以来徽州区域社会经济研究》，安徽大学出版社1999年版。
- [97] 庄英章：《林圯埔——一个台湾市镇的社会经济发展史》，上海人民出版社2000年版。
- [98] 郭于华主编：《仪式与社会变迁》，社会科学文献出版社2000年版。
- [99] 唐立宗：《"在盗区"与"政区"之间：明代闽粤赣湘交界的秩序变动与地方行政的演化》，《台湾大学文史丛刊》（118），台湾大学出版委员会2002年版。
- [100] 冯贤亮：《明清江南地区的环境变动与社会控制》，上海人民出版社2002年版。
- [101] 刘大可：《田野中的地域社会与文化》，民族出版社2007年版。
- [102] 陈群：《中国兵制简史》，军事科学出版社1989年版。
- [103] 黄今言：《秦汉军制史论》，江西人民出版社1993年版。
- [104] 奕成显：《明代黄册研究》，中国社会科学出版社1996年版。
- [105] 张哲郎：《明代巡抚研究》，文史出版社1995年版。
- [106] 韦庆远：《明代黄册制度》，中华书局1961年版。
- [107] 周振鹤：《体国经野之道——中国行政区划沿革》，上海书店出版社2009年版。
- [108] 赵秀玲：《中国乡里制度》，社会科学文献出版社1998年版。
- [109] 韦庆远：《明代黄册制度》，中华书局1996年版。
- [110] 闻钧天：《中国保甲制度》，商务印书馆1935年版。
- [111] 赵秀玲：《中国乡里制度》，社会科学文献出版社1998年版。
- [112] 尚斌等著：《中国儒学发展史》，兰州大学出版社2008年版。

[113] 蔡方鹿：《宋明理学心性论》，巴蜀书社1997年版。

[114] 朱汉民：《宋明理学通论———一种文化学的诠释》，湖南教育出版社2000年版。

[115] 张立文：《宋明理学研究》，中国人民大学出版社1985年版。

[116] 陈劲松：《儒学社会通论》，中国人民大学出版社2007年版。

[117] 张立文：《朱熹思想研究》修订本，中国社会科学出版社2000年版。

[118] 沈善洪、王凤贤：《中国伦理思想史》（上），人民出版社2005年版。

[119] 冯友兰：《中国哲学史新编》，人民出版社1992年版。

[120] 余英时：《士与中国文化》，上海人民出版社2003年版。

[121] 钱穆：《两汉经学今古文平议》，商务印书馆2000年版。

[122] 钱穆：《国史大纲》，商务印书馆1960年版。

[123] 毛礼锐、瞿菊农、邵鹤亭编：《中国古代教育史》，人民教育出版社1984年版。

[124] 袁征：《宋代教育：中国古代教育的历史性转折》，广东高等教育出版社1999年版。

[125] 熊承涤编：《中国古代教育史料系年》，人民教育出版社1985年版。

[126] 李国钧：《中国书院史》，湖北教育出版社1994年版。

[127] 李才栋：《江西古代书院研究》，江西教育出版社1993年版。

[128] 王炳照、徐勇主编：《中国科举制度研究》，河北人民出版社2002年版。

[129] 王柏中：《两汉国家祭祀制度研究》，民族出版社2005年版。

[130] 陈咏明：《儒家与中国宗教传统》，宗教文化出版社2003年版。

[131] 郑振满、陈春声主编：《民间信仰与社会空间》，福建人民出版社2003年版。

[132] 赵世瑜：《狂欢与日常：明清以来的庙会与民间社会》，生活·读书·新知三联书店2002年版。

[133] 张岱年、方克立：《中国文化概论》，北京师范大学出版社2004年版。

[134] 张应杭、蔡海蓉：《中国传统文化概论》，上海人民出版社2000

年版。

[135] 庞朴:《文化的民族性和时代性》,中国和平出版社1998年版。

[136] 曾小华:《文化·制度与社会变革》,中国经济出版社2004年版。

[137] 夏建中:《文化人类学理论学派》,中国人民大学出版社1997年版。

[138] 刘云德:《文化论纲——一个社会学的视野》,中国展望出版社1998年版。

[139] 郑晓云:《文化认同与文化变迁》,中国社会科学出版社1992年版。

[140] 朱汉民、萧永明:《旷世大儒——朱熹》,河北人民出版社2001年版。

[141] 江应梁:《中国民族史》(上、中、下),民族出版社1990年版。

[142] 潘富恩、徐余庆:《程颢程颐理学思想研究》,复旦大学出版社1988年版。

[143] 蒙培元:《理学的演变从朱熹到王夫之戴震》,福建人民出版社1984年版。

[144] 何锐:《古文观止译注》,巴蜀书社2011年版。

[145] 罗勇主编:《赣南地区的庙会与宗族》,(香港)国际客家学会、海外华人研究社、法国远东学院1997年联合出版。

[146] 罗勇、林晓平主编:《赣南庙会与民俗》,(香港)国际客家学会、海外华人研究社、法国远东学院1998年联合出版。

[147] 刘劲峰:《赣南宗族社会与道教文化研究》,(香港)国际客家学会、法国远东学院、海外华人资料研究中心2000年联合出版。

[148] 房学嘉:《梅州地区的庙会与宗族》,(香港)国际客家学会、海外华人研究社、法国远东学院1996年联合出版。

[149] 杨彦杰:《闽西客家宗族社会研究》,(香港)国际客家学会、海外华人研究社、法国远东学院1996年联合出版。

[150] 杨彦杰:《闽西的城乡庙会与村落文化》,(香港)国际客家学会、海外华人研究社、法国远东学院1997年联合出版。

[151] 房学嘉:《梅州河源地区的村落文化》,(香港)国际客家学会、海外华人研究社、法国远东学院1997年联合出版。

[152] 杨彦杰:《汀州府的宗族庙会与经济》,(香港)国际客家学会、

海外华人研究社、法国远东学院 1998 年联合出版。

[153] 杨彦杰：《闽西北的民俗宗教与社会》，（香港）国际客家学会、海外华人研究社、法国远东学院 1998 年联合出版。

[154] 谭伟伦：《粤东三州的地方社会之宗族、民间信仰与民俗》，（香港）：国际客家学会、海外华人研究社、法国远东学院 2002 年联合出版。

[155] 杨彦杰：《长汀县的宗族、经济与民俗》，（香港）国际客家学会、海外华人研究社、法国远东学院 2002 年联合出版。

[156] 刘大可：《闽西武北的村落文化》，（香港）国际客家学会、海外华人研究社、法国远东学院 2002 年联合出版。

[157] 杨彦杰：《宁化县的宗族、经济与民俗》（上、下），（香港）国际客家学会、海外华人研究社、法国远东学院 2005 年联合出版。

[158] ［英］马林诺夫斯基：《巫术·科学·宗教与神话》，中国社会科学出版社 1999 年版。

[159] ［美］黄宗智：《华北的小农经济与社会变迁》，中华书局 2000 年版。

[160] ［美］黄宗智：《长江三角洲小农家庭与乡村发展》，中华书局 2000 年版。

[161] ［美］韩森：《包伟民译——变迁之神》，浙江人民出版社 1999 年版。

[162] ［美］杨庆堃：《中国社会中的宗教——宗教的现代社会功能与其历史因素之研究》，上海人民出版社 2007 年版。

[163] ［日］冈田宏二：《中国华南民族社会史研究》，赵令志、李德龙译，民族出版社 2002 年版。

[164] ［日］獭川昌久著：《族谱：华南汉族的宗族、风水、移居》，钱杭译，上海书店出版社 1999 年版。

学术论文

[1] 饶伟新：《生态、族群与阶级——赣南土地革命的历史背景分析》，博士学位论文，厦门大学，2002 年。

[2] 于少海：《经济与社会——明清赣南社会经济的动态考察》，博士学位论文，华东师范大学，2006 年。

[3] 李坚：《宋代赣粤边区地域社会变迁——以动乱为中心的考察》，博

士学位论文，南昌大学，2007 年。

[4] 盛长富：《宋元时期闽西地方动乱与社会变迁》，博士学位论文，南昌大学，2007 年。

[5] 林惠祥：《福建龙岩石器时代遗址的发现》，《厦门大学学报》（哲学社会科学版）1960 年第 2 期。

[6] 林惠祥：《中国东南区新石器文化特征之一：有段石锛》，《考古学报》1958 年第 3 期。

[7] 福建省博物馆：《崇安城村汉城探掘简报》，《文物》1985 年第 11 期。

[8] 杨琮：《福建崇安城村汉代城址出土的铁农具》，《农业考古》1990 年第 1 期。

[9] 梁钊韬、李见贤：《马坝人发现地点的调查及人类头骨化石的初步观察》，《中山大学学报》1959 年第 1—2 期。

[10] 曾骐：《石峡文化的陶器》，《中山大学学报》（社会科学版）1982 年第 2 期。

[11] 尤玉柱、董兴仁、陈存洗、范雪春：《福建清流发现的人类牙齿化石》，《人类学学报》1983 年第 3 期。

[12] 杨式挺：《关于广东早期铁器的若干问题》，《考古》1977 年第 2 期。

[13] 杨式挺：《广东考古五十年》，《学术研究》1999 年第 10 期。

[14] 苏秉琦：《石峡文化初论》，《文物》1978 年第 7 期。

[15] 邱立诚：《广东五华县华城屋背岭遗址与龙颈坑窑址》，《考古》1996 年第 7 期。

[16] 李子文：《广东五华县仰天狮山遗址发掘简报》，《考古》1998 年第 7 期。

[17] 李岩、魏峻等：《广东韶关市矮石墓地发掘简报》，《南方文物》2008 年第 3 期。

[18] 古运泉、李岩、李子文：《广东考古世纪回顾》，《考古》2000 年第 6 期。

[19] 江西省文物考古研究所：《江西考古的世纪回顾与思考》，《考古》2000 年第 12 期。

[20] 福建省博物馆、三明市文物管理委员会、三明市博物馆：《三明万

寿岩发现旧石器时代遗址》，《福建文博》2002年第2期。

[21] 蔡奕芝：《从考古发现看广东早期农业生产》，《南方文物》1998年第2期。

[22] 夏金瑞：《赣南考古工作辑录》，《赣南师范学院学报》1982年第4期。

[23] 童有庆、黄承焜、薛翘：《赣南文物考古工作概述》，《南方文物》1984年第2期。

[24] 赣南地方历史文化研究室：《赣南文物考古五十年》，《南方文物》2001年第4期。

[25] 罗勇：《"客家先民"之先民——赣南远古土著居民析》，《赣南师范学院学报》2004年第5期。

[26] 彭明瀚：《枭阳新考》，《殷都学刊》2003年第2期。

[27] 李振宏：《汉代屯戍生活中的古典人道精神》，《历史研究》2001年第5期。

[28] 陈国强：《福建的古民族——"木客"试探》，《厦门大学学报》1963年第2期。

[29] 万幼楠：《赣南"赣巨人""木客"识考》，《赣南师范学院学报》1994年第1期。

[30] 宋超：《东汉末年中原士民迁徙扬荆交三州考——兼论永嘉迁徙前客家先民的早期形态》，《齐鲁学刊》2000年第6期。

[31] 薛翘、刘劲峰：《从赣南出土的古代农具看汉、唐时期江西南部的开发》，《农业考古》1988年第1期。

[32] 邱立诚：《广东秦汉时期建筑遗址初探》，《东南文化》1993年第1期。

[33] 林蔚文：《福建农业考古概述》，《农业考古》1984年第1期。

[34] 胡沧泽：《魏晋南朝时期北方汉人入闽及其对福建经济发展的影响》，《中国社会经济史研究》1992年第2期。

[35] 王子今：《汉晋时代的"瘴气之害"》，《中国历史地理论丛》2006年第3期。

[36] 龚胜生：《2000年来中国瘴病分布变迁的初步研究》，《地理学报》1993年第4期。

[37] 曹开华：《试论南唐江西经济文化的初步发展》，《江西师范大学学

报（哲学社会科学版）》1991 年第 1 期。

[38] 蔡骐：《历史上汀江流域的地理环境——客家形成的自然背景考》，《陕西师范大学学报》（哲学社会科学版）2007 年第 3 期。

[39] 曹树基：《闽、粤、赣三省毗邻地区的社会变动和客家形成》，《历史地理》第 14 辑，上海人民出版社 1997 年版。

[40] 李昌宪：《宋代的监》，《历史教学问题》1992 年第 2 期。

[41] 李瑾明：《南宋时期福建经济的地域性与米谷供求情况》，《中国社会经济史研究》2005 年第 4 期。

[42] 汪廷奎：《两宋广东区域经济及其变化》，《广东社会科学》1996 年第 3 期。

[43] 李玉宏：《试论张九龄开凿大庾岭驿道的意义——从大庾岭的战略地位及广州商业外贸发展方面探讨》，《韶关学院学报》1985 年第 1 期。

[44] 廖声丰：《清代赣关税收的变化与大庾岭商路的商品流通》，《历史档案》2001 年第 4 期。

[45] 曹树基：《明清时期的流民和赣南山区的开发》，《中国农史》1985 年第 4 期。

[46] 黄志繁：《梅关古道》，《寻根》2007 年第 3 期。

[47] 黄志繁：《大庾岭商路·山区市场·边缘市场——清代赣南市场研究》，《南昌职业技术师范学院学报》2000 年第 1 期。

[48] 黄志繁：《乡约与保甲：以明代赣南为中心的分析》，《中国社会经济史研究》2002 年第 2 期。

[49] 黄志繁：《地域社会变革与租佃关系——以 16—18 世纪赣南山区为中心》，《中国社会科学》2003 年第 6 期。

[50] 黄志繁：《明代赣南的风水、科举与乡村社会"士绅化"》，《史学月刊》2005 年第 11 期。

[51] 饶伟新：《清代山区农业经济的转型与困境：以赣南为例》，《中国社会经济史研究》2004 年第 2 期。

[52] 李晓方：《烟草生产在清代赣南区域经济中的地位和作用》，《农业考古》2006 年第 1 期。

[53] 周振鹤：《客家源流异说》，《学术月刊》1996 年第 3 期。

[54] 王瑞莲：《试论武陵、五溪的区别及五溪蛮的分布》，《中南民族大

学学报》1989年第5期。

[55] 向祥海：《开梅山考议》，《湘潭大学社会科学学报》1990年第2期。

[56] 郭志超：《客家地区的壮侗语族族群与苗瑶语族族群》，《广西民族学院学报年》1996年第4期。

[57] 郭志超：《闽粤赣交界地区原住民族的再研究》，《厦门大学学报》1996年第3期。

[58] 郭志超：《闽客社区民俗、宗教比较的调查报告》，《客家》1996年第2期。

[59] 徐规：《畲族的名称、来源和迁徙》，《杭州大学学报》1962年第1期。

[60] 李维信：《试论瑶族族源问题》，《广西大学学报》1980年第1期。

[61] 韩肇明：《试论瑶族族源的几个问题》，《学术论坛》1980年第2期。

[62] 石光树：《从盘瓠神话看苗、瑶、畲三族的渊源关系》，《中央民族学院学报》1982年第2期。

[63] 施联朱：《关于畲族的来源与迁徙》，《中央民族学院学报》1983年第2期。

[64] 吴永章：《槃瓠考述》，《思想战线》1986年第2期。

[65] 胡阳全：《近年国内畲族族源研究综述》，《历史教学》1992年第5期。

[66] 罗勇：《一个客家聚落区的形成和发展——上犹县营前镇的宗族社会调查》，《赣南师范学院学报》2002年第1期。

[67] 罗勇：《论民间信仰对客家传统社会的调控功能》，《西南民族大学学报》2004年第7期。

[68] 陈春声：《三山国王信仰与台湾移民社会》，（台湾）《"中央研究院"民族研究所集刊》第50期，1996年版。

[69] 陈春声：《信仰空间与社区历史的演变——以樟林神庙系统的研究为中心》，《清史研究》1999年第2期。

[70] 陈春声：《正统性、地方化与文化的创制——潮州民间神信仰的象征与历史意义》，《史学月刊》2001年第1期。

[71] 陈春声：《官员、士绅与"正统"神明的地方化———潮州地区双

忠公崇拜的研究》，郑振满、陈春声《民间信仰与社会空间》，福建人民出版社 2002 年版。

[72] 陈春声：《乡村的故事与国家的历史———以樟林为例兼论传统乡村社会研究的方法问题》，《中国农村研究》第二辑，商务印书馆 2003 年版。

[73] 陈春声、陈树良：《乡村的故事与社区历史的建构———以东凤村陈氏为例兼论传统乡村社会研究历史记忆问题》，《历史研究》2003 年第 5 期。

[74] 陈春声：《地域认同与族群分类——1640—1940 年韩江流域民众"客家观念"的演变》，李长莉、左玉河主编《近代中国社会与民间文化》，社会科学文献出版社 2007 年版。

[75] 黄国信：《弭"盗"、党争与北宋虔州盐政》，《史林》2006 年第 2 期。

[76] 罗雄飞：《宋代汀、赣诸州私盐问题探析》，《中国社会经济史研究》2005 年第 2 期。

[77] 于贵信：《关于叶宗留、邓茂七起义的几个问题》，《史学集刊》1956 年第 1 期。

[78] 陈鸣钟：《嘉靖时期东南沿海的倭寇》，《史学月刊》1955 年第 2 期。

[79] 陈学文：《论嘉靖时的倭寇问题》，《文史哲》1983 年第 5 期。

[80] 樊树志：《"倭寇"新论——以"嘉靖大倭寇"为中心》，《复旦学报》（社会科学版）2000 年第 1 期。

[81] 傅衣凌：《明末清初闽赣毗邻地区的社会经济与佃农抗租风潮》，《明清社会经济史论文集》，人民出版社 1982 年版。

[82] 傅衣凌：《中国传统社会：多元的结构》，《中国社会经济史研究》1988 年第 3 期。

[83] 赵世瑜、邓庆平：《二十世纪中国社会史研究的回顾与思考》，《历史研究》2001 年第 6 期。

[84] 刘永华：《17 至 18 世纪闽西佃农的抗租——农村社会与乡民文化》，《中国经济史研究》1998 年第 2 期。

[85] 杨念群：《"地方性知识"、"地方感"与"跨区域研究"的前景》，《天津社会科学》2004 年第 6 期。

[86] 刘志伟、陈春声：《历史学本位的传统中国乡村社会研究》，《中国社会史年鉴》，生活·读书·新知三联书店 1998 年版。

[87] 谢湜：《清代江南苏松常三府的分县和并县研究》，《历史地理》第 22 辑，上海人民出版社 2007 年版。

[88] 黄向春：《社会、文化与国家——郑振满教授访谈录》，《中国社会历史评论》第 5 辑，商务印书馆 2003 年版。

[89] 陈占山：《宋代潮州与闽粤赣边的寇乱》，《河北师范大学学报》（哲学社会科学版）2005 年第 5 期。

[90] 刁培俊：《乡村中国家制度的运作、互动与绩效——试论两宋户籍制的紊乱及其对乡役制的影响》，《中国社会经济史研究》2006 年第 2 期。

[91] 罗雄飞：《宋代汀、赣诸州私盐问题探析》，《中国社会经济史研究》2005 年第 2 期。

[92] 吴榕青：《宋代潮州的盐业》，《韩山师范学院学报》1997 年第 2 期。

[93] [日] 佐竹靖彦：《宋代福建地区的土豪物资流通和庶民型物资流通》，《佐竹靖彦史学论集》，中华书局 2006 年版。

[94] 黄宽重：《从中央与地方关系互动看宋代基层社会演变》，《历史研究》2005 年第 4 期。

[95] [日] 三木聪：《清代前期福建农村社会与佃农抗租斗争》，《中国社会经济史研究》1988 年第 2 期。

[96] 罗远道：《试论保甲制的演变及其作用》，《中国历史博物馆馆刊》1994 年第 1 期。

[97] 梁方仲：《论明代里甲法和均徭法的关系》，《学术研究》1963 年第 4—5 期。

[98] 唐文基：《试论明代里甲制度》，《社会科学战线》1987 年第 4 期。

[99] 唐文基：《明中叶东南地区徭役制度的变革》，《历史研究》1982 年第 2 期。

[100] 许总：《论宋明理学的形成及其历史必然性》，《齐鲁学刊》2000 年第 5 期。

[101] 王善军：《强宗豪族与宋代基层社会》，《河北大学学报》（哲学社会科学版）1998 年第 2 期。

[102] 邱捷：《晚清广东的"公局"——士绅控制乡村基层社会的权力机构》，《中山大学学报》（社会科学版）2005 年第 4 期。

[103] 蒋传光：《略论唐宋时期的社会控制模式》，《上海师范大学学报》（哲学社会科学版）2008 年第 2 期。

[104] 李治安：《历史上基层社会与国家权力问题研究》，《南开学报》（哲学社会科学版）2008 年第 2 期。

[105] 李治安：《宋元明清基层社会秩序的新构建》，《南开学报》2008 年第 2 期。

[106] 李治安：《宋明理学家对乡里社会新秩序的构思与探索》，《天津社会科学》2008 年第 6 期。

[107] 黄艳、杨轶群：《宋代士人落第后的选择》，《文博》2005 年第 6 期。

[108] 陈宝良：《明代的义学与乡学》，《史学月刊》1993 年第 3 期。

[109] 何忠礼：《二十世纪的中国科举制度史研究》，《历史研究》2000 年第 6 期。

[110] 张劲松、蔡慧琴：《书院与科举关系的再认识——以唐至五代时期的书院为例》，《江西教育学院学报》2006 年第 1 期。

[111] 罗勇：《略谈客家人"耕读传家"的文化传统》，《寻根》2007 年第 5 期。

[112] 谢重光：《客家与族群文化》，《东南学术年刊》2004 年增刊。

[113] 谢重光：《宋明理学在客家地区的传播》，《福建师大学报》2007 年第 6 期。

[114] 谢重光：《新民向化——王阳明巡抚南赣对畲民汉化的推动》，《赣南师范学院学报》2004 年第 1 期。

[115] 谢重光：《宋明理学影响下客家妇女生活的演变》，《中共福建省委党校学报》2005 年第 5 期。

[116] 谢重光：《三山国王信仰考略》，《世界宗教研究》1996 年第 2 期。

[117] 谢重光：《闽越文化与客家文化》，《福建论坛》2000 年第 6 期。

[118] 陈支平、郑振满：《清代闽西四堡族商研究》，《中国经济史研究》1988 年第 2 期。

[119] 张如珍：《白鹿洞书院学规发微》，《西北师大学报》1999 年第 4 期。

[120] 肖文评：《从"贼巢"到"邹鲁乡"：明末清初粤东大埔县白堠乡村社会变迁》，《中山大学学报》（社会科学版）2006年第2期。

[121] 秦永洲、韩帅：《中国旌表制度溯源》，《山东师范大学学报》（人文社会科学版）2007年第6期。

[122] 郗文倩：《汉代图画人物风尚与赞体的生成流变》，《文史哲》2007年第2期。

[123] 刘太祥：《汉代政治社会化的途径和形式》，《史学理论研究》2007年第4期。

[124] 韩帅：《论汉代的旌表方式》，《云南社会科学》2009年第2期。

[125] 蔡凌虹：《明代节妇烈女旌表初探》，《福建论坛》（人文社会科学版）1990年第6期。

[126] 郭松义：《清代妇女的守节和再嫁》，《浙江社会科学》2001年第1期。

[127] 郭培贵、董飞：《简论明朝对节烈女性的奖励》，《吉林省教育学院学报》2007年第10期。

[128] 王传满：《妇女节烈旌表制度的衍变》，《西华大学学报》（哲学社会科学版）2008年第5期。

[129] 伍晓明：《重读"孝悌为仁之本"》，《清华大学学报》（哲学社会科学版）2001年第5期。

[130] 王洁：《孝悌：一种对儒家精神的有效诠释——兼论"诚"》，《江苏社会科学》2001年第2期。

[131] 卢明霞、王立仁：《试论孝德教育的源起和产生》，《东北师大学报》（哲学社会科学版）2009年第5期。

[132] 巴新生：《孔子"仁"的泛血缘文化特征及其在先秦儒家仁学史上的地位》，《历史教学》2002年第6期。

[133] 康宇：《论儒家孝道观的演变》，《兰州学刊》2006年第2期。

[134] 黄修明：《宋代孝文化述论》，《四川大学学报》（哲学社会科学版）2002年第4期。

[135] 周桂林：《论朱元璋兴孝以行养老之政》，《河南大学学报》（社会科学版）1988年第4期。

[136] 王璋年、高成新：《明太祖孝治政策初探》，《中共山西省委党校学报》2008年第6期。

[137] 李定文：《"神道设教"诸说考辨》，《福建论坛》（人文社会科学版）2008年第7期。

[138] 李申：《先秦天道观与自然科学》，《孔子研究》1987第3期。

[139] 李华瑞、王海鹏：《朱熹禳弭救荒思想述论》，《中国农史》2004年第3期。

[140] 晁福林：《试论殷代的王权与神权》，《社会科学战线》1984年第4期。

[141] 黄留珠：《试论秦始皇对祭祀制度的统一》，《人文杂志》1985年第2期。

[142] 张荣明：《汉代儒术与政治信仰》，《天津师大学报》2003年第5期。

[143] 皮庆生：《宋人的正祀、淫祀观》，《东岳论丛》2005年第4期。

[144] 刘中平：《论清代祭典制度》，《辽宁大学学报》（哲学社会科学版）2008年第6期。

[145] 周德全：《明初宗教政策对正一道的影响》，《西南民族大学学报》2009年第2期。

[146] 邹春生：《从历史人类学的视野看客家文化特质的形成——以江西南康刘氏女出凡入神的过程为例》，《嘉应学院学报》2006年第2期。

[147] 邹春生：《自然环境与客家人文特质的形成——以赣南自然灾害研究为中心》，《赣南师范学院学报》2003年第5期。

[148] 邹春生：《文化学视野下的客家文化分层现象研究》，陈世松主编《"移民与客家文化"国际学术研讨会论文集》，广西师范大学出版社2005年版。

[149] 邹春生：《从文化传播学的视野看客家文化特质的形成》，《江西社会科学》2006年第11期。

[150] 王健：《祀典、私祀与淫祀：明清以来苏州地区民间信仰考察》，《史林》2003年第1期。

[151] 陈延庆：《从先秦儒学到宋明理学——中国古代人性论的发展历程》，《山东科技大学学报》（社会科学版）2001年第1期。

[152] 庞朴：《近代以来中国人的文化认识历程——兼论文化的时代性与民族性》，《教学与研究》1988年第1期。

五　外文著述

[1] Frederick Wakeman, "Rebellion and Revolution: the Study of Popular Movement in Chinese History", *The Journal of Asian Studies*, Vol. 36 (2), 1977.

[2] Sow-Theng Leong, *Migration and Ethnicity in Chinese History: Hakkas, Pengmin and Their Neighbors*, SMC Publishing Inc., Taipei, 1998.

[3] Maurice Freedman, *Lineage Organization in Southeastern China*, The Athlone Press, 1958, University of London1958.

[4] Maurice Freedman, *Chinese Lineage and Society: Fukien and Kwangtung*, The Athlone Press, published in1966 by, University of London, 1966.

[5] Daniel Harrision Kulp, *Country Life in South China*, Columbia University Press, 1925.

[6] Stevan Harrell, *Field Studies of Ethnic Identity: Yi Communities of southwest China*, (《田野中的族群关系与民族认同——中国西南彝族社区考察研究》), 巴莫阿依、曲木铁西译, 广西人民出版社2000年版。

[7] David. Faure, Helen, Siu, *Down to Earth, Stanᶠ d*, Calif: Stanford University Press, 1995.

[8] Prasenjit Duara, *Culture, Power, and the State: Rural North China*, 1900–1942, Stanford University Press 1991.

后　　记

　　呈现在大家面前的这本书，乃是作者所主持的教育部人文社会科学研究项目《宋明时期赣闽粤毗邻区的儒学实践与族群整合》（项目编号：11YJC850038）的主要研究成果。

　　本书的研究，经历了一个长期过程。2001年，笔者硕士研究生毕业后，分配到赣南师范学院工作。赣南既是客家摇篮，客家族群的发源地之一，又是客家聚居人口最多的地方。赣南师范学院利用地利之便，早在20世纪80年代就成立了客家研究所，积极展开客家研究。笔者在硕士研究生时学的是秦汉经济史方向，到这里来后，发现这里的老师没有一位是研究秦汉史的，并且在资料室中连秦汉史研究中最基本的云梦秦简、居延汉简等文献简牍资料都没有，根本无法继续开展秦汉史研究。所以在客家研究所创始人罗勇教授的引导下，开始转到客家研究这一道路上来。

　　当时，随着改革开放的进行，许多海外客家人掀起了一股"寻根热"，加上在吴泽等老一辈学者的推动下，客家研究在大陆地区开展得如火如荼。此时的客家研究，由于考古学、人类学、民族学、民俗学、语言学、遗传学等不同学科专业学者的加入，呈现出与以前集中于客家源流探讨大不相同的景况，不仅拓展了许多研究领域，而且原先没有注意到的非汉文化因子也被大量挖掘出来。于是，客家学界开始质疑由客家学奠基者罗香林先生在20世纪30年代提出的"客家是汉民族的一个支系"这一观点，甚至还有人提出应该把"客家"单列出来，成为一个完整的民族。因而在客家及其文化的形成问题上，客家学界出现了"中原汉族论"、"土著论"、"文化融合论"等观点，持不同观点的学者各执其词，进行了激烈且又持久的论战。

　　面对客家研究界这种热烈场面，作为初学者的我，感到十分的新奇和兴奋，怀着"知必穷究其源"的心态，系统地阅读了罗香林的原著和其他各派学者的相关著述。通过几年的潜心研读，我逐渐发现，罗香林提出的"客家是汉民族的一个支系"的这一观点并没有问题，政府把客家人的民族属性确定为汉族的做法也没有错。因为根据文化分层理论和族群理论，制度和精神文化层次是决定该种文化的整体性质的主要因素，文化认同又是决定该族群族属性质的核心要素。具体到"客家"问题上，虽然客家文化确实含有不少非汉因子，但在其文化的核心层次中，还是以儒家文化为核心的中原汉文化占据了主导地位。正因为客家族群对中原汉族文化有着高度的认同，所以我们认为把"客家"的族属性质确定为汉民族的观点和做法都是正确的，那些非汉文化因子的存在，并没有改变客家族群的整体族属性质，而是"客家"作为汉民族中一个特殊支系在文化上的重要表现。

尽管如此，罗香林先生的论证还是存在较为明显的瑕疵。罗香林先生主要是从移民史的角度，在族谱资料中选取大量材料，论证客家人乃是南迁中原汉民的后裔，并在此基础上，提出了著名的"客家是汉民族的一个支系"这一论断。罗香林先生这种从移民史的角度，用族谱资料来论证客家人与中原地区存在血统关系的研究方法，成为后来在客家学界长期流行的血统论的滥觞。众所周知，亦如其他族群那样，客家人在修族谱的时候，也往往把自己的祖源追溯到中原地区的高门贵族，这种攀龙附凤的做法，使族谱资料的可信度大打折扣，所以族谱记载并不能成为界定客家人民族性质的主要依据。那么，判定"客家"是汉民族一个支系的依据究竟应该是什么呢？我陷入了深深的思考之中。于是，谢重光先生提出的应该从文化认同上来判断"客家"与其他族群的区别的学术主张深深吸引了我。

谢重光先生出身于书香门第，也是韩国磐和何兹全这两位著名历史学家的门下高足，史学功底非常深厚。他从事客家研究十余载，对客家研究贡献颇巨，是为学术界所公认的客家研究泰斗。他提出了"客家"是一个文化概念，而不是血统概念，把"客家"与其他族群相区别的，不是血缘，而是文化。他的这个观点对我启发很大。既然"文化"是"客家"区别其他族群的主要因素，那么，"文化认同"就是判别客家的民族属性的主要依据了。当时，先生对于自己所提出的"文化论"，已经在"客家"的族群源流探讨和多元文化融合现象等方面进行了深入的研究，但在客家人对汉民族具有高度文化认同的原因和机制方面的探讨则尚未展开。先前，谢先生已经注意到了我在学术会议上宣读，或在论文期刊上公开发表的关于客家问题的看法和思考，当我诚挚表达出想到他门下攻读博士学位，打算从文化传播的角度，对客家人文化认同机制这一问题进行系统探讨的时候，先生非常爽快地答应了。

三年的博士读书生活是比较艰苦的。因为我是在职攻读博士学位的，原单位只给了三年脱产读书的时间，所以我倍感这三年时间之珍贵，没有如其他人那样的风花雪月，浅唱低吟，基本上都是整天泡在图书馆里。书里也用了不少田野调查资料，这些资料要么是以前的积累，要么是放假时所作的补充调查。三年时间里终于匆匆忙忙把博士论文完成了，文中从文化传播史的角度，紧紧抓住原先论者所忽略的"国家强制权力"这一关键因素，从"王化"和"儒化"两个方面，并结合当时的历史背景，系统论述了客家族群文化认同产生的原因和机制。学位论文虽然通过了答辩，并获得"优秀"的成绩，但仍感到论文粗糙，资料不很充足，逻辑还欠严谨，尤其是对文化传播理论在论文中的运用还显得十分吃力。毕业后的第二年，我以博士论文为基础，申报了教育部人文社会科学研究项目并成功立项，通过三年的努力，针对上述问题作了进一步的补充和完善。相对于原先的博士论文，本书无论在内容框架，内容的充实，资料的补充，以及观点的修正等方面，都有比较大的调整、改善或提升。尽管如此，由于笔者浅陋愚笨，本书必然还存在很多的弊端和不足。于此恳请学者前辈、同人予以海涵和指正！

本书的顺利完成，首先得感谢在我学业道路上的三位引路人。黄今言先生是我的硕士生导师，他是著名历史学家谷霁光先生的高足，也是目前秦汉史研究的名宿。在读硕士研究生期间，黄老师悉心指导我研读秦汉文献和简牍材料，为我的古文献阅读能力的迅速提升打下了坚实的基础，同时，他老人家严谨的科研作风和虽已至老仍笔耕不辍的精神，让我至今还敬佩不已。谢重光先生是我的博士生导师。先生知识渊博，富于学术预见和洞见，勤于治学，著述颇丰，为客家学界的泰山北斗。先生不嫌我天生愚钝，积学不厚，欣然纳我至门下，无论是博士论文还是本书的撰写，都给予了悉心指导。先生为学严谨，且性格随和，胸怀宽广，对于我的固执己见和纠缠蛮争，每每以循循善诱，让我终于愧然醒悟。先生的为人和为学，将成为我一生追求的标杆。罗勇先生是我大学时的授业导师，也是我在客家研究上的引路人。罗老师自己是客家研究的知名专家，也是赣南师范学院客家研究所的创始人，他对客家学的积极倡导和勇于开拓精神，以及对我学业上的引领和生活上的关心，让我心生敬仰，感激不已。

　　本书的顺利出版，还得感谢我所在的工作单位——赣南师范学院的鼎力相助。学校领导一贯重视客家研究，并把客家研究作为我校的特色科研，无论在人力、物力以及政策上都给予了巨大的支持。如果没有这样的"大气候"，估计我的客家研究也不会坚持到今天。历史文化与旅游学院的领导也十分支持我的客家研究，无论在平时的工作分配还是科研成果的署名，都给予了无限的爱护和宽容，对此我也一直深深感激在内心。最感到愉快的是与客家研究中心师友同事们的共处，他们热情、乐观、积极向上，并且非常生活化的科研氛围，深深吸引着我。本书也被纳入研究中心的"客家研究新视野丛书"出版计划，获得了经费资助，从而得以顺利出版。如果没有客家研究中心这个平台，估计我在科研道路上的成长过程还要更加漫长。当然，妻子刘春凤以及女儿楚月，所给予我的物质和精神上的支持、帮助，更是不必说了。但凡在科研道路上艰苦奋斗过的人，都应该深深理解这一点的，我只有用内藏于心的深深爱意和外现于行的任劳任怨来回报贤妻和惠女的厚爱。此外，也还有许多其他在田野调查中热心帮助过我的地方文史工作者、当地村民以及关心、帮助过本书撰写和出版的同道师友，对于他们的热心和关怀，我在此一并谢过！不敢一一列举姓名，生怕挂一漏万，让我愧疚不安。

　　到今天为止，终于可以为本书写上句号了，尽管书已完稿，但在撰写过程中所引发的诸多思考却并没有结束。客家民系还在鲜活地发展着，要写的东西还有很多……

邹春生
书于赣州天伦山麓·潜心斋